Minerva Shobo Librairie

冷戦史を問いなおす

「冷戦」と「非冷戦」の境界

益田 実／池田 亮／青野利彦／齋藤嘉臣［編著］

ミネルヴァ書房

はしがき

この文章をつづっている二〇一五年夏、第二次世界大戦が幕を閉じてから七〇年が経とうとしているが、それはつまり米ソ冷戦の幕開けからも、はや七〇年近い時間が経過したことを意味する。一九四七年前後に明確な対立の形態をとり始め、一九九一年前後に一応の終焉を見たとされることの多い冷戦という対立は、四〇年以上にわたり、二〇世紀後半の人々の生活に様々な形で影を落とした。

考えてみれば、二〇世紀という時代は、その大半が、二つの世界戦争とそれに引き続く冷戦という世界規模の対立により定義づけられた時代であった。そのような対立の最後の一つがとりあえずの終焉を見てから四半世紀が経過し、冷戦という出来事がもはや人々の意識の中で、過去の遺物となりつつあるのであれば、それ自体は喜ばしいことであろう。仮に、今はまた別種の恐怖と対立が世界を支配しているのだとしても、冷戦のような対立と緊張の枠組みから世界が解放されたこと自体は歓迎すべきことである。しかし、冷戦がすでに過去の遺物になったのだとしても、冷戦が世界に与えた様々な影響は、今もなお我々の日々の生活に関わり続けている。それと同時に我々が認識すべきは、冷戦時代の世界が残した様々な影響は、決して冷戦という対立だけがもたらしたものではなく、同時代を形作った別の諸変化との相互作用により生じたものだったということである。

戦争と殺戮と対立の時代以外にも二〇世紀を特徴づけるラベルはいくつも存在する。それはまず古典的な多民族帝国が、次いで近代的な植民地帝国が相次いで終焉を迎えた、国民国家の時代であり、近代化の果てに様々な社会的変容が見られた時代であり、それらを背景に多様な理念とイデオロギーが出現し相競った時代でもあった。冷戦は一時期、それら全てと関連を有するものとして存在し、今、目の前にある我々の世界を形作った重要な経験の一つであった。そのように考える時、我々は「冷戦史」なるものについて、それが位置づけられる世界史的な文脈を意識した叙述を目指さなければならないはずである。本書は、そのような考え方に基づき、一九四〇年代から一九八〇年代に至る時期を対象として、米ソ冷戦あるいは東西冷戦と呼ばれた世界規模の巨大な対立の歴史について、それに先行するあるいは並行する他の世界史的な変化との関連を問いかけながら再検討し、「冷戦」と「非冷戦」の境界を探求するものである。

編著者および執筆者の一部が、本書刊行に至る研究活動を開始したきっかけは、二〇〇九年から二〇一〇年にかけて行ったOdd Arne Westad, *The Global Cold War* (Cambridge University Press, 2005)〔O・A・ウェスタッド『グローバル冷戦史』(佐々木雄太監訳、小川浩之・益田実・三須拓也・三宅康之・山本健訳) 名古屋大学出版会、二〇一〇年〕の訳出作業であった。脱植民地化という世界史的変動を背景にして米ソ両国による冷戦期の第三世界への介入を描く同書の翻訳作業を終えた後、翻訳に携わった小川、益田、三須、三宅、山本は、新たに「冷戦史研究会」を組織した。ウェスタッドが提示した、同時期の他の歴史的変容と関連づける形で冷戦史を描くという手法に刺激を受け、このアプローチを発展させ、冷戦の本質を解き明かすことを目指したのである。この大きな課題に対して多少とも納得できる成果を導き出すには、多くの優れた研究者の動員が不可欠なことは明らかであった。次第に研究会には、様々な分野の若手研究者が加わり、研究会構成員は最終的に本書執筆陣に名を連ねる一四名へと拡大した。執筆陣の持つ関心の多様性とそれらをつなぎとめる問題意識の共通性という点では、冷戦史に関する研究書としての一定の意義を有するものになったのではないかと期待するものである。

近現代史研究の一部としての冷戦史研究の現状は、世界的に見れば、欧米世界だけでなく、かつての第三世界にも拡散する形で活況を呈しており、序章において検討するように、その視野の拡大は急速である。グローバル・ヒストリーやワールド・ヒストリーといった、近現代の人類史に対する新たなアプローチが出現する中で、冷戦史を相対化し、冷戦の世界史的位置づけを、先行するあるいは並行する人類史的経験との関連で問いなおす試みは、必須であるとも言える。

しかし、現在の日本においては（おそらくはアジア・極東地域における冷戦の歴史を除いては）必ずしも冷戦史研究への高い関心が維持され続けているとは言いがたいのではないだろうか。とりわけ、国際史・外交史的立場から近現代史にアプローチする立場においては、冷戦史の細部を充填する営みが蓄積される一方で、それらの相互的な関連性あるいは非冷戦史的な同時代史との関わりを考える営みは、ほぼ空白となっていないだろうか。日本人もまた間違いなく冷戦の当事者であったはずなのに、この世界史的現象としての冷戦への、そして冷戦史全体への関心の低下は、あるいは現在の日本人が東西冷戦というものに関して抱く当事者意識の薄さを物語るのかもしれない。しかし、現今の日本社会が歴史的近視眼へと陥り、冷戦史を含む、現在の世界を形成してきた人類全体の過去を理解しようとする試みへの関心を喪失しがちであるとしても、具体的な事実に即し、緻密な実証作業を通じて、冷戦とそれが展開された時代の意味を問いかける作業は必ずや我々自身の過去を理解するために必要になる時が来るであろう。本書がそのような営みの一部として歴史に関心を抱く日本の読者の目に留まることがあれば幸いである。

益田　実

冷戦史を問いなおす――「冷戦」と「非冷戦」の境界

目次

はしがき

略語一覧

AFL (The American Federation of Labor)　アメリカ労働総同盟

AFL-CIO (The American Federation of Labor-Congress of Industrial Organizations)　アメリカ労働総同盟・産業別組合会議

AIFLD (American Institute for Free Labor Development)　アメリカ自由労働開発協会

BBC (The British Broadcasting Cooperation)　イギリス放送協会

BEK (Bund der Evangelischen Kirchen in der DDR)　東ドイツ福音主義教会連盟

BRD (Bundesrepublik Deutschland)　ドイツ連邦共和国

CAP (Common Agricultural Policy)　共通農業政策

CCF (Congress for Cultural Freedom)　文化的自由会議

CCOO (Confederación Sindical de Comisiones Obreras)　労働者委員会（スペイン）

CDU/CSU (Christlich Demokratische Union/ Christlich-Soziale Union)　キリスト教民主同盟・社会同盟（ドイツ）

CIA (Central Intelligence Agency)　アメリカ中央情報局

CIO (The Congress of Industrial Organizations)　アメリカ産業別組合会議

CSCE (Conference on Security and Cooperation in Europe)　ヨーロッパ安全保障協力会議

DDR (Deutsche Demokratische Republik)　ドイツ民主共和国

EC (the European Communities)　ヨーロッパ共同体

EKD (Evangelische Kirche in Deutschland)　ドイツ福音主義教会

ELA-STV (Eusko Langileen Alkartasuna-Solidaridad de Trabajadores Vascos)　バスク勤労者連帯（スペイン）

EMU (Economic and Monetary Union)　経済通貨連合

EST (the Eastern Standard Time)　米東部標準時

EUCOM (U.S. European Command)　アメリカ欧州統合司令部

FDJ (Freie Deutsche Jugend)　自由ドイツ青年同盟

FDP (Freie Demokratische Partei)　自由民主党（ドイツ）

GMT (Greenwich Mean Time)　グリニッジ標準時

HJ (Hitlerjugend)　ヒトラー青年団

HICOG (High Commission for Occupied Germany)　ドイツ管理高等弁務官

ICD (Information Control Division)　情報統制局

ICFTU (International Confederation of Free Trade Unions)　国際自由労働組合総連盟

略語一覧

IMF (International Monetary Fund)　国際通貨基金
IRD (The Information Research Department)　情報調査局（イギリス）
JMNR (Jeunesse du Movement National de la Révolution)　革命国民運動青年部
KPD (Kommunistische Partei Deutschlands)　ドイツ共産党
KZ (Konzentrationslager)　強制収容所
MNR (Movement National de la Révolution)　革命国民運動
NATO (the North Atlantic Treaty Organization)　北大西洋条約機構
NEP (New Economic Policy)　新経済政策
NSC (National Security Council)　国家安全保障会議
OECD (Organization for Economic Co-operation and Development)　経済協力開発機構
OMGUS (Office of Military Government, United States)　アメリカ占領軍政府
OPEC (Organization of the Petroleum Exporting Countries)　石油輸出国機構
POUM (Partido Obrero de Unificación Marxista)　マルクス主義統一労働者党（スペイン）
PSOE (Partido Socialista Obrero Español)　スペイン社会労働党
PWD (Psychological Warfare Division)　心理戦争局
RIAS (Rundfunk im amerikanischen Sektor)　アメリカ占領地区ラジオ
SALT (Strategic Arms Limitation Talks)　戦略兵器制限交渉
SBZ (Sowjetische Besatzungszone)　ソ連占領地区
SEATO (South East Asia Treaty Organization)　東南アジア条約機構
SED (Sozialistische Einheitspartei Deutschlands)　ドイツ社会主義統一党
SHAEF (Supreme Headquarters Allied Expeditionary Force)　連合国遠征軍最高司令部
SMAD (Sowjetische Militäradministration in Deutschland)　ソ連軍政本部
SOE (The Special Operations Executive)　特殊作戦執行部（イギリス）
SPD (Sozialdemokratische Partei Deutschlands)　ドイツ社会民主党
TUC (Trades Union Congress)　イギリス労働組合会議
UAM (Union Africaine et Malgache)　アフリカ＝マダガスカル連合
UDDIA (Union Démocratique pour la Défense des Intérêts Africains)　アフリカ利益擁護民主連合
UGT (Unión General de Trabajadores)　労働者総同盟（スペイン）
UNCTAD (United Nations Conference on Trade and Development)　国際連合貿易開発会議
USIA (The United States Information Agency)　アメリカ広報文化庁
USIS (The United States Information Service)　アメリカ広報・文化交流局
VOA (Voice of America)　ボイス・オブ・アメリカ

序章　新しい冷戦認識を求めて
――多元主義的な冷戦史の可能性――

益田　実

1　今なぜ冷戦史にアプローチするのか

「冷戦」をめぐる歴史的な問いかけ

第二次世界大戦末期から終戦直後にかけてアメリカとソ連の間に生じた対立関係は、やがて「冷戦」という言葉で表現されるようになった。それは直接の武力衝突に至らないまま、ドイツを最前線としてヨーロッパ大陸を東西に分断するとともに、脱植民地化を遂げつつあったアジア、アフリカにも伝播した。この対立は米ソ両国の核武装を中心として、同盟国・従属国も加わる巨大な軍事的緊張関係へ組織化されるとともに、深海から宇宙空間までを含む広大な舞台において、米ソそれぞれが体現する政治・経済・文化・社会体制の優劣をめぐる争いとして営まれた。この対立は時に緩和、時に激化しながら継続したが、一九八〇年代末、東欧諸国の体制変化とソ連支配からの離脱、東西ドイツの再統一を経て急速に解消に向かい、ソ連崩壊とともに、少なくとも米ソ二超大国間の対立としては終焉した。

以上は、「冷戦」と呼ばれる歴史的現象の最低限の外形的記述というところであるが、言葉としての「冷戦」は、そのような意味で用いるとしても、それだけでは「冷戦とは何か」という問いかけへの答えにはならない。冷戦はいつ、なぜ始まったのか、誰がどのように動員されたのか、何が、なぜ争われたのか、どのようにそしてなぜ変容し、終焉したのか、これら関連する歴史的問いかけの多くは決して単純で一様な説明には収斂していない。

冷戦終焉から二十数年を経た今日、新たな視点を掲げる研究は多数現れている。国内では田中が早期に、冷戦の「中心」・「周辺」・「社会・文化の次元」の三側面からの冷戦史の「総合化」を提唱し、近年では、菅らが、アメリカの冷戦秩序構想・同盟内関係・東アジア冷戦秩序の変容といった事例を対象に多角的な実証研究を集成している。アメリカ外交史の立場からコンパクトな冷戦の通史を描く佐々木の研究もある。(1) 国外においてはすでに二〇〇〇年にはウェスタッドが新しい冷戦史研究のパラダイムとして、イデオロギー・技術・第三世界の三つを指摘し、二〇〇五年刊行の大著『グローバル冷戦史』(*The Global Cold War*)において、冷戦を背景とした米ソの第三世界への介入がグローバルな国際関係をいかに形作ったかを明らかにしようとした。(2)

こうした個別の営みに加えて、近年、既存の研究成果を総合し新たな展望を試みる営みも出現している。英語圏においては二〇一〇〜一四年にかけ、多数の研究者とその成果を動員し、冷戦の開始から終焉までを視野に入れた大部の総合的研究書四点が相次いで刊行された。(3) これら著作群の出現は、「始まり」と「終わり」のある出来事となった冷戦の「通史」を求める願望の高まりを示すものである。

冷戦史の位置づけを検討する意義

こうした冷戦の全体像把握の試みが、大量の研究者を動員し膨大な分量で提示される百科全書スタイルでなされているという事実は、冷戦終焉から二〇年以上を経てなお冷戦史へのアプローチが模索段階にあることを物語る。さらに言えば、百科全書スタイルの存在は、「冷戦」という名の下に包含される歴史的事象が多様性に富むと考えられていることを示すが、多種多様な事象に被さる「冷戦」という名称が持つ意味についての考察は相対的に僅かである。「冷戦」という言葉は遍在性を獲得したが、それが何を意味し、何に由来し、何を説明するのかという点の考察は不足している。(4)

結果として従来の冷戦史研究では、二〇世紀後半の世界に暮らす人々が経験した様々な歴史的変容のどこまでが「冷戦」でありどこからが「冷戦」ではなかったのかという点について厳密な検証はなされておらず、「冷戦」と「非冷戦」の境界は漠然としたままである。たとえばウェスタッドは前掲『グローバル冷戦史』の冒頭で、冷戦は「米ソ間のグローバルな対立が国際情勢を支配した状況を意味し、おおむね一九四五年から一九九一年までをさす」(5)と簡潔に定義するだけであり、その境界はきわめて曖昧である。

その終焉後の今日、冷戦が何から成り立つのか、何に由来し、何と関連し、何をもたらしたのか、その定義・境界が曖昧なままに、冷戦史の研究対象はさらに拡散していく傾向がある。前掲のウェスタッドによる著書・編書は、超大国と主要同盟国の関係、新興国・途上国や技術・文化の役割など、冷戦史の領域を大きく広げる試みであるが、拡張された視点のため、「冷戦＝二〇世紀後半の国際関係史の全て」であるかの如き印象すら与える。あるいは、それは妥当な認識なのかもしれないが、冷戦に先行する事象、冷戦と同時代に進行しながら異なる歴史空間において展開した事象、それらの境界に位置する歴史的事象などを視野に入れ、それらがどのように「冷戦」を形作っていたのか検証せずに自明とすることはできない。冷戦をめぐる様々な事実を新たに開示される公文書史料類から明らかにする外交史的営みと並行して、歴史的概念としての冷戦の位置づけとそれを考究するための方法についての議論がより積極的になされるべきなのである。

2　冷戦終焉以前のアプローチ

同時代的経験としての冷戦史研究

冷戦終焉以前になされた冷戦史研究へのアプローチは、その登場順に三つに分類されることが多い。正統主義（ないし伝統主義）、修正主義（ないし左翼修正主義）およびポスト修正主義である。これらのアプローチは圧倒的にアメリカ外交史研究の枠組み内で営まれたものであり、眼前の米ソ対立に即してアメリカ外交政策の起源と意味を説明することをその課題としていた。正統主義はアメリカ社会が正統主義的な解釈による冷戦理解を欲したがゆえに出現した解釈であり、冷戦遂行過程へのアメリカ市民動員のためのイデオロギー的言説でもあった。修正主義は初期冷戦が変質し、米ソ関係が一定の国際システムとして定着しつつあった時期に出現したものであり、変容するアメリカ内外の状況に即して冷戦の正統性への懐疑を反映するものであった。ポスト修正主義はデタントを経て変容を遂げた後の冷戦、地政学的な大国間国際管理システムと化した冷戦を描写するものであった。

正統主義

正統主義の主な成果は一九五〇年代に集中しているが、六〇年代末に至るまでこの立場に立つアメリカ外交史研究はまさに「正統」として生み出され続けた。それは四〇年代から五〇年代のアメリカ社会主流の見解を反映するものであり、冷戦はソ連の世界革命の野心と膨張主義的振る舞いに直面したアメリカが、やむを得ず対応した結果生じたものに他ならなかった(6)。

ほぼ同時期に存在した正統主義の変種として、現実主義と呼ばれる立場もある。両者ともに戦中戦後のアメリカ外交政策は法的・道徳的原則に基づくアプローチであったと解釈するが、正統主義がこれを擁護するのに対して現実主義は批判し、国益を重視した現実主義的対応を早期にとるべきであったとする(7)。

正統主義において、観察の対象はアメリカ政府中枢の政策決定者に限られる。社会経済的要因が外交政策に与える影響は検討されないし、国際システム的要因も考慮されない。修正主義とも共通する点であるが、正統主義的冷戦史は戦前以来（あるいは建国以来）のアメリカ外交史の一部であり、冷戦前からのアメリカ外交政策の強い連続性を前提としている。正統主義においてこの連続性は、アメリカ外交に見られる強い道義的原則性の中に見出される(8)。

修正主義

一九五〇年代末に登場し、六〇年代後半以降、冷戦の第三世界への拡散とともに注目を集めたのがニューレフトと呼ばれる左派的立場からの修正主義である。冷戦におけるアメリカの役割を批判的に分析する解釈であり、自らの価値と経済システムを強制するアメリカの膨張主義的行動に冷戦の起源と本質を見出す。アメリカ外交政策は、アメリカの文化的伝統に由来する膨張主義イデオロギーないし、アメリカ資本主義の要請に基づく市場と原料獲得の意図に基づくものとして説明される。冷戦は本質的にアメリカ社会に内在する要因に基づく結果なのであり、アメリカ外の要因が果たした役割は重視されない。それゆえ冷戦史は建国以来のアメリカ外交史の一部であり、理論的枠組みとしての修正主義は（正統主義同様）、冷戦前、冷戦中、冷戦後のアメリカ外交を連続体として説明する。(9)

修正主義の創始者というべき存在がウィリアムズであり、門戸開放主義に基づくアメリカのグローバルな帝国建設の営みがソ連の安全保障利害との衝突をもたらし冷戦が生じたと説明される。マルクス主義的立場からアメリカ外交を説明するのがコルコであり、アメリカ指導下に資本主義世界を統合するうえで障害となる左派勢力と第三世界ナショナリズムを除去するためのアメリカによる介入こそ冷戦の本質とされる。(10)

修正主義は経済還元主義として批判されることが多いが、アメリカ内部の文化的・社会的要因に注目し、アメリカの膨張過程という長期的な歴史的文脈に冷戦を位置づけることを可能にした点は修正主義の貢献である。また第三世界への関与に注目し、冷戦をグローバルな現象とする視点の始祖でもある。(11)

ポスト修正主義

一九七〇年代後半以降、前記二つの立場を踏まえた「総合」を目指すものとして登場したのがポスト修正主義である。ポスト修正主義は、新現実主義の国際関係理論に影響され、二極構造下の均衡システムとして冷戦を説明する。経済的要因とイデオロギーの役割は軽視され、地政学的な観点から見た国家安全保障上の考慮が、米ソの行動の説明要因として重視される。(12)

ポスト修正主義の創始者と言うべきギャディスは、冷戦終焉前の段階では、米ソ二極構造による安定的均衡を「長い平和」と見なす議論に代表されるように、国際システム的視点からの説明を重視していた。(13)ポスト修正主義の中でもレフラーは修正主義に近い。レフラーもまた冷戦を地政学的均衡の形成過程として描く。ただしレフラーは、アメリカにとってソ連の脅威は自由や民主主義などアメリカの中核的諸価値への脅威として認識されたと説明し、イデオロギー的要因の影響も認めている[14]。

ポスト修正主義は、冷戦史の中に国際システム構造に関する考慮を取り込むものであったが、システムレベルの影響が政策へ転換される過程で機能するはずの、イデオロギーや経済的考慮といった要因は、十分にその役割が説明されていなかったと言える[15]。

修正主義からの展開——コーポラティズムと世界システム論

一九八〇年代以降、ポスト修正主義に対抗する形で、経済的要因からアメリカの冷戦政策を説明する修正主義を発展させた二つのアプローチが登場した。

冷戦史ないしアメリカ外交史におけるコーポラティズム的アプローチの主な提唱者はマコーミックとホーガンである。二〇年代から四〇年代にかけアメリカ国内で形成された、持続的経済成長により経済的利害対立を解消し政治的安定をもたらす資本・労組・政府間のコーポラティスト的妥協の枠組みを国際レベルに応用することが、戦後アメリカ外交の目標であり、冷戦政策もコーポラティスト的国際経済秩序創出の営みの中に位置づけられるというのがその議論である[16]。アメリカ社会固有の経済的変化とそれに対する社会内各セクターの反応に注目するものであり、古典的修正主義のような経済的決定論ではない。しかし国家安全保障や地政学的考慮がもたらす影響がほとんど分析されていないとの批判は避けられない[17]。

ウォーラーステインの世界システム論の枠組みに依拠して冷戦期アメリカ外交の説明を試みたのが、マコーミックとカミングスである。マコーミックの議論では、中核＝周縁構造を持つ資本主義世界システムの中で四五年以降のアメリカは中核的覇権国と位置づけられ、その目標は経済国際主義と集団安全保障に基礎を置く世界秩序の構築とされる。これはきわめて強固なシステム決定論であるが、システム自体の変化は説明できないし、国家内部に由来する要因は考慮されない[18]。朝鮮戦争を扱うカミングスの議論は、国際的資本と組織労働からなる民主党ニューディール連合と共和党主導の国内資本ブロックの利害対立というコーポラティズム的枠組みで冷戦初期アメリカ外交政策の国内的起源を説明しながら、同時に資本主義世界システムの中核国としてのアメリカのグローバルな利害が、システムレベルでのアメリカ外交の制約要因となったと議論するものである。しかし具体的にどのようにして資本主義世界システムがアメリカ外交政策の制約・決定要因となるのかは明確ではない(19)。

以上概観したように、冷戦終焉以前に起源を持つ冷戦史の説明枠組みには、二つの争点となる軸があった。一つは、地政学的要因を重視して冷戦を権力政治的対立と見るか、社会経済的要因を重視して冷戦をイデオロギー的対立と見るかという軸であり、もう一つは、冷戦期アメリカ外交政策の起源として国内的要素を重視するか、国際システムレベルの要素を重視するかという軸である。いずれにせよ、アメリカの行動をいかに説明するかという問題意識に突き動かされた研究が中心であった。西欧同盟国や第三世界が冷戦の起源と変容に果たした役割が無視されていたわけではないが、それらは冷戦の「舞台」という位置づけであった。冷戦史はアメリカ外交史の一ジャンルとして始まり、その内部にほぼとどまっていた。

3　冷戦終焉後——冷戦史研究の多様化

「新しい冷戦史」——冷戦史研究の視野の拡大とイデオロギーの復権

冷戦は、その終焉に伴い、始まりと終わりを有する「歴史」となった。この認識に基づき、安定的システムとしての冷戦像ではなく、起源と終焉とその間に生じた変容を説明し、「冷戦とは何だったのか」という問いかけに答える「新しい冷戦史」が要求されることになった。対象と手法の拡張によりこの要請に応える試みが急激に拡大した。旧共産圏などの新たに開示された史料を実証的に分析することにより、冷戦史をめぐる新たな事実を描き、かつての記述を改める試みがなされた。空間的視野を拡大し、マルチアーカイヴァル・アプローチを用いた冷戦史を求める声も高まった。これらの多くは、手法面では公文書史料類に依拠した伝統的外交史の拡張であるが、その成果は多数出現し、今も出現し続けている。この変化の結果、冷戦史研究の「国際史」(インターナショナル・ヒストリー)

化が進展し、同盟国間の相互関係、中枢から周辺への視野の拡大が進展した[20]。

対象の拡大は、冷戦という経験が何を意味したのかという問いかけに多様な回答をもたらし、冷戦に関与した人々が抱いた理念や信条など、ポスト修正主義が冷戦史研究の主流となる過程で排除されたイデオロギー的要素に注目する動きも高まった。歴史学・社会科学全体の研究手法の拡大が冷戦史研究にも反映され、変化を説明する変数として、理念や信念、価値体系など非物質的・非地政学的な要因が果たした役割が（再）重視され、それらを反映する文化的・社会的要素や科学技術への注目が増大した。一方で、より大きな視点から冷戦の全容を位置づける問題意識も高まった。脱植民地化、グローバル化、科学技術の発展など二〇世紀の世界が経験した大きな歴史的変化と対比する形で冷戦を相対化することを意図した、多様なアプローチが冷戦史研究に取り込まれた[21]。

冷戦史の文化的転回と「もう一つの冷戦史」――冷戦概念の拡大

一九八〇年代末から九〇年代初頭、冷戦終焉と前後して登場し、アメリカ外交史としての冷戦史研究とは異なる新たな潮流となったのが、とくにアメリカ史研究における「文化論的転回」、ポストモダニズム的視点に立つ文化・社会研究の台頭を受けた、社会史・文化史的立場からの冷戦史へのアプローチである[22]。高田は、視野の拡大や新史料の利用にもかかわらずなお外交史的色彩の強い冷戦終焉後の「新しい冷戦史」とは基本的に異なる、こうした文化史的冷戦史を「もう一つの冷戦史」として分類することを提唱している。それは冷戦がいかに文化を形成したか、文化がいかに冷戦を形成したかを分析するものであり、九〇年代後半から二一世紀にかけて、ポストモダニズム、カルチュラルスタディーズ、ポストコロニアリズム、ジェンダー研究などから理論的・手法的な影響を受ける形で定着した。大衆文化や社会風俗、芸術作品などオルタナティブな史料を読み解き、公的領域だけではなく私的領域の中にも「冷戦」が探し求められた。言語や言説による差異化作用が注目され、政策決定者の言葉は性的なあるいは病理学的な隠喩として読み解かれ、政策決定者たちが多様な「文化的」前提のもとに活動することが明らかにされた[23]。

これらの研究が前提とする、言語や言説は現実形成能力・差異化作用を持つという一般的主張には強い説得力がある。しかし伝統的な外交史的冷戦史研究の側からは、その理解を政策決定過程に結びつけるうえで、文化主義的冷戦史研究の主張は実証的に不確実であり、文化の特権化、文化還元主義であるとの批判もある。(24)

そもそもポスト構造主義的な真実の決定不可能性という立場から営まれる限り、これら研究群が提示する冷戦史理解は常にオルタナティブなものである。ポスト構造主義的立場から冷戦初期アメリカ外交政策を記述したキャンベルは、アメリカ外交の目標はアメリカの政治的アイデンティティの生産・再生産のために必要な対外的脅威の創造であるとの立場から、政策決定者たちの言説を読み解く。キャンベルにおいて記述の目的は、過去についての真実を確定することではなく、議論と解釈の多元性を通じて現在における多様性と寛容性をもたらすことである。(25)このような立場に立つ限り、主流派的冷戦史との間で記述の当否を競うことはそもそも意図されていないことになる。

長期的歴史変動と冷戦——冷戦史のグローバルな転回

近年の冷戦史研究においては、個別具体的な問題を扱いながらも同時に、歴史的事象としての冷戦をより長期的な歴史的変容の「文脈」にどう位置づけるのか、先行する変化、並行した変化、後に続く変化と冷戦はどういう関連を有するのかという点を考慮することも意識され始めている。ウェスタッド曰く「我々は、過去を形成してきた長期的な政治的・軍事的展開だけでなく、より広い社会、経済、そして知性の歴史の趨勢と冷戦下の対立がいかに結びつくのかを示さなくてはならない」のである。(26)

この視点に立つ研究成果は多種多様なものとなる。ウェスタッド自身は『グローバル冷戦史』において脱植民地化という長期的変動と冷戦を結びつけた。(27)もちろん、冷戦がなぜ生じ、なぜ変容し、なぜ終焉したのかという伝統的な冷戦史における中心的疑問に答えるうえでも、グローバルな長期的変化の流れに冷戦を位置づけて考察することは有効であろう。(28)

全体として、こうした作業は、田中が言うように「冷戦史をグローバル・ヒストリーとして再構築」する試みの中に位置づけることができるだろう。田中は、レイノルズによる *One World Divisible: A Global History since 1945* をその代表例とするが、そこでもなお冷戦期の巨大な社会経済的変動と地政学的・イデオロギー的対立としての冷戦の関連は十分に考察されていないと評している。社会経済的変動が主権国家を、あるいは個々人の安全保障観・国際政治観をどう変容させ、それが冷戦にどう影響したのか、脱国家的関係が冷戦をどう変容させたのか、個別の実証的研究を通じて「総合化」を試みる必要があると田中は主張する。(30)

しかし、はたしてそのような「総合」が可能か、あるいは望ましいかという点も考える必要がある。ポスト修正主義、コーポラティズム、世界システム論など冷戦終焉以前のアプローチは多かれ少なかれ「総合」を志向する試みであったが、冷戦終焉後の冷戦史研究においてもなお「総合」を目指すべきなのかは議論の余地がある。異なる空間で展開された異なる歴史の集積であるグローバルな世界を対象とする以上、グローバルな歴史自体が多様な問題関心からアプローチされるべきものであり、容易に「総合」することは困難である。むしろ冷戦史のグローバル化とは、「冷戦とは何か」という認識そのものについて、単一かつ大文字の The Cold War を、様々な場所で様々な人々が様々な目的のために戦った複数の「冷戦」群へと解体することを意味すると考えるべきではないだろうか。

冷戦史研究の多様化をめぐる議論——冷戦史の「脱中心化」と「中心化」

冷戦終焉前の冷戦史研究が進行中の冷戦状況に呼応したものであったように、冷戦終焉後の冷戦史研究も、今日の世界が経験しつつある変容を反映せざるを得ない。冷戦史研究の多様化はまさに、冷戦後の世界における国内的・国際的な争点ないしイッシューの多様化に呼応したものと言える。結果として今日、代表的な冷戦史研究者の間では、過去の冷戦史研究の系譜とそれがはらむ問題についての理解は相当程度共有されているが、現在の研究状況をどう系譜づけ、今後いかなる方向を目指すべきかという問題意識においては大きな相違が存在する。

一例としてステファンソンは、冷戦終焉後の冷戦史研究の多数派が共有するのは、大きな広がりを持ち多様な定義が可能な曖昧なラベルとして「冷戦」を扱う「不定形の合意」(amorphous convention) であり、冷戦を自明視し、それが本来いかなるものとして始まったのか問うことを拒み、その本質への理解を見失わせていると批判する。むしろ必要なのは極限的なまでに純粋な冷戦理解の追求であり、それはすなわち徹底的にアメリカ的なイデオロギー的企てとして冷戦を理解することであるというのが、ステファンソンの主張である[31]。ステファンソンによれば、冷戦は伝統的意味での戦争状態ではないが平和的外交交渉による和解の可能性も存在しない対立状態であり、一九四七年から五〇年にかけ、孤立主義を根絶しアメリカのグローバルな関与を永続化するために、トルーマン政権中枢の国際主義者によってイデオロギー的言説を用いる形で造り出されたものである。それゆえ冷戦は六〇年代以降米ソ間に交渉可能性が生じた時点で別の存在へと変容し、デタント進展に伴い、「冷たい平和」ないし米ソ間の国際管理システムへと変質する形で終焉したとされる（さらに後、冷戦はレーガンにより短期間「再発明」される）。つまりきわめて狭義で非連続的な冷戦観である[32]。

ステファンソンの立場は、冷戦の本質は超大国による第三世界への介入であり、デタントが進展した時期もまさにそのような介入が拡大したがゆえに冷戦は強化されたとするウェスタッドの主張と対立する。ステファンソンは、ウェスタッドの議論は、冷戦を自明視せずそこに意味を与えようとする点で「不定形の合意」を乗り越える試みではあるが、最終的には冷戦史を「脱中心化」する過程で、全てを西洋植民地主義とその結果に還元し、冷戦から本来の意味を剝奪してしまうと批判する[33]。これに対してウェスタッドは、ステファンソンによる冷戦史の「中心化」はアメリカ還元主義に他ならないと反論し、戦後国際史を多元化するために冷戦という概念を利用する、多元主義的冷戦史のアプローチを擁護する[34]。

しかし、冷戦の中心にアメリカが存在し、脱中心化された冷戦史が冷戦の本質を見失わせるというステファンソンの認識は、冷戦はその事象としての巨大さゆえに多様な解釈の載る器であり、（中心からのアプローチも含む）多元的アプローチによってこそ、その本質の理解が深まるとするウェスタッドの立場に内包可能である。冷戦終焉後の冷戦史へのアプローチは、程度の差はあれ冷戦史をより広い文脈の中で理解すること、すなわち冷戦史を相対化する必要性を認識したうえでなされるものである。であれば、ウェスタッド的立場とステファンソン的立場の相違は、冷戦史はどこまで相対化されなくてはならないのかという問題に置き換えることもできる。「強い相対化」を求める立場と「弱い相対化」しか認めない立場の相違といっても良い。相対化はそれ自体が目的ではなく、適切な冷戦理解のためになされる操作である（したがってその結果が、アメリカ中心的冷戦理解の有効性を再確認する可能性もある）。次節では、この冷戦史の相対化の問題を含む、冷戦史の近現代史研究における位置づけの問題を考える。

4　冷戦史の相対化と脱冷戦的世界認識に基づく新しい冷戦史の可能性

「世界大戦」と「冷戦」

冷戦史の相対化を考えるうえでまず必要なのは、時間的な相対化、つまり冷戦を連続する歴史的変容の一部として位置づけるか、それとも非連続的な存在として扱うのか、という視点であろう。

連続体の中の冷戦という視点に立つ場合、まず考えられるのは、先行する巨大なコンフリクトである二つの大戦の延長に位置するものとしての冷戦である。多くの冷戦史研究は第二次世界大戦末期を除けば、冷戦に先行する歴史に言及することは少ないし、冷戦と大戦を対比する試みもほとんどなされてこなかった。過ぎ去ったばかりの大量殺戮と大量破壊の記憶もさめやらぬうちに出現した冷戦は、その登場直後から、超大国が君臨し核兵器という新たな恐怖が支配する、新たな世界の新たな種類の闘争であることが強調されていたようである。しかし、冷戦が、先行する巨大な破壊と殺戮の経験にどう影響されたのか、大量動員と大規模なプロパガンダと市民生活の隅々まで及ぶその支配力という共通性を超えて大戦との間にいかなる相違点を有したのかを考えることにより、冷戦は歴史的事象として特権的な検討の対象となり得るのか、なるべきなのかを考えることができるはずである。(35)

「アメリカ史」としての冷戦史

地理的・空間的な意味で冷戦史を相対化する試みはすでに述べたように、冷戦終焉後様々な形でなされてきた。

それはすなわち、アメリカ外交史の一ジャンルとして開始された冷戦史研究の脱中心化を図る試みであり、その是非をめぐる対立が前記したステファンソンとウェスタッドの論争である。[36] しかしアメリカ史としての冷戦史は複数ある冷戦史の一つに過ぎないという立場を受け入れたとしてもなお、冷戦史におけるアメリカの特権性を完全に否定することは難しいであろう。冷戦の起源がアメリカ的企てに還元しきれないとしても、冷戦の開始・変容・終焉いずれも、アメリカがそれを認めることにより「公式化」されたものである。より実際的に言えば、アメリカ中心的視点を取ることにより、冷戦の記述と理解が容易になることは否定しがたく、それ自体は多様な視点の中の一つであるとの前提を忘れなければ、有効なアプローチとして否定しがたいものがある。[37]

ではアメリカ的営みとしての冷戦という理解ははたしてどこまでの妥当性を持つだろうか。アメリカ史としての冷戦史という拘束性への批判として生じた、国際史としての冷戦史、グローバル史としての冷戦史というアプローチはどこまで妥当するのだろうか。「長い二〇世紀」の歴史を、アメリカを核とするグローバルなシステムが形成されていく過程と見るならば、冷戦史をアメリカ史の一部と見なす認識も一定の妥当性を持ちはしないだろうか。ウェスタッドでさえ、「冷戦を含む二〇世紀の全体が、合衆国が興隆し、次第に国際的国家システムの鍵となっていったことにより特徴づけられる」のであり、「冷戦が終わりに向かうにつれ、アメリカの中心性はより明白になっていった」ことを否定しない。[38]

冷戦下の西側同盟内関係も、アメリカの台頭を前提としたヨーロッパ国際システムの再編という、長い物語の一部であり、冷戦史の少なくとも一部は、アメリカを中心とする米欧関係史あるいは近代国際システム形成史の最終章に吸収されるという見方も成立するかもしれない。[39] 冷戦はアメリカと世界の関係の制度化の一段階であった、あるいは世界がアメリカを受容する過程の一部であった、あるいはアメリカの政治的軍事的な関与と介入を通じてグローバルな資本の論理による支配が世界に拡散していく過程であったと考えることはできないだろうか。こうした疑問に答えるためにこそ、アメリカ史としての冷戦史というアプローチと、脱中心化された冷戦史、国際史化された冷戦史、グローバル化された冷戦史といった他のアプローチとの間での比較が必要になるであろう。

グローバルな・トランスナショナルな歴史の中の冷戦史

冷戦が生起した二〇世紀後半の世界は、すでに一九世紀以来の資本主義市場経済システムの拡大に牽引されたグローバル化の道を着実に歩んでいた。このグローバル化の過程で生じた多様な諸変化と並んで冷戦はどう位置づけられるのだろうか。冷戦を強く相対化しその歴史的特権性を引き剝がす、過激と言ってもよい近年の主張の一つが、長期的かつトランスナショナルでグローバルな諸変化の人類史的重要性を強調し、冷戦をそれらの「脚注」と位置づける入江の議論である(40)。

入江は戦後世界史において冷戦に中心的役割を与えることは、地政学的対立を特権化することであり、それは冷戦を正しく「歴史化する」(historicize)ことにはならない、と主張する。脱植民地化、国際機構や非政府間機構を通じた国際協力の発展、人権概念の普及、経済的グローバル化およびグローバルな環境イッシューの登場といったトランスナショナルな諸変化は、長期的には冷戦よりも重要な意味を持つ変化であるとされる。冷戦史研究を含む国際史研究においては、紛争や対立以外の側面における変化の重要性が過小評価されてきたというのが、入江の問題意識であり、冷戦史の多様化の一環としてこれらの変化を捉えるのではなく、これら諸変化の一側面として冷戦を位置づけるべきであるとされる(41)。

確かに、近年の冷戦史研究の拡大と拡散は、「脱中心化」を意図しつつも同時に、多様性の名の下にある種の包括性や万能性を「冷戦」というラベルに付与する傾向があるかもしれない。一時期の国際関係のあらゆる側面が、冷戦と関連づけられ冷戦の一部として説明されているのではないかとの印象すらある。二〇世紀後半の世界史を説明するうえで、コンセプトとしての「冷戦」には確実に有用性はあるだろうが、万能性はおそらくないはずである。その意味で入江の主張は、包括性と多元性を掲げる冷戦史は、国際史における「冷戦還元主義」に陥る危険があることを警告するものと言えるだろう。

多元主義と「周縁」からの冷戦史

現在の冷戦史研究全体に通底する傾向があるとすれば、それは、特定の冷戦理解に基づく研究アプローチではなく、総体としてのアプローチの多様性こそが、冷戦史研究の望ましい発展方向であるという認識に支えられた「多元主義的」な冷戦史研究であろう。それは、研究者間のコンセンサスを形成し特定の冷戦観への収斂をもたらすよりもむしろ、積極的にそこから遠ざかることによって、還元主義の罠を回避することを目指すものである[42]。

多元主義的なアプローチは、無限定な対象と方法の拡大により焦点を曖昧にするとの批判も可能であろう。しかし、冷戦の重層性、多様性を考慮するならむしろ、複数の解釈と多元主義的アプローチの動員以外にその性質の理解は困難と考えるべきではないだろうか。

もちろん、拡張された、あるいは多元主義的な、冷戦史へのアプローチがその有効性を高めるためには、一定の方向性を意識したある程度まで戦略的な視野の拡大が必要となるであろう。その一つの可能性が「周縁」からの冷戦史というアプローチである。同盟国、従属国、第三世界、人種、女性、貧困など、地政学的に、国内政治的に、経済的に、文化的に、冷戦下の世界において「周縁」化されてきた領域に注目することによって、伝統的な冷戦史が中枢に据えてきた対象への理解もまた促進されるのである。たとえば脱植民地化の進展と米ソによる介入の歴史が、第三世界諸国側の史料にまで視野を広げた実証的研究の対象となったのは、ごく最近のことである[43]。同様に、たとえば西側陣営内の冷戦をめぐる政治と先進資本主義諸国が経験した社会的・文化的変容との関連性に目が向けられるようになったのも近年のことにすぎない[44]。急速に拡大しつつあるとは言え、多元主義的な冷戦史へのアプローチはごく新しい営みである。その無限定性が批判される以前にまず、冷戦史は十分に拡張的であることを試みられるべきなのである。

「文脈化」された冷戦史――「冷戦」と「非冷戦」の境界

多元主義的な冷戦史研究におけるもう一つの方向性として考えられるのが、本書の採用する方針であり、それは、冷戦史を「文脈化」し、「冷戦」と「非冷戦」の境界を意識するアプローチである。「周縁」からのアプローチとは異なり、ここでは、対象が伝統的な冷戦史的意味での中枢に位置するか周縁に位置するかを選ぶことはない。冷戦史の中枢と思われる領域から周縁と思われる領域に至るまでの広大な領域に位置する多様なエピソードについて、改めて、その一つ一つがどのような歴史的文脈にあるのかを検討し直し、そのうえで、それらがいかなる意味で冷戦と関係を持つのかを検証するのである。これが、すなわち「文脈化」された冷戦史の構築であり、その過程では、個々の対象が「冷戦」と「非冷戦」の境界とどう関わるのかという問題を意識することが求められる。冷戦期の国際関係を彩った政治と経済、軍事と安全保障、文化と社会といった各領域に存在したイッシュー、アクター、関係、理念、対立は、それぞれが「冷戦」と「非冷戦」の垣根を跨いで存在するが、個別の事例研究において、対象が、どのような形で、この「冷戦」と「非冷戦」の境界を跨ぐのか跨がないのか、そのことを明らかにする試みはほとんどされていない。

そのような境界がどこに存在するのかという問題を意識しながら個々の対象を検討すること、すなわち、冷戦史の一部とされる事象を冷戦とは異なる歴史的文脈の中で見つめ直すこと、あるいは、冷戦史上の一部とされてこなかった事象を冷戦史の文脈に位置づけること、そのいずれの操作も、対象それ自体への理解を深めさせるとともに、冷戦史全体への理解を発展させるであろう。もちろん、どこからどこまでが冷戦かという単一の明確な境界は存在しない。冷戦自身がそうであるように、同じ一つの歴史的事象はほぼ常に異なる複数の歴史的文脈に位置すると考えるべきであり、冷戦史のエピソードを多様な形で「文脈化」することによってこそ、冷戦史研究は豊かさを増すのである。

そのようにして文脈化された冷戦史研究は、かつての冷戦史研究において明確に志向されてきた「総合」という問題にどう向き合うことになるのだろうか。特定の視点にのみ基づく還元主義的な冷戦史の説明は回避されるべきであるが、ポスト修正主義の一部や、修正主義の改良の試みの一部に見られたように、本来的に異なる分析枠組みに属する説明を安易に総合しようとしたところで、それは折衷にしかならない。(45)「首尾一貫した総合は限られた数の理論的に両立可能な要素のみで分析枠組みを構築する時にのみ可能」[46]なのであり、今日の冷戦史研究においてはすでに、冷戦はそのような限られた分析枠組み内に収まらない事象であるとの理解が共有されていると考えるべきである。冷戦史が複数の冷戦の歴史から成り立つものであると考えるなら、総合もまた複数の相互に独立した総合からしか成り立ち得ないということであり（そのようなものを総合と呼ぶ必要があるかはまた別の問題であるが）、それこそが多元主義的で文脈化された冷戦史理解の延長ではないだろうか。

5　本書の視角と構成

本書の視角

本書は、冷戦体制の形成期から一次史料に基づく実証的分析の蓄積が見られつつある一九八〇年代初めまでを対象とし、冷戦との関連性に応じて一四の事象を三分類し、関係諸国の各種アーカイブ収蔵文書類を一次史料として「冷戦」の様々な構成要素とそれらの間の関係を実証的に分析するものである。各章は、一次史料の分析を通じた最新の知見に基づき独自の議論を提示するが、執筆者は統一的テーマ・問題意識を広い意味で共有し、全体として冷戦および冷戦史への新たな理解をもたらすことを目指す。前記第4節後半で示した問題意識に基づき本書は三つの大きな対象領域を設定する。すなわち、近代以降の中長期的な歴史的変動の主要な三つの文脈（(1)二度の大戦を経て近代国際社会を形成した主要国民国家間の権力とイデオロギーをめぐる政治、(2)脱植民地化による世界地図の根本的変容、(3)それら二つの展開に影響され、かつ影響を与えた、国内の社会・文化の変容）に基づく三部構成とし、個別具体的な事象を事例として「冷戦」と「非冷戦」の境界（の有無やその相互の関連）を探るものである。

本書の構成

本書は以下の三部から構成される。それぞれの部においてはまず総説としてそこで取り上げられるテーマをめぐる冷戦史研究の動向と視角が説明され、各章の議論が紹介される。

第Ⅰ部は、西側先進国間の同盟政治と冷戦の関係を扱う。冷戦の論理により誕生しながら非冷戦の論理と交錯することにより変容をとげ、世界秩序のあり方にまで影響を与えた冷戦下の西側同盟内関係を対象とする。超大国アメリカと主要同盟国である西側先進諸国の関係に注目し、冷戦的要素と非冷戦的要素の双方が、冷戦の中枢に位置した西側同盟内関係にどのように反映されていたのか、冷戦の論理と非冷戦の論理が、いかなる相互作用を経て同盟内政治の展開に影響を与えていたのかを分析する。

第Ⅱ部は、脱植民地化の経験と冷戦の関係を扱う。非冷戦的な論理に突き動かされながら、冷戦の論理と積極的に関与し、グローバルなシステム構築の過程でもあり結果ともなった脱植民地化過程を対象とする。冷戦に先駆け開始され、次第に冷戦の論理に支配されていったと見なされることの多い脱植民地化過程が、実際にどこまで冷戦に拘束され、どこまで冷戦から自由であったのか、逆に脱植民地化はどのような意味で冷戦に影響を与えたのか（あるいは与えなかったのか）、両者の相互作用を重視しつつ分析する。

第Ⅲ部は、各国で展開された文化発信と冷戦の関係および冷戦が各国にもたらした文化的・社会的な影響を扱う。非冷戦的な論理と自由な結合を行いながら、冷戦の論理を載せる器ともなった文化と社会変容を対象とし、東西対立の諸相が東西諸国の様々な文化発信をいかに促したか、各国の社会構造の変化が東西対立の論理にどこまで影響されたのかを明らかにする。

これら異なる領域の多様な事例を扱うことにより、本書は、それぞれに異なる文脈を有する世界史の中長期的な変動（アメリカ史・ヨーロッパ史・米欧関係史の文脈、帝国史と脱植民地化の歴史・グローバル史の文脈、文化・社会史、さらに宗教、環境、人権、倫理、道徳の歴史など）の重要な交点に冷戦が位置を占めることを明らかにするものである。

註

（1）田中孝彦「冷戦史研究の再検討――グローバル・ヒストリーの構築に向けて」一橋大学法学部創立五十周年記念論集刊

行会編『変動期における法と国際関係』有斐閣、二〇〇一年。田中孝彦「序論 冷戦史の再検討」『国際政治』一三四号、二〇〇三年。田中孝彦「グローバル・ヒストリー――その分析視座と冷戦史研究へのインプリケーション」日本国際政治学会編『日本の国際政治学　第四巻 歴史の中の国際政治』有斐閣、二〇〇九年。菅英輝編著『冷戦史の再検討――変容する秩序と冷戦の終焉』法政大学出版局、二〇一〇年。菅英輝編著『冷戦と同盟――冷戦終焉の視点から』松籟社、二〇一四年。佐々木卓也『冷戦――アメリカの民主主義的生活様式を守る戦い』有斐閣、二〇一一年。高田、青野による冷戦史研究の現状と課題をまとめた論考も有益である。高田馨里「冷戦史研究の現在――アメリカ外交史研究とのかかわりから」『都留文科大学研究紀要』第六五巻、二〇〇七年。青野利彦「冷戦史研究の現状と課題」『国際政治』一六九号、二〇一二年。

（2）冷戦史研究のあり方をめぐるウェスタッドの主な議論とその成果は、O. A. Westad, 'Introduction: Reviewing the Cold War,' in O. A. Westad (ed.), *Reviewing the Cold War: Approaches, Interpretations, Theory* (London: Frank Cass, 2000); O. A. Westad, 'The New International History of the Cold War: Three (Possible) Paradigms,' *Diplomatic History*, vol. 24, issue 4 (2000); O. A. Westad, *The Global Cold War: Third World Interventions and the Making of Our Times* (Cambridge: Cambridge University Press, 2005)〔邦訳：O・A・ウェスタッド『グローバル冷戦史――第三世界への介入と現代世界の形成』（佐々木雄太監訳、小川浩之・益田実・三須拓也・三宅康之・山本健訳）名古屋大学出版会、二〇一〇年〕; O. A. Westad, 'The Cold War and the International History of the Twentieth Century,' in M. P. Leffler and O. A. Westad (eds.), *The Cambridge History of the Cold War*, volume I. Origins (Cambridge: Cambridge University Press, 2010); O. A. Westad, 'Exploring the Histories of the Cold War: A Pluralist Approach' in Joel Isaac and Duncan Bell (eds.), *Uncertain Empire: American History and the Idea of the Cold War*, (Oxford: Oxford University Press, 2012).

（3）Melvyn P. Leffler and O. A. Westad (eds.), *The Cambridge History of the Cold War*, 3 volumes (Cambridge: Cambridge University Press, 2010); Richard Immerman and Petra Goedde (eds.), *The Oxford Handbook of the Cold War* (Oxford: Oxford University Press, 2013); Steven Casey (ed.), *The Cold War* (London: Routledge, 2013); Artemy M. Kalinovsky and Craig Daigle (eds.), *The Routledge Handbook of the Cold War* (London: Routledge, 2014).

（4）Joel Isaac and Duncan Bell, 'Introduction,' in Isaac and Bell (eds.), op. cit., pp. 3, 5.

（5）ウェスタッド前掲書、四頁。

（6） Steven Hurst, *Cold War US Foreign Policy: Key Perspectives* (Edinburgh: Edinburgh University Press, 2005), pp. 6, 12–23; 高田前掲論文、一六二頁。Westad, 'The Cold War and the International History,' pp. 3–4; Westad, 'Introduction: Reviewing the Cold War,' p. 3. 代表的な正統主義冷戦史研究としては、W. H. McNeill, *America, Britain and Russia: Their Cooperation and Conflict, 1941–1946* (Oxford: Oxford University Press, 1953); Herbert Feis, *Churchill, Roosevelt, Stalin: The War They Waged and the Peace They Sought* (Princeton: Princeton University Press, 1957) など。

（7） Hurst, op. cit., pp. 21–24; 高田前掲論文、一六二頁。Casey (ed.), op. cit., p. 1; 現実主義の代表が、George F. Kennan, *American Diplomacy, 1900–1950* (Chicago: Chicago University Press, 1950); Louis B. Halle, *The Cold War as History* (London: Chatto and Windus, 1967).

（8） Hurst, op. cit., pp. 10–12, 24–25.

（9） Hurst, op. cit., pp. 6, 30; Westad, 'The Cold War and the International History,' pp. 4–5; Westad, 'Introduction: Reviewing the Cold War,' pp. 3–4; 高田前掲論文、一六二～一六三頁。Michael J. Hogan and Thomas G. Paterson, 'Introduction,' in Michael J. Hogan and Thomas G. Paterson (eds.), *Explaining the History of American Foreign Relations*, Second Edition (Cambridge: Cambridge University Press, 2004), p. 4.

（10） Hurst, op. cit., pp. 30–37, 42–48. ウィリアムズの代表的著作として、William Appleman Williams, *The Tragedy of American Diplomacy* (Cleveland: World Publishing Company, 1958). コルコの代表的著作として、Gabriel Kolko and Joyce Kolko, *The Limits of Power: the World and United States Foreign Policy, 1945–1954* (New York: Harper and Row, 1972).

（11） Hurst, op. cit., pp. 38–39, 48–51, 53–56.

（12） Hurst, op. cit., pp. 6–7, 61–63; 高田前掲論文、一六三頁。Westad, 'The Cold War and the International History,' p. 5; Westad, 'Introduction: Reviewing the Cold War,' p. 4.

（13） Hurst, op. cit., p. 68–70; 高田前掲論文、一六三頁。冷戦終焉前のギャディスの主な著作は、J. L. Gaddis, *The United States and the Origins of the Cold War, 1941–1947* (New York: Columbia University Press, 1972); J. L. Gaddis, *Strategies of Containment: A Critical Appraisal of Postwar American National Security Policy* (New York: Oxford University Press, 1982); J. L. Gaddis, *The Long Peace: Inquiries into the History of the Cold War* (New York: Oxford

University Press, 1987).

(14) 高田前掲論文、一六四頁。Hurst, op. cit., pp. 72–75; Melvyn P. Leffler, *A Preponderance of Power: National Security, the Truman Administration, and the Cold War* (Stanford, CA: Stanford University Press, 1992), pp. 3–23, 160–163.

(15) Hurst, op. cit., pp. 84–85.

(16) Hurst, op. cit., pp. 89–97. マコーミックとホーガンによるコーポラティスト的アメリカ外交史説明枠組みは、Thomas J. McCormick, "Drift or Mastery?" A Corporatist Synthesis for American Diplomatic History,' *Reviews in American History*, vol. 10, no. 4 (1982); Michael J. Hogan, 'Corporatism' in Michael J. Hogan and T. G. Paterson (eds.), *Explaining the History of American Foreign Relations* (Cambridge: Cambridge University Press, 1991). ホーガンによるマーシャルプラン研究は、Michael J. Hogan, *The Marshall Plan: America, Britain and the Reconstruction of Western Europe, 1947–1952,* (Cambridge: Cambridge University Press, 1987).

(17) Hurst, op. cit., pp. 97–100, 106–107; John Lewis Gaddis, 'The Corporatist Synthesis: A Skeptical View,' *Diplomatic History*, vol. 10, issue 4 (1986).

(18) Hurst, op. cit., pp. 110–122. マコーミックによる世界システム論に依拠する議論の代表は、Thomas J. McCormick, *America's Half Century: United States Foreign Policy in the Cold War and After* (Baltimore: Johns Hopkins University Press, 1995).

(19) Hurst, op. cit., pp. 124–133. カミングスの議論は、Bruce Cummings, *The Origins of the Korean War: Liberation and the Emergence of Separate Regimes, 1945–1947* (Princeton: Princeton University Press, 1981); Bruce Cummings, *The Origins of the Korean War, volume 2: The Roaring of the Cataract, 1947–1950* (Princeton: Princeton University Press, 1990).

(20) Westad, 'The Cold War and the International History,' p. 5; Westad, 'Introduction: Reviewing the Cold War,' pp. 3–6; 田中「冷戦史研究の再検討」、五二三〜五二四、五二九〜五三二頁。高田前掲論文、一六一〜一六二、一六四〜一六五頁。冷戦終焉後の冷戦史再記述の代表的事例として、J. L. Gaddis, *We Now Know: Rethinking Cold War History* (Oxford: Clarendon Press, 1997); J. L. Gaddis, *The Cold War: A New History* (London: Penguine, 2005).

(21) Westad, 'Introduction: Reviewing the Cold War,' pp. 9–10, 19; Westad, 'The New International History,' pp. 554–555;

Westad, 'The Cold War and the International History,' pp. 5–6; 高田前掲論文、一六三～一六六頁。田中「冷戦史研究の再検討」、五三〇～五三一頁。アメリカ外交政策決定エリート層のイデオロギーが冷戦に果たした役割を分析した冷戦後の研究として Anders Stephanson, *Manifest Destiny: American Expansion and the Empire of Right* (New York: Hill and Wang, 1995); Anders Stephanson, 'Liberty or Death: the Cold War as US Ideology,' in Westad (ed.), *Reviewing the Cold War*.

(22) 文化論的転回については、Robert Griffith, 'The Cultural Turn in Cold War Studies,' *Reviews in American History*, vol. 29, no. 1 (2001).

(23) 高田前掲論文、一六三～一六四、一六六～一六九頁。Hurst, op. cit., pp. 151–153; Griffith, op. cit., p. 150; Frank Costigliola and Thomas G. Paterson, 'Defining and Doing the History of the United States Foreign Relations: A Primer,' in Hogan and Paterson (eds.), op. cit.; 田中「冷戦史研究の再検討」、五三一頁。カルチュラルスタディーズに影響された言説分析的手法による冷戦史の再読解として、G. S. Smith 'National Security and Personal Isolation: Sex, Gender and Disease in the Cold War United States,' *International History Review*, vol. 14, no. 1 (1992); E. S. Rosenberg, 'Foreign Affairs after World War Two: Connecting Sexual and International Affairs,' *Diplomatic History*, vol. 18, issue 1 (1994); Frank Costigliola, 'Unceasing Pressure for Penetration: Gender, Pathology and Emotion in Geroge Kennan's Formation of the Cold War,' *Journal of American History*, vol. 83, no. 4 (1997); Robert Dean, 'Masculinity as Ideology; John F. Kennedy and the Domestic Politics of Foreign Policy,' *Diplomatic History*, vol. 22, issue 1 (1998). 八〇年代末から二一世紀初頭の代表的な文化史・社会的冷戦史研究として、Elaine Tyler May, *Homeward Bound: American Families in the Cold War Era* (New York: Basic Books, 1988); Stephen J. Whitfield, *The Culture of the Cold War* (Baltimore: Johns Hopkins University Press, 1991); Christian G. Appy (ed.) *Cold War Constructions: The Political Culture of United States Imperialism, 1945–1966* (Amherst: University of Massachusetts Press, 2000); John Fousek, *To Lead the Free World: American Nationalism and the Cultural Roots of the Cold War* (Chapel Hill, NC: University of North Carolina Press, 2000); Ron Robin, *The Making of the Cold War Enemy: Culture and Politics in the Military-Intellectual Complex* (Princeton, NJ: Princeton University Press, 2001); Patrick Major and Rana Mitter (eds.), *Across the Blocs: Cold War Cultural and Social History* (London: Cass, 2004) など。二一世紀以降文化的「冷戦」史の対象は家電製品、建築、大衆

雑誌、旅行、人種などさらに拡大していく。Ruth Oldenziel and Karin Zachmann, *Cold War Kitchen: Americanization, Technology, and European Users* (Cambridge, MA: MIT Press, 2009); Annabel Jane Wharton, *Building the Cold War: Hilton International Hotels and Modern Architecture* (Chicago: University of Chicago Press, 2004); Joanne Sharp, *Condensing the Cold War: Reader's Digest and American Identity* (Minneapolis: University of Minnesota Press, 2000); Chris Endy, *Cold War Holidays: American Tourism in France* (Chapel Hill, NC: University of North Carolina Press, 2004). Thomas Borstelmann, *The Cold War and the Color Line: Amelican Race Relations in the Global Arena* (Cambridge, MA: Harvard University Press, 2003) など。

(24) 高田前掲論文、一六七～一六九頁。Hurst, op. cit., pp. 153–157, 160–162.

(25) Ibid., pp. 140–148; David Campbell, *Writing Security: United States Foreign Policy and the Politics of Identity* (Manchester: Manchester University Press, 1992), pp. 8, 12, 245–259.

(26) Westad, 'The Cold War and the International History,' p. 2.

(27) なおウェスタッドは冷戦に影響したもう一つの長期的変化として科学技術の成長を指摘している。近代化を求める動きの世界的拡散である脱植民地化、近代性の象徴である科学技術の進歩という二つの長期的変化が生じた世界の中で、米ソが競合する形で近代化を支える理念とモデルを提供したのが冷戦であったという議論である。Ibid., pp. 10–14.

(28) ウェスタッドは、投票権の拡大、資本主義市場経済システムの拡散、植民地主義の終焉という、二〇世紀後半生じた三つの根本的変化により、冷戦の終焉は説明されるとしている。Ibid., pp. 17–19.

(29) David Reynolds, *One World Divisible: A Global History since 1945* (London: Penguin, 2000).

(30) 田中「冷戦史の再検討」、六～七頁。田中「冷戦史研究の再検討」、五三四～五三五頁。田中「グローバル・ヒストリー」も参照。青野もそれが困難であるとしても冷戦の全体像を問うこと、すなわち総合の試みが必要ではないかと主張している。青野前掲論文、一六一頁。

(31) Anders Stephanson, 'Cold War Degree Zero,' in Isaac and Bell (eds.), *Uncertain Empire*, pp. 21–23.

(32) Ibid., pp. 25–40.

(33) Ibid., pp. 40–43.

(34) Westad, 'Exploring the Histories of the Cold War,' pp. 51–56.

(35) ウェスタッドは、大戦と冷戦の関連について、世界大戦は国家安全保障の強調をもたらし、大量動員を可能にする国家機能の拡大という点で冷戦を準備するうえで決定的役割を果たしたことを指摘している。同時に彼は、両者の相違として、ナショナリズムの戦いであった大戦と普遍的理念をめぐる争いであった冷戦との争点となった理念の違いを指摘している。Westad, 'The Cold War and the International History,' pp. 9–13.

(36) 高田前掲論文、一六九～一七〇頁もこのアメリカ史としての冷戦史の相対化の必要性を指摘している。

(37) たとえば、佐々木前掲書。

(38) Westad, 'The Cold War and the International History,' pp. 10–11.

(39) 本書第Ⅰ部第四章はこのような視点に基づくものである。

(40) Akira Iriye, 'Historicizing the Cold War,' in Immerman and Goedde (eds.), op. cit., pp. 15–31.

(41) Ibid., pp. 15–30.

(42) Westad, 'Exploring the Histories of the Cold War,' pp. 56–58.

(43) Richard Immerman and Petra Goedde, 'Introduction,' in Immerman and Goedde (eds.), op. cit., pp. 6–8.

(44) たとえば、Jeremi Suri, *Power and Protest: Global Revolution and the Rise of Detente* (Cambridge, MA: Harvard University Press, 2003).

(45) Hurst, op. cit., pp. 167–170.

(46) Ibid., p. 169.

第Ⅰ部　西側同盟内関係と冷戦

NATO 条約を執行する文書に調印するトルーマン大統領
（背後には NATO 加盟国の大使や公使）（1949年 8 月24日）

第Ⅰ部総説　同盟から冷戦を考える

青野利彦

1　問題の所在

冷戦期の同盟内政治は、冷戦後各国史料が公開されたことで最も研究が進んでいる分野である。しかしその多くは政策決定過程の実証研究にとどまり、分析結果に基づいて冷戦の全体像を再構成したり、その歴史的意義を問うに至っているものは少ない(1)。それゆえここでは、同盟に着目して冷戦史を研究する意義について改めて考えてみたい。以下では、まず同盟内政治や同盟国の外交政策を検討することで冷戦の何が明らかになるのかを検討し、次にそれをより長期の史的文脈に位置づける意義を論じる。最後にそれを踏まえて、第Ⅰ部の各章の概要を紹介する。

2　東西冷戦と同盟内政治

米ソ冷戦史観における同盟国

冷戦史における同盟（国）の意味を考えるためにまず、いわゆる「米ソ冷戦史観」における同盟（国）の位置づけを検討しよう。ここでは便宜的に、その代表例としてウォルツとギャディスの議論を取り上げる。

ウォルツとギャディスは冷戦期国際システムの特徴を、米ソ二極構造とそれに起因するシステムの安定性や大国間戦争の不在に見出している。ウォルツによれば、二極構造下の米ソは、相互の相対的な国力の判断を誤ることが少なく、不確実性や誤算が減少して両国間の勢力均衡は安定しやすい。ギャディスも、戦後の「長い平和」の理由を二極構造と核兵器の存在、米ソ間の暗黙のルール等に求めている。このような二極構造の下では、米ソと同盟国の国力格差は非常に大きく、同盟国の安全保障上の寄与は超大国にとって不可欠なものではない。それゆえ米ソが同盟国の意見を重視する必要性は低い。また同盟国が安全保障において米ソに依存しているため、超大国が同盟国との連携を維持するうえでの大きな障害も存在しない(2)。つまりここでは、国際システムの特徴は米ソ両国の認識と行動に還元され、東西双方の同盟諸国は米ソによって行動を管理されるか、その意向を無視できる存在として想定されているのである。

冷戦のアクターとしての同盟国

しかし一九九〇年以降、このような見方に疑義を唱えるような研究が数多く出ている。たとえばダイトンは、ドイツ分断を主導したのはイギリスであったとして、冷戦の起源におけるイギリスの役割を強調する(3)。また西欧諸国が、経済復興や安全保障に関するアメリカの西欧関与を確保するため西側同盟の形成を主導したこともしばしば指摘されてきた(4)。さらにソ連に対する東ドイツの圧力が、五〇年代末以降、二度のベルリン危機を引き起こし、「壁」の建設につながったとの指摘もある(5)。東西の同盟諸国は冷戦構造の形成や国際危機の発生に重要な役割を演じたのである。

一方、同盟諸国が東西間の緊張緩和を促し冷戦構造を変容させてきたことも指摘されてきた。たとえばオリヴァーは米英ソ間の核実験禁止交渉について、何度も暗礁に乗り上げた交渉を継続するようケネディ大統領を説得し続けたマクミラン英首相の姿を描いている。六〇年代後半にドゴール仏大統領のデタント政策は失敗したが、それはニクソン政権のデタント政策やブラント西ドイツ首相の東方政策の先例となった。そして東方政策は、それまで東西ヨーロッパ間のデタントを妨げていたドイツ・ベルリン問題に暫定的解決をもたらし、全欧安保協力会議の開催を頂点とする多国間のヨーロッパ・デタントへの一歩となった(6)。

このように東西の同盟国は、しばしば米ソとは異なる情勢認識や利害を持って行動し、パワーの格差にもかかわらず超大国に一定の影響力を行使していた。また米ソも同盟国の意向を無視できなかった。このことは同盟内政治の検討が東西関係の展開の理解にとって有益なことを示している。

同盟内部における管理・統制・制度化の力学

同盟の機能的側面に注目すれば、多くの同盟は「個々の同盟参加国の利益を促進する形で参加国の能力を結合させる」ことを目的とした[7]、「能力集積、集団防衛、戦争、安全保障、そして権力外交の手段」である[8]。しかし同盟には「管理・統制手段」としての側面もある。それは(1)同盟内のパートナーの行動を抑制・統制したり、(2)国際システムの管理や紛争回避のために、敵対国とグループを形成したり和解するための手段としての同盟である。この点に着目すれば、A国がB国からの脅威を感じた場合、(a)B国に対する同盟を第三国と結ぶこともあれば、(b)B国と同盟を結ぶこともあると言えよう[9]。

事実、北大西洋条約機構（NATO）の目的は、対ソ安全保障と同時に同盟国である西ドイツを統制するための「二重の封じ込め」にあった[10]。また西欧からすればNATOは、アメリカの対ソ・対独防衛上の関与を制度化し、それを長期的に確保する手段であった[11]。

しかし西欧諸国はアメリカと同盟を結ぶことで「同盟政治のセキュリティ・ディレンマ」に直面させられる。危機的状況下でアメリカに「見捨てられ」たり、望まない紛争に「巻き込まれる」可能性である[12]。そのため朝鮮戦争やベルリン危機の際、西欧諸国はアメリカの強硬な態度を抑制し、交渉による解決へと誘導するような危機管理外交を行った[13]。

五〇年代後半に入り、同盟の弛みが問題になり始めると、その政治的基盤を再構築する努力がなされた[14]。たとえば米ソの核軍拡が進んだ五〇年代後半以降、アメリカがソ連の対米核攻撃のリスクを冒しても西欧を防衛するのかという、拡大抑止の「信頼性」が問われるようになった。そのためアメリカはNATO核共有措置などによって信頼性を確保し、同盟を維持・強化しようとした[15]。またドゴールのデタント政策とNATO軍事機構脱退は西欧社会にNATOの正統性への疑念をもたらしたが、この時米英は協調して対応した。また同じ時期のアルメル研究は、NATOの存在意義を再定義して、その政治的基盤を形成しなおすことに成功した。NATOに対するドゴールの挑戦は、西側同盟の強化をもたらしたのである[16]。

制度化や再定義による同盟維持の試みは日米・韓米間でも行われ、両同盟は冷戦後も存続している。しかし同様の試みがなされなかった米・東南アジア諸国間の同盟は七〇年代以降、次々に崩壊した[17]。また中ソ同盟は成立当初から制度的基盤が弱く、そのことが中ソ対立の遠因となったとも指摘されている[18]。

このようにひとくちに「冷戦期の同盟」と言っても、それが実際に果たした役割やその制度化の程度は実に様々であった。前項で論じたように、同盟内政治の展開はしばしば東西関係の展開に影響を与えた。だとすれば、各陣営内部の政治力学を、同一陣営内での地域差や東西間での相違を念頭において比較したり、それを東西関係の史的展開の中に位置づけていくことは冷戦史研究の重要な課題だと言える。

アメリカ外交の拘束要因としての同盟関係

冷戦期の同盟関係を考えるうえでは、アメリカの認識レベルでの同盟関係の重要性も見逃せない。これを如実に示すのがアメリカの「信頼性」へのこだわりである。

すでに見たように一九五〇年代以降、米欧間では拡大抑止の信頼性をめぐる議論が生じた。またジョンソン政権は、同盟国に対する信頼性にこだわってヴェトナムへの介入を深めていったといわれる。重要なのは、アメリカが拘泥する信頼性と同盟国の期待するそれが必ずしも一致しなかったことである。ケネディ・ジョンソン政権が拡大抑止の信頼性を維持するために柔軟反応戦略を採用したのに対し、西欧諸国は大量報復戦略の方が抑止の信頼性が高いと考えていた。またジョンソン政権は北ヴェトナムとの交渉が信頼性の喪失をもたらすと考えていたが、同盟国はそのようには見ていなかった[19]。

なぜアメリカは信頼性に固執したのか。ジャーヴィスは、ここには対外行動の失敗や敗北が、将来、敵のさらなる要求や同盟国の離反を招くという「ドミノ信条」が作用しており、これは二極状況下では、多極状況下よりも強力に作用すると指摘する[20]。なぜなら核兵器の使用が困難な相互抑止状況下では、米ソ間の対抗関係も同盟国に対する信頼性の供与も心理的な側面が重要になるからである[21]。また世界大の同盟網の中心に位置するアメリカは、個々の同盟国に対する脅威を同盟網全体へのそれと認識しがちとの指摘もある[22]。だとすれば米ソ二極史観の見方とは反対に、冷戦期の国際システムの特質こそがドミノ信条のような対外認識枠組みを形成し、同盟関係をアメリカ対外行動の拘束要因にしたことになる。このように冷戦期の同盟関係が超大国に与えた影響の特質を精査し、他の時代のそれと比較することもまた、冷戦を理解するうえで有益な作業だと言えよう。

3　歴史の中の冷戦と同盟国

歴史的なアクターの相互作用としての同盟関係

ここまで外交・軍事領域における同盟関係を分析する意義を論じてきた。しかし近年、冷戦をより長期の史的文脈に位置づけることで冷戦の歴史的意味を再検討したり、その歴史的重要性を相対化するが試みがなされている[23]。これを念頭に本節では、各国の国際・外交経験と国際経済という、二つのより長い歴史の文脈の中に冷戦期の同盟関係を位置づける意義について検討してみよう。

すでに見たように、米ソの同盟国はしばしば米ソと異なる状況認識や利害関係に基づいて行動していた。このような認識や対外行動の差異はなぜ生じたのか。リアリストのようにこれを、パワーの配分状況や地政学上の位置といった外的環境に対する各国の反応と見ることも可能であろう。しかし近年の研究が強調する「イデオロギー」の重要性も看過できない。ここではイデオロギーを、政策決定者が世界・外界を理解し、何が国益であるかを判断するための認識枠組みを形成する「明示的な思想や暗黙の前提」と定義しておくが[24]、これは冷戦期以前の国際関係における各国の経験やその中で培われた自己規定（ナショナル・アイデンティティ）、外交的伝統を反映したものである。さらに各国の対外行動は、イデオロギーに規定される対外・国益認識だけではなく、国内政治体制や文化的要素にも影響される。[25]このように見れば、各国の対外行動を外的環境への反応としてのみ捉えることは困難になる。

冷戦期米ソの対外行動が、その歴史経験を反映するものであったことはよく指摘される。[26]これはイギリスにも当てはまる。たとえばケントは、帝国権益の維持を図ったイギリスとソ連の利害対立が冷戦をもたらしたと論じる。またホワイトは、デタントの担い手たろうとしたイギリスの冷戦観・ソ連観には、ヨーロッパの伝統的な「レアルポリティーク」の観念が反映していたと指摘する。[27]

西ドイツも同様である。「ドイツ問題」はウェストファリア条約が締結されて以来存在し続けた、ドイツ人にとっての統一国家をめぐる問題であったと同時に、ヨーロッパ諸国にとっての「安全と平和」の問題でもあった。[28]冷戦期の二重の封じ込めはその一つの帰結であるが、これは西ドイツの「自己封じ込め（self-containment）」によって補強されていた。アデナウアーは戦後、西側統合を通じて主権回復を目指すと同時に、第二次世界大戦の一つの原因となった戦間期の中立主義的外交の再発を防止しようとしていた。[29]冷戦期の西ドイツは、それ以前の自国の歴史と向き合っていた。そして、それが対外政策にも反映されたのである。

世界大戦の影響はアジアにも見られる。トルーマン政権は当初、アジア太平洋地域で多国間安全保障体制の構築を目指していた。しかし日本に侵略されたフィリピン、オーストラリア、ニュージーランドはこれに抵抗した。複数の二国間条約からなるハブ・アンド・スポーク型のアジア同盟体制もまた、冷戦以前からの史的文脈の中で形成されたと言える。[30]

このように東西の同盟内政治を、多様な歴史経験・自己規定・外交目標を持つアクター間の相互作用として捉えるなら、各陣営が「一枚岩」であったとの想定は困難になる。前節での議論を踏まえれば、多様な背景を持った諸国がなぜ同盟を構築し、またそれを変容・制度化させたのかを問うことが、冷戦期の同盟関係を見るための重要な視点となる。そしてこのような複雑な同盟内政治と東西関係の展開の相互作用を見ることで、冷戦の重層性――東西対立という「冷戦の論理」のみには回収できない、様々な要素や論理が織り込まれて冷戦期の国際関係が展開されたこと——の一端を明らかにできると考えられよう。[31]

外交・軍事と国際経済の交錯

冷戦は様々な形で西側資本主義経済の発展を後押しした。[32] しかし米英両国は、戦間期に崩壊した世界経済システムの再建に冷戦開始前から着手していた。また米英の努力は、一九世紀後半から模索されていた自由主義的国際秩序の形成過程の一部と見ることもできる。[33] 戦後米ソ対立が深まる中、アメリカは経済援助を通じて西欧や日本の経済復興を目指す一方、軍事防衛を提供した。その後西側は見事な復興と発展を遂げたが、それはアメリカ経済の相対的低下をもたらし、米欧・日米間では貿易収支や通貨をめぐる対立が生じ始めた。さらに脱植民地化や南北問題の発生を背景に資源ナショナリズムが台頭し、また技術発展によって先進国の経済・社会が高エネルギー消費を前提としたものとなると、エネルギーの確保が国家安全保障の大きな課題となった。このような国際的な経済問題が、軍事・外交問題に影響を与えたことが近年明らかにされている。

たとえばギャヴァンは、五〇年代後半以降、アメリカの西欧防衛関与のための対外支出が金準備の流出とドルの信認問題を招き、国際収支問題と在欧米軍削減問題がリンクして深刻な米欧対立をもたらしたと指摘する。[34] また、六八年にジョンソン政権がヴェトナム和平交渉を提案したのは、戦争終結へ向けた行動をとらなければ、危機的状況にあったアメリカ主導の国際金融システムが崩壊するという判断があったためという見解もある。[35] これらの研究は経済と軍事・外交領域を横断する形で生じた同盟内政治の力学を解明し、それを長期的な国際経済の変化の文脈の中に位置づけることが冷戦の実態解明の一助となることを示している。

4　各章の概要

以上の議論を念頭に、以下、第Ⅰ部の各章の議論を紹介したい。

第一章は、米ソ冷戦開始の号砲とも言えるトルーマン・ドクトリン演説の二カ月前（一九四七年一月）、すでにイギリスのアトリー政権が行っていた原爆開発決定について分析している。本章は、東地中海・中東地域における戦後秩序をめぐって深まりつつあった「英ソ」冷戦への懸念と、大戦中からイギリスが模索してきた英米間の原子力協力がアメリカに拒否されたことへの対応――独自の原爆を保有することで世界大国としての地位と対米影響力を確保し、英米原子力協力の復活を目指す――という非冷戦の論理の二つがこの決定に作用していたことを明らかにしている。

第二章は、キューバ・ミサイル危機における米英関係を事例に、冷戦下における同盟内政治の力学について試論を提示するものである。本章はイギリスが行使しようとした対米影響力の形を類型化しつつ、アメリカの政策決定に影響をもたらした認識上の同盟関係である「同盟要因」にも注目して、イギリスが「潜在的」には一定の影響力行使に成功していたと論じる。そのうえで本章は、アメリカが同盟要因に拘束され、米英間のパワー格差にもかかわらずイギリスが影響力を行使しえた理由を、冷戦構造の特徴との関連で説明しようとしている。

第三章は、ブラント政権の東方政策について独米間の意見調整に焦点を当てて論じたものである。本章は、ブラントが米英仏ソ四カ国に交渉推進への圧力を行使する一方、東方政策に対するアメリカの不信を払拭する努力を行うことで、歴史的なヨーロッパにとってのドイツ問題に向き合っていたことを明らかにしている。さらに本章は、東方政策の結果締結された諸条約の批准――すなわちドイツ統一へのあるべき道筋――に関する西ドイツの政党間対立と独米間の外交関係の相互作用に目を向けることで、ドイツ人にとってのドイツ問題の文脈と、東方外交をめぐる独米関係の文脈が交錯する姿を描いている。

第四章は、ヒース政権の通貨政策を分析することで、国際通貨体制と冷戦の相互関係について考察するものである。ヒース政権は、冷戦以前から続く長期的な国際経済環境の変化という文脈に適応すべく、通貨政策とEC加盟を通じて英欧・英米・米欧の関係性を再編しようとした。しかし国際通貨体制は、最終的にはドルを基軸とするものに収斂していった。この分析から本章は、デタントによりヨーロッパ国際秩序は冷戦の文脈では変容したが、グローバル資本主義経済の一部をなす米欧関係という非冷戦の文脈では、アメリカのヨーロッパに対する優位という既存の状況に変化が生じなかったと結論づけている。

第五章は、八〇年代初頭、ソ連・西欧間の天然ガスパイプラインに関する対ソ経済制裁措置をめぐって、米欧間、また西欧諸国間で発生した深刻な対立について分析するものである。この問題に注目することで本章は、米欧の対ソ脅威認識に相違をもたらした七〇年代以降のデタントという冷戦の文脈と、南北問題の浮上を背景に、石油危機が西欧にもたらした不況とエネルギー安全保障の重要性という、複数の歴史的文脈が交錯する姿を浮かび上がらせている。またこの意味で本章は、脱植民地化（第Ⅱ部参照）と西側同盟内政治、米ソ冷戦の文脈の交錯を描くものとも位置づけられよう。

以上の論考はいずれも、同盟関係に注目して冷戦史を問いなおすという問題意識に基づいて執筆されたものであるが、その切り口やテーマは多様なものとなった。このことはまさに、同盟関係への着目が、冷戦史の叙述や理解を豊かなものにすることを示していると言えよう。

註

（1）　菅も同様の点を指摘している。菅英輝「冷戦変容と同盟変容」菅英輝編『冷戦と同盟――冷戦終焉の視点から』松籟社、二〇一四年、一三頁。

（2）　ケネス・ウォルツ『国際政治の理論』（河野勝・岡垣知子訳）勁草書房、二〇一〇年、二二一～二二四頁。ジョン・ギャディス『ロング・ピース――冷戦史の証言「核・緊張・平和」』（五味俊樹・阪田恭代・宮坂直史・坪内淳・太田宏訳）（芦書房、二〇〇二年）。

（3）Anne Deighton, *The Impossible Peace: Britain, the Division of Germany and the Origins of the Cold War* (Oxford: Clarendon Press, 1990).

（4）Geir Lundestad, 'Empire by Invitation? The United States and Western Europe, 1945–1952,' *Journal of Peace Research*, vol. 23, no. 3 (1986).

（5）Hope M. Harrison, *Driving the Soviets Up the Wall: Soviet-East German Relations, 1953–1961* (Princeton: Princeton University Press, 2003).

（6）Kendrick Oliver, *Kennedy, Macmillan, and the Nuclear Test-Ban Debate, 1961–63* (London: Macmillan, 1997); Garret Joseph Martin, *General de Gaulle's Cold War: Challenging American Hegemony, 1963–1968* (Oxford: Berghahn, 2013); 妹尾哲志『戦後西ドイツ外交の分水嶺——東方政策と分断克服の戦略、一九六三〜一九七五年』晃洋書房、二〇一一年。山本健『同盟外交の力学——ヨーロッパ・デタントの国際政治史、一九六八〜一九七三』勁草書房、二〇一〇年。

（7）Stephen M. Walt, 'Why Alliance Endure or Collapse,' *Survival*, vol. 39, no. 1 (1997), p. 157.

（8）Paul W. Schroeder, 'Alliances, 1815–1914: Weapons of Power and Tools of Management,' in Klaus Knorr (eds.), *Historical Dimension of National Security Policy* (Lawrence: University Press of Kansas, 1975), p. 227.

（9）Ibid., pp. 230–231.

（10）Wolfram F. Hanrieder, *Germany, America, Europe* (New Haven: Yale University Press, 1987), pp. 6–11, 142–3.

（11）G・ジョン・アイケンベリー『アフター・ヴィクトリー——戦後構築の論理と行動』（鈴木康雄訳）ＮＴＴ出版、二〇〇四年、二〇七〜二一四頁。

（12）Glenn H. Snyder. 'The Security Dilemma in Alliance Politics,' *World Politics*, vol.36, no. 4 (1984).

（13）細谷千博『サンフランシスコ講和への道』中央公論社、一九八二年。John P. S. Gearson, *Harold Macmillan and the Berlin Wall Crisis, 1958–62: The Limits of Interests and Force* (Basingstoke: Macmillan, 1998).

（14）菅前掲論文、二一七〜二一八頁。

（15）小野沢透「アイゼンハワー政権とＮＡＴＯ——拡大抑止をめぐって」肥後本芳男・山澄亨・小野沢透編『アメリカ史のフロンティアⅡ　現代アメリカの政治文化と世界——二〇世紀初頭から現代まで』昭和堂、二〇一〇年、一六〇〜一八七頁。

(16) James Ellison, *The United States, Britain, and the Transatlantic Crisis: Rising to the Gaullist Challenge, 1963–68* (Basingstoke: Palgrave Macmillan, 2007); 齋藤嘉臣『冷戦変容とイギリス外交――デタントをめぐる欧州国際政治、一九六四～一九七五年』ミネルヴァ書房、二〇〇六年。

(17) ロバート・J・マクマン「ひ弱な同盟――冷戦下アジアにおけるアメリカの安全保障関係」菅編前掲書、一六九～二〇〇頁。吉田真吾『日米同盟の制度化――発展と深化の歴史過程』名古屋大学出版会、二〇一二年。

(18) 松村史紀「中ソ同盟の起点――緩やかな統制と分業」菅編前掲書、二〇一～二三〇頁。

(19) Jane E. Stromseth, *The Origins of the Flexible Response: NATO's Debate over Strategy in the 1960's* (New York: St. Martin's Press, 1988); Fredrik Logevall, *Choosing War: The Lost Chance for Peace in Vietnam* (Berkeley: University of California Press, 1999).

(20) Robert Jervis, 'Domino Beliefs and Strategic Behavior,' in Robert Jervis and Jack Snyder (eds.), *Dominos and Bandwagons: Strategic Beliefs and Great Power Competition in the Eurasian Rimland* (New York: Oxford University Press, 1991), esp. pp. 39–40. 超大国と同盟国の関係に関する理論研究の動向については、今田奈帆美『大国の不安と同盟国の影響力――ベルリン危機をめぐる米独関係』国際書院、二〇一一年、序論、一章。

(21) Robert Jervis, *The Meaning of Nuclear Revolution* (Ithaca: Cornell University Press, 1989), pp. 38–41, 180–185, 193–198.

(22) Arnold Wolfers, *Discord and Collaboration: Essays on International Politics* (Baltimore: The Johns Hopkins Press, 1962), pp. 210–211.

(23) たとえば、Akira Iriye, 'Historicizing the Cold War,' in Richard H. Immerman and Petra Goedde (eds.), *The Oxford Handbook of the Cold War* (Oxford: Oxford University Press, 2013), pp. 15–31.

(24) David C. Engerman, 'Ideology and the Origins of the Cold War, 1917–1962,' in Melvyn P. Leffler and Odd A. Westad (eds.), *The Cambridge History of the Cold War*, vol. 1 (Cambridge: Cambridge University Press, 2010), p. 20.

(25) 田中孝彦「インドシナ介入をめぐる米英政策対立――冷戦政策の比較研究試論」『一橋論叢』一一四巻一号、一九九五年、六〇～六一頁。Stanley Hoffmann, *Guliver's Troubles, or Setting of American Foreign Policy* (New York: McGraw-Hill, 1968).

（26）佐々木卓也『冷戦――アメリカの民主主義的生活様式を守る闘い』有斐閣、二〇一一年。O・A・ウェスタッド『グローバル冷戦史――第三世界への介入と現代世界の形成』（佐々木雄太監訳・小川浩之・益田実・三須拓也・三宅康之・山本健訳）名古屋大学出版会、二〇一〇年、一～二章。

（27）John Kent, *British Imperial Strategy and the Origins of the Cold War, 1944–1949* (Leicester: Leicester University Press, 1996); Brian White, *Britain, Détente and Changing East-West Relations* (London: Routledge, 1992).

（28）Peter Alter, *The German Question and Europe: A History* (London: Arnold, 2000), pp. 2–7.

（29）Hanrieder, op. cit., p. 7.

（30）マクマン前掲論文、一八三～一八六頁。

（31）ただし冷戦の重層性の問題は、同盟内政治のみならず、社会・文化的側面なども分析対象に含めて検討すべき課題であろう。この点について詳しくは、青野利彦「冷戦史研究の現状と課題」『国際政治』一六九号、二〇一二年、一五六～一五九頁。

（32）Eric Hobsbaum, *The Age of Extremes: A History of the World, 1914–1991* (New York: Vintage, 1996), pp. 257–286, esp. pp. 275–276.

（33）G. John Ikenberry, 'The Restructuring of International System after the Cold War,' in Leffler and Westad (eds.), op. cit., vol. 3, pp. 535–538.

（34）Francis J. Gavin, *Gold, Dollars, & Power: The Politics of International Monetary Relations, 1958–1971* (Chapel-Hill: University of North Carolina Press, 2003).

（35）森聡「一九六〇年代後半の国際金融危機とベトナム戦争――ジョンソン政権期の対応策」『アメリカ史研究』三五号、二〇一二年、五九～七九頁。

第一章　イギリスの原爆開発と冷戦

――一九四五～一九四七年――

橋口　豊

1　イギリス外交の論理と原爆開発

アトリー政権の成立と原爆開発

第二次世界大戦においてイギリスを勝利に導いたチャーチル首相に代わって、一九四五年七月、労働党のアトリーが首相に就任した。アトリー政権の当初の外交政策は、イギリスとフランスを中心とした西ヨーロッパ諸国およびその植民地帝国を核として、米ソ両国とより対等な世界大国となることを求める「第三勢力」（the Third Force）としての西欧同盟構想の実現を目指すものであった(1)。

また、原爆問題に関してアトリー政権は、アメリカによって広島と長崎に原爆が投下された直後の時期には、原子力の国際管理を可能とするような国家間関係のあり方などを独自に模索した。しかし労働党政権は、「第三勢力」構想に基づく外交を展開してソ連との対立が厳しくなる中で、次第にアメリカとの原子力協力を必要としたのである。

この原子力協力に関してイギリスは、第二次世界大戦中にマンハッタン計画(2)へ参加することなどによってアメリカの原爆開発において重要な役割を果たしていた。また、チャーチルとアメリカのローズヴェルト大統領との間では、チューブ・アロイズ（管状合金：イギリスの原爆を含む原子力開発の暗号名）に関して、四三年八月には原爆の行使や戦後の原子力の利用のあり方などについて規定したケベック協定(3)、四四年九月には原爆の日本への使用や日本敗戦後の原子力協力の継続などについて合意したハイドパーク覚書[4]が締結されていた。さらにチャーチルは、四五年七月一日、アメリカが日本へ原爆を投下することに正式に同意していたのであった[5]。

本章では、アトリー政権が成立した四五年七月から同政権が原爆開発を決定した四七年一月までの時期を対象として、イギリスの原爆開発問題を考察する。

こうした戦後イギリスの原爆開発に関する代表的な先行研究は、ガゥイングの二巻からなる『独立国家と核抑止力』[6]である。彼女は、原子力の歴史を専門としたオックスフォード大学教授であり、イギリス政府の公式の歴史家でもあった。『独立国家と核抑止力』は、四五年からイギリスが最初の原爆実験を行った五二年までの原子力開発の歴史に関する一次史料に基づいた政府の公式記録である[7]。

しかし、ガゥイングの研究をはじめとする先行研究[8]は、原爆開発に関する詳細な研究であるが、戦後イギリス外交に関する視点に基づく研究ではない。他方、アトリー政権期の外交に関する先行研究では、イギリスの原爆開発問題についても扱われているものの、その問題を必ずしも主たる対象には据えていない[9]。

本章は、ガゥイングらの先行研究から多くの示唆を受けながら、イギリスの原爆開発問題を、以下で述べるようにアトリー政権の外交の論理から分析する。

「英ソ」冷戦の論理と非冷戦の論理

アトリー政権は、先述の「第三勢力」構想に基づいて世界大国としての地位を目指したが、このことは、東地中海、中東、さらにはアフリカにおいてソ連との対立を惹起することになった[10]。冷戦の起源に関するイギリス外交の役割[11]を過大に評価することがあってはならないが、アトリー政権の外交は、米ソ冷戦を引き起こす重要な要因となった[12]。そして、この米ソ冷戦の一因となったイギリス外交の「英ソ」冷戦とも言うべき論理[13]は、イギリスの原爆開発の決定過程にも作用したと考えられる。

加えて、イギリスが原爆開発を決定した要因は、イギリス外交のもう一つの論理にも求められる。ガゥイングの研究が明らかにしたように、原爆開発の決定は、「切迫する軍事的脅威への対応ではなくて」、「核武装した敵を抑止するためには、イギリスもきわめて破壊的な兵器を保有しなければならないという感情、大国としてイギリスはすべての重要な新兵器を確保しなければならないという感情」などによっていた。また、「決定は独立の象徴でもあった」のであり、さらに、アメリカ政府に影響力を与えるということが核保有国になろうとするイギリスの決定を後押ししたのであった。(14) このように原爆開発の決定は、非冷戦の論理に基づくものでもあったと考えられる。

本章は、「第三勢力」構想などに関するアトリー政権の外交そのものを対象とするものではないが、原爆開発問題をイギリス外交における「英ソ」冷戦の論理と非冷戦の論理から捉えたうえで、この問題を戦後の英米関係や米ソ冷戦へと向かう国際秩序の中に位置づけながら、一九四五年から四七年を対象として原爆開発が決定された要因と経緯について分析する。また原爆開発は、後述のようにアトリー政権内の限られた主要閣僚によって最終的に決定されたことなどから、本章では、イギリス公文書館所蔵の内閣文書を中心に検討していくことにしたい。(15)

2　原爆の出現とアトリーの戦後構想

原爆投下とイギリスの対応

アメリカは、一九四五年八月六日（日本時間午前八時一五分）に広島へ原爆を投下した。イギリス政府は、原爆投下直後の六日にアトリー首相とチャーチル前首相の声明を発表した。アトリーの声明はごく短いものであったが、彼は、「今日の成果に至った輝かしい科学的進歩の中で我が国の果たした役割について、若干の説明が必要である」と述べたうえで、チャーチルの声明をあわせて紹介した。その声明においてチャーチルは、原爆開発の経緯を簡潔に説明した後に、「自国を打ちのめした初めての原爆の閃光の中で、日本は、今や、世界における法の支配を保つためのこの恐るべき手段を限りなく行使されたら、その結果がどうなるか、認識すべきである」と表明した。(16) チャーチルは、広島に悲惨かつ甚大な被害を与えた原爆の威力を背景に、日本政府に対して強く降伏を迫ったのであった。

そしてアメリカは、九日（日本時間午前一一時二分）には長崎へ原爆を投下するに至ったのである。

アメリカによる広島と長崎への原爆投下を受けてアトリー政権は、原子力政策について検討し決定を行うために、GEN七五を立ち上げた。GEN七五は、閣僚の内で限られたメンバーから構成された会議であった。当初のメンバーは、アトリー首相、ベヴィン外相、モリソン枢密院議長、クリップス商務相であったが、その後、グリーンウッド玉璽尚書、ドールトン蔵相、ウィルモット軍需相らも出席した。(17)

GEN七五の第一回目の会議は、四五年八月一〇日に開催された。会議では、チューブ・アロイズに関して検討する今後の組織について話し合われ、アトリーはアメリカとできる限り協力を行える方策を維持する必要性に言及した。そして、アトリーが提案した原子力諮問委員会の設置が決定された。同委員会は、チャーチル連立内閣で内相・蔵相等を歴任したアンダーソンを委員長として、軍や省庁の代表者、科学者などから構成され、軍事用あるいは産業用の原子力の開発などに関して政府に勧告することになった。また、原子力問題の国際的な取り扱いについて検討するにあたっては、アメリカ側と緊密に協議することとされた。あわせて、原子力政策の決定の最終的な責任は、原子力諮問委員会ではなく、政府の閣僚にある旨も確認されたのであった。(18)

アトリー政権では、アメリカとの原子力協力を模索しながら、限られた主要閣僚や政府関係者だけで原子力をめぐる問題を検討していくことになったのである。

アトリーの戦後構想

アトリーによる原爆の出現を踏まえた戦後構想は、一九四五年八月二八日付の覚書において明らかにされた。彼はまず、「原爆に関する主要な政策の決定が不可避となっている。（中略）この兵器の出現は、我々の戦後の計画の多くを時代遅れなものにした」との認識を示した。そして彼は、大戦中の戦略爆撃に触れながら、「ロンドンへの原爆投下に対する答えは、別の大都市への原爆投下である」と述べ、原爆で報復する意志があることを明らかにした。しかしアトリーは、原爆を用いた核抑止を強調したのではなかった。彼は、英米両国が原子力の技術を独占することはできないとの見方を示しながら、「差し迫った世界の破局を回避するために実現可能で、また理性的な希望をもたらすことになると思われる唯一の道は、冷厳な現実に基づいたアメリカ、イギリス、そしてソ連による共同行動である」とした。そのうえでアトリーは、「新世界秩序（the new World Order）に今こそ着手しなければならない」と主張したのである。[19]

またアトリーは、この覚書の考えに沿った書簡を四五年九月二五日付でローズヴェルトの後任のトルーマン米大統領に送付した。彼はまず、原爆という「この新たな兵器の出現は、その潜在能力も考慮に入れると、戦争の性質の量的ではなく質的な変化を意味しています」と記した。そして、原爆に対する有効な防衛手段は今のところなく、唯一の抑止は、攻撃の勝者に対しても報復攻撃による犠牲の可能性があることだとした。しかし、戦争中の報復爆撃は、「爆撃を阻止することにはならず、多くの文明の偉大な中心地の破壊をもたらしました。同様にもし人類が国家間の政治的な関係を変えることなく原爆を作り続けるとしたら、遅かれ早かれこれらの原爆は、相互の壊滅のために用いられることになるでしょう」とした。そのためアトリーは、「もし我々がこの脅威を取り除こうとするならば、国家間関係の非常に広範な変革を行わなければなりません」と述べた。

さらに彼は、「世界政策の斬新な再考といわゆる国益の新たな評価」を行うことが求められており、我々はすでにこうした再検討を試みつつあるとした。それが、四五年四月から六月にかけて開催され、国際連合憲章に合意したサンフランシスコ会議であった。サンフランシスコ会議での合意は、「新たな世界社会の枠組みを樹立する第一歩でしたが、必然的にそれは当時知られていた戦争の方法に関する技術的進歩によって要請されることに対してのみ考慮されたもの」であったため、同会議で樹立された枠組みをいっそう進展させる必要があると主張した。最後にアトリーは、トルーマンに原爆に関する問題を話し合うための直接会談を呼びかけたのであった。[20]

このようにアトリーは、原爆によって戦争の質的な変化が起こったことや核抑止は機能しないとの認識を示したうえで、人類の生存のためには国家間関係のあり方までも変える必要があることなどを強調し、具体的な内容は提示しなかったものの「新世界秩序」の構築を提案した。そして彼は、サンフランシスコ会議の成果を評価しつつ、ソ連を巻き込みながら、まずは英米両国がイニシアチヴをとることによって原爆に関する問題に対処すべきであるとの考えを提示したであった。

3　国連原子力委員会とマクマホン法

英米加三カ国首脳会談

一九四五年九月一一日から一〇月二日まで、ロンドンで英米仏ソ中五カ国による外相理事会が開催された。外相理事会では、旧枢軸諸国とのヨーロッパ講和問題について議論が戦わされ、フランスや中国が関与すべきか否かといった会議の構成国などをめぐって対立し、結局は決裂するに至った。参加国は、ヨーロッパの国際秩序のあり方に関して合意できずにいた。[21]

このような状況の下でアトリー首相は、先述の九月二五日付の書簡にあるように、トルーマン大統領に対して会談を呼びかけていた。トルーマンは当初、ソ連のスターリン共産党書記長を刺激することを避けるためにアトリーと会談を行うことを躊躇していた。しかし、結局トルーマンは、アトリーおよびカナダの首相キングとの会談を一一月に開催することに同意したのである。[22]

イギリス政府は、先のロンドン外相理事会においてソ連と対立した主要な要因の一つは、原爆問題であると見なしていた。ベヴィン外相は、四五年一〇月一一日に開催されたGEN七五の会議において、「最近の外相理事会において生じた困難の多くは、この新たな開発から排除されたことへのソ連の憤りに帰することができます」との考えを示した。そして彼は、「もし我々が、アメリカ側と英米両国の情報をソ連側と共有する政策に合意できるとしたら、全体的な雰囲気の変化がもたらされることになるでしょう」としたうえで、対外政策における利益のために原爆に関する「情報をソ連側へ与えるというリスクを負うべきです」と述べたのであった。[23]

しかし一方で、アトリー政権は、ソ連への不信感も強めつつあった。ベヴィンは、早くも一〇月一八日のGEN

七五の会議では、原爆に関する情報をソ連に提供するといった一一日の提案を後退させた。彼は、「現在のソ連とアメリカ双方の対外政策の全体的な方向性は、他方の国家が排除される別々の勢力圏を樹立することへと向かっています」との見方を示し、それゆえ、「我々は、まずは将来の協調の基礎となるべきものは何かを問うことなしには、産業および軍事上の観点から、そうしたきわめて重要な情報を譲り渡すことはできません」と述べたのであった。(24)

さらにアトリーも、四五年一一月五日付で、直前に迫ったワシントンでの英米加三カ国首脳会談のために「原子力の国際管理」と題する覚書を作成したが、その内容はソ連への不信感をにじませるものであった。たしかに同覚書には、既述の八月二八日付の覚書や九月二五日付の書簡と同様に、原爆の出現を受けて、世界の大国はパワー・ポリティクスといった時代遅れの考えを破棄すべきであるという主張なども盛り込まれてはいた。しかし一方で、アトリーは、原子力の基礎的な科学情報だけではなく実用的な「ノウ・ハウ」をもソ連と共有することは、アメリカが反対するであろうし、「ソ連の世界的な諸問題に対する態度の変化をもたらすことにはならないであろう。そのことは、むしろ弱さを示すものと見なされることになろう」と記していた。さらに彼は、「ウランとトリウムは比較的不足しているので、なんらかの大きな見返りがないのであれば、ソ連とこれらの原料をプールするいかなる合意もなすべきではない」とした。加えてアトリーは、「我々は、自衛の手段として、また産業力の源泉として、原子力を開発することに当然のことながら関心がある」ということを大統領に伝えるつもりであると記したのであった。(25)

このようにアトリーは、広島への原爆投下からワシントン訪問にかけての約三カ月の間に、「〝いわゆる国益の新たな評価〟とか〝信義ある行動〟といったような理想主義者としての魂の叫びを沈黙させてしまった。そして、トルーマンやチャーチルの立場にだんだん近づいていき、より慎重な立場を採るようになった」。(26)アトリーのこうした立場の背景には、ソ連の脅威を強く認識していたということがあったのである。

四五年一一月一一日からは、戦時中にマンハッタン計画に関わった英米加三カ国による首脳会談がワシントンで開催された。そして、三カ国の政府関係者による交渉が重ねられ、一一月一五日には、アトリー、トルーマン、キングによって原子力に関する合意宣言が署名されるに至った。(27)この合意宣言では、第七項で「原子力を破壊的な目的で使用することを完全に排除し、またそれを産業上および人道上の目的でできるだけ広範に使用することを促進する最も効果的な手段を得るために、我々は、できるだけ早い実行可能な時期に、国連機関に提案する勧告を作成するための委員会を同機関の下に設置すべきであるとの考えである」とされた(28)。

また、翌一六日に三カ国首脳は、今後の協力について確認した覚書に署名した。この覚書は、わずか三項からなる短いものであったが、その第一項で、「我々は、アメリカ、イギリス、そしてカナダの間で原子力の分野において十分かつ効果的な協力が行われることを希望する」と謳われた(29)。

加えて一六日には、イギリスの原子力諮問委員会委員長アンダーソンとマンハッタン計画の責任者であったアメリカのグローヴス少将との間で覚書が取り交わされた。同覚書では、四三年のケベック協定およびその他の了解事項（一部を除く）を更新する新たな文書を準備するにあたって、英米加三カ国の代表から構成される協同政策委員会が検討すべき事項について勧告がなされた。こうしてイギリス政府は、三カ国首脳会談以降、原子力協力に関するアメリカとの協議を継続していくことになったのであった(30)。

アトリー政権は、原子力に関する合意宣言に署名することによって原子力の国際管理に前向きな姿勢を見せる一方で、「英ソ」冷戦への懸念からアメリカとの戦中の原子力協力を継続、発展させていくことを目指したのであった。

国連原子力委員会における交渉

一九四五年一二月一六日からは、モスクワで英米ソ三カ国の外相会談が開催された。ベヴィン外相、アメリカのバーンズ国務長官、ソ連のモロトフ外相は、原子力問題についても交渉を行い、二七日に出された共同声明で、国連に原子力を管理する委員会を設置することに合意したと表明した(31)。そして、翌四六年一月二四日に、モスクワ外相会談の合意に沿った形で、国連総会本会議において原子力委員会を設置する決議案が採択された(32)。国連原子力委員会における交渉は、四六年六月から開始されることとなった。

しかしアトリー政権は、原子力の国際管理の合意を目指す一方で、四五年九月にハーウェルに原子力研究所を設置することを決定し[33]、さらに以下のように、原爆開発を開始するという正式な決定は行わないままで、開発に必要なプルトニウムの生産について検討するという二重のアプローチを追求した[34]。

イギリスの原子力諮問委員会は、四五年一二月一〇日付の報告書において、「プルトニウムの生産のため、国内の適した場所に一基ないし二基の原子炉を建設すべきことを勧告する」としていた[35]。これを受けて一二月一八日に開催されたGEN七五の会議では、まずアトリーがこの原子力諮問委員会の勧告内容の要点を述べるとともに、三軍参謀総長による二基の原子炉の建設が求められるであろうという旨の見方も紹介された。そのうえで会議では、二基の原子炉を建設した場合のイギリス経済への影響などについて議論がなされ、結局、プルトニウムの生産用に一基の原子炉を建設することを承認した。その際、「この作業は、最も高い緊急性と重要性をもって扱われるべきである」とされたのであった[36]。

ところで、国連における原子力の国際管理交渉に関してアメリカ政府は、独自の国際管理案を作成するために、国務省内にアチソン国務次官を委員長とする政策委員会、いわゆるアチソン委員会と、同委員会の下にテネシー川流域開発公社長官であったリリエンソールを長とする諮問委員会を設立して検討を行った。そして、四六年三月にアチソン委員会は、トルーマン大統領に対して原子力の国際管理に関する報告、いわゆるアチソン＝リリエンソール報告を提出した。同報告の核心部分は、原爆製造に関係する「危険な活動」の管理などについて独占的権限を持つ国際原子力開発機関を創設することであった。

さらに、四六年六月一四日に開催された国連原子力委員会の第一回会議で、アメリカ代表のバルークが、アチソン＝リリエンソール報告に修正を加えた、いわゆるバルーク案を含む演説を行った。同案は、国際原子力開発機関の創設を求める一方で、違反に対する厳格な罰則を制定することを盛り込んだものであり、この点がアチソン＝リリエンソール報告との大きな相違点であった。このアメリカ側の提案に対して、六月一九日の第二回会議でソ連代表のグロムイコが対抗案を提示した。グロムイコ案は、バルーク案のような原子力国際管理案ではなく、原子力兵器の生産と使用を禁止する国際協約を締結することを提案したものであった[37]。

このように国連原子力委員会での交渉は、米ソ両国がそれぞれ主張する提案をめぐって対立し、停滞をみせた。しかし、原子力の国際管理に前向きであったはずのイギリス政府は、アメリカ案を支持する立場は明確にしながらも、[38]交渉妥結のために積極的な外交を展開することはなかった。アトリー政権は、「自国の安全保障を犠牲にするかもしれない管理計画について、それが何であれますます不安感を高めていた」のであった。[39]

マクマホン法成立

国連原子力委員会での交渉におけるイギリス政府の消極的な姿勢の背景には、先に述べたような「第三勢力」構想に基づく外交が、東地中海や中東においてソ連との対立を引き起こしていたということがあった。一九四六年に両国間の対立の焦点となっていたのは、イランからの英ソ両国軍の撤兵問題であった。戦時にドイツの侵攻の危険に対処するため、イラン北部にソ連軍、南部にイギリス軍が駐留していた。しかし、戦後、イランとの条約に基づきイギリス軍は撤兵を進めていたのに対して、ソ連政府は撤兵拒否の姿勢を示したのであった。このような中東地域で影響力と石油資源を確保することを求めるソ連の行動は、イギリスにとって深刻な脅威となったのである。[40]

加えて、ヨーロッパにおいても東西対立が深まりつつあった。四六年三月五日、前首相チャーチルは、アメリカのミズーリ州フルトンのウェストミンスター大学で有名な「鉄のカーテン」演説を行った。彼は、「バルト海のシュテッティンからアドリア海のトリエステにかけて、大陸を遮断する鉄のカーテンが降ろされたのであります」としたうえで、「英語諸国民（English-speaking peoples）の友愛的連合というべきものがなければ、戦争を確実に阻止することも、世界機構を引き続き盛り上げていくこともできないでありましょう。すなわち、英連邦および帝国とアメリカとの間に特別な関係が必要だということであります」と述べた。[41]チャーチルは、ヨーロッパが東西に分断されていると強調し、この状況に対処するためにも、英連邦および帝国を持ったイギリスとアメリカとの「特別な関係」、すなわち、イギリス一国ではなく、英連邦および帝国との関係を基盤とした「特別な関係」を築くことを主張したのであった。[42]

しかし、このようにイギリス側がソ連の脅威を煽りながら英米間の「特別な関係」の重要性を訴えても、アメリカ政府がすぐに応えることはなかった。それどころか、原子力協力に関してアメリカ議会では、イギリスを含むすべての外国に原子力に関する機密扱いの情報を提供することを禁止するマクマホン法とも呼ばれた原子力法[43]を制定する動きが見られたのである。

アトリー政権は当初、この動きを静観する姿勢を見せていた。しかし、四六年六月二日に「ワシントンから予想外に法案が上院に上程され、ほとんど修正なしに通過し、下院へ回されているところだ」との報告を受けて、イギリス政府は「突然パニック状態になった」。そのため、六月六日付でアトリーは、トルーマン宛に電報を発信し、ワシントン宣言や国連総会の決議の中に両国の協力関係を解消させようと示唆するものをどこにも見出せないとしたうえで、「この見解に貴方が同意されなかったと思うと、私は残念です」と述べた[44]。

しかし、アトリーが法案成立を懸念する見解を伝えたにもかかわらず、四六年八月一日にトルーマンはマクマホン法に署名した[45]。こうしてアメリカは、原子力分野でほぼ支配的な地位を保持するとともに、英米間の原子力の技術協力は、事実上不可能となったのである。

イギリスは、前述のように、戦中は、アメリカのマンハッタン計画へ参加するとともに、ケベック協定およびハイドパーク覚書を締結し、そして戦後も、四五年一一月の英米加三カ国首脳会談以降に原子力協力のための交渉を続けていた。それにもかかわらず、マクマホン法の制定過程では、こうした英米間の協力関係は考慮されることはなかったのである。

4　イギリス独自の原爆開発へ

原爆開発の決定

一九四六年一〇月二五日に開催されたＧＥＮ七五の会議では、ウィルモット軍需相が提案したウラン二三五の製造のためのガス拡散プラントの設計・建設の計画に関する覚書について議論が行われた。既述の通り、四五年一二月一八日のGEN七五の会議において、プルトニウム生産用の一基の原子炉を建設することが決定されていた。しかし覚書は、ウラン二三五の製造のためのガス拡散プラントは、プルトニウム単独の利用よりも広範な分野での基礎的研究のために使用できる原料の貯蔵が可能なことなどを指摘した。結局会議では、ウィルモットに対して開発費用に配慮することを前提に、ガス拡散プラントの設計・建設を進める権限を与えることを承認したのであった。(46)

他方、四六年六月から開始されていた国連原子力委員会における交渉は難航していた。原子力委員会では、主にアメリカがバルーク案として提示した原子力国際管理案とソ連がグロムイコ案として提示した原子力兵器を禁止する国際協約案をめぐって議論が戦わされた。最終的に、四六年一二月三〇日の原子力委員会第一〇回会議でアメリカの主張に沿った案が多数決で採択され、三一日に同案は安全保障理事会に提出された。しかし、会議での採択にあたってソ連とポーランドの代表が棄権したように、国連での原子力の国際管理交渉は東西間では合意に至らなかったのであった。(47)

以上のような状況の中で、翌四七年一月八日、ついにアトリー政権は、原爆の研究開発について決断を下すために新たにGEN一六三を開催した。この重要な極秘会議の出席者はGEN七五より少数者に限られ、閣僚級では、首相、外相、枢密院議長、国防相、自治領相、軍需相のみであった。

会議では、軍需省の原子力生産監理官ポータル卿の覚書が配布され、それをもとに議論がなされた。同覚書でポータルは、原爆の研究開発に着手するのかどうか、また、もしそうであれば、機密を保護する特別な取り決めが採択されるのかどうか、という二点について主に指示を求めていた。議論の中でベヴィン外相は、「我々は、この新たな開発におけるアメリカの独占を黙認することはできません。他の諸国も原爆を開発するかもしれないのです。それゆえ、もし原爆の製造と使用を禁止するために有効な国際システムが構築されないのであれば、我々は原爆を自ら開発しなければなりません」と述べた。またアレグザンダー国防相は、ベヴィンの意見に同意したうえで、ポータルの提案した機密保持のあり方についても支持した。こうして会議では、原爆の研究開発に着手することに合意し、加えて、この目的のための機密に関する特別な取り決めについて承認したのであった[48]。

さらに、イギリス政府は、四七年一月に核兵器運搬手段としてジェット爆撃機を開発することも決定した[49]。こうしてアトリー政権は、原爆とその運搬手段の開発に本格的に着手する決断をしたのである。

独自の原爆開発の要因

アトリー首相は、広島と長崎へ原爆が投下された直後は、原爆による破滅から人類を守るために、原子力の国際管理を可能にするような国家間関係の必要性などを訴えた。しかし、アトリー政権がこうした独自の戦後構想を前面に押し出したのは、短い期間にすぎなかった。早くも一九四五年一一月のワシントン会議開催の頃には、原子力の国際管理だけではなく、戦時からのアメリカとの原子力協力を維持、発展させるための具体的な交渉を開始した。さらにイギリス政府は、原爆開発を開始するという正式な決定は行わないままで、開発に必要なプルトニウムやウランの生産施設の設置を決めていたのであった。

そのうえでアトリー政権は、四七年一月に原爆の研究開発を決定した。この決定は、米ソ冷戦が本格的に開始される契機となった「トルーマン・ドクトリン」が四七年三月に発表される前になされた。このことからも明らかなように、原爆の研究開発の決定には、「第三勢力」構想をめぐって東地中海、中東において対立を深めたソ連の脅威に対処するイギリス外交の「英ソ」冷戦の論理が作用したのであった。

あわせて、アトリー政権による原爆開発の決定には、独自の原爆を保有した世界大国としての地位を獲得するという非冷戦の論理も作用した[50]。この論理は、米ソ両国とより対等な世界大国を目指す「第三勢力」構想に支えられたものであったと考えられる。加えて、四六年のマクマホン法によってトルーマン政権が原子力協力を事実上拒否するといった事態への対処も、非冷戦の論理に基づくものであった。すなわち、アトリー政権は、独自の原爆を保有することによってアメリカに対する影響力を確保し、そのことで同国との原子力協力を回復させようとしたのである[51]。

以上のように、アトリー政権の原爆開発の決定には、イギリス外交における「英ソ」冷戦の論理と非冷戦の論理が交錯しながら埋め込まれていたのであった。

アトリー政権は、四五年一一月にイギリスの調査団を広島と長崎に派遣して原爆による被害状況を詳細に調査し、翌年報告書にまとめていた。この調査団や報告書の目的は、「仮に日本以外の場所に、とりわけイギリスに同様の原爆が投下されるとすれば、いかなる効果が予想されるかについて一般的な結論を示すこと」にあるとされていた。[52]しかし、このように広島と長崎における悲惨かつ甚大な被害状況を把握していたことは、アトリー政権に原爆開発を思いとどまらせることにはならなかったのである。

イギリス政府が原爆開発を決定した後、米ソ冷戦は本格的に開始された。米ソ冷戦の下でアトリー政権は、「第三勢力」としての西欧同盟構想を放棄して、四九年以降は、英米同盟をより重視する外交の枠組みを形成していった。[53]そしてイギリスは、五二年一〇月に原爆実験に成功して米ソ両超大国に次ぐ三カ国目の核保有国となり、五七年五月には水爆実験も成功させた。イギリス政府は、自ら煽った米ソ冷戦の軍事的対立に対処し、また、世界大国としての地位を維持するために、核兵器開発を継続する決断を行っていくことになったのである。

註

（1）益田実『戦後イギリス外交と対ヨーロッパ政策——「世界大国」の将来と地域統合の進展、一九四五〜一九五七年』ミネルヴァ書房、二〇〇八年、第二章。細谷雄一『戦後国際秩序とイギリス外交——戦後ヨーロッパの形成　一九四五年〜一九五一年』創文社、二〇〇一年、第三章。John Kent, 'The British Empire and the Origins of the Cold War, 1944-49,' in Anne Deighton (ed.), *Britain and the First Cold War* (New York: St. Martin's Press, 1990), pp. 166, 178, 180.

（2）マンハッタン計画については、山極晃・立花誠逸編・岡田良之助訳『資料　マンハッタン計画』大月書店、一九九三年が詳しい。

（3）The Quebec Agreement: Articles of Agreement Governing Collaboration between the Authorities of the U.S.A. and the U.K. in the matter of Tube Alloys, in Margaret Gowing, *Britain and Atomic Energy, 1939–1945* (Basingstoke:

Palgrave, 1964), appendix 4, pp. 439–440.

（4）The National Archives, UK（TNA）, CAB126/183, Aide Memoire of Conversation between the President and the Prime Minister at Hyde Park, 19 September 1944.

（5）Graham Farmelo, *Churchill's Bomb: A Hidden History of Science, War and Politics*（London: Faber and Faber, 2013）, p. 304 and footnote 59 in p. 517.

（6）Margaret Gowing, *Independence and Deterrence: Britain and Atomic Energy, 1945–1952, volume 1: Policy Making*（Basingstoke: Palgrave Macmillan, First published 1974, Reprinted 1988）〔邦訳：マーガレット・ガゥイング『独立国家と核抑止力——原子力外交秘話』（柴田治呂・柴田百合子訳）電力新報社、一九九三年〕. 同訳書は、原書第一巻のみを翻訳したものである。原書第二巻は、Margaret Gowing, *Independence and Deterrence: Britain and Atomic Energy, 1945–1952, volume 2: Policy Execution*（Basingstoke: Palgrave Macmillan, First Published 1974, Reprinted 1988）である。そして同書は、前掲した一九三九年から四五年を対象とするGowing, *Britain and Atomic Energy* の続編となるものである。また、イギリスの核兵器と英米間の「特別な関係」について分析したガゥイングの研究もある。Margaret Gowing, 'Nuclear Weapons and the "Special Relationship",' in Wm. Roger Louis and Hedley Bull（eds.）, *The 'Special Relationship': Anglo-American Relations since 1945*（Oxford: Clarendon Press, 1986）.

（7）Gowing, *Independence and Deterrence, volume 1*（以下、*Independence and Deterrence* と略記）, pp. ix, 前掲訳書、一、三頁。なお本章では、邦訳書のある文献を引用するにあたって、その訳文に依拠しない場合がある。

（8）ここでは、ガゥイング以外のイギリスの原爆開発に関する先行研究を簡潔に整理することにしたい。まず、ファーメロ『チャーチルの核兵器』は、一次史料を駆使して、アメリカのマンハッタン計画やイギリス独自の核兵器開発などへのチャーチルの関わりについて分析した研究書である。Farmelo, op. cit. また、ヘネシー『歴代内閣と核兵器』は、イギリス公文書館に所蔵された核兵器に関するＣＡＢ（内閣文書）やＰＲＥＭ（首相文書）を収録した史料集であり、原爆開発についての文書も収められている。Peter Hennessy, *Cabinets and the Bomb*（Oxford: Oxford University Press, 2007）, pp. 36–59. さらに、ベイリス『あいまいさと抑止』、クラークとウィーラー『イギリスの核戦略の起源』などのイギリスの核戦略に関する実証的な研究の中でも原爆開発問題は扱われている。しかしこれらの研究は、戦後のイギリスの原爆開発そのものを対象とはしていない。John Baylis, *Ambiguity and Deterrence: British Nuclear Strategy 1945–1964*（Oxford:

Clarendon Press, 1995); Ian Clark and Nicholas J. Wheeler, *The British Origins of Nuclear Strategy, 1945–1955* (Oxford: Clarendon Press, 1989). そして、日本の学界では、原爆をはじめとした核兵器に関する膨大な研究が蓄積されている。その中には、Takayuki Nagano, 'British War-time Thinking about Nuclear Weapons: Britain and the International Control of Atomic Energy,' 上智大学『国際学論集』第三八号（一九九六年七月）や西岡達裕『アメリカ外交と核軍備競争の起源――一九四二―一九四六』彩流社、一九九九年などの詳細な史料実証的研究がある。しかし、イギリス公文書館の史料を用いて戦後イギリスの原爆開発を分析した邦語の研究書は、管見の限りではない。

(9) たとえば、以下を参照されたい。Nicklaus Thomas-Symonds, *Attlee: A life in Politics* (London: I. B. Tauris, 2012); Deighton (ed.), op. cit.

(10) Kent, 'The British Empire and the Origins of the Cold War, 1944–49,' pp. 166, 171, 174, 176–177.

(11) イギリス外交と冷戦の起源に関する研究史については、木畑洋一『帝国のたそがれ――冷戦下のイギリスとアジア』東京大学出版会、一九九六年、序論が詳しい。

(12) Anne Deighton, 'Introduction,' in Deighton (ed.), op. cit., p. 4; Kent, 'The British Empire and the Origins of the Cold War, 1944–49,' pp. 165, 181.

(13) 「英ソ」冷戦の論理という捉え方については、青野利彦の本書第一部総説、ならびにイギリスの外交・帝国戦略と冷戦の起源に関する以下の研究を参照されたい。Anne Deighton, *The Impossible Peace: Britain, the Division of Germany and the Origins of the Cold War* (Oxford: Clarendon Press, 1993); John Kent, *British Imperial Strategy and the Origins of the Cold War 1944–49* (Leicester: Leicester University Press, 1993).

(14) Gowing, *Independence and Deterrence*, pp. 184–185, 前掲訳書、二一七～二一八頁。あわせて、Gowing, 'Nuclear Weapons and the "Special Relationship",' pp. 120–121も参照されたい。

(15) 原爆開発決定のプロセスでは、三軍参謀総長をはじめとする軍部の主張や見解も提示されていた。この点については、Nicholas Wheeler, 'The Attlee Government's Nuclear Strategy, 1945–51,' in Deighton (ed.), op. cit.

(16) TNA, PREM8/109, 'Statement by the Prime Minster' and 'Statement by Mr. Churchill,' 6 August 1945,（邦訳『独立国家と核抑止力』二八、三二頁）。

(17) Gowing, *Independence and Deterrence*, pp. 20–22, 前掲訳書、三六～三七頁。

（18）TNA, CAB130/2, GEN. 75/1st Meeting, Note of a Meeting of Ministers held at No. 10 Downing Street, 10 August 1945.

（19）TNA, CAB130/3, GEN. 75/1, 'The Atomic Bomb,' Memorandum by the Prime Minister, 28 August 1945.

（20）TNA, CAB130/3, GEN. 75/3, 'The Atomic Bomb: Letter from the Prime Minister to President Truman,' Note by the Prime Minister, Annex I, 25 September 1945.（邦訳『独立国家と核抑止力』付録三、九二～九六頁）。

（21）細谷前掲書、二七～二九頁。

（22）Baylis, *Ambiguity and Deterrence*, p. 39.

（23）TNA, CAB130/2, GEN. 75/4th Meeting, Note of a Meeting of Ministers, 11 October 1945.

（24）TNA, CAB130/2, GEN. 75/6th Meeting, Note of a Meeting of Ministers, 18 October 1945.

（25）TNA, CAB130/3, GEN. 75/12, 'International Control of Atomic Energy,' Memorandum by the Prime Minister, 5 November 1945.

（26）Gowing, *Independence and Deterrence*, p. 73; 前掲訳書、八六頁。

（27）三カ国首脳会談と合意宣言に関しては、以下が詳しい。西岡前掲書、一四九～一六九頁。前田寿『軍縮交渉史——一九四五年―一九六七年』東京大学出版会、一九六八年、三九～四五頁。

（28）Roger Bullen and M. E. Pelly (eds.), *Documents on British Policy Overseas*, Series Ⅰ, volume Ⅱ（以下、*DBPO*, Ⅰ, Ⅱと略記）, *Conferences and Conversations 1945: London, Washington and Moscow* (London: Her Majesty's Stationery Office, 1985), No. 233, Atomic Energy: Agreed Declaration by the President of the United States, the Prime Minister of the United Kingdom, and the Prime Minister of Canada, 15 November 1945.

（29）*DBPO*, Ⅰ, Ⅱ, No. 239, Minute by President Truman, Mr. Attlee and Mr. Mackenzie King, 16 November 1945.

（30）*DBPO*, Ⅰ, Ⅱ, No. 241, Memorandum to the Chairman of the Combined Policy Committee, 16 November 1945; Gowing, *Independence and Deterrence*, pp. 75-77, 85-86, 95-104, 前掲訳書、八八～九一、一〇〇～一〇一、一一四～一二三頁。

（31）*DBPO*, Ⅰ, Ⅱ, No. 356, Report of the Meeting of the Foreign Secretaries of the Union of Soviet Socialist Republics, the United States of America and the United Kingdom, 27 December 1945.

（32）前田前掲書、六九～七六頁。

(33) Clark and Wheeler, op. cit., p. 45.
(34) Hennessy, op. cit., p. 39.
(35) TNA, CAB130/3, GEN. 75/16, Note by the Secretary of the Cabinet and the attached Report by the Advisory Committee on Atomic Energy, 10 and 11 December 1945.
(36) TNA, CAB130/2, GEN. 75/8th Meeting, Note of a Meeting of Ministers, 18 December 1945.
(37) アチソン＝リリエンソール報告、バルーク案、そしてグロムイコ案に関しては、西岡前掲書、二〇四～二七九頁。西崎文子『アメリカ冷戦政策と国連　一九四五―一九五〇』東京大学出版会、一九九二年、四五～七六頁。前田前掲書、七七～一二八頁。また、国連原子力委員会の第一回および第二回会議については、TNA, CAB130/3, GEN. 75/36, Note by the Secretary of the Cabinet and the attached Record of the first and second Meetings of the United Nations Commission on Atomic Energy, 27 June 1946.
(38) TNA, CAB130/2, GEN. 75/14th Meeting, Note of a Meeting of Ministers, 9 July 1946. なお、国連原子力委員会のイギリス代表団の交渉上の立場については、以下を参照されたい。CAB130/3, GEN. 75/29, Note by the Secretary of the Cabinet and the attached Report by the Advisory Committee on Atomic Energy, 14 and 15 March 1946; GEN. 75/37, 'International Control of Atomic Energy: The United States and Soviet Proposals,' Memorandum by Officials, 4 July 1946.
(39) Gowing, *Independence and Deterrence*, pp. 90–91, 前掲訳書、一〇七～一〇八頁。
(40) 細谷雄一「冷戦時代のイギリス帝国」佐々木雄太編著『世界戦争の時代とイギリス帝国』（イギリス帝国と二〇世紀第三巻）ミネルヴァ書房、九八～一〇〇頁。
(41) Winston S. Churchill, *The Second World War and an Epilogue on the Years 1945 to 1957* (London: Cassell, 1959), pp. 955, 959〔邦訳：ウィンストン・S・チャーチル『第二次世界大戦』第四巻（佐藤亮一訳）河出書房新社、二〇〇一年、四五二、四五八～四五九頁〕.
(42) John Dumbrell, *A Special Relationship: Anglo-American Relations in the Cold War and After* (Basingstoke: Macmillan, 2001), p. 7; Niklas H. Rossbach, *Heath, Nixon and the Rebirth of the Special Relationship: Britain, the US and the EC, 1969–74* (Basingstoke: Palgrave Macmillan, 2009), footnote 2 in p. 223.

（43） John Baylis, 'Exchanging Nuclear Secrets: Laying the Foundations of the Anglo-American Nuclear Relationship,' *Diplomatic History*, vol. 25, no. 1（2001）, p. 35.

（44） Gowing, *Independence and Deterrence*, pp. 104–113, 126–130, 前掲訳書、一二三～一三三、一四七～一五一頁。

（45） Farmelo, op. cit., p. 321.

（46） TNA, CAB130/2, GEN. 75/15th Meeting, Note of a Meeting of Ministers, 25 October 1946.

（47） なお、国連原子力委員会における交渉は、この後も引き続き行われたが、結局、東西間では合意は成立しなかった。前田前掲書、一二九～一四七頁。西岡前掲書、二八〇～二九一頁。

（48） TNA, CAB130/16, GEN. 163/1st Meeting, Note of a Meeting of Ministers held at No. 10 Downing Street, 3 p.m., 8 January 1947 and Confidential Annex. Minute 1; GEN. 163/1, Memorandum by the Minister of Supply covering a Note by the Controller of Production of Atomic Energy, 31 December 1946; Gowing, *Independence and Deterrence*, pp. 21–22, 179–183, 前掲訳書、三七、二一二～二一六頁。

（49） TNA, AIR41/87, The RAF Strategic Nuclear Deterrent Forces: their Origins, Roles and Development, 1946–1969, A Documentary History by Humphrey Wynn（1991）, p. 26.

（50） 本章第1節で紹介したように、イギリスの原爆開発の要因として非冷戦の論理を重視しているのが、ガゥイングの研究であると言える。

（51） マクマホン法が改正されて英米間の軍事的な原子力協力関係が復活するのは、マクミラン保守党政権（一九五七～六三年）になってからである。この点に関しては、以下が詳しい。Baylis, 'Exchanging Nuclear Secrets.'

（52） TNA, CAB126/250, 'The Effects of the Atomic Bombs at Hiroshima and Nagasaki,' Report of the British Mission to Japan, Published for the Home Office and the Air Ministry by His Majesty's Stationery Office, London, 1946.（邦訳『資料 マンハッタン計画』六五〇～六八八頁）。

（53） 益田前掲書、第三章。細谷前掲書、第六章。

第二章　同盟要因と同盟国の対米影響力
――キューバ・ミサイル危機における米英関係――

青野利彦

1　本章の課題

一九六二年一〇月のキューバ・ミサイル危機は典型的な超大国間の危機であり、アメリカの同盟国に危機の展開を左右する余地はなかったと長らく考えられてきた。実際、同危機における同盟関係に関する研究は、同盟国の意向や利害を軽視したとしてケネディ政権を批判するものが多い[1]。また同盟国側の態度に関する研究でも同様の傾向が見られる。たとえばイギリスは、キューバ危機の間アメリカに様々な働きかけを行ったが、結局、ケネディ政権の対応を左右できなかったと論じられてきた[2]。

しかし本章で見ていくように、実際のところケネディ政権は危機への対応を決定するにあたって北大西洋条約機構（NATO）諸国の態度を重視していたし、イギリスは、とくに危機の最終段階では一定の対米「影響力」を行使していた。筆者は長年キューバ危機の研究に取り組んできたが[3]、本章ではこれまでの研究成果も踏まえて、同危機を事例に冷戦期の同盟内政治の力学の一端を浮き彫りにし、それを冷戦期国際システムの特徴と関連づけることを試みたい。このような作業は冷戦期の国際関係の特質を明らかにし、「冷戦」と「非冷戦」の境界を考えるための一助にもなるだろう。

本章ではまず第2節で、同盟国の存在や働きかけがアメリカの政策決定にどのような影響を与え得るのかを可視化するための視点を設定し、続く第3節では米英関係を中心にキューバ危機における同盟内政治の力学を実証的に分析する。最後に第4節で、前節までの議論を基にキューバ危機において展開された同盟内政治の力学について概観した後、冷戦期の同盟内政治の歴史的な特殊性に関する筆者の考えを述べていく。

2　同盟国の対米影響力と同盟要因

同盟国の「影響力」をどのように考えるか

前述した、同盟国にはキューバ危機の展開やアメリカの政策を左右する余地はなかったという見方は、本書の第Ⅰ部総説で言及した「米ソ冷戦史観」に沿ったものと言える。この見方においては超大国と同盟国の国力格差ゆえ、超大国が同盟国の意向を重視する必要はなく、同盟国が超大国に影響力を行使する余地はないと想定される。この関連で指摘しておくべきは、同盟国の対米影響力に関する議論のほとんどが、同盟国がアメリカ側に働きかけた結果、アメリカの既存の政策方針が変化したか否かを問題にしていることである。政治学者ダールは、パワー概念を「AがBに、さもなければBがしなかったであろうことをさせたとき、AはBに対してパワーを持つ」と定義したが、[4] 同盟国の対米影響力に関する多くの議論の背後にあるのは影響力＝パワーに関するこのような見方であろう。

同盟国の影響力については近年、森が有益な議論を行っている。森は北ヴェトナム側と交渉を行うようアメリカに働きかけた国を「仲介国」と定義したうえで、「直接的影響力」「間接的影響力」という二つの概念を提示する。前者は「仲介国の外交を受けて、超大国が政策を修正するケース」であり、後者は「仲介国の外交によって、超大国の政策選択肢が広げられた状況が生み出され、その状況の中で新たに選択可能となった選択肢を、超大国が自主的に選ぶことで政策を修正するというケース」である。この概念を用いて森は、同盟国の対米影響力には二つの異なった形態があることを説得的に示したのである。[5]

森の指摘は同盟国による対米外交、とくにアメリカの軍事的エスカレーションを妨げ、政治的解決へと誘導する危機管理外交を考えるうえで非常に重要である。ただし森はアメリカの政策が「修正」された場合のみを検討対象とし、修正されなかった場合については影響力行使の結果が観察されにくいという理由で除外している。しかし筆者は、アメリカの既定方針を「維持・継続」させようとする同盟国の努力とその影響について検討することもまた重要ではないかと考える。なぜなら本章で見るように、キューバ危機の際にイギリスは、アメリカの既定方針を維持・継続させるための努力を行っていたからである。ミサイル問題に対処するにあたってケネディ政権は、軍事力行使を将来の選択肢として維持しつつも、まずは海上封鎖を実施し、その背後で外交的解決を目指すという方針をとった。イギリスは、アメリカに外交的解決という既定方針を維持・継続させると同時に、既定方針を修正して軍事的手段をとることを妨げようとしていたのである。

また、ある歴史事象におけるアメリカと同盟国の関係を考えるうえでは、同盟国からアメリカに対する働きかけがもたらした作用だけでなく、アメリカの政策決定者の認識上の同盟関係がその政策決定にもたらした影響を検討することもまた重要であろう。本章では、これをアメリカの政策決定における「同盟要因」と呼んだうえで、「同盟防衛の信頼性」と「危機不拡大の信頼性」という二つの信頼性概念に着目して分析していくことにする。(6)

本章の分析視角

以上を念頭に本章では、次の三点に留意しつつ、キューバ危機における同盟内政治の力学を分析していく。第一に、同盟要因がアメリカの政策決定をどのように拘束したかを確認する。第二に、森の二つの影響力概念を援用しながら、どのような形態の対米影響力をイギリスが行使しようとしたのかを考える。第三に、アメリカの政策決定過程における同盟要因と、イギリスが行使しようとした影響力の間にはどのような関係があったのか検討する。これによって、アメリカを拘束していた同盟要因に対してイギリス側が働きかけたことで、後者が前者に一定の影響力を行使し得たことを明らかにする。なおこの三点を検討するにあたっては、最終的に実施されなかった政策選択肢に注目する。これらの選択肢の検討は、キューバ危機における同盟内政治の力学を明らかにするうえで有益だと筆者が考えるからである。

3　キューバ危機における米英関係

アメリカの対応と同盟要因

ケネディが、キューバのミサイル基地建設について報告を受けたのは一九六二年一〇月一六日の朝であった。ケネディは秘密会議（エクスコム）を招集して対応を協議したが、ここではミサイル基地への軍事行動を主張するグループと、対キューバ海上封鎖を支持するグループの間で議論が繰り広げられた。前者が空爆もしくは侵攻によってミサイル基地を破壊することを主張したのに対し、後者は封鎖でさらなるミサイル搬入を阻止しつつ、ミサイル基地を撤去するようソ連側に圧力をかけることを説いたのである。

エクスコムではキューバ問題とベルリン問題の連鎖、そしてＮＡＴＯ諸国の態度が大きな問題となった。アメリカの政策決定者は二つの点でキューバとベルリンの関連性を意識していた。第一に、彼らはソ連のミサイル配備を近い将来のベルリン危機へ向けた準備と見ていた。第二に、ミサイル撤去のための行動はソ連による西ベルリンへの報復を招きかねないと認識されていた。またエクスコムでは、ＮＡＴＯ諸国に対する「同盟防衛」と「危機不拡大」という二つの「信頼性」も重視されていた。キューバ問題に適切に対処できなければ、アメリカのベルリン防衛の意図と能力である「同盟防衛の信頼性」が失われかねない。その一方、ソ連がベルリンに報復すれば、「好戦的」なアメリカが不要な危険にヨーロッパを曝したとの批判が予想された。その場合、同盟国を危険な状況に巻き込まずに危機を収束させる外交能力としての「危機不拡大の信頼性」が損なわれることになる。そしてその結果、将来ベルリン危機が再燃した際に必要なＮＡＴＯの結束力も弱まってしまいかねない。このようにグローバルな冷戦を戦うアメリカはベルリンとキューバの連鎖を意識し、それゆえミサイル問題への対応にあたっては二つの信頼性を維持しなければならなくなった。そしてそのことが大きなディレンマをもたらしたのである。

一〇月二〇日にケネディは、まず封鎖によってソ連に圧力をかけ、その出方を確かめてから次の対応を決定することを決断した。これが二つの信頼性へのダメージが最も少ない対応だと彼は判断したのである。しかしこの時点でケネディは、ソ連のフルシチョフ首相が要求に応じなかった場合の対応については明確な考えを持っていなかった。確かに彼は交渉での危機解決を望んでいたが、最終手段としての軍事行動を排除していたわけでもなかった。またケネディは、外交的解決のためには代償を支払わなければならないと考えていたが、ベルリン問題での譲歩は不可能であった。そのため彼は、NATO加盟国であるトルコに配備されていた中距離弾道ミサイルを取引材料にすることを想定していた。旧型のため六二年までには軍事的に意味のないものとなっていたトルコのミサイルは、ベルリンを救い、かつ、核戦争を回避するための妥当な対価だと見なされたのである。

このように二つの信頼性への配慮は、キューバ危機がベルリンへと波及する可能性とともに、アメリカの政策選択の幅を狭めることになった。危機不拡大の信頼性への配慮は、核戦争へのエスカレーションへの懸念とともにキューバへの軍事行動をためらわせた。一方、同盟防衛の信頼性への配慮は、核戦争回避のためにソ連に譲歩することを困難にするのである。二つの信頼性を維持しながら危機を解決するには、軍事行動を回避し、さらにキューバ危機のベルリンへの波及を防がなければならない。この後見ていくように、ケネディやラスク国務長官が秘密裏に第三者による仲介をアレンジし、米ソがそれを「不承不承」受け入れるという体裁を取り繕おうとしていたのはそのためであった。(7)

イギリスの反応

NATO諸国首脳の中でケネディが最初に連絡をとったのはマクミラン英首相であった。ケネディやラスクは、NATO全体の意見の一致をとりつけるうえでイギリスの態度を重視していた。一九六一年以降、ベルリン問題をめぐってNATOが結束する必要性を感じていたアメリカはイギリスと緊密な協力を行っていた。このような背景がキューバ危機における米英関係にも影響していたと言えよう。(8)

マクミランは当初、ケネディにキューバを侵攻・占領するよう助言するつもりであった。封鎖ではミサイルを除去することはできず、また、ベルリンに対するソ連の反撃を誘発するかもしれなかった。またフルシチョフが危機の高まりを利用してアメリカを交渉へと引きずり込み、キューバからのミサイル撤去の代償としてベルリン問題で譲歩を要求する可能性もあった。

もちろんマクミランは、侵攻が戦争を引き起こす危険性を認識していた。その一方で彼は、戦争へのエスカレーションを「私自身のイニシアチブで会議を招集するか、もしくはその他の手段で止めることを試みずに放置することはできない」と考えていたのである。(9) おそらくマクミランは、米軍の侵攻で危機がエスカレートした場合、自ら首脳会談を提案して核戦争を回避するつもりだったのだろう。しかしその場合、ソ連がキューバとベルリンの取引を提案することは間違いない。そのため彼は首脳会談の開催を前提に、ソ連側の取引材料をあらかじめ奪っておくべきだと考えたのである。

しかしマクミランの意見がイギリス政府全体で共有されていたわけではない。オームズビー＝ゴア駐米大使は、アメリカの軍事行動はソ連がベルリンで動くための好条件を作りだすと考えて封鎖を支持していた。またヒューム英外相や外務省も、アメリカがキューバを攻撃しない限りソ連がベルリンに報復することはないとの考えに立っていた。

しかし軍事行動の是非について意見を異にしていたヒューム、外務省とマクミランも、封鎖というアメリカの決定を覆すことはできないという点では一致していた。イギリスの懸念は、アメリカ政府が最終的にどうやって危機を終結させるつもりなのかであった。マクミランは、封鎖ではミサイルを除去できず、いずれケネディは侵攻か交渉かを選ばなければならなくなると予想していた。そこでイギリス側は、首脳レベルでの書簡や電話会談、またケネディの個人的な友人でもあったオームズビー＝ゴア大使を通じて大統領の考えを探り影響力を行使しようとしていくのである。(10)

米英の国連アプローチ

一〇月二二日のテレビ演説でケネディは海上封鎖の実施を発表し、キューバに向けたソ連船舶の航行停止とミサイル基地建設作業の中止を要求した。翌日ソ連政府は、アメリカ政府を強く批判し、船舶航行と基地建設を継続する姿勢を示した。ソ連の最初の反応はベルリンへの報復ではなかった。しかしケネディとラスクは、キューバ危機のベルリン波及を恐れ続けた。そのため彼らは国連を利用してこれを回避しようと試みていくのである。

早くも二一日の時点でラスクは、国連を利用して危機を東西軍縮交渉の文脈へと持ち込み、ベルリンとキューバを切り離そうと試みていた。それは国連安保理もしくは事務総長が、米ソのミサイルが配備されている国に対して国連査察団の受け入れを要請し、査察団の受入国と米ソがジュネーブ一八カ国軍縮委員会に参加する、というものであった。キューバとトルコのミサイル基地を直接的に取引するのではなく、ミサイル撤去を東西軍縮合意の一環として「偽装」しようというのである。

さらにラスクはこのシナリオへの米政府の関与を隠そうとしていた。国務省で起草された安保理決議草案はアイルランド政府から提案されることになっていた。またラスクは、二四日午前、コロンビア大学国際関係学部長のコーディアーにコンタクトを取った。コーディアーは、ラスクの友人であり、ウ・タント国連事務総長とも親しかった。そのコーディアーを通じてラスクは、ウ・タントに米ソ、キューバ、トルコに国連査察団受け入れと軍縮委員会参加を要請する事務総長声明を依頼しようとしていたのである。

結局ラスクは、その日のうちにコーディアーへの依頼を取り下げた。しかし同日深夜、今度はケネディが、スティーヴンソン米国連大使を通じてウ・タントに声明を出すよう依頼している。それはソ連船舶を封鎖海域に接近させないようソ連側に求める一方、米ソ予備交渉が開始されるまで臨検実施を延期するよう米国に要請するものであった。ケネディとラスクは、危機解決のために国連を利用しようとしていたのである。(11)

興味深いことに、イギリスも同様のアプローチで事態を打開しようとしていた。ヒュームは危機解決に有益な行動をとるための「いかなる機会も失いたくはな」かった。(12)しかしアメリカが封鎖を解除しなければソ連は交渉に応じることはなく、また、ソ連がキューバへの兵器搬入とミサイル基地建設作業を停止しなければ、アメリカ側にも交渉を行う余地はなかった。だとすれば米ソ双方の面子を立てるような策を講じなければならない。アメリカと同じくイギリスも、トルコのミサイルは危機解決の妥当な対価だと見なしていた。しかしトルコとキューバのミサイルが直接取引されれば、アメリカの同盟防衛の信頼性が損なわれる恐れがある。そのためヒュームもまた、このような取引をジュネーブ軍縮委員会における合意事項として「偽装」しようと考えたのである。[13]これはまた、ベルリンとキューバを切り離す手段でもあった。深刻な経済問題に直面しているソ連は、軍縮や核実験禁止問題でアメリカと合意できればベルリン問題を棚上げにする、とヒュームは予想していた。[14]

一〇月二四日、ヒュームはオームズビー＝ゴア大使に、このような方針が受け入れ可能かケネディに打診するよう命じた。[15]しかしこれに懐疑的であった大使は、同日夜（米東部標準時：EST）のケネディ＝マクミラン電話会談の際に、ミサイル除去に進展がない限り封鎖解除は不可能だと大統領から首相に伝えるよう、バンディ国家安全保障問題特別補佐官に進言した。[16]実際ケネディはそのようにマクミランに回答している。[17]イギリスの最初のアプローチは、自国の駐米大使によって阻止されたのである。

この会談でケネディは次にどのような行動をとるべきかマクミランに意見を求めた。ソ連船舶がキューバへの航行を続け封鎖線に近づけば、ベルリン報復のリスクを冒してでも臨検を行わなければならなくなる。その場合「私たちは運に任せてキューバを侵攻するのか、それとも〔侵攻を〕先送りして、キューバをベルリンでことが起きた際にある種の人質として使うのか、判断しなければならなくなります。そして、もし彼〔フルシチョフ〕がベルリンに対して行動を起こせば、私たちはキューバに対して行動をとる。それが、私たちの今直面している選択です。あなたはどのように判断されますか。[18]」

この発言はケネディが依然として侵攻という選択肢を放棄していなかったことを示している。回答を留保したマクミランは、翌朝、次のような書簡を送った。「よくよく考えたあと私は、事態はすでに進みすぎてしまったと考えるようになりました…今や私たちは皆、あなたが他の手段で目的を達成するよう試さなければならない局面にいるのです」。そのうえでマクミランは、アメリカ政府は国連査察下でキューバへのミサイル搬入と基地建設の中断を行うことを主張すべきであり、国連査察が実施されれば封鎖の解除も可能になると助言した[19]。この提案の狙いは国連を介入させることでアメリカの軍事行動を抑制し、同時に、ソ連には基地建設中止、アメリカには封鎖解除をそれぞれ受け入れさせて、米ソが交渉を開始できる状況を作り出すことにあった。

この書簡がケネディに与えた影響について多くの研究は否定的である[20]。一方この書簡が届いた二五日午前のエクスコムで、ケネディとラスクは国連査察に強い関心を示している[21]。彼らの態度がマクミラン書簡を受けてのものであったことを、直接的に示す史料は管見の限り存在していない。しかし彼らが軍事行動の可能性を残しつつも、国連を利用した外交的な危機解決を模索していたことを考えれば、マクミラン書簡は後者の方針を維持・継続することの正しさを確認させるものであったと考えられよう。

二五日午後、ウ・タントはスティーヴンソンの前夜の要請を快諾して声明を発した。フルシチョフはこれに即座に応じる姿勢を示し、二六日午後から、ウ・タントと米・ソ・キューバ各国代表が話し合う形で予備交渉が開始されたのである。

イギリスのソー提案

実のところフルシチョフは、一〇月二五日までにはキューバ危機を外交的に解決することを決定していたが、もちろんアメリカ側はこの決定に気づいていなかった。二六日までにケネディは、ソ連との取引か軍事行動のいずれかでしかミサイルは除去できないと考えるようになっていた。ケネディは、国連での予備交渉の行く末を見きわめようとしていたが、軍事行動の可能性もまだ排除してはいなかった[22]。

イギリス側はこのようなケネディの態度を明確に認識していた。二六日夕方にラスクと会談したオームズビー＝ゴアは、予備交渉が失敗した場合、アメリカが空爆を行うことは間違いなく、その結果「全面侵攻以外の選択肢がありえない」状況が生じる可能性があると外務省に報告している[23]。この頃までに外務省は「国連で意見交換が進展し、また米国側との物理的衝突が発生していない限り、ソ連側のベルリンでの行動があるかどうかは疑わしい」と結論づけていた[24]。ソ連専門家のロバーツ駐ソ大使も、ソ連は「故意に戦争を挑発しないという単純なルールを守って」おり、それゆえ西側の強い立場を示しつつも「逃げ道を残しておく」ことが重要だと意見具申している[25]。ソ連側が自制的に行動する中、外務省はむしろアメリカの拙速な行動を警戒していたのである。

ソ連に逃げ道を与え、かつアメリカの軍事行動を抑制するため、ヒュームと外務省は二段階の交渉案を用意していた。第一段階の目的はキューバに国連査察団を派遣し、兵器搬入とミサイル基地建設作業の中止を確保することであった。ソ連がこれを承諾すれば、アメリカも封鎖を中止することができる。そして続く第二段階でキューバ問題を軍縮交渉の文脈で議論するのである。加えてイギリス側は、キューバ及びトルコのミサイル基地が国連査察下に置かれるのと同じ期間、イギリス本土のソー（Thor）中距離弾道ミサイル基地にも国連査察団を受け入れるという、新たな提案をアメリカ側に行うつもりであった[26]。

この新提案の目的は、イギリスの査察受け入れによってソ連とキューバの「面子を立てる」ことにあった[27]。また同盟国トルコに対する同様の効果も期待された。この頃までに西側マスメディアは、キューバとトルコのミサイル基地取引の可能性を盛んに報じるようになり、駐トルコ・ソ連大使もトルコに対してミサイル撤去を要求していた[28]。そのためトルコ政府は米英両国に、キューバとトルコのミサイル基地が関連づけて論じられていることについて「深い憤り」を表明していた[29]。ヒュームは西側の「大国」イギリスが査察を受け入れることで、同盟国トルコの「不公平感」を緩和しようとしたのである[30]。

この交渉案は、アメリカの既存の方針を維持・継続させることを目的とする間接的影響力行使の試みであった。なぜならこれは、トルコに国連査察を受け入れさせる（＝国際状況を変化させる）ことで、アメリカに既定方針である外交的解決を維持・継続させ、軍事力行使へと政策を修正することを妨げようとするものであったからである。またこの案は、イギリスが、アメリカの政策決定を拘束していた同盟要因を理解したうえで、それを緩和させるために提示したものであった。トルコが国連査察受け入れに反対している限り、アメリカは同盟防衛への信頼性への配慮からソ連との交渉を開始できない。そのためイギリスは、トルコに自発的に査察を受け入れさせることで同盟要因を緩和させ、米ソ交渉を可能にしようとしたのである。

この案は、二六日の夕方（EST）からの電話会談でマクミランからケネディに伝えられた。この時ケネディは、四八時間以内にソ連側がミサイル撤去に応じなければ次の行動を決断しなければならないと述べた。これに対してマクミランは、アメリカの行動がベルリンに与える悪影響について警告し、予備交渉が失敗した場合にはウ・タントが国連査察団を率いてキューバ入りすべきこと、またイギリスも査察団を受け入れる用意があると述べた。しかしケネディはあまり関心を示さず、マクミランに相談するまではさらなる行動を行うことはないと答えたのみであった。[31]イギリスの試みはまたしても実現しなかったのである。

米英の二重アプローチ

一〇月二六日夜（EST）、フルシチョフは一通の書簡をケネディに送り、アメリカがキューバを侵攻しないと声明すれば、ソ連はミサイル基地を撤去するという提案を行った。アメリカ側はこの提案を妥当なものと受け止めた。しかし間もなくソ連側はその態度を翻した。二七日午前にソ連政府は、アメリカのキューバ不侵攻声明に加えて、トルコのミサイル基地撤去を要求する声明を発したのである（それぞれ「第一書簡」「第二書簡」と呼ばれる）。

二つの書簡の要求内容が異なっていたためアメリカ側は当惑した。二七日午前のエクスコムでメンバーの多くは第二書簡の受諾に反対した。トルコのミサイル基地撤去を受け入れればNATO諸国は、アメリカが西半球における自国の利益のために「同盟国を売り渡した」と見なしかねない。しかしケネディは確信していた。国際社会は、軍事的に無価値な兵器の撤去を求めるソ連提案を「非常に公平な取引」だと判断するにちがいない。だとすれば、第二書簡を拒絶して軍事行動をとれば危機不拡大の信頼性が大きく損なわれる。だからといってこれを受諾すれば、今度は同盟防衛の信頼性が失われる。二つの信頼性の間でケネディは、再びディレンマに直面したのである。[32]

一方イギリス側は、第二書簡が発表される前からアメリカへの不安を募らせていた。外務省では、国連での予備交渉が失敗した場合の代案が必要だと考えられていた。二七日早朝（グリニッジ標準時：GMT）、キャッチア外務事務次官はヒュームに一通の文書を提出した。すでに見たようにケネディは前夜、事前のコンタクトなしに軍事行動を取ることはないとマクミランに伝えていた。しかしキャッチアは、ケネディがマクミランにコンタクトを取るのは軍事行動を決断した後に違いないと判断していた。だとすれば「有益なイニシアチブ」を取るためには「二四時間以内」に行動せねばならない。しかしソ連に対する共同戦線を崩してイギリスが米ソ首脳会談を提案すれば、ケネディは「いざという時にイギリスは怖気づいた」と見なすだろう。そうなれば英米関係は「長期的ダメージ」を被ることになる。以上の理由からキャッチアは、ウ・タントの仲介努力を「後押し」するような行動をとるべきだとヒュームに勧告したのである。[33]

キャッチアの助言を受けてヒュームは、ディーン国連大使に訓令を送った。そしてディーンはウ・タントに査察部隊を率いて自らキューバ入りするよう要請し、イギリスも国連査察を受け入れる用意があると伝えた。[34] ヒュームとキャッチアは、国連を直接介入させることで、アメリカに外交的解決を促し、軍事行動を妨げようとしていたのである。

午前のエクスコムの後、ケネディはオームズビー＝ゴア大使と会談した。この時ケネディは、今後二日間ミサイル基地建設作業が続けば「最後通牒」を出さざるを得なくなると述べた。彼は依然として軍事行動の可能性を捨て去ってはいなかった。また大使がウ・タントのキューバ訪問について打診すると、ケネディは「有益なイニシアチブかもしれない。しかし、そのタイミングは、スティーヴンソンとウ・タントの交渉がどうなるかによるな」と答えたのみであった。[35]

このようなケネディの態度は、イギリス側に再び強い懸念を抱かせた。二七日夜（GMT）、マクミラン、ヒューム、キャッチアは主要閣僚とともに対応を協議した。イギリス首脳の目には「ケネディがキューバ・トルコの取引を拒絶し、ミサイル基地の破壊へと突き進んでいるように」映っていた。ここでマクミランは「ロンドン首脳会談」を開催し、その期間中イギリスはソー・ミサイルを「凍結する」という提案をケネディに行うべきだと主張した。

彼はイギリス、そして彼自身が危機解決のための積極的な役割を演じることを望んでいたのであろう。しかしヒュームとキャッチアはこの案に懐疑的であり、ケネディ宛の首相親書から首脳会談への言及を削除するよう説得した。しかしソー・ミサイルに関する提案はそのまま親書の中に残されることになった(36)。

二七日深夜（GMT）マクミランはケネディへの親書を送付した。ここでマクミランは、次の三つの提案を含む英首相からの公開書簡を米ソ首脳に送付することを提案した。(1)ソ連は国連査察下で、キューバのミサイル基地建設中止と、すでに配備済みのミサイルを発射不可能な状態にすることに同意する。(2)アメリカ側は封鎖解除に同意し、キューバを攻撃しないことを約束する。(3)米ソが前記の条件に同意すれば、イギリスはソー・ミサイル基地を国連査察下に置く(37)。

つまり二七日夕方（EST）までにイギリスは、アメリカに二つの代案を提示していたと言える。ウ・タントのキューバ訪問と米ソ首脳に宛てた公開書簡である。この二つのアプローチはいずれも、国際状況を変化させることでアメリカに危機の外交的解決への関与を維持・継続させ、軍事行動を放棄させるという意味での間接的影響力行使の試みであった。

しかし同日夕方（EST）のエクスコムで、これらの提案が検討された形跡はない。ここで検討されたのは、フルシチョフ第二書簡への対応であった。同盟国に対する二つの信頼性の間でディレンマに直面したケネディは、結局、二重外交を通じた秘密取引を決断した。午後八時五分、ケネディはフルシチョフに対して、ソ連側がミサイルを撤去すれば、アメリカはキューバ不侵攻声明を行う用意があるという旨の公開書簡を送付した。しかしその裏側でケネディは、実弟のロバート・ケネディ司法長官をドブルイニン駐米ソ連大使のもとに派遣していた。ロバートはドブルイニンに、ソ連側がミサイル撤去に応じれば、アメリカ政府はNATO理事会の手続きに従ってトルコのミサイル撤去を進めると伝えたのである。二つの信頼性という同盟要因は、秘密取引に関するケネディの決定に大きく作用したと言える(38)。

さらなる代替案の模索――アメリカの対英アプローチ

秘密取引を提案した後も、ケネディとラスクは不安をぬぐえなかった。「もしフルシチョフが、ロバートとドブルイニンが議論したものを拒絶したら、どうすればいいんだ？」[39]そのため彼らは、軍事行動回避のためのさらなる選択肢を用意しようとしたのである。

近年の研究が明らかにしているように、ケネディとラスクは、ブラジル政府を通じてソ連との同盟関係を破棄してミサイルを撤去するよう、キューバのカストロ首相に働きかけていた。[40]ケネディはまた、再びコーディアーに連絡をとるようラスクに命じた。この二度目の接触でラスクがコーディアーに依頼したのは、米ソ両国にそれぞれトルコとキューバのミサイル基地撤去を要請する事務総長声明を出す準備を行うようウ・タントに伝えることであった。これは、キューバとトルコの基地を国連査察下に置き、関係諸国に軍縮交渉への参加を呼びかけるという二四日のそれとは異なり、事務総長にトルコ・キューバの直接取引を提案させようとするものであった。[41]さらにケネディは、次のような二つの外交戦術にイギリスを関与させようと働きかけていた。

一つ目は英首相から米ソ両国首脳に宛てた公開書簡である。二七日夜（ＥＳＴ）、バンディは二度にわたってマクミランの秘書官ド・ズルエタに電話をかけ、ソー・ミサイルに関する提案を行わないよう強く求めた。[42]また同日深夜にはケネディもマクミランに書簡を送り、「あなたの公開書簡を現時点では好ましいとは考えてはいない」と強調している。[43]

これらの事実に基づき多くの研究はイギリスの対米影響力には限界があったと論じている。[44]しかしケネディが軍事力行使の回避のためにさらなる選択肢を模索していたことを念頭に史料を分析すると、異なる解釈が浮かび上がる。実はケネディとバンディは、イギリスの提案「自体」ではなく、その「タイミング」を留保していたのである。ケネディはマクミランへの返信で、予備交渉の結果を「もう一晩待った方がよ」いが、もしマクミランが「不可欠」と感じて声明を行った場合、「そのようなアピールに対して私達は肯定的に回答します」と述べているのである。[45]このことはケネディが、危機の最終段階においてイギリスの公開書簡を外交的選択肢の一つと見なし始めていたこととを示している。

一方マクミランもケネディの意図を十分理解していたようである。翌二七日早朝（ＧＭＴ）マクミランは、声明の有用性は「全てタイミングにかかって」おり「事態の進展についてあなたからの連絡をお待ちしている」とケネディに回答した。[46] マクミランは、ワシントンからの合図を待って声明を出すつもりだと伝えたのだと言えよう。

しかしこの公開書簡はケネディにとって最後の手段に近いものであった。彼がそれより先に求めていたのが二つ目の戦術であるＮＡＴＯ理事会でのイギリスの行動であった。既述のように二七日夜、バンディはド・ズルエタにソー提案に関する留保を伝えていた。しかし同じ会話の中でバンディは、アメリカはむしろ二八日午前に予定されたＮＡＴＯ理事会への「イギリスの積極的な参加」を欲していると述べている。実のところバンディは、ＮＡＴＯ理事会でキューバとトルコからミサイルを同時撤去するとの提案を行うよう、遠回しな表現でイギリス側に求めたのである。ケネディは、ＮＡＴＯ内でのイギリスのリーダーシップに期待したのであろう。しかし表現が回りくどすぎたのか、ド・ズルエタはバンディの意図が理解できず、このケネディのアプローチは失敗に終わった。[47]

この二つのエピソードは、危機の最終段階でケネディが、国際状況を変化させるような行動をとるようイギリスに求めたことを示している。そうすることで彼は、外交的解決という既定方針を継続・維持し、軍事行動の回避が可能な状況を作り出そうとしたのである。ケネディの方からイギリスに間接的影響力の行使を求めたともいえるだろう。またこのことはさらに、アメリカ側がイギリス側の提案を一定程度受け入れたことを示している。これまでイギリスは、国連を用いた危機解決方針を維持すべきであり、またそのためにイギリスには間接的影響力を行使する用意があると、繰り返しアメリカ側に伝えてきた。その結果、二七日の夜までにケネディは、イギリスを危機解決のための一つの選択肢と見なし始めたのだと言えよう。

またイギリスは、ウ・タントからキューバ訪問の約束を取り付けることにも成功していた。二七日の英提案を受けてウ・タントはキューバ側と接触し、訪問を歓迎するとのメッセージをカストロから受け取った。そしてウ・タントは、二七日深夜（ＥＳＴ）までに「事実上訪問の意思を固め」ていた。[48] イギリスは国連の直接介入への道筋を作ることにも成功しており、この面でも間接的影響力を行使する準備ができていたのである。

このように二八日朝（EST）までには、秘密取引が失敗した場合の選択肢がさらにいくつか用意されていた。二七日深夜のケネディの行動を考えれば、フルシチョフがミサイル撤去に応じなかった場合、これらのうちの一つないしは複数が実施されていた可能性はきわめて高い。しかし二八日朝にはソ連がミサイル撤去を発表し、危機は急速に解決へと向かう。そのためこれらの案は実施されず、歴史に刻まれることもなかった。

4　冷戦期の同盟内政治に関する一考察

同盟要因と同盟国の影響力

それでは前節までの分析をふまえて、アメリカの政策決定過程における同盟要因や同盟国の対米影響力をどのように考えることができるのか、まとめてみよう。

まず同盟要因について二つの信頼性に言及しながら見ていく。アメリカの政策決定者がキューバ情勢とベルリン問題との関連性を意識していたことは、彼らにとって二つの信頼性の重要性を高めることになった。そして二つの信頼性を維持する必要に直面したがゆえに、どのようにミサイルを除去し、かつ、同盟関係への影響を最小限にするかが政策決定上の大きな問題となった。また二つの信頼性への配慮は、軍事行動とトルコのミサイルに関するソ連への譲歩の両方を難しくした。そのためケネディ政権は、アイルランド提案、ウ・タント国連事務総長、イギリスなど、第三者による仲介提案を秘密裏にアレンジしようとしたのである。つまりアメリカの政策決定者が予想した同盟国の反応や対応、また同盟関係に与える影響に関する予想（アメリカの行動とその結果を同盟国がどのように認識し、またそれに基づいてどう行動するか、に関するアメリカの認識）が政策決定上の拘束要因となったと言える。このような同盟要因がアメリカの政策決定過程にもたらした影響は、封鎖を選択した理由や秘密取引の決定に関する分析に加えて、危機の最終段階でケネディらが第三者にトルコ・キューバ取引を提案させようとしたこと——すなわち実施されなかった選択肢——の決定過程を分析することでより鮮明に浮かび上がってくる。

次にイギリスの対米影響力についてである。まず直接的影響力に関して言えば、イギリスはアメリカの政策を修正させるような影響力を行使したことはなかった。この視点から、従来のキューバ危機研究はイギリスの役割を軽視してきたのである。しかし本章では一〇月二四日から翌日にかけてのマクミランの働きかけが、軍事行動への「修正」を自制させ、国連を利用した外交的解決という既存の政策を「維持・継続」するよう促した可能性があることを指摘した。実際のところ、このような形態の「影響力」が行使されたことを明示する史料を発見できることはめったになく、こういった立論は強引な解釈を導くことにもなりかねない。しかしアメリカ側の政策決定過程を慎重に分析し、このような形態の影響力が存在した可能性を考えることもまた重要ではないか。なぜなら、それがアメリカの行動それ自体を修正しなかったとしても、行動の修正を自制するというアメリカの判断に影響を与えた可能性があるからである。

次に間接的影響力について言えば、イギリスはそれを行使することで実際の危機解決に貢献したとは言い難い。しかしケネディは危機の最終段階でマクミラン提案を一つの選択肢と見なし始め、イギリスにＮＡＴＯでイニシアチブをとらせようと働きかけていた。さらにイギリスは、ウ・タントのキューバ訪問への道を敷くことにも成功していた。もしフルシチョフがミサイル撤去を表明していなければ、これらの選択肢が実施されていた可能性は高い。つまりイギリスはアメリカの政策選択肢の中に自国の方針を反映させることに成功し、状況の展開次第ではそれをアメリカが選択する可能性があった。この意味でイギリスは「潜在的」には間接的影響力の行使に成功していたといえる。

またアメリカにとっての同盟要因と同盟国の対米影響力の関係についても次の点が指摘できよう。第一に直接的影響力に関して、仮にマクミランが、ケネディに国連を用いた外交的解決方針と軍事力行使の回避を維持・継続させることができたとすれば、それは彼がケネディに、アメリカの危機不拡大の信頼性に関するＮＡＴＯ諸国の懸念を繰り返し想起させたからであった。第二に、潜在的なものとは言えイギリスが一定程度の間接的影響力を行使することができたのは、アメリカの政策を拘束していた同盟要因を除去するような代案を提示したからである[49]。第三に、危機の最終段階におけるケネディのイギリスに対する働きかけは、アメリカが同盟国に間接的影響力の行使を求めるような動きを見せたことを示している。

冷戦期の国際システムと同盟内政治

最後にこれまでの議論に基づいて、冷戦期の国際システムの特徴とそれが同盟内政治に与えた影響について筆者の考えを述べたい。国家間の同盟関係は冷戦期以外の時代にも当然存在していたのであり、この意味で「非冷戦」的な現象だと言えよう。キューバ危機においては、同盟国の反応や対応、またそれが同盟関係に与える影響に関する予測がアメリカの政策決定上の拘束要因となっていた。このような現象は冷戦期以外の時期でも一般的に見られるのであり、この意味で、キューバ危機の最中ですら「非冷戦的」な同盟内政治の力学が展開されていたと言えるだろう。むしろ問題は、それが「なかったもの」とされてきたことであり、ここに米ソ中心的な冷戦認識の特徴を見ることができる。すなわち「圧倒的な国力を持つ超大国の直接対立では、国力で相対的に劣る同盟国に影響力を行使する余地はない」との前提に立って分析すると、実際には同盟国が一定の役割を果たしても、そのことへの感受性が低下するのである。本章冒頭で述べた、キューバ危機における同盟国の役割に関する一般的理解の背後には、このような前提認識があったと考えられよう。

しかし本章の分析は、アメリカが同盟要因に拘束され、イギリスが一定の対米影響力を行使し得た理由の一部は、冷戦下の危機とそこでの同盟内政治の力学の特殊性にあったことを示している。核戦争の可能性が存在する中でグローバルな冷戦を戦っていたからこそ、アメリカはベルリンやトルコとキューバの連鎖を強く意識せざるを得ず、そのため同盟国に対して二つの信頼性を示すことに拘泥せざるを得なかった——すなわち同盟要因に拘束された——のである。一方イギリスは、アメリカが同盟要因に拘束され、また核戦争の危機に直面していたからこそ、アメリカとのパワーの格差にもかかわらず一定の影響力を行使し得たと言える。逆説的だが、「冷戦」的状況が、「冷

戦」の特徴である超大国と同盟国の国力差を相殺し、「非冷戦的」な同盟内政治の力学を生んだとも考えられよう。(50)

このように同盟内政治の史的分析は、冷戦期国際システムの特殊性＝「冷戦性」と他の時代の国際システムとの共通性＝「非冷戦性」を明らかにするうえでも可能性を秘めている。そしてその際には、同盟国の働きかけがアメリカの行動を実際に修正したか否かという「結果」だけでなく、とられなかった選択肢の意味まで含めて、同盟国と超大国の相互作用の「過程」を詳細に見ることが重要なのではないか。このような見方が、冷戦期の全ての時期や事象に当てはまるわけではないだろう。しかし超大国間対立の典型例と考えられてきたキューバ危機についてすら、このような見方ができることの意味は、冷戦の実像を把握するうえで決して小さくないように思われるのである。

註

（1）Frank Costigliola, 'Kennedy, the European Allies, and the Failure to Consult,' *Political Science Quarterly*, vol. 110, no. 1 (1995); Cees Wiebes and Bert Zeeman, '"I Don't Need Your Handkerchiefs": Holland's Experience of Crisis Consultation in NATO,' *International Affairs*, vol. 66, no. 1 (1990).

（2）Nigel J. Ashton, *Kennedy, Macmillan and the Cold War: The Irony of Interdependence* (New York: Palgrave Macmillan, 2002), pp. 64-89; Len V. Scott, *Macmillan, Kennedy and the Cuban Missile Crisis: Political, Military and Intelligence Aspects* (London: Macmillan, 1999); Gary D. Rawnsley, 'How Special is Special?: The Anglo-American Alliance during the Cuban Missile Crisis,' *Contemporary Record*, vol. 9, no. 3 (1995); Peter G. Boyle, 'The British Government's View of the Cuban Missile Crisis,' *Contemporary Record*, vol. 10, no. 3 (1995).

（3）青野利彦『「危機の年」の冷戦と同盟――ベルリン、キューバ、デタント、一九六一～六三年』有斐閣、二〇一二年、第五章；Toshihiko Aono, 'Leading from Behind: Berlin, the Jupiters and Third-party Mediation during the Cuban Missile Crisis,' in David Gioe, Len Scott, and Christopher Andrew (eds.), *An International History of the Cuban Missile Crisis: A 50-Year Retrospective* (Routledge, 2014), pp. 196–216. 本章の分析もこれらに大きく依拠している。

（4）Robert A. Dahl, 'The Concept of Power,' *Behavioral Science*, vol. 3, no. 2 (1957), pp. 202–203.

（5）森聡『ヴェトナム戦争と同盟外交——英仏の外交とアメリカの選択、一九六四～一九六八年』東京大学出版会、二〇〇九年、一四～一七頁。
（6）青野前掲書、一五七頁。
（7）青野前掲書、一五二～一五八、二五三～二五五頁。
（8）Toshihiko Aono, "'It Is Not Easy for the United States to Carry the Whole Load": Anglo-American Relations during the Berlin Crisis, 1961–1962,' *Diplomatic History*, vol. 34, no. 2（April 2010）.
（9）The National Archives, UK（TNA）, PREM11/3689, FO to Washington, no. 7395, 22 October 1962.
（10）青野前掲書、一五九～一六一頁。
（11）青野前掲書、一六六～一六八頁。
（12）TNA, PREM11/3690, FO to Washington, no. 7457, 24 October 1962.
（13）Ibid.; TNA, CAB128/36, C.C. 62（62）, 25 October1962.
（14）TNA, CAB128/36, C. C. 59（62）, 9 October 1962.
（15）TNA, PREM11/3689, FO to Washington, no. 7457, 24 October 1962.
（16）John F. Kennedy Library, Boston, USA（JFKL）, National Security Files（NSF）, Box 170A, Bundy to Kennedy, October 24, 1962; Ashton, op. cit., p. 77.
（17）TNA, PREM 11/3690, Telephone Conversation（Telcon）, Macmillan-Kennedy, 24 October 1962.
（18）Ibid.〔　〕内は筆者。
（19）TNA, PREM11/3690, Macmillan to Kennedy, T505/62, 25 October 1962.
（20）Ashton, op. cit., pp. 77–78.
（21）Transcripts of Excomm Meeting, 25 October 1962, Ernest R. May and Philip D. Zelikow, *The Kennedy Tapes: Inside the White House during the Cuban Missile Crisis*（Boston: Belknap Press of Harvard University Press, 1997）, pp. 415–417.
（22）青野前掲書、一六九～一七〇頁。
（23）TNA, PREM11/3690, Washington to FO, no. 2691, 26 October 1962.

(24) TNA, PREM11/3691, FO to Washington, no. 7575, 27 October 1962.
(25) TNA, PREM11/3690, Moscow to FO, no. 1039, 25 October 1962.
(26) TNA, PREM11/3690, FO to Washington, no. 7554, 26 October 1962.
(27) Ibid.
(28) Philip Nash, *The Other Missiles of October: Eisenhower, Kennedy and the Jupiters, 1957–1963* (Chapel-Hill: University of North Carolina Press, 1997), p. 137.
(29) Scott, op. cit., p. 163.
(30) TNA, PREM11/3690, FO to Washington, no. 7554, 26 October 1962.
(31) TNA, PREM11/3690, Telcon, Kennedy-Macmillan, 26 October 1962.
(32) 青野前掲書、一七〇～一七一頁。
(33) TNA, FO371/162384, Caccia to Home, 27 October 1962.
(34) TNA, FO371/162387, FO to New York, no. 4020, 27 October 1962.
(35) TNA, FO371/162382, Washington to FO, no. 2701, 27 October 1962.
(36) Harold Evans, *Downing Street Diary: The Macmillan Years, 1957–1963* (London: Hodder and Stoughton, 1981), p. 225; TNA, FO371/162383, New York to FO, no. 1800, 27 October 1962.
(37) JFKL, President's Office Files (POF), Box 127A, Macmillan to Kennedy, T517/62 and T518/62, October 27, 1962.
(38) 青野前掲書、一七二～一七三、二五三～二五五頁。
(39) Dean Rusk, *As I Saw It: A Secretary of State's Memoirs* (London: I.B. Tauris 1991), pp. 212–213.
(40) James Hershberg, 'The United States, Brazil and the Cuban Missile Crisis, 1962 (Parts 1 & 2)', *Journal of Cold War Studies*, vol. 6, no. 2 (2004), and no. 3 (2004).
(41) Aono, 'Leading from Behind,' pp. 202–203.
(42) May and Zelikow, op. cit., p. 609; TNA, PREM11/3691, Telcon, Bundy-Zulueta at 4 A.M., 28 October 1962.
(43) JFKL, POF, Box 127A, Kennedy to Macmillan, October 27, 1962. 傍点は筆者。
(44) たとえば Rawnsley, op. cit., pp. 591–592; Boyle, op. cit., p. 34; Ashton, op. cit., pp. 79–84. スコットは秘密取引が失敗して

いたらケネディはマクミラン提案を真剣に考慮していた可能性があったと指摘しているが、その根拠を明示していない。Scott, op. cit., p. 173.

(45) JFKL, POF, Box 127A, Kennedy to Macmillan, October 27, 1962. 傍点は筆者。

(46) TNA, PREM11/3691, Macmillan to Kennedy, T520/62, 28 October 1962.

(47) TNA, PREM11/3691, Telcon, Bundy-Zulueta at 4 A.M., 28 October 1962; JFKL, NSF, Box 170A, Memorandum by Bundy, October 27, 1962; Ashton, op.cit., p. 83.

(48) TNA, PREM11/3691, New York to FO, nos. 1802 (27 October 1962) and 1803 (28 October 1962); Peter Catterall, 'Modifying "A Very Dangerous Message": Britain, the Non-aligned and UN during the Cuban Missile Crisis,' in Gioe et.al. (eds.), op. cit., p. 93.

(49) この点は森が明確に指摘している。森前掲書、一四～二三頁。

(50) 第Ⅰ部総説第2節の議論も参照のこと。

第三章　ブラント政権の東方政策と独米関係

——一九六九〜一九七二年——

妹尾哲志

1　東方政策をめぐる独米関係

一九六九年にドイツ連邦共和国（西ドイツ）の首相となるブラントが推進した東方政策は、同国が七〇年八月のソ連とのモスクワ条約の調印を手始めに東側諸国との関係改善に取り組んだ点において、ヨーロッパのデタント（緊張緩和）に貢献するものであった。しかし、第二次世界大戦後に西側の分断国家として出発し、初代首相アデナウアー以来「西側統合」を推進してきた西ドイツが東側との対話に乗り出すことは、アメリカをはじめ同盟国に少なからぬ不安を与えるものであった。こうした不安は、冷戦の東西対立という文脈のみならず、かつて第一次世界大戦後にドイツとソ連が接近して強い不信感を招いたラパッロ条約や、ヒトラー率いるナチス・ドイツによる独ソ不可侵条約に見られたような、ヨーロッパの歴史における「東と西の間を自由に動く」ドイツ外交やドイツのナショナリズムに対する警戒にも起因する。(1) 一方でこの東方政策は、西ドイツにとって最も重要な同盟国アメリカが当時推進していた、デタント政策への「適応」に過ぎないと捉えられることもある。(2) 東方政策とアメリカのデタント政策はどのような関係にあり、ブラント政権は東方政策を進めるにあたって、警戒心を抱く西側諸国、とくにアメリカとの関係をどのように調整しようとしたのだろうか。

こうした問題意識から本章では、ソ連・東欧諸国との関係改善の突破口を開いた第一次ブラント政権期（六九〜七二年）の東方政策をめぐる西ドイツとアメリカの関係（独米関係）を検討する。この時期の独米関係と東方政策に関しては両国の一次史料に依拠した研究が進んでいる。[3] そこでまず指摘できるのが、アメリカのニクソン政権が進めようとしたヨーロッパの東西分断という「現状（Status quo）」を固定化しようとする米ソ間のデタントと、短期的には「現状」を受け入れつつソ連・東欧諸国との関係改善を図り、中長期的な目標としてその「現状」の克服を目指す「修正主義的」とも言うべき要素を内包したブラントの東方政策の相違点である。[4] ただこの相違点を踏まえたとしても、「接近による変化」のスローガンに代表される東方政策のコンセプトでは、一見矛盾する短期的目標と中長期的目標が「現状」の克服に向けた段階的プランにおいて並存していた点こそが肝要であり、したがって東方政策と米ソデタントを比較検討するにはこの段階的アプローチを念頭に置いた視点が必要とされるだろう。[5]

また従来の研究と同様に新史料を用いた研究でも言及されているのが、政策決定者間の関係に関して、ブラントとニクソン、ブラントの腹心バールとニクソン政権下で安全保障問題担当の特別補佐官を務めたキッシンジャーの関係が、必ずしも良好でなかった点である。たとえば近年の研究でも、ニクソンが社会民主主義政党出身のブラントに不信感を抱いていたことや、東方政策を成功裏に進めるブラントに嫉妬していたことも指摘されている。[6] しかし、独米関係が政策決定者間の関係にのみ注目して描き出されると、両国が政策内容で協力に成功したことなどが見えにくくなる。[7] こうした側面に注意を払いつつ、本章では、ブラント政権が東方政策を進めるうえで取り組んだアメリカとの意見調整の分析を通じて、東方政策をめぐる「冷戦」と「非冷戦」の位相を検討したい。[8]

2　戦後西ドイツ外交と独米関係

西ドイツの西側統合路線

第二次世界大戦後、東西対立が激しくなっていく中で、敗戦国ドイツでは一九四九年に西側の分断国家として西ドイツが成立した。ヨーロッパにおける冷戦の最前線に位置する西ドイツにとって、西側陣営の盟主であるアメリカは、イデオロギー的にも安全保障上も不可欠な存在であった。アメリカは、北大西洋条約機構（NATO）の屋台骨としてソ連への対抗姿勢を鮮明にし、五五年に再軍備を果たしてＮＡＴＯに加盟した西ドイツも、その一翼を担うことになる。ただアメリカにとってＮＡＴＯには、冷戦の東西対立の観点からの対ソ安全保障と並んで、西ドイツを統制する役割が期待されたのであり、この「二重の封じ込め」の視点は独米関係を考察する際に重要である。[9]

さらに戦後の独米関係を検討するうえで看過できないのは、戦勝国の一員として、英仏ソと並んでアメリカが有した「ドイツ全体およびベルリンに関する四カ国の権利と責任」である。[10]この権限は、将来の統一ドイツとの平和条約の締結まで米英仏ソによって保持されるものであり、ドイツ統一問題やベルリン問題に関して、西ドイツは発言権を有せず、あくまで戦勝国の権限に服することを意味する。アメリカは、復興から経済成長を遂げる西ドイツを重要なパートナーと見なす一方、ドイツに関する権限を保持し続けたのであった。

西ドイツの初代首相アデナウアーは、アメリカをはじめとした西側陣営との結びつきを最優先とする「西側統合」を推進した。[11]まず西ドイツが西側陣営内で「対等」の地位を得て「主権」を回復し、西側を強化することを通じて自由選挙に基づくドイツ「再統一」を実現しようと考えたのである。東側ドイツ国家であるドイツ民主共和国（東ドイツ）については、ソ連の圧力の下で非民主的な手続きを経て成立したのであって、その存在を認めることすら拒絶するなど、東側に対して強硬な姿勢でのぞむのである。

一九六〇年代の独米関係

この「力の政策」とも呼ばれるアデナウアー路線は、東西対立が厳しい国際環境の下でアメリカの冷戦政策と整合性を有していた。しかし、東西ドイツがそれぞれの陣営に組み込まれ、一九六一年の「ベルリンの壁」の建設で事実上ドイツ分断が決定的になり、さらにキューバ危機を経て米ソ間でデタントの兆しが表れると、次第にドイツ統一問題への関心が低下していく。六七年一二月には、ＮＡＴＯが「アルメル報告」において、抑止と並ぶ柱としてデタントへの努力を掲げるなど、西側陣営全体がデタントへの取り組みを前面に押し出す中で、冷戦の東西対立の論理からドイツ再統一を優先し、東側諸国への頑迷な態度を保つ西ドイツは、西側同盟内ですら孤立する恐れが出てきたのである。

こうした状況の下で六〇年代後半の独米関係はどのような状態にあったのだろうか。この時期までに西ドイツは、「経済の奇跡」と呼ばれる復興の後に、西欧諸国間で経済統合を進め高度成長を続け、世界でも有数の経済大国となっていた。一方アメリカは、ヴェトナム戦争の泥沼に足を取られ、国内でも公民権運動や反戦運動などが盛り上がりを見せるなど分裂の度合を強めていた。同盟関係の観点からすると、米ソの「核の手詰まり」によって揺らぐアメリカの拡大抑止の信頼性をめぐり、核兵器共有問題が両国の間で浮上した。(12)六〇年代半ば頃には、西ドイツの外交路線において、対米関係に力点を置く「アトランティカー（大西洋主義者）」と対仏協調を重視する「ゴーリスト」の対立が激化する。(13)六六年に成立したキージンガー大連立政権では、「アトランティカー」であったエアハルト前政権からの軌道修正が当初試みられるなど、西側同盟内における独米関係に揺らぎが見られた。またアメリカが国際経済において影響力を低下させる一方で、西ドイツやヨーロッパ共同体（ＥＣ）との摩擦が目立つようになってきたのもこの頃である。

3　二つの政権交代と東方政策の始動

ニクソン政権とブラント政権の成立

一九六九年一月に成立したニクソン政権は、「交渉の時代」を掲げ、ヴェトナム戦争で「名誉ある和平」を実現するためにも、東側への姿勢を「対立」から「交渉」へ転換することを目指した。ヴェトナム戦争の負担に苦しむニクソン政権は、世界大に展開するアメリカの軍事的関与について、駐留米軍の負担軽減を求める国内圧力もあり、同盟国にも応分の負担を要求した。大統領特別補佐官のキッシンジャーは、米ソが核戦力でほぼ「均等（パリティー）」になったという観点から、軍備管理問題を中心に対話を進めようとする。その際、ソ連が自国に都合のよいテーマだけを選択して西側から譲歩を引き出す「選択的デタント」を阻止するために、東西間の様々な争点をリンケージさせ、アメリカにとって有利にデタントを進めようとした。ただヨーロッパでは、ソ連が六八年八月のプラハ侵攻後に東欧諸国への引き締めを図るなど、米ソ間で勢力圏の「現状」を維持することで暗黙のうちに了解しつつあった[14]。その中でベルリン問題は、アメリカにとってソ連に対する重要な取引材料であると同時に、引き続き戦勝国の一員として権限を保持することを通じて、西ドイツ外交の独走を防止する手段でもあったのである。

一方西ドイツでは、六九年九月の連邦議会選挙後にブラントを首班とするドイツ社会民主党（ＳＰＤ）と自由民主党（ＦＤＰ）の連立政権が成立した。ブラントは、アデナウアーの「力の政策」の限界を感じ、すでに西ベルリン市長時代から、「ベルリンの壁」建設後に滞っていた人々の交流を再活性化させる政策構想を練っていた。それが六三年にブラントの腹心バールが提示した「接近による変化」である[15]。これは、従来国家としての存在すら否定してきた東ドイツを交渉相手として認めることで、長期的観点からソ連との合意を通じて分断の「現状」を克服する道筋を描いたものであった。首相に就任したブラントは、施政方針演説で初めて東ドイツを国家として認めるなど新たな東方政策を提示し、ソ連・東欧諸国との関係改善に本格的に乗り出していく。

このブラント政権のイニシアチブに対してアメリカ側はどのように反応したのだろうか。一方で、ブラントの東方政策は、東ドイツを認めるなど分断を事実上受け入れる点において、米ソ間のデタントが想定していた分断の「現状」を固定化する枠内での東側との関係改善の試みと理解された[16]。しかし他方で、西ドイツの東側への新たな接近がその「現状」を脅かすことも警戒された。アメリカ側では、ソ連のデタントに対する熱意に関する不信感だけでなく、西ドイツとソ連の交渉内容や東ドイツの事実上の承認が、前述のドイツに関する戦勝国の権限を侵害しないかといった疑念が抱かれたのである。キッシンジャーも、ブラントの西側志向自体には信頼を置いていたが、東側に譲歩を重ねることに加え、ドイツの「東と西の間を自由に動く」外交や中立化などによって西側同盟が弱体化することを警戒した。さらにこうした東方政策の持つダイナミズムが、西ドイツの国内政治自体を不安定化させることも危惧したのである[17]。

とは言えニクソン政権は、ブラントの新たな政策に真っ向から反対すると、西側陣営に不可欠なパートナーである西ドイツとの関係が悪化しかねないことも理解していた。そこでは同盟内関係において、対米関係が悪化することで西ドイツが対仏重視へ傾斜するのを防ぐという配慮も働いていた[18]。またブラント自身、アメリカ側の不安を十分に認識しており、すでに施政方針演説の前に、側近バールをワシントンへ向かわせ、キッシンジャーに対して新たに取り組む東方政策に理解を求めている。そこでキッシンジャーは、東側諸国との交渉を素早く開始することの有効性を説き、「西ドイツの成功は我々の成功であるだろう」と述べたという[19]。このようにブラント政権は、対ソ交渉をはじめとした東方政策の進展状況に関してニクソン政権に逐次報告していたのであった[20]。

東方政策の始動と独米関係

ブラント政権は、ソ連をはじめとした東側諸国との二国間交渉に着手すると同時に、ベルリン問題に関する米英仏ソによる交渉を進めるように促していた。西ドイツは既述のようにベルリン問題に発言権を有しないため、当事者である四カ国に、なかでも西側三国に交渉進展を働きかけることで、この問題に関する西ドイツの主張を反映させようとしたのである。ベルリン交渉は一九七〇年三月二六日に開始されるが、ベルリン全体を交渉で扱うべきと捉える西側三国と、東ベルリンが東ドイツの首都であることを既成事実として、交渉対象を西ベルリンに限ることを主張するソ連で意見の相違が鮮明に表れた。この点で歩み寄りが見られるのはモスクワ条約締結の後になる[21]。

七〇年四月に入るとブラントは、ニクソンとの首脳会談のためワシントンを訪れた。そこでニクソンは、対ソ交渉に関する報告に感謝するなど東方政策への信頼を表明し、ベルリン問題に関しても両国が緊密なコンタクトを維持することで合意する[22]。前述のドイツに関する権益の保持への関心は一貫しており、また七〇年三月中旬に開催された初の東西ドイツ首脳会談を受けて、両ドイツの接近によるナショナリズムの高揚に警戒を強めていたものの[23]、この時点ではアメリカ政府内は東方政策への支持という点でおおむね一致していた。ただ詳細が詰められていたわけではなく、ブラントが東方政策に関して「相談」ではなく「報告」するのみであることへの不満も燻っていた。

対するブラントもこうしたアメリカ側の様子を察知しており、全面的な歓迎を得られなかったことに若干の不満を抱いたものの、公の場ではアメリカの支持に感謝すると繰り返した[24]。またブラントは、西ドイツへ帰国した後、ニクソンから詳細まで話す必要なしとの了解を得たと自党SPD内で説明している。さらに見逃せないのは、ワシントンに同行していたバールがアメリカ側に対して、ベルリン四カ国交渉に西ドイツ自ら参加する意欲を見せただけでなく、ベルリン交渉が失敗すると東方政策全体がストップすると主張し、交渉進展を強く促した点である[25]。

先駆けて取り組まれていた西ドイツとソ連の予備折衝は、七〇年五月中旬に双方の合意点が「バール文書」としてまとめられる成果を出した[26]。この「バール文書」を基にして、武力不行使に関する条約締結を目指す本交渉が行われることになっていたものの、ヨーロッパの「現状」に関して東西間で初めて合意に至った意義は小さくなかった。ブラント政権は、七〇年七月中旬のシェール外相の訪米などを通じて、対ソ条約においてアメリカの権限を確保する方法などについても意見を交わし、結果としてニクソンから東方政策への全面的な支持を取り付けた。こうして、シェール帰国後の対ソ交渉方針に関する閣議決定において、西側同盟国と「完全なる一致」を確認したと表明できたのである[27]。七〇年七月末から行われた対ソ本交渉はモスクワ条約の調印に結実したが、ブラントは、条約調印に併せてニクソンに送付した書簡で、西側同盟の一致の重要性をあらためて強調し、さらには西ドイツと米英仏による首脳会談の開催を提案した[28]。モスクワ条約によって西側同盟国との関係を損なわないように、ブラントが積極的に動いたことがここでもわかる[29]。

一方アメリカ側も、条約調印までの過程でアメリカの主張を反映させようと努力した西ドイツを信頼するなど、概して積極的な評価を与えていた[30]。さらにキッシンジャーは、条約調印後にワシントンを訪れたバールに対して、明確な方針に基づき対ソ関係改善を果たした西ドイツ外交の功績を称えると同時に、対ソ交渉に関する助言まで求めている[31]。このように、「冷戦」下でデタントを進めようとするブラントの東方政策に関して、たしかに東側への接近やドイツの不安定化に対する警戒が消えたわけではないものの、対ソ条約の調印やそれに至る過程が独米関係の悪化を招くことはなかったのである。

4　西ドイツの「リンケージ」戦略とベルリン協定の仮調印

西ドイツの「リンケージ」戦略と「信頼性の危機」

モスクワ条約締結の次に、他の東欧諸国との二国間交渉と並んで焦点となったのは、アメリカも当事者であるベルリン四カ国交渉であった。西ドイツは、モスクワ条約が国内で批准されるために、ベルリン交渉が西ドイツにとって十分な成果（「満足な規制（eine befriedigende Regelung）」）を出すことを条件とする「リンケージ」を主張し、四カ国交渉の進展を促す圧力をかけていた。アメリカ側は、キッシンジャーが回顧するように、このベルリン問題の「リンケージ」を通じて西ドイツの東方政策をコントロールできると考えた。[32] しかし他方で、この「リンケージ」は、仮にベルリン交渉が失敗に終わった場合、東方政策自体の頓挫がアメリカの責任に帰せられるリスクを背負うことを意味し、キッシンジャーも「アメリカが（西ドイツに）動かされている」と後悔していた。[33] そこには、ベルリン交渉が停滞する一方で、むしろ西ドイツが取り組む東側諸国との二国間交渉が進展を見せていた背景もあった。また七〇年一〇月にポンピドゥ仏大統領がソ連を訪問したことは、対ソ関係改善を競う西側諸国間の分裂を企図した「選択的デタント」が成果を挙げつつあるとの不安をアメリカ側に抱かせるものであった。[34]

こうした状況において、七〇年末に独米関係の「信頼性の危機（crisis of confidence）」が報じられるなど、両国関係は決して良好と言えない状態になっていた。[35] 表面的にはともかく、キッシンジャーの東方政策への支持が気乗りのしないものであり、また七〇年一二月七日には、西欧諸国の「モスクワ詣で」を批判するアチソン元国務長官らかつての「冷戦の闘士」とニクソンが意見交換を行うなど、東方政策をめぐって両国の間に摩擦が生じていると考えられたのである。[36] しかしこれに対してロジャーズ国務長官は、無責任に東方政策への不信感を表明すべきでないと苦言を呈し、キッシンジャーも「冷戦の闘士」に安易に同調するニクソンの悪い癖に言及するなど抑制的な動きもあった。[37] また国務省は、これらはアチソンらのあくまで個人的見解で政府の考えとは無関係であると弁明し、さらにアチソン自身も西ベルリン市長として共産主義に立ち向かった経歴を持つブラントに敬意を表している。[38] とは言え、同月一七日のヒース英首相との会談では、キッシンジャーが東方政策の与える長期的な影響としてドイツのナショナリズムが高揚することへの不安を示しただけでなく、ニクソンは短期的にも「危険」と述べている。[39] 国務省内でも、隣国と安定的な関係を構築しなかったことこそがドイツ外交の悲劇を招いた歴史に注意が喚起され、東方政策が西側との関係を損なわないことの重要性があらためて指摘されていた。[40] たしかにこの時期にアメリカ側で、東西対立という冷戦の論理からだけでなく、歴史的にドイツが示してきた不安定さなどを背景として、東方政策に対する懸念が表面化したと言えるかもしれない。[41]

この「信頼性の危機」に対してブラントは、東方政策がＮＡＴＯの支持の下で推進されてきたデタント政策の一環であり、西ドイツはようやくそれに追いついたに過ぎないと説明するなど、事態の鎮静化につとめた。[42] たしかに後年出版された回顧録でブラントは、東方政策における西ドイツの独自性を主張しているが、[43] それはヴェトナム戦争などを背景としたアメリカのヨーロッパへの関与の低下を念頭に置いていたからであり、だからこそ、その関与が存続している現段階において、西側同盟が結束して強い立場から東方政策を進めることが成功の基礎になると考えていた。実際、西ドイツの駐留米軍問題ではアメリカ側に譲歩の姿勢を示し、またＮＡＴＯへの貢献をアピールするなど、西側陣営の結束強化に寄与することを通じて、東方政策が「冷戦」の論理の下で西側の政策の一環として推し進められていることを強調したのである。[44]

停滞するベルリン交渉

ただベルリン四カ国交渉は、西ドイツ側によるモスクワ条約との「リンケージ」にもかかわらず、東西間の意見の隔たりから進展を見せないでいた。そこでブラントは一九七〇年一二月一五日に、停滞する交渉の突破口を切り開くために、交渉を大使級から外務次官補級の「会議に似た性格（ein konferenzähnlicher Charakter）」のものにすることを提案する。[45] しかしアメリカ政府は、西側三国の姿勢が統一されていないことや、そもそもベルリン交渉の管轄がホワイトハウスではなく国務省であるという理由を挙げ乗り気でなかった[46]。ニクソンは返書でブラントの提案を「検討する」と応じたものの[47]、政府内には西ドイツ側の交渉の先行きへの不安が反映されたに過ぎないと捉える向きもあった[48]。とは言えこのブラントの働きかけは、アメリカだけでなくイギリスやフランスに対してもなされており、重要な同盟国である西ドイツとの関係を無視するわけにもいかず、アメリカ政府内でベルリン問題に関する政策が再検討されることになる。

その一方でキッシンジャーは、駐米ソ連大使ドブルイニンとの戦略兵器制限交渉（ＳＡＬＴ）に関する独自の交渉ルートでも、ベルリン問題を議題にすることを提案した[49]。その際、ベルリン問題に関してアメリカが判断を下す前に、バールとの相談が重要であることを強調している。これが、直接の当事者でない西ドイツがベルリン交渉に関与するもう一つの協議ルートが形成される契機となった[50]。キッシンジャーは、七一年一月三一日のバールとの会合においても、ベルリン交渉で西ドイツの主張を反映させる努力を約束すると同時に、西ドイツも加わるルートの形成を打診した[51]。そして同年四月末にはキッシンジャーとドブルイニンの間で、バール、駐西ドイツのアメリカ大使ラッシュ、同ソ連大使ファーリンの「三人組」と呼ばれる、ベルリン問題の詳細に関する三カ国の協議ルートの設置に関して合意に至るのである[52]。このキッシンジャーの働きかけの背景には、前述のようにベルリン交渉が失敗に帰した場合のリスクへの考慮と並び、ホワイトハウスが主導権を握って同盟国である西ドイツをコントロールする意図もあった[53]。

バールの「天才的」な提案

こうして直接ベルリン交渉に関与する形になったバールが、停滞する交渉を打破するうえで決定的な役割を果たす。バールは、キッシンジャーに「天才的」と唸らせる次のような提案を行った[54]。すなわち、交渉対象をベルリン全体とするか西ベルリンに限定するかに代表される争点は、第二次世界大戦の戦後処理に関連する未解決な問題に関わるため棚上げにし、交渉可能で実務的な諸問題から取り掛かるというものである[55]。ここには、バールが側近として市長ブラントを支えていた西ベルリン時代に端を発する「小さな歩みの政策」のアプローチとの共通点を見出すことができよう[56]。

このバールによる提案を突破口として、「三人組」の会合において協定成立に向けた動きは加速した。しかしここでブレーキをかけたのがキッシンジャーである[57]。キッシンジャーは、すでに見込みが立っていた対中関係改善という「中国カード」を有効に利用することで、並行するSALTやヴェトナム和平交渉でソ連に対して有利な立場に立とうとしていた。一方ソ連は、SALTよりもベルリン問題を優先していた。ニクソン政権は、ソ連との首脳会談を念頭に置きながら、ベルリン交渉を長引かせることで、SALTをはじめとした他の交渉でソ連から譲歩を引き出そうとしたのである[58]。結局ベルリン四カ国協定の草案に関して「三人組」が暫定的に合意に至ったのは、ニクソン訪中発表後の一九七一年七月二八日のことであり、その後八月一五日の金ドル交換の一時停止等を宣言した「ニクソン・ショック」を経て、協定が仮調印に至るのは九月三日のことであった。

以上に見てきたようにブラント政権は、ベルリン四カ国交渉に関して「リンケージ」を主張し、また直接バールが交渉妥結に一役を買うなど積極的な働きかけを行った。一方アメリカ側は、他の東西交渉でソ連から譲歩を引き出すために、優先順位の決して高くないベルリン交渉の妥結を最終局面で遅らせることができた点で、キッシンジャーの面目躍如と言えるかもしれない。しかしその彼自身が「アメリカが動かされている」と感じていたように、西ドイツがベルリン交渉の促進を強く働きかけたことや、「三人組」を通じて突破口を開いた役割も看過すべきでないだろう。そして独米間の緊密な意見調整は、先行していた独ソ関係の進展を中心とする東方政策が西側の結束を侵食するというアメリカの不安を減じることにも寄与したのである[59]。

5　東方諸条約批准への道

ソ連の「対抗リンケージ」

こうしてベルリン四カ国協定は米英仏ソによって仮調印に至った。しかし、仮調印という形に示されるように、ベルリン協定が正式に調印されるためには、東西ドイツが直接の当事者となる交通問題等に関する諸協定によって補完される必要があった。これらの諸協定や関係正常化に関する両ドイツ間の直接交渉は難航しており、それはブラント政権にとって、難産の末に締結したソ連とのモスクワ条約の批准を目指すうえで大きな障害となった。なぜなら、両ドイツ交渉が進展せずベルリン協定も正式調印されない状況で批准に向けた審議を迎えることは、野党に東方政策の不備を指摘される余地を与えてしまうからである。

さらには、苦境に陥るブラント政権に追い打ちをかけるように、モスクワ条約批准を迫ったのがソ連であった。ソ連は、ベルリン協定の仮調印後、ブラントを黒海沿岸の保養地オレアンダに招きブレジネフと首脳会談を行った際などを通じて、その正式調印のためには西ドイツによるモスクワ条約批准が不可欠であるとする「対抗リンケージ」を提唱した(60)。すなわち、ベルリン協定の正式調印を求める西ドイツ側の要望を逆手に取り、自国が決定権を有するこの協定の正式な成立条件として、先に西ドイツがモスクワ条約を批准することを強く要求したのである。しかしこれにブラント政権は猛反発する。なぜならこうした「対抗リンケージ」こそが、ソ連の西ドイツ内政への干渉に反発する東方政策反対派をさらに勢いづかせ、条約批准をより困難にするからである(61)。

独米首脳会談

このようにベルリン協定の仮調印後、東方政策の行方は西ドイツ国内でのモスクワ条約（及び一九七〇年一二月に調印されたポーランドとのワルシャワ条約、以下両条約を「東方諸条約（Ostverträge）」とする）の批准問題に焦点が絞られていく。ブラント政権が国内で野党のキリスト教民主同盟・社会同盟（ＣＤＵ／ＣＳＵ）の強硬な反対論を抱えていることは周知であり、批准には困難が予想されていた。一方ニクソン政権は、ベルリン協定の仮調印後、米ソ首脳会談の準備を進める中で、対ソ関係改善の一翼を担う同協定の正式調印に関心を強めていた[62]。ただ、一九七一年の年末に独米首脳会談が行われたが、ここでニクソンが見せた東方政策に対する態度は慎重であった[63]。たしかに東方政策を阻止するような対応はしなかったものの、その支持を明言しなかったのである。ニクソンによれば、東方政策の成否の鍵は西ドイツが握っているのであり、したがってその責任は西ドイツが背負うのであって、アメリカとしては西ドイツ国内の条約批准問題への干渉と見られるような行為を控えるとした[64]。これに対してブラントは、東方政策への支持を明らかにしているＮＡＴＯの方針にアメリカも歩調を合わすべきだと切り返している。

このように首脳会談では、ニクソンから東方政策支持の確言を得られなかったものの、会談自体は友好的な雰囲気で行われ、西ドイツのメディアの多くが事実上東方政策は支持されていると伝えた[65]。またブラント自身も、ポンピドゥ仏大統領やヒース英首相に会談の成果を強調している[66]。西ドイツ側では、アメリカ政府がその気であれば「いつでもストップできた」にもかかわらず、正面から反対の姿勢を示すことはなく、またこうしたアメリカの態度が結果として西ドイツ外交の行動範囲を拡大したという意見すら聞かれたのである[67]。

批准をめぐる駆け引き

このように西ドイツ側では総じて楽観的な観測も見られたが、年が明けて一九七二年に入り、批准問題をめぐる与野党の対立が激化していく。野党ＣＤＵ／ＣＳＵは、ブラント外交が東側への行き過ぎた譲歩であり、アデナウアー以降の「西側統合」を損なうと批判した。また、ヨーロッパの国境線を受け入れ東西分断の「現状」を事実上認めることで、ドイツ統一の可能性を閉ざすこと、そして戦後失われた東部ドイツ領を放棄することを非難した[68]。東方政策の賛否をめぐって西ドイツ国内を二分する議論が巻き起こったのである。

ブラントは、こうした反対論を乗り越え東方諸条約を批准に持ち込むために、一連の東方政策が同盟国の支持を得ていることをアピールしようとした。彼によれば、「東方政策には西側諸国の支持があり、それに反対することは同盟国を批判し独米関係悪化を導く」のである[69]。たしかに、ニクソンが「社会主義者」主導のブラント政権に不信感を抱いたのとは対照的に、共和党とCDU／CSUは良好な関係を保っていた。しかしキッシンジャーは、「我々の友人」たるCDU／CSUに配慮して東方政策へのあからさまな支持を避けたものの、ブラント政権との関係も疎かにしないようにニクソンに警告している。実際に、七一年四月にワシントンを訪れた野党指導者バルツェルに対して、アメリカ政府としては、たとえばCDU／CSUを支持するような西ドイツの内政に干渉する行為を行わないことを伝えており、さらに同年八月には、合意の見込まれていたベルリン協定に関して、西側諸国の意向に反する発言を控えるように要請している。ベルリン協定仮調印後の同年一一月には、ラッシュ駐西ドイツ米大使が、東方諸条約の批准失敗が協定自体に悪影響を及ぼすと述べるなど、CDU／CSUの東方政策批判を決して共有していたわけではなかった[70]。

この批准問題に対するニクソン政権の態度には、並行して準備が進められ七二年五月に予定されていた米ソ首脳会談やヴェトナム和平交渉の進展状況が影を落としていた。ニクソンは、七二年一一月に大統領選挙を控え外交問題でポイントを稼ぐためにも、同年二月に訪中を成功させた後に、五月の米ソ首脳会談をいかに成功裏に終わらせるかを重視していた。キッシンジャーは、七二年三月にワシントンを訪問したバールに対して、東方諸条約の批准は、可能であれば同年五月のニクソン訪ソ前が望ましいと述べている[71]。そこには、東方政策が危機に陥ることによるデタント自体の逆行や、独米関係が悪化すること、さらには西ドイツ国内政治が東方政策をめぐって分極化し不安定化することへの恐れもあった。ただ注目されるのは、この西ドイツの不安定化への危惧が、かつてドイツの政治的混乱によってヨーロッパの安全保障自体が脅かされてきた歴史的背景にも起因するものであり、それが結果的にニクソン政権の東方政策を追認する姿勢につながったことである。

そしてブラント政権は、このように事実上東方諸条約の批准を望むアメリカ側の姿勢を十分認識しており、批准を可能にするために利用しようとさえした。たとえばバールはキッシンジャーに、アメリカが条約批准を望んでいることを明らかにするために、野党も含む西ドイツ連邦議会議員が内々で閲覧できる書簡を要請している。[72]ブラント政権は、東方諸条約に賛同するアメリカの立場をより明確にすることで、野党議員や態度を決めかねている与党議員に批准への支持を訴えようとしたのである。

東方諸条約批准から再選へ

東方諸条約の批准をめぐる与野党対立は、一九七二年四月二七日の野党ＣＤＵ／ＣＳＵによる「建設的不信任」案の提出で頂点を迎えた。ＣＤＵ／ＣＳＵは、ブラント内閣の倒閣とバルツェルを後任首相とする政権樹立を目指したのである。[73]しかし採決の結果は過半数を得るには至らなかった。この知らせを聞いたアメリカ政府は安堵したという。[74]政権崩壊の危機を脱したブラントは、難産の末に与野党による共同決議案で批准を実現した。[75]同年五月末の米ソ首脳会談を経て、ベルリン協定が正式調印されるのは六月三日のことである。その後ブラントは、同年一一月に東西ドイツ間の条約の合意を取り付け（正式に調印されるのは一二月二一日）、また連邦議会選挙でも勝利を収めたのであった。

一方のニクソンも、七二年一一月の大統領選挙で再選され、二期目をスタートさせた。米ソ間のデタントや米中接近、さらには和平合意間近のヴェトナム問題等の外交分野におけるアピールが勝因の一つとされるが、こうした外交政策を成功裏に進めるために東方政策が事実上追認されたのは見てきたとおりである。しかしニクソンのブラントへの疑念が拭い去られたわけではなかった。たとえばニクソンは、ブラントが勝利した連邦議会選挙後も「国務省はブラント支持で社会主義者寄りだが私はまったく同意できない」と述べていた。[76]ただその選挙結果自体は、西ドイツにおける安定した政府の存在こそヨーロッパの平和にとって不可欠とするアメリカ政府の利益に適うとも受け止められたのである。[77]

このようにほぼ時期を同じくして二期目に突入した両政権の関係は、その後も決して平坦な道を歩むことはなかった。いかにバールが、ソ連はあくまで「新たなパートナー」であり、アメリカは「古くからの友人」と言ったとしても、アメリカ側の懸念を完全に振り払うことはできなかった(78)。しかしニクソン政権が総じてグローバルにデタントを進めようとする中で、アメリカ側の警戒や不満が東方政策への拒否権行使を導くには至らなかったのである(79)。

6　東方政策と独米関係——ヨーロッパ冷戦史を多元的に捉えるために

本章では、ブラント政権が推進した東方政策と独米関係に関して考察した。ヨーロッパの「現状」に基づくデタントを進めようとしたニクソン政権は、喫緊の課題であるヴェトナム和平交渉を進展させるためにも、長期的に「現状」の克服を目指すブラントの東方政策に対して幾許かの不安を抱えながらも、公的には反対の立場を表明することなく、また西ドイツと東側諸国の交渉にストップをかけることはなかった。とりわけブラント政権が、モスクワ条約調印後に同条約批准とベルリン四カ国交渉とのリンケージを提示し、さらにベルリン協定の仮調印後に西ドイツによる同条約批准問題が焦点になると、独米の共同歩調はより明確になっていった。ニクソン政権が結果的に東方政策を追認した背景には、東方政策が失敗に帰した場合の責任を回避することや、同盟国である西ドイツとの関係悪化を避けたかっただけでなく、歴史的にヨーロッパの安全保障上の脅威となってきたドイツの不安定さに鑑みて、西ドイツ国内が東方諸条約の批准をめぐり混乱に陥ることへの警戒もあったのである。

一方ブラント政権も、東方政策の成功には西側の結束が重要であることを認識しており、対米関係を軽視したわけではなかった。米ソデタントの流れの中で、アメリカのヨーロッパへの関与の低下を踏まえつつ、西ドイツの意向を無視してヨーロッパの「現状」を固定化するような頭越しの合意を阻止するためにも、自ら東側諸国との関係改善に積極的に乗り出すことで、「現状」克服への展望を開こうとした。この東方政策を推進するにあたって、アメリカとの意見調整を決して疎かにしたわけではなく、バールとキッシンジャーの意見交換ルートなどを利用しながら、ベルリン交渉に積極的に働きかけたのである。そのうえ、先述のように冷戦の論理からだけでなく、歴史的に不安定であったドイツへの警戒ゆえに東方政策を追認するアメリカの態度を、むしろ国内での政権維持のために利用しようとした。このようにブラント政権の東方政策は、一方で冷戦下でアメリカによる安全保障と西側の結束を必要としながらも、他方で米ソのデタントを超え「現状」を克服する側面をも含むものであった。そしてこの両者が複雑に絡み合う中で、ブラント政権は、後者を推し進めるために前者の論理を持ち出すといった強《したた》かさも見せたのである。

このように東方政策と独米関係を整理した時、西ドイツ外交をアメリカ外交への「適応」としてのみ捉えることが一面的であることがわかる。たしかに西ドイツは、冷戦の最前線に位置し、同盟の盟主であるアメリカに強く影響を受けてきた。また「二重の封じ込め」で触れたように、アメリカが同盟国西ドイツを管理しようとしたことは、東方政策に対するニクソン政権の姿勢からも看取できる。しかし本章で見たように、西ドイツが東側との対話を進めることに対するアメリカの態度や、ブラント政権の分断克服への取り組みと対米意見調整について、冷戦という東西対立の観点からだけでなく、ドイツに関する歴史的文脈を踏まえた視点をもって分析する必要がある。こうした視点を意識することにより、ヨーロッパにおける「冷戦」の歴史をより多元的に叙述する可能性が切り開かれると同時に、「非冷戦」の要素を考慮する点において、冷戦終焉後の独米関係を展望するうえでも示唆を得ることができるのである。

註

（1）たとえば Henry A. Kissinger, *Memoiren 1968–1973*（München: Bertelsmann, 1979）, pp. 441–445を参照。

（2）Hans-Peter Schwarz, *Die gezähmten Deutschen. Von der Machtbessenheit zur Machtvergessenheit*（Stuttgart: DVA, 1985）.

（3）近年の研究として、たとえば Mary Elise Sarotte, 'The Frailties of Grand Strategies: A Comparison of Détente and Ostpolitik,' in Fredrik Logevall and Andrew Preston（eds.）, *Nixon in the World: American Foreign Relations, 1969–1977*（Oxford: Oxford University Press, 2008）; Holger Klitzing, 'To Grin and Bear it: The Nixon Administration and Ostpolitik,' in Carole Fink and Bernd Schaefer（eds.）, *Ostpolitik, 1969–1974: European and Global Responses*

(Cambridge: Cambridge University Press, 2009); Judith Michel, *Willy Brandts Amerikabild und -politik 1933–1992* (Göttingen: Vandenhoeck und Ruprecht, 2010); Gottfried Niedhart, 'U.S. Détente and West German *Ostpolitik*: Parallels and Frictions,' in Matthias Schulz and Thomas A. Schwartz (eds.), *The Strained Alliance: U.S.-European Relations from Nixon to Carter* (Cambridge: Cambridge University Press, 2010); Niedhart, "The Transformation of the Other Side': Willy Brandt's Ostpolitik and the Liberal Peace Concept,' in Frédéric Bozo, Marie-Pierre Rey, Bernd Rother and N. Piers Ludlow (eds.), *Visions of the End of the Cold War in Europe, 1945–1990* (New York and Oxford: Berghahn, 2012); Tetsuji Senoo, "If there is to be a policy of détente, then we will do it and not you': Willy Brandt's *Ostpolitik* and German-American Relations,' in *University of Tokyo Journal of Law and Politics*, vol. 9 (2012); 島村直幸「『差別的デタント』の脅威――西独の東方政策に対するニクソン政権の反応」『一橋研究』第二二巻第一号、一九九七年。真鍋俊二『現代独米関係論』関西大学出版会、一九九八年。妹尾哲志「デタントと動揺する欧米世界――ニクソンとブラント」益田実・小川浩之編著『欧米政治外交史　一八七一～二〇一二』ミネルヴァ書房、二〇一三年。

（4）「修正主義的」という評価について、たとえばGottfried Niedhart, 'Revisionistische Elemente und die Initiierung friedlichen Wandels in der neuen Ostpolitik 1967–1974,' in *Geschichte und Gesellschaft*, vol. 28 (2002).

（5）「接近による変化」をはじめとする東方政策のコンセプトについては、妹尾哲志『戦後西ドイツ外交の分水嶺――東方政策と分断克服の戦略、一九六三～一九七五年』晃洋書房、二〇一一年、二九～四二頁。

（6）たとえば、Jussi Hanhimäki, *The Flawed Architect: Henry Kissinger and American Foreign Policy* (Oxford: Oxford University Press, 2004), p. 88; Niedhart, 'U.S. Détente and West German *Ostpolitik*,' pp. 30–31; Christian Hacke, 'Die USA und die deutsche Frage,' in Detlef Junker (Hg.), *Die USA und Deutschland im Zeitalter des Kalten Krieges 1945–1990, Band 2: 1968–1990* (Stuttgart: DVA, 2001), pp. 36–37.

（7）Bernd Schaefer, 'The Nixon Administration and West German *Ostpolitik*, 1969–1973,' in Schulz and Schwartz (eds.), op. cit.

（8）「冷戦」と「非冷戦」については本書の序章参照。

（9）たとえば、Wolfram F. Hanrieder, *Germany, America, Europe: Forty Years of German Foreign Policy* (New Haven: Yale University Press, 1989); 本書の第一部総説。西ドイツに対する姿勢はソ連への「封じ込め」とは文脈を異にするこ

とから、同様に「封じ込め」の表現を用いることが誤解を生むという指摘もある。Hans-Peter Schwarz, 'Amerika, Deutschland und die atlantische Gemeinschaft nach dem Kalten Krieg,' in Junker (ed.), op.cit.

（10）妹尾前掲書、二一～二二頁。

（11）アデナウアーについては、たとえば、板橋拓己『アデナウアー――現代ドイツを創った政治家』中公新書、二〇一四年。

（12）この点は、たとえば、倉科一希「『二重の封じ込め』の動揺――一九六〇年代における米独関係と冷戦の変容」菅英輝編著『冷戦と同盟――冷戦終焉の視点から』松籟社、二〇一四年。

（13）妹尾前掲書、二五～二六頁。

（14）Jussi Hanhimäki, 'Henry Kissinger: Vison or Status Quo?,' in Bozo et al.（eds.）, op.cit. ただホワイトハウスと国務省では、たとえばヨーロッパ安全保障協力会議（CSCE）への姿勢に関して東側諸国に対する異なるアプローチが見られた。Stephan Kieninger, 'Den Status quo aufrechterhalten oder ihn langfristig überwinden? Der Wettkampf westlicher Entspannungsstrategien in den Siebzigerjahren,' in Oliver Bange und Bernd Lemke（Hg.）, *Wege zur Wiedervereinigung. Die beiden deutschen Staaten in ihren Bündnissen 1970 bis 1990*（München: Oldenbourg, 2013）. ニクソンとキッシンジャーの外交について、最近では大嶽秀夫『ニクソンとキッシンジャー――現実主義外交とは何か』中公新書、二〇一三年がある。

（15）妹尾前掲書、二九～三二頁。

（16）Werner Link, 'Außen- und Deutschlandpolitik in der Ära Brandt 1969–1974,' in Karl Dietrich Bracher, Wolfgang Jäger und Werner Link（Hg.）, *Republik im Wandel 1969–1974. Die Ära Brandt*（Stuttgart: DVA, 1986）, p. 238; Angela Romano, 'Détente, Entente, or Linkage? The Helsinki Conference on Security and Cooperation in Europe in U.S. Relations with the Soviet Union,' in *Diplomatic History*, vol. 33, no. 4（2009）, p. 708.

（17）この点はたとえば、*Foreign Relations of the United States*（*FRUS*）, 1969–1976, vol. xl, Memorandum from Kissinger to Nixon, February 16, 1970, pp. 150–153; Kissinger, op. cit., pp. 441–445.

（18）Richard Nixon Presidential Library in Yorba Linda（RNPL）, National Security Council Files（NSCF）, VIP Visits, Box 916, Memorandum from Kissinger for Nixon, February 26, 1970.

（19）Depositum Egon Bahr（DEB）im Archiv der sozialen Demokratie der Friedrich-Ebert-Stiftung, Bonn（AdsD）, Ord.

439, Vermerk Bahrs, 14.10.1969; Kissinger, op. cit., pp. 441–442. この会談でキッシンジャーは、国務省や外務省を経ずに、ホワイトハウスと首相府を直接結ぶ交渉ルートの設置を提案している。妹尾前掲書、九六頁。

(20) Egon Bahr, *Zu meiner Zeit* (München: Blessing, 1996), p. 271.

(21) 第一回ベルリン四カ国交渉までの流れは、妹尾前掲書、一〇五～一〇八頁。

(22) *Akten zur Auswärtigen Politik der Bundesrepublik Deutschland* (*AAPD*), 1970, Aufzeichnung Brandts, 11.4.1970, pp. 591–595; Willy Brandt, *Begegnungen und Einsichten. Die Jahre 1960–1975* (Hamburg: Hoffmann und Campe, 1976), pp. 379–385; Bahr, op.cit., pp. 314–315; Kissinger, op. cit., pp. 457–458.

(23) Werner D. Lippert, *The Economic Diplomacy of Ostpolitik: Origins of NATO's Energy Dilemma* (New York and Oxford: Berghahn, 2011), pp. 51–58.

(24) Michel, op. cit., p. 324.

(25) *AAPD*, 1970, Pauls an Scheel, 13.4.1970, pp. 601–604; *FRUS*, 1969–1976, vol. xl, Memorandum of Conversation, April 10, 1970, pp. 215–221.

(26) この点については、たとえば、妹尾前掲書、二四九～二六一頁。

(27) 以上は、妹尾前掲書、一一三～一二〇頁参照。

(28) *AAPD*, 1970, Brandt an Nixon, 7.8.1970, pp. 1428–1429.

(29) 妹尾前掲書、一二六～一二七頁。

(30) *AAPD*, 1970, Pauls an das Auswärtige Amt (AA), 10.8.1970, p. 1433.

(31) DEB, Ord. 439, Aufzeichnung über das Gespräch zwischen Bahr und Kissinger, 17.8.1970; Aufzeichung Bahrs, 19.8.1970.「バール文書」完成からモスクワ条約調印までは、妹尾前掲書、一一三～一一九頁も参照。

(32) Kissinger, op. cit., p. 570.

(33) *FRUS*, 1969–1976, vol. xl, Memorandum from Kissinger to Nixon, July 17, 1970, pp. 282–284.

(34) *FRUS*, 1969–1976, vol. xli, Memorandum from Kissinger to Nixon, October 23, 1970, pp. 518–520; Klitzing, op. cit., p. 96.

(35) *FRUS*, 1969–1976, vol. xl, Telegram from the Embassy in Germany to the Department of the State, December 19, 1970, pp. 440–441: Klitzing, op. cit., p. 100.

（36）*FRUS*, 1969–1976, vol. xl, Memorandum of Conversation, December 7, 1970, pp. 403–406.

（37）*FRUS*, 1969–1976, vol. xl, Editorial Note, pp. 412–423.

（38）Michel, op. cit., p. 309.「冷戦の闘士」たちも、一九七一年が終わる頃にはブラントの方針に理解を示すようになっていた。

（39）Sarotte, op. cit., p. 151; Klitzing, op. cit., p. 98.

（40）*FRUS*, 1969–1976, vol. xl, Paper Prepared in the Department of State, October 12, 1970, pp. 343–351.

（41）他方で、一九七〇年の『タイム』（*Time*）誌の「マン・オブ・ザ・イヤー」（Man of the Year）にブラントが選出されるなど、アメリカ世論で東方政策に対する支持は高かった。Peter Merseburger, *Willy Brandt 1913–1992. Visionär und Realist*（Stuttgart: DVA, 2002）, p. 616.

（42）たとえばこの点に言及したブラントからマックロイ元高等弁務官への私信は、Willy Brandt, *Ein Volk der guten Nachbarn. Außen- und Deutschlandpolitik 1966–1974*, bearb. von Frank Fischer（Bonn: Dietz, 2005）, Brandt an McCloy, 24.2.1971, pp. 356–359.

（43）Willy Brandt, *Erinnerungen*（Frankfurt a.M.: Propyläen, 1989）, pp. 188–190.

（44）Michel, op. cit., pp. 330–331.

（45）これは交渉を集中して進めることを狙いとしていたが、「会議に似た性格」の内容については曖昧であった。山本健『同盟外交の力学――ヨーロッパ・デタントの国際政治史一九六八～一九七三』勁草書房、二〇一〇年、一五五～一五六頁。

（46）*AAPD*, 1970, Pauls an AA, 22.12.1970, pp. 2305–2309; RNPL, NSCF, Country Files, Europe, Germany, Box 690, Memorandum of Conversation, December 21, 1970.

（47）Brandt, *Ein Volk der guten Nachbarn*, Nixon an Brandt, 31.12.1970, pp. 354–356.

（48）*FRUS*, 1969–1976, vol. xl, Memorandum from Kissinger to Nixon, December 22, 1970, pp. 457–459; Michel, op. cit., pp. 311–312.

（49）Edward C. Keefer et al., *Soviet-American Relations: The Détente Years, 1969–1972*（Washington, D.C.: Government Printing Office, 2007）, Memorandum of Conversation, January 9, 1971, pp. 257–258.

（50）Kissinger, op. cit., pp. 852–853; 山本前掲書、一六七頁。

（51）RNPL, NSCF, KOF, Country Files, Europe, Egon Bahr, Box 60, Memorandum from Kissinger to Nixon, February 4,

1971.

（52）Klitzing, op. cit., p. 104; Michel, op. cit., p. 314.

（53）Klitzing, op. cit., p. 104; Stephan Fuchs, *Dreiecksverhältnisse sind immer kompliziert. Kissinger, Bahr und die Ostpolitik* (Hamburg: Europäische Verlagsanstalt, 1999), p. 172.

（54）Kissinger, op. cit., p. 880; Merseburger, op. cit., pp. 619–620; 山本前掲書、一七四～一七五頁。

（55）*FRUS*, 1969–1976, vol. xl, Memorandum of Conversation, April 22, 1971, pp. 669–672; Editorial Note, pp. 679–682; Bahr, op. cit., p. 354.

（56）この点はたとえば、妹尾前掲書、二九～三〇頁。

（57）*FRUS*, 1969–1976, vol. xl, Conversation between Nixon and Kissinger, May 29, 1971, pp. 720–723; Message from Kissinger to Rush, June 28, 1971, pp. 764–765.

（58）David C. Geyer and Bernd Schaefer (eds.), *American Détente and German Ostpolitik, 1969–1972, Bulletin of the German Historical Institute*, Supplement 1 (2003), pp. 88–90; Klitzing, op. cit., p. 104.

（59）Hanhimäki, 'Henry Kissinger: Vison or Status Quo?,' op. cit. pp. 200–201.

（60）この点はたとえば、*FRUS*, 1969–1976, vol. xl, Memorandum from Helmut Sonnenfeldt to Kissinger, October 5, 1971, pp. 930–932.

（61）*AAPD*, 1971, Ministerialdirektor von Staden an AA, September, 27, 1971, pp. 1452–1455.

（62）Klitzing, op. cit., p. 105.

（63）以下独米首脳会談は、*AAPD*, 1971, Aufzeichnung über die Gespräche Brandts mit Nixon, 28. und 29.12.1971, pp. 1980–1997, 2008–2019.

（64）Michel, op. cit., p. 323.

（65）Ibid., p. 237.

（66）Willy-Brandt-Archiv (*WBA*) im AdsD, A8, 51, Brandt an Pompidou, 30.12.1971; A8, 52, Brandt an Heath, 30.12.1971.

（67）Michel, op. cit., pp. 323, 341.

（68）東方政策をめぐる与野党対立については、妹尾前掲書、第五章を参照。

(69) Michel, op. cit., p. 325.
(70) Ibid., pp. 334–335.
(71) *DEB*, Ord. 439, Aufzeichnung Bahrs, 1.4.1972.
(72) Ibid., Aufzeichnung Bahrs für Brandt, 1.4.1972; Bahr an Kissinger, 1.4.1972; 妹尾前掲書、一六八～一六九頁。この書簡は実現に至らなかったが、そこには、この時期ヴェトナム情勢が悪化し北ヴェトナムへの大規模な軍事行動が検討される中で、予定される米ソ首脳会談を成功させるためにも、アメリカ側が批准支持を公言できないディレンマがあった。Klitzing, op. cit., p. 106.
(73) この「建設的不信任」制度によれば、首相不信任について、後任の首相を総議員の過半数の賛成で指名しなければ不信任できない。森井裕一『現代ドイツの外交と政治』信山社、二〇〇八年、四～六頁。
(74) *FRUS*, 1969–1976, vol. xl, Editorial Note, pp. 1011–1014.
(75) 共同決議案の成立は一九七二年五月一七日のことだが、当初五月一〇日の予定が一週間ずれ込んだのは、アメリカによる北ヴェトナムへの大規模な攻勢に対するソ連の反応を探るためであり、結果米ソ首脳会談の成功に寄与したという指摘もある。Klitzing, op. cit., pp. 106–107; William Bundy, *A Tangled Web: The Making of Foreign Policy in the Nixon Presidency* (New York: Hill and Wang, 1998), pp. 319–321; Anatoly Dobrynin, *In Confidence: Moscow's Ambassador to America's Six Cold War Presidents* (New York: Crown, 1995), p. 248.
(76) Schaefer, op. cit., p. 59.
(77) たとえば、*FRUS*, 1969–1976, vol. xl, Backchannel Message from Sonnenfeldt to Kissinger, November 20, 1972, pp. 1095–1096.
(78) Bahr, op. cit., p. 333.
(79) Niedhart, 'U.S. Détente and West German *Ostpolitik*,' op. cit. p. 43.

第四章　ヨーロッパ・アメリカ・ポンド
──EC加盟と通貨統合をめぐるヒース政権の大西洋外交、一九七〇〜一九七四年──

益田　実

1　統合と通貨をめぐる大西洋関係

ヒースのヨーロッパ構想と大西洋関係

一九七〇年六月一九日に誕生したイギリス保守党政権の首相となったヒースは、単にヨーロッパ共同体（EC）加盟を実現しただけでなく、その基本的な外交政策構想において、彼以前、彼以後の戦後イギリス首相の誰よりも明確に、親ヨーロッパ的で統合を支持する姿勢を持つ点にその特徴があったとされる(1)。

ヒースの基本的外交政策構想を一言で言うならば、EC加盟によりイギリス経済を活性化させ経済成長を果たすとともに、統合ヨーロッパの一員かつその指導的大国たる地位を構築することによってイギリスに新たな世界的役割を与え、米欧が二本の対等の柱となる大西洋関係を実現するというものであった。この姿勢は、六七年ハーヴァード大学で行われた講演において明確に表明され、首相就任後の演説においても示されていた。これらの発言の中でヒースは、ヨーロッパ統合は経済通貨面および外交防衛面での協力へと拡大されるべきであると述べ、協調して世界に発言するヨーロッパの構築こそが、大西洋同盟に対等性と均衡をもたらし、ヨーロッパの衰退を回避するために必要であると主張していた(2)。

ヒース政権が大西洋関係の再編をめぐって対峙したのは、ニクソン米共和党政権であった。米欧関係についてニクソン自身は政権獲得前から、ヨーロッパの経済力増大と東西デタントを背景にして、大西洋協力のための新たな枠組みが必要であるという認識を示していた。(3) ニクソンはドイツを封じ込め西側陣営を強化するために必要であるという政治的理由からヨーロッパ統合進展を基本的に支持しており、それゆえにEC拡大がもたらす経済的コストもある程度は甘受せざるを得ないという認識は示していた。(4)

しかし、統合ヨーロッパの一員としてイギリスを位置づけるヒースの構想は、米欧間に対立が生じた際イギリスがヨーロッパ側の利害を優先せざるを得ない場合があることを意味していた。イギリスのヨーロッパ参加を前提にした新しい大西洋関係は、EC外部にあった間にイギリスが構築してきた英米の特別な関係と対立する部分を含んでいたのである。しかし、それは意図的な対米関係軽視であるよりも、ヨーロッパ参加がもたらす新たな可能性を追求し、同時に統合ヨーロッパの一員であることに由来する要請に応えようとする過程で生じた結果的な様相であったと言えよう。(5)

ヒース政権下で検討された英仏核協力構想に注目する岡本は、ヒース政権は「米欧間の「仲介者」としての役割を果たすことで、英米関係と英欧関係の両立の上に成り立つ新たな外交政策の形成を模索した」としている。橋口もこの立場に近い。この指摘は安全保障面については妥当すると思われるが、国際通貨体制再編過程をめぐる米欧間の議論に注目する限り、ヒース政権下のイギリスは統合ヨーロッパの一員としての利害を英米関係よりも優先しながら、米欧間の合意形成を追求したと言うべきであろう。(6) 英米双方の一次史料に基づくヒース政権期の英米関係についての先行研究として最も包括的なものは、ロスバッハの著作である。ロスバッハは、ヒースの意図は、統合ヨーロッパを背景に米欧間の対等性を高めた新しい大西洋関係を形成することにあったが、ヒースはそれに挫折し、英米特別関係に回帰したと主張している。本章の議論は、国際通貨体制再編過程にとくに注目して、この主張を支持するものである。(7)

国際通貨システムをめぐる問題——スターリング地域とブレトンウッズ体制

一九六七年のポンド切り下げ後、六八年に英米その他一一カ国はバーゼル協定を調印し（フランスは不参加）、スターリング地域諸国がロンドンに保有するポンド建備蓄資産（スターリング残高）が一定水準以下に減少した場合に引き出し可能な対英外貨保証枠を設立した。ポンド安定化のための米欧協力体制は、しかし、フランスから見れば好ましくない対米依存であり、イギリスのEC加盟に際して対応が不可欠な問題であると見なされていた[8]。

イギリスにとって、備蓄通貨としての役割を持つポンドの安定は対外経済政策上の優先事項であり、国際収支を安定させるため周期的なインフレ抑制・景気引き締めが必要になっていた。この「ストップゴーサイクル」こそが企業の設備投資を妨げ産業近代化を阻害しているというのがヒースの考えであり、通貨統合を目指すECへの加盟は、ポンドの国際的役割を変更し、このサイクルからの離脱を可能にするという意味でも望ましいことであった[9]。

他方この時期ニクソン政権は、アメリカの経済問題の根源は、過剰な防衛負担と債権国の保護主義による米国際収支赤字にあると考え、六九年一月以降、通貨担当財務次官ヴォルカーを中心に国際収支改善のため通貨問題の検討を開始していた。六九年三月にはすでに米財務省は、交渉による国際通貨体制再編が実現できない場合に備え、一方的金ドル交換停止プランを用意し始め、七〇年後半には大規模な為替レート再編の検討作業を開始していたのである[10]。

2　イギリスのEC加盟とポンドの国際的地位

加盟交渉の中でのポンド問題

一九七〇年六月三〇日ルクセンブルクでイギリス、アイルランド、デンマーク、ノルウェーとEC諸国の間で加盟交渉が開始され、EC側と加盟申請国側から冒頭声明が行われた。イギリス側はここで、移行期間を経てローマ条約を受け入れる姿勢を示すとともに、ニュージーランド乳製品とコモンウェルス産砂糖についての適用除外およびEC財政負担水準を交渉対象とすることを基本的要求として提示した。六九年一二月のハーグEC首脳会議でその推進が合意されていた経済通貨連合（EMU）についてイギリス政府は、「我々はより緊密な経済通貨統合に向けてすでになされている動きを歓迎し、完全な役割を果たす用意がある」と述べていた[11]。七〇年一〇月、八〇年までに三段階で通貨統合と金融財政政策の緊密な統合を達成することを求めるウェルナー報告が公表され、七一年二月のEC閣僚理事会でEMU第一段階の詳細（為替変動幅縮小、経済政策協議など）が合意されたが、この時点では、EMU第一段階参加に乗り越えがたい困難はないというのが、イギリス政府内の議論であった[12]。

ポンド問題はローマ条約の管轄外であるため、交渉事項ではなく協議事項とすることが加盟交渉開始前に決定されていた。しかし、仏大統領ポンピドゥがポンド問題をとくに重視していることは一一月二〇日の英駐仏大使ソームズとポンピドゥの会談からも明らかであった。大統領は大使に対し、ポンドの国際的地位への懸念を表明し、現実的に備蓄通貨として通用するのはドルだけであり、アメリカとの通貨戦争を回避するためにもヨーロッパ通貨に備蓄通貨機能は必要ないと主張した[13]。七一年三月一八日EC加盟国常駐代表会議でフランス代表は、ポンドの国際的備蓄通貨としての地位とEMU形成は両立不可能であると主張し、三月三〇日のEC閣僚理事会では仏蔵相ジスカール＝デスタンが、ポンドとその備蓄通貨としての地位を加盟交渉で正式に議題とすることを強く要求した[14]。

ポンド問題が浮上するのと前後して、ヒース周辺では、首脳交渉による包括的合意形成の可能性が模索され始めていた。三月一日ソームズとヒースの会談により、英仏首脳会談の可能性を打診することが決定され、五月八日英仏首脳会談の開催が発表された[15]。

英仏首脳会談から加盟条約調印まで――一九七一年五月～七二年一月

一九七一年五月二〇・二一日エリゼ宮で英仏首脳は計一一時間に及ぶ会談を行った。ヒースは、超大国の優越と中国の台頭に対抗するため、ヨーロッパ諸国が米ソに匹敵する強力な経済基盤を構築し、世界問題について単一の声で発言する強いヨーロッパを形成する必要があると力説した。英米関係は不均衡であり、イギリスがそれを望んだとしても満足な関係は構築できないとヒースは述べていた。ポンド問題についてポンピドゥは、備蓄通貨としてのポンドの役割の精算、ポンドを国際通貨からヨーロッパ通貨へと変容させることを要求した。ヒースは原則としてスターリング残高清算にコミットすることはできると応答し、EC加盟後にスターリング残高の安定化とその段階的かつ秩序ある削減を行う意思を表明した。EMUについてヒースは完全に参加する意思を表明した。ニュージーランド乳製品問題も合意形成の方向が確認され、財政負担割合については、閣僚交渉で提示された枠組みでの解決が合意された(16)。

七一年六月七日開催された第七回閣僚交渉の場で、英加盟交渉担当相リッポンは、EC加盟後のスターリング残高の段階的かつ秩序ある削減の意思を表明し、EMUに参加するためにポンドの対外的性質とその運用を共同体通貨と段階的に一致させ、同時にスターリング残高安定化を行うという内容の声明を行った。ジスカール＝デスタンはこれに満足する姿勢を表明し、加盟交渉でのポンド問題は決着することとなった(17)。

七〇年六月二三日第八回閣僚交渉でイギリスが財政負担割合で譲歩するのと引き換えに移行期間終了後のニュージーランド乳製品輸出保証はほぼ満足する形で確保され、加盟交渉次席代表を務めた英外務省のオニール曰く「交渉は峠を超えた(18)」。九月以降、加盟承認をめぐる議会審議が開始され、一〇月二八日下院でEC加盟は承認された(19)。加盟条約の調印は七二年一月二二日であった(20)。加盟が現実的になるとともにヒースはイギリスの新たな役割への期待感を示していた。一月二日ヒースは、豪・加・ニュージーランドの駐英高等弁務官に対して、EC拡大は米欧関係の重大な変化を意味するものであり、米欧関係にはこの変化を反映した新たなよりよい均衡が必要であると語っていた(21)。そのような米欧関係の変容を象徴する出来事の一つが、七一年夏以降危機的な状況下で展開された国際通貨体制再編をめぐる問題であった。

3　ニクソン・ショックとスミソニアン合意——一九七一年五〜一二月

ニクソン・ショックと米欧関係

一九七二年大統領選挙を控え、ニクソン政権は七一年初めから景気拡大策に転じ、通貨供給を拡大した。その結果ドル過大評価への懸念が強まり、ドル切り下げを見越した大規模なドル流出が発生するとともにアメリカは貿易収支赤字も計上していった。七一年五月初めには大規模なドル危機が発生し、五月一〇日ドイツはドイツマルクの一時的変動相場制移行を決定した。ＥＭＵに向けたＥＣ諸国間の為替レート協力は停止し、フランスはこれを激しく批判した。[22] 五月二八日には米財務長官コナリーがミュンヘンでの演説で、アメリカは国際収支赤字補塡のため自国経済に損失を与えるつもりはないと発言し、同盟国による防衛負担共有と貿易自由化、為替規制緩和などを要求する姿勢を示した。ヒースはこの発言に強く反発し、アメリカが国際収支赤字の増大を放置しながらドル相場を維持しようとする姿勢に不満を示していた。[23]

七一年八月二日米貿易赤字の増加が公表されドル流出が加速した。同日ニクソンと面会したコナリーは、七二年大統領選挙まで金ドル交換制を維持することは不可能であるとして早期の行動を進言した。八月九日ドル相場は急落し、八月一四・一五日キャンプデービッドでニクソンとコナリーらの会談が行われ、財務省による新経済政策（ＮＥＰ）の採用が決定された。一五日夜ニクソンはテレビ演説を行い、金ドル交換停止・一〇％輸入課徴金導入・九〇日間の賃金物価凍結・支出削減・投資課税などの措置を公表するとともに、ヨーロッパ通貨と円の対ドル切り上げ、貿易差別の撤廃、防衛負担の拡大を要求した。[24] いわゆるニクソン・ショックである。

直前まで全く協議なしでこの措置の通告に接したヒースは激しく反発し、報復措置も検討したが、説得され翻意した。[25] 八月一九日ＥＣ蔵相会議、二〇日英＝ＥＣ蔵相会議が開催され対応が協議された。イギリスはこの場では、ポンドの対ドルレート維持を条件にヨーロッパ通貨共同変動相場制を支持する方針を採用していた。ドイツも対ドル共同変動相場制移行を主張したが、フラン上昇を警戒するフランスの反対により合意は形成されなかった。[26]

九月以降、Ｇ10、ＩＭＦなどの場で、ブレトンウッズ体制枠内での大規模為替レート再編を求めて交渉が続けられた。しかしアメリカは防衛問題・貿易問題と通貨問題をリンクさせる姿勢をとり、日欧通貨切り上げと引き換えに金価格引き上げ（ドル平価切り下げ）を求めるヨーロッパ側の要求を拒否し続けた。九月下旬ＩＭＦ総会でコナリーは、移行期間を経て全通貨が変動相場制に移行する可能性を示唆し、輸入課徴金廃止の意向も示したが、フランスは固定相場制廃止に強く反発した[27]。

スミソニアン合意とバミューダ英米首脳会談

一九七一年一一月下旬になりようやく、合意形成に向けた米欧双方の歩み寄りが見え始めた。ヒースは米独仏首脳にそれぞれ書簡を送り、固定為替レート欠如が長期化することによる世界経済への悪影響に警鐘を鳴らし、早期の国際通貨制度改革のためのグローバルな解決の必要性を訴えた[28]。ニクソン政権内でも、通貨問題が同盟関係に与える悪影響を懸念する声が生じており、アメリカ側は主要同盟国との首脳会談の調整に着手した[29]。

米欧間の基本合意が成立したのは、一二月一三・一四日アゾレスで開催された米仏首脳会談においてである。ニクソンは金価格の一オンスあたり三五ドルから三八ドルへの引き上げに合意し、輸入課徴金撤廃も約束した。ドイツマルクは五~六%切り上げ、円は九~一一%切り上げるものとされ、フランの対ドルレートは維持された。新たな固定為替レートの許容変動幅は上下各二・二五%に拡大するものとされた。ポンピドゥは早期の金ドル交換性回復は要求しないことに合意し、アメリカは新たな固定為替相場を守ることを約束した。フランスはEC委員会への貿易交渉関与権限の付与を支持すると約束し、防衛負担問題はNATOでの議論に委ねることが確認された[30]。この米仏合意を基礎に一二月一七・一八日ワシントンG10会合において、いわゆるスミソニアン合意が成立した。

その直後一二月二〇・二一日にはバミューダで英米首脳会談が開催された。ヒースは貿易・通貨問題にはグローバルな解決が必要であり西側諸国間の協力が必要であると指摘した。さらに彼は強いヨーロッパはアメリカにとっても利益であり、ECがアメリカの効果的パートナーとなるためにも、ヨーロッパ諸国は対米二国間関係を超えた米欧関係を発展させる必要があると主張した。ニクソンもEC拡大後は米欧間の制度的協議の場が形成されることが望ましいと述べていたが、同時に、ヨーロッパ諸国の視野は狭く、国際情勢を安定化させるアメリカの努力に対して理解不足であると批判していた。ニクソンが期待していたのは、イギリスがEC加盟後その内部で主導権を握り、米欧間の結束をもたらすことであった[31]。英米とも和解に向けた歩み寄りを示してはいたが、通貨危機をめぐるヨーロッパ側の対応に批判的なニクソンと、ECの一員としてアメリカとの対話を志向するヒースの間には明らかにずれが存在していた。

4 「トンネルの中のスネーク」とポンド——一九七二年二～六月

EMUの再開とスネークの発足

一九七二年になりポンピドゥは、共通農業政策（CAP）の存続を確実にするとともに、ヨーロッパ通貨を米ドルから自立させヨーロッパ経済を米政策変動の影響から隔離するためには、通貨統合が不可欠であるとの認識を強め、EMUの再開へと動き出した。(32) 七二年三月二〇・二一日のEC蔵相理事会でEMU再開が正式に合意され、第一段階として加盟国通貨相互変動幅の抑制、いわゆる「トンネルの中のスネーク」発足が決定された。参加国通貨は対ドル中心レートに対して上下各二・二五％というスミソニアン合意の「トンネル」内で変動するが、参加国通貨相互の変動幅は上下各一・一二五％に制限されるという取り決めである。イギリスもスネーク発足時点からの参加を決定した。(33)

七二年四月二四日スネークは発足したが、同じ頃イギリス政府は、拡大ECがCAPの次に取り組むべき課題は地域・産業政策であるとの主張も行っていた。(34) 四月から六月にかけ拡大EC首脳会議（一〇月パリ開催とされていた）に向けた準備過程で、イギリスは地域・産業政策を具体化するものとしてヨーロッパ地域開発基金設置への合意獲得を目指していた。これは基金から大規模な交付金を獲得して産業競争力を強化するとともに、EC財政負担を軽減するというヒースの構想を反映するものであった。(35)

イギリスのスネーク離脱

一九七二年六月一五日港湾ストライキの可能性が報道されたことによりポンド売り圧力が高まった。一五日以降

EC諸国中央銀行はスネークを維持するため大規模な市場介入を開始したが、一六日スネーク内為替レートの乖離は最大許容変動幅に到達した。その後も介入が継続されたが、二一日午後ポンドは急落し許容変動幅を超えた[36]。

六月二一日午後首相との会談で英蔵相バーバーは、一時的な変動相場制への移行と物価所得統制政策の組み合わせを採用すれば、景気引き締めを伴わずにポンド安定が可能になると進言した。ヒースはスネーク離脱を嫌い、まずは金利引き上げにより市場の反応を見ることが決定されたが、二二日発表された利上げの効果はわずかであった。EC諸国通貨当局もポンド切り下げよりは一時的変動相場制による為替レート調整を望む姿勢を示したため、ヒースは大蔵省提案受け入れを決意し、二三日閣議でポンドの変動相場制移行が正式決定された[37]。

EC諸国とアメリカはポンドの変動相場制移行とスネーク離脱をおおむね支持した。ポンピドゥへの書簡の中でヒースは、スネーク離脱が一時的な性質であることを強調し、ヨーロッパ通貨協力と国際通貨体制改革のための急進的取り組みが必要であると述べていた。それに対する返信でポンピドゥは、ポンドの変動相場制移行を受け入れはしたが、固定相場制は共同市場の適正な機能に不可欠な条件であると述べ、近い将来のポンドのスネーク復帰が必要であるとの姿勢を示していた[38]。

5　なし崩しの変動相場制と「トンネルを出たスネーク」——一九七二年七月～七三年三月

ポンドのスネーク復帰問題

一九七二年七月から一〇月、パリ首脳会議の準備過程でフランスは、七三年一月の英EC加盟までにポンドがスネークに復帰することが重要であるとの認識を示していた。しかし英大蔵省は、国内のインフレを統制下に置かない限り、維持可能な為替レートでの固定相場復帰は不可能であるとの立場を崩さなかった。そのためヒース政権は、政労使交渉および価格所得政策によるインフレ抑制への期待を強めていった。スネーク離脱後には政府・労組・経営者団体の間で自発的賃金価格抑制交渉が開始され、ヒースは交渉の場で固定相場制へのコミットメントを強調し

ていた。(39)

七二年一〇月一九・二〇日開催されたパリ拡大EC首脳会議では、経済通貨連合に加え政治協力の推進が決定され、七四年にEMU第二段階移行に向けた計画を作成し、八〇年までにヨーロッパ連合形成を目指すことが合意された。パリ首脳会議でのヒースの目標は地域・産業政策に関する合意獲得であったが、この点について共同体は、EC予算から拠出するヨーロッパ地域開発基金の設置を合意した。首脳会議中イギリスは七三年一月までのスネーク復帰の可能性を強く示唆したが、明確なコミットメントは回避した。ヒース自身は会議でのイギリスの主導権発揮に満足し、パリ首脳会議合意の実現を目指す強い意欲を示していた。(40)

七二年一一月政労使協議は膠着状態に陥り、イギリス政府は賃金物価統制政策導入へと動いたが、ポンドを固定相場復帰に必要な目標レートに維持することは困難であり、一二月一日蔵相バーバーは、七三年一月以降も変動相場制維持が必要であると勧告した。一二月一三日ポンピドゥ宛書簡でヒースはインフレ抑制策が効果を発揮するまでポンドは固定相場に復帰できないと述べ、EC加盟時点でイギリスはスネーク外部にとどまることになった。(41)

二月ドル危機と共同変動相場制構想

一九七三年一月末に公表された米貿易統計への失望からドル下落が始まり、ヨーロッパ通貨への上昇圧力も高まった。EC内部で懸念されたのは加盟国通貨が個別に変動相場制移行を強いられ、CAPとEMUに支障が生じることであり、対応策としてEC通貨の対ドル共同変動相場制が浮上した。二月九日パリで英仏独蔵相会談が開催され、仏蔵相ジスカール＝デスタンは、グローバルな国際通貨改革が困難な場合、全EC加盟国参加という条件で共同変動相場制を支持する姿勢を見せた。ドイツマルクの優越を警戒して共同変動相場制に反対してきたフランスの姿勢変化は、イギリスに対する共同変動相場制参加の圧力を高めるものであった。独蔵相シュミットも、ヨーロッパ通貨共同防衛のための外貨備蓄共有システムを示唆し、共同変動相場制参加の場合ポンドに「きわめて寛大な」支援を行うことを提案した。(42)

ヒースは、スターリング残高をECが共同で保証することと引き換えに、スネークに復帰し共同変動相場制に参加することに強い意欲を見せた。しかし大蔵省は、スネーク復帰の経済的条件は整っていないとして強く反対した。結局イギリスはグローバルな解決を優先し、二月一三日、ドル一〇%切り下げと円二〇%切り上げを骨子とする米提案に沿った為替レート再編が発表され、ブレトンウッズ体制はわずかに延命された(43)。

三月危機とブレトンウッズ体制の終焉――「トンネルを出たスネーク」とポンドの不参加

一九七三年二月末金価格は一オンス九〇ドルへ暴騰し、各国中央銀行は大量のドル買い介入を強いられた。二月に合意されたドルレートが維持不可能であることは明らかであり、訪独中のヒースは、ドイツ側と対応を協議した。独首相ブラントはEC諸国間の連帯を重視し、対ドル共同変動相場制実現のため大規模な対英財政支援をする用意があると明らかにした。ヒースもまた、共同変動相場制参加にきわめて積極的な姿勢を示した(44)。帰国後の蔵相、イングランド銀行総裁らとの会談で、一定条件下で共同変動相場制参加の意思を示すことが合意され、三月五日までに、無期限・無制限・無条件かつ一部無利子の大規模財政支援が得られること、閣僚理事会との事前協議で為替レート変更は可能とすることなどを条件に、共同変動相場制に参加する姿勢が提示された(45)。

しかしイギリスの提示した諸条件は受け入れられなかった。財政規律を重視するEC諸国は、景気拡大策を継続するイギリスへの無制限の財政支援に及び腰であり、ドイツも当初提案から後退した。三月一一日EC閣僚理事会でスネーク参加通貨の対ドル共同変動相場制移行、いわゆる「トンネルを出たスネーク」への移行が決定されたが、ポンドは不参加のままであった。ヒースはこの顚末に強い不満を示した。スネーク不参加が続く限りイギリスへの信頼は低下しイギリスのヨーロッパ政策に打撃が生じるのであり、「我々は小イングランド主義者の如く振る舞うため共同体に参加したのではない」というのが首相のコメントであった(46)。

七三年三月一九日までにEC通貨を含む主要通貨は単独または共同で対ドル変動相場制に移行し、ブレトンウッズ体制は終焉した。スミソニアン協定成立後、ニクソンは通貨問題への関心を失い、アメリカが国際通貨体制の枠組みを維持していくうえでの積極的な指導力を発揮することはなかった。しかしそのことは、ヨーロッパ通貨が対ドル自律性を獲得したことを意味するものではなかった。金ドル本位制の崩壊後、大幅に切り下げられ金との交換性を喪失しながらもなお、ドルは基軸通貨としての地位を維持し続けた。新たに出現した国際通貨体制は、ドルを中心に各国通貨がフロートする、ドル基軸変動相場制というべきものであった[47]。七一年以来、国際通貨体制の混乱の中で消極的対応に終始したアメリカであったが、最終的に基軸通貨としてのドルの地位は揺らぐことはなく、大西洋関係における米ドルの優越は再確認された。そしてEC加盟後のイギリスが、通貨を軸とした英欧関係を形成することもなかった。共同変動相場制は辛うじてEC諸国間の結束を維持したが、イギリスはそこからも取り残されていた。

6　統合の停滞と大西洋関係の亀裂——一九七三年四月〜七四年二月

一九七三年春から夏の英＝EC関係——スネーク復帰問題

一九七三年四月になってもポンドはスネークに復帰できず、ポンピドゥは非公式な場で、共同体通貨取り決めに参加しない限りイギリスは完全な共同体のパートナーではないと不満を示していた。五月二一日パリで開催された英仏首脳会談でヒースは、価格所得政策が効果を発揮しポンド相場が安定化するまで、スネーク復帰は難しいと説明して理解を求めた。ポンピドゥは、イギリスのスネーク復帰を強く望むが、まず経済を立て直す必要があることも理解できると述べていた[48]。

六月一四日ヒースは蔵相に対し、七三年中にEC地域政策を合意することは政治的にきわめて重要であり、そのためには共同体通貨取り決めへの完全な参加が不可欠であるが、スネーク復帰はいつ可能になるのかと問いただしていた。これに対するバーバーの回答は、現時点で貿易統計悪化が想定されており、復帰時期を選択するのは適切ではないというものであった。共同体地域政策により得られる恩恵はスネーク復帰のリスクを正当化するには足りないというのが、大蔵省の判断であった[49]。

七三年八月末から九月初めにかけヒースは再度バーバーに対して早期のポンドのスネーク復帰を検討することを要請したが、蔵相は否定的であった。九月一二日ヒースは共同体通貨間の相互防衛のための無制限の相互支援制度を導入し、ポンドの安定化とスネーク復帰への道を開くことをブラントに提案したが、ドイツ側は消極的であった。一〇月六日訪英したブラントと会談した時点でヒースは、「統合の象徴であるスネークに対する象徴的な脅威」に拘泥するよりも、通貨統合を目指して段階的に加盟国経済を調整することが重要であると述べており、短期的なポンドのスネーク復帰の見込みがないことを認めていた[50]。

石油危機と統合の停滞

一九七三年一〇月六日第四次中東戦争が勃発し、一六日石油輸出国機構（ＯＰＥＣ）は石油価格引き上げを決定した。これによりイスラエルを支援するアメリカと、より中立的なヨーロッパ諸国との亀裂が拡大するとともに、ＥＣ内でも石油供給確保を求めて、比較的親アラブ的と見なされた英仏と、ＯＰＥＣによる制裁の打撃を大きく受けた独蘭の利害が乖離していった。一一月下旬イギリスは、ヨーロッパ地域開発基金交付金の少なくとも二五％獲得を望む姿勢を提示したが、石油危機をめぐって亀裂の生じたＥＣ内でこの問題に関する合意形成は容易ではなかった[51]。

一一月末には、石油問題をめぐるイギリスの姿勢を強く非難する米国務長官キッシンジャーとヒースの間で非難が応酬され、英米関係も険悪な状態に陥っていた[52]。

石油危機はイギリス経済にも大きな打撃を与えインフレはさらに悪化した。七三年一一月炭鉱夫組合との交渉が決裂し一二月大規模ストライキが実施された。政府は厳しいデフレ政策導入を強いられた[53]。

こうしてヒースが三重の困難に直面する中、一二月一三・一四日コペンハーゲンＥＣ首脳会議が開催された。首脳会議の主要議題はエネルギー問題であり、直前にキッシンジャーが行ったエネルギー行動グループ形成の呼びかけをめぐり、これに呼応するイギリスと拒否感を示すフランスの立場が分かれた。英独間でも地域開発基金をめぐる対立が先鋭化し、エネルギー問題についてEC共通エネルギー政策形成を求めるドイツと、アラブ諸国への刺激を回避することを望むイギリスとの溝は深まった[54]。

EC内での対立が深まるにつれ、エネルギー問題に関してイギリスは対米協調を優先するようになった。七四年一月ニクソンは、エネルギー問題に関する主要先進国外相会議をワシントンで開催することを提案した。ヒースはEC内でこの会議に向けた共同姿勢を検討する共同体エネルギー委員会を設置することに同意したが、同時にニクソンの求めに応え、エネルギー会議準備作業における対米協力を密かに開始していた[55]。

石油危機に伴う急激なインフレにより、七四年一月二一日フランスもスネークを離脱した。二月ワシントンで開催されたエネルギー会議ではフランスが孤立し、イギリスはアメリカとともにフランスに対抗したが、その直前、二月八日には政府＝労組間交渉の決裂を受けて実施された総選挙で保守党は僅差で敗北していた[56]。三月四日ヒースは下野したが、すでにヨーロッパ統合の停滞は明らかであり、他方で、英米関係はあたかもヒース以前の「特別な関係」に回帰しつつあるかのようであった。

7　大西洋関係の動揺と冷戦

国際通貨体制再編をめぐる大西洋関係と冷戦

一九七〇年代前半のヨーロッパ通貨協力と国際通貨体制再編をめぐるヒース外交の狙いは、通貨を媒介に新たな英欧関係を構築し、EC加盟を契機とした英米関係と米欧関係の再編という目標の実現に近づくことであった。そのためにヒースは、通貨統合への参加に不可欠なスネークへの復帰にぎりぎりまでこだわり続けた。これは長期的な国際環境の変化に即してイギリスの地位と役割を変容させることを目指すものであり、地政学的側面であれ、イデオロギー的側面であれ、東西両陣営の対立を背景とする冷戦的な考慮とは異なる次元の判断であった。しかしそれは同時に、米欧関係をより対等なものへと変容させ、大西洋同盟を形成するパートナー間の比重を変えることを意図したものでもあり、成功していたならば、やがては安全保障面などでの冷戦的な考慮にも影響を及ぼさざるを得ないはずであった。

七三年秋までに通貨外交を通じたヒースの構想は挫折し、イギリスはヨーロッパ通貨協力に距離を置くことを強いられ、EC通貨統合も停滞することになった。他方で国際通貨体制は、ドル基軸変動相場制へとなし崩し的に再編されていった。この過程は、消極的対応に終始しながらドルの優越を維持したニクソン政権の通貨外交の勝利であり、西側同盟および国際システム全体の中でのアメリカの優越性を、ヨーロッパ諸国に改めて突きつけるものであった。石油危機もまた同じ効果を持ち、七四年初めまでにイギリスは対米関係重視へと回帰せざるを得なかった。

七〇年代前半は、多極化とデタントの進展という世界規模での冷戦構造の変容を背景に、大西洋同盟内でのアメリカの優越が喪失されつつあった時期と捉えられることが多い。しかしこの時期、国際通貨体制の危機を背景に、積極的なヨーロッパ通貨協力の試みがなされたにもかかわらず、最終的には英仏ともにスネークから離脱し、なし崩し的なドル基軸変動相場制に収斂していかざるを得なかったという事実は、むしろアメリカのヨーロッパに対する優位性が確実なものであることを示した。地政学的な面において冷戦構造は変容しても、経済面において冷戦下の米欧関係に根本的な変容は起こらなかったのである。

米欧関係と冷戦

国際通貨体制再編をめぐる米欧対立から示されるのは、米欧関係が、戦後国際秩序全体の中で、重要なサブシステムとして機能していたということである。それはアメリカの台頭とヨーロッパ植民地帝国の衰退という二つの巨大な変動を吸収し、グローバルな資本主義市場経済システムに基礎を置く国際システムを構築する、二〇世紀前半に始まった歴史的過程の一環であったと捉えることができる。

ヨーロッパ諸国間関係に基礎を置く国際秩序から、グローバルな国際秩序への転換の不可避的要請としてアメリカとヨーロッパの関係は、政治的にも軍事的にも経済的にも制度化されなくてはならなかったし、アメリカが関与するグローバルな国際秩序の下位秩序として機能する形でのヨーロッパ域内秩序の再編が必要であった。ヨーロッパ統合はその一つの答えであり、統合の延長であるヨーロッパ通貨協力の試みが、究極的なドル優越下での国際通貨体制再編の一部として進行せざるをえなかったのも、その一つの現れであった。冷戦もまた、このアメリカを包含する形でしか機能しえないヨーロッパ域内秩序、別の言い方をすれば、大西洋規模に拡張されたヨーロッパ＝アメリカ間の秩序として構築されざるをえなかったヨーロッパ域内秩序を制度化する途上で生じ、その政治的・軍事的なあり方を決定づけた要素であった。その意味で冷戦は米欧関係の一側面であり、米欧関係というサブシステムを媒介に、より大きなアメリカを核とする世界システムが形成されていく過程の一部であったとも見ることができるであろう。

註

（1）John Campbell, *Edward Heath — A Biography* (London: Jonathan Cape, 1993), p. 351; John W. Young, 'The Heath Government and British Entry into the European Community,' in Stuart Ball and Anthony Seldon (eds.), *The Heath Government 1970–74: A Reappraisal* (London: Longman, 1996), pp. 259, 283; 岡本宜高「ヒース政権期のイギリス外交――欧州統合とデタントの間」『西洋史学』二四〇号、二〇一〇年、五三～五四頁。Andrew Scott, *Allies Apart: Heath, Nixon and the Anglo-American Relationship* (Basingstoke: Palgrave, 2011), pp. 21–22. ヒースは五〇年の初当選時からヨーロッパ統合参加を求める姿勢を示しており、六一年から六三年の第一次加盟交渉時には担当閣僚を務め、六五年保守党党首就任後も一貫して、ヨーロッパへの参加を支持し続けていた。Edward Heath, *The Course of My Life: My Autobiography* (London: Hodder and Stoughton, 1998), pp. 73–76, 144–145, 235.

（2）Edward Heath, *Old World, New Horizons: Britain, the Common Market, and the Atlantic Alliance* (The Godkin lectures at Harvard University, 1967) (Oxford: Oxford University Press, 1970), *passim*; The National Archives, UK (TNA), PREM15/717, speech by Heath to the American Bar Association in London, 19 July 1971; Niklas H. Rossbach, *Heath, Nixon and the Rebirth of the Special Relationship: Britain, the US and the EC, 1969–74* (Basingstoke: Palgrave

Macmillan, 2009), pp. 3–4, 6–7, 17–23, 128; Scott, op. cit., pp. 10–11, 23, 29–30.

(3) Rossbach, *Heath, Nixon,* pp. 32–33; *Foreign Relations of the United States* (*FRUS*), 1969–1976, vol. I, doc. 1 and 2.

(4) Rossbach, *Heath, Nixon,* pp. 35–36; Scott, op. cit., pp. 42–44; *FRUS*, 1969–76, vol. I, doc 4; TNA, FCO7/1427, Freeman to Stewart, 26 June 1969.

(5) Rossbach, *Heath, Nixon,* pp. 10–11.

(6) 岡本前掲論文、五三〜五四頁、五九頁。橋口豊「一九七〇代のデタントとイギリス外交——ヒース保守党政権を中心に」菅英輝編著『冷戦史の再検討——変容する秩序と冷戦の終焉』法政大学出版局、二〇一〇年、一五三〜一七八頁。

(7) Rossbach, *Heath, Nixon, passim*. See also, Niklas H. Rossbach, 'Heath's Vision of Europe and Kissinger's Reappraisal of US Policy,' in G. Scott-Smith and V. Aubourg (eds.), *Atlantic, Euratlantic, or Europe-America?: the Atlantic Community and the European Idea From Kennedy to Nixon* (Paris: Soleb, 2013), pp. 326–339.

(8) Daisuke Ikemoto, *European Monetary Integration 1970–79: British and French Experiences* (Basingstoke: Palgrave, 2011), p. 37; Rossbach, *Heath, Nixon,* pp. 44–46; Catherine R. Schenk, 'Sterling, International Monetary Reform and Britain's Applications to Join the European Economic Community in the 1960s,' *Contemporary European History*, vol. 11, no. 3 (2002), pp. 363–364, 367–369.

(9) Rossbach, *Heath, Nixon,* pp. 44–46; Ikemoto, op. cit., p. 37; Francis Gavin, *Gold, Dollars and Power: The Politics of International Monetary Relations, 1958–1971* (Chapel Hill: University of North Carolina Press, 2003), pp. 166–171.

(10) Rossbach, *Heath, Nixon,* pp. 44–45; Gavin, op. cit., pp. 191–192; Catherine R. Schenk, *The Decline of Sterling: Managing the Retreat of an International Currency, 1945–1992* (Cambridge: Cambridge University Press, 2010), pp. 317–319; 329–330; *FRUS*, 1969–1976, vol. III, docs. 119, 138, 146, 150.

(11) TNA, PREM15/62, Speech by Douglas-Home on 30 June 1970; Stepehen Wall, *The Official History of Britain and the European Community, vol. II: From Rejection to Referendum, 1963–1975* (London: Routledge, 2013), pp. 362, 366; Sir Con O'Neill (ed. by Sir David Hannay), *Britain's Entry into the European Community: Report by Sir Con O'Neill on the Negotiations of 1970–1972* (London: Frank Cass, 2000), p. 66; Ikemoto, op. cit., pp. 39–40.

(12) TNA, PREM15/62, Summary of the Report of the Werner Group; Ikemoto, op. cit., pp. 37–38, 40–41, 43–48; O'Neill, op.

cit., pp. 124–5.

(13) TNA, PREM15/1560, Paris to FCO, 23 November 1970; Wall, op. cit., pp. 366, 372–373; O'Neill, op. cit., pp. 124–126; Ikemoto, op. cit., pp. 41–42; Rossbach, *Heath, Nixon,* pp. 53–54.

(14) TNA, PREM15/369, Barber to Heath, 24 March 1971; Rippon to Heath, 26 March 1971; O'Neill, op. cit., pp. 131–133; Ikemoto, op. cit., p. 48; Wall, op. cit., p. 389.

(15) TNA, PREM15/368, record of meeting between Heath and Soames, 1 March 1971; PREM15/370, record of meeting between Heath, Douglas-Home, Soames, 29 March 1971; PREM15/371, Paris to FCO, 27 April 1971; Ikemoto, op. cit., pp. 48–50; Wall, op. cit., pp. 385–395.

(16) TNA, PREM15/2241, record of a conversation between Heath and Pompidou on 20 May 1971; PREM15/372, records of conversations between Heath and Pompidou on 21 May 1971; records of conclusions of the meeting between Heath and Pompidou, 20 and 21 May 1971; note by Armstrong, 21 May 1971; Armstrong to Ryrie, 24 May 1971; PREM15/373, Armstrong to Tickell, 5 June 1971; Wall, op. cit., pp. 400–403; Ikemoto, op. cit., pp. 52–55; O'Neill, op. cit., p. 135; Heath, *Course of My Life*, p. 371.

(17) TNA, PREM15/374, Rippon to FCO, 7 June 1971; O'Neill, op. cit., pp. 136–137; Wall, op. cit., pp. 407–408; Ikemoto, op. cit., pp. 53–54.

(18) TNA, PREM15/375, FCO to Luxembourg, 23 June 1971; CAB128/49, CM(71)33rd, 24 June 1971; Wall, op. cit., pp. 408–412; O'Neill, op. cit., pp. 74–75.

(19) Wall, op. cit., pp. 418–419; Ikemoto, op. cit., pp. 63–65, 68–69; TNA, PREM15/574, Pym to Heath, October 1971.

(20) Wall, op. cit., pp. 421–425; O'Neill, op. cit., pp. 76–81.

(21) Wall, op. cit., pp. 426–427; TNA, PREM15/901, record of meeting at Chequers, 2 January 1972.

(22) Rossbach, *Heath, Nixon,* pp. 60–61; Gavin, op. cit., p. 192; Ikemoto, op. cit., p. 52.

(23) TNA, PREM15/722, Cromer to FCO, 4 June 1971; PREM15/375, record of a meeting between Cromer and Heath, 18 June 1971; Rossbach, *Heath, Nixon,* pp. 59–61; Scott, op. cit., p. 72; Catherine Hynes, *The Year that Never Was: Heath, the Nixon Administration and the Year of Europe* (Dublin: University College Dublin Press, 2009), pp. 29–31.

(24) Schenk, *Decline*, pp. 319–320; Gavin, op. cit., p. 194; Rossbach, *Heath, Nixon,* p. 62; Scott, op. cit., pp. 72–73; Ikemoto, op. cit., pp. 79–80; *FRUS*, 1969–1976, vol. III, docs. 164, 165, 167, 168.

(25) TNA, PREM15/309, draft reply by Heath to Nixon's Letter of 15 August 1971; Twyman to Armstrong, 19 August 1971; Gregson to Heath, 23 August 1971; Rossbach, *Heath, Nixon,* pp. 62–63; Scott, op. cit., pp. 75–76.

(26) TNA, PREM15/309, 'Meeting with EEC Finance Ministers,' unsigned, undated (probably 17 August 1971); Ryrie, to Armstrong, 17 August 1971; Armstrong to Heath, 20 August 1971; record of Barber's visit to Brussels on 19 and 20 August 1971; Ikemoto, op. cit., pp. 82–83; Schenk, *Decline*, p. 321; Rossbach, *Heath, Nixon,* p. 63.

(27) Schenk, *Decline*, pp. 321–323; *FRUS*, 1969–1976, vol. III, docs. 174, 175, 177, 179, 181, 182.

(28) TNA, PREM15/326, Heath to Pompidou, 24 November 1971; Heath to Brandt, 26 November 1971; PREM15/812, Heath to Nixon, 24 November 1971; Ikemoto, op. cit., pp. 84–85; Rossbach, *Heath, Nixon,* p. 65.

(29) Scott, op. cit., pp. 77–78.

(30) Ikemoto, op. cit., pp. 84–5; Schenk, *Decline*, pp. 325–6; *FRUS*, 1969–1976, vol. III, doc. 220.

(31) TNA, PREM15/1268, record of meeting at Bermuda on 20 December 1971; FCO82/71, Record of a meeting between Heath and Nixon on 21 December 1971; 岡本前掲論文、六一頁。Rossbach, *Heath, Nixon,* pp. 66–67, 131.

(32) TNA, PREM15/903, FCO translation of *Paris Match* article of 8 January 1972; Soames to Heath, 16 February 1972; Wall, op. cit., pp. 428, 432–433.

(33) Ikemoto, op. cit., pp. 87–88; TNA, CAB130/572, minutes of a meeting at No. 10 Downing St., 15 March 1971.

(34) TNA, PREM15/890, note by UK for the meeting of 10 Foreign Ministers at Luxembourg, 24 April 1972; Wall, op. cit., p. 436.

(35) TNA, PREM15/890, record of meeting between Heath and Brandt, 21 April 1972; Armsrong to Hunt, 1 May 1972; Hunt to Armstrong, 10 May 1972; Armstrong to Graham, 15 May 1972; Wall, op. cit., pp. 428–429, 436–439.

(36) TNA, PREM15/813, note for the record, 'Floating the Pound,' 4 July 1972; T354/275, foreign exchange market evening report, 21, June 1972; Schenk, *Decline*, pp. 330–332; Ikemoto, op. cit., pp. 90–91; Rossbach, *Heath, Nixon,* p. 69.

(37) TNA, PREM15/813, record of meeting between Barber, Heath and Treasury advisers at No. 10 Downing St., 21 June

1972; record of a meeting between Heath and Barber, 22 June 1972; note for the record, 'Floating the Pound,' 4 July 1972; T354/275, note of a meeting in Barber's room at Treasury, 22 June 1972; minute by Rowlinson, 'The decision to float,' 28 June 1972; note for the record by Armstrong, 3 July 1972; Schenk, *Decline*, pp. 331–336; Rossbach, *Heath, Nixon*, pp. 68–69; Ikemoto, op. cit., pp. 88–91.

(38) TNA, CAB128/50, CM(72)32nd, 27 June 1972; PREM15/813, Heath to Pompidou, 23 June 1972; Pompidou to Heath, 7 July 1972; Schenk, *Decline*, pp. 328–329, 336–337; Rossbach, *Heath, Nixon*, pp. 69–71; Wall, op. cit., p. 439.

(39) TNA, PREM15/1518, Neale to No. 10 Downing St., 6 July 1972; PREM15/813, record by Armstrong of meeting at the Elysée, 12 July 1972; PREM15/1457, Armstrong to Heath, 9, 12 October 1972; Rossbach, *Heath, Nixon*, pp. 71–73; Wall, op. cit., pp. 441–443; Ikemoto, op. cit., pp. 91–92.

(40) TNA, PREM15/895, Armstrong to Charteris, 22 October 1972; PREM15/1518, record of a conversation between Heath and Pompidou, 18 October 1972; CAB128/59, CM(72)46th, 25 October 1972; Rossbach, *Heath, Nixon*, pp. 73, 134; Ikemoto, op. cit., p. 93; Wall, op. cit., pp. 449–450.

(41) Ikemoto, op. cit., pp. 85–86, 92; Rossbach, *Heath, Nixon*, p. 73; Wall, op. cit., p. 456; Schenk, *Decline*, p. 340; TNA, PREM15/1518, Barber to Heath, 1 December 1972; PREM15/1457, Heath to Pompidou, 13 December 1972.

(42) Schenk, *Decline*, pp. 341–342; Ikemoto, op. cit., pp. 93–94, 96–99; TNA, T354/62, note by Mitchell of the meeting in Paris, 9 February 1973.

(43) TNA, T354/62, note of a meeting at No. 11 Downing St., 10 February, 1973; note of the meeting at Chequers, 10 February 1973; note of the meeting between Barber and Heath, 12 February 1973; Schenk, *Decline*, pp. 342–344; Ikemoto, op. cit., pp. 96–97; Rossbach, *Heath, Nixon*, p. 75.

(44) Schenk, *Decline*, pp. 344–345; Ikemoto, op. cit., p. 100; Wall, op. cit., pp. 460–461; TNA, PREM15/1459, records of meetings between Heath and Brandt on 1 March 1973; record of a conversation between Heath and Brandt on 2 March 1973; PREM15/1576; Bonn to FCO, 2 March 1973.

(45) TNA, PREM15/1459, note of a meeting at No. 10 Downing St., 2 March 1973; note of a meeting at Chequers, 3 March 1973; CAB128/51, CM(73)13, confidential annexe, 5 March 1973; Ikemoto, op. cit., pp. 100–103; Schenk, *Decline*, pp. 344–

345; Wall, op. cit., p. 461.

(46) Ikemoto, op. cit., pp. 104–105, 108; Wall, op. cit., pp. 461–462; Schenk, *Decline*, pp. 345–346; TNA, PREM15/1459, Brandt to Heath, 9 March 1973; Armstrong to Barber, 10 March 1973; UK Rep. Brussels to FCO, 12 March 1973; Heath to Barber, 12 March 1973.

(47) Schenk, *Decline*, pp. 346–347; Rossbach, *Heath, Nixon*, p. 76; Diane Kunz, *Butter and Guns: America's Cold War Economic Diplomacy* (New York: The Free Press, 1997), pp. 215–216, 222; 田所昌幸『「アメリカ」を越えたドル――金融グローバリゼーションと通貨外交』中央公論社、二〇〇一年、第三章、とくに一六六～一七〇頁、二〇七～二〇八頁。

(48) TNA, PREM15/1519, Armstrong to Heath of 10 April 1973; record of meeting between Heath and Pompidou, 21 May 1973; Wall, op. cit., pp. 464–467, 471–472.

(49) TNA, PREM15/1519, Heath to Barber, 14 June 1973; Barber to Heath, 19 June 1973; Armstrong to Heath, 21 June 1973; Rossbach, *Heath, Nixon*, p. 77; Wall, op. cit., pp. 478–479.

(50) TNA, PREM15/1461, extract from a meeting between Heath, Barber and the Governor of the Bank of England at Chequers, 30 August and 5 September 1973; record of a meeting at Chequers between Heath, Brandt et al., 6 October 1973; PREM15/1520, Heath to Brandt, 12 September 1973; Rossbach, *Heath, Nixon*, pp. 77–79; Wall, op. cit., p. 488; Ikemoto, op. cit., p. 106.

(51) Rossbach, *Heath, Nixon*, p. 157; Wall, op. cit., pp. 495–499; Keith Hamilton and Patrick Salmon (eds.), *Documents on British Policy Overseas*, series Ⅲ, volume Ⅳ, The Year of Europe, (London: Routledge, 2001),'Introduction,' pp. 28–29, 33–34; 高安健将「米国との距離と国益の追求――第四次中東戦争と第一次石油危機をめぐる英国の対応」『国際政治』一四一号、二〇〇五年も参照。

(52) TNA, PREM15/2089, Washington to FCO, 24 November 1973; Douglas-Home to Kissinger, 28 November 1973; PREM15/1989, Washington to FCO, 30 November and 1 December 1973; Wall, op. cit., pp. 499–502.

(53) Rossbach, *Heath, Nixon*, p. 79; Wall, op. cit., p. 503.

(54) Rossbach, *Heath, Nixon*, pp. 79, 157–158; 岡本前掲論文、六八頁。Wall, op. cit., pp. 503–505; TNA, FCO82/309, text of Kissinger's Address, 13 December 1973; PREM15/2041, note by FCO, Kissinger's Proposal on Energy, 13 December

1973; PREM15/2080, record of telephone conversation between Heath and Brandt, 6 December 1973; FCO to UK Rep. Brussels, 16 December 1973; record of telephone conversation between Heath and Douglas-Home, 17 December 1973; CAB128/53, CC(73)63rd, 20 December 1973.

(55) TNA, PREM15/2041, Nixon to Heath, 6 January 1974; PREM15/2178, Nixon to Heath, 9 January 1974; Nixon to Heath and Bridges to FCO, 4 February 1974; CAB128/53, CM(74)3rd, 17 January 1974; PREM15/2080, Douglas-Home to Heath, 17 January 1974; Rossbach, *Heath, Nixon*, p. 80; Wall, op. cit., p. 507.

(56) Wall, op. cit., pp. 509–510; Rossbach, *Heath, Nixon*, p. 81.

第五章　天然ガス・パイプライン建設をめぐる西側同盟
――一九八一～一九八二年――

山本　健

1　天然ガス・パイプラインと西側同盟

今日、ロシアから延びるパイプラインが何本もヨーロッパを横切っている。パイプラインというエネルギー・インフラの存在は多くのヨーロッパ諸国がロシアにエネルギーを依存していることを意味するが、その歴史は冷戦時代にさかのぼる。一九七〇年代、西シベリアの天然ガスを西ドイツ、フランス、イタリア、オランダ、ベルギーなどに供給するため、総延長五〇〇〇キロにもおよぶパイプラインの敷設が計画されたのである。パイプライン建設のための部品は西側企業から購入し、建設費は主に西欧諸国政府の信用供与や銀行団からの融資でまかなわれることになっていた。そしてソ連から西ヨーロッパへ、年間四〇〇億立方メートルの天然ガスが輸出され、ソ連は毎年約一〇〇億ドルの外貨を得ることが見込まれていた。

しかし八〇年代初頭、その天然ガス・パイプラインをめぐって、西側同盟内、とくに米欧間で激しい非難の応酬がなされた。きっかけは、八一年一二月に施行されたポーランドにおける戒厳令である。当時のレーガン米大統領はそれを非難するため、ポーランドのみならず、ソ連に対しても経済制裁を行い、パイプライン建設のための部品の輸出を禁じたのである。問題は、その措置が一方的な形で西欧諸国の企業にも科せられたことであった。ヨーロッパ側はそれに対して激しく反発し、結局、八二年一一月にレーガンは制裁を撤回することになる。

この事件は、西ドイツのシュミット首相やフランスのミッテラン大統領、さらにはレーガンの強力な支持者でもあったイギリスのサッチャー首相ですら公然とアメリカのやり方を批判したことからも、よく知られている。同時代的なものを中心に研究も多数存在し、また経済制裁の失敗例として対外政策に関する理論研究の関心も集めた(1)。しかし、これまで一次史料が未開示だったこともあり、既存の研究ではレーガンが制裁解除の演説をするに至るまでの同盟間のやりとりについては明らかにされてこなかった。とりわけ八二年六月一八日にレーガンが制裁を強化し一一月一三日に制裁解除するまでが、研究上の大きな空白となっているのである。本章は、近年新たに公開された公文書および関係者の回顧録と日記を利用し、アメリカ政府の経済制裁が解除される国際政治過程の解明を試みる。パイプライン問題に関する先行研究は、もっぱら米欧対立という観点で論じがちである。しかし、経済制裁が解除される過程に注目すると、西欧諸国間、とりわけイギリスとフランスの見解の相違が際立つことが明らかにされる。本章はさらに、不十分ながらも、冷戦における東西対立と西側同盟関係の文脈を、エネルギー史の文脈、そして南北関係の文脈と重ね合わせ、冷戦と非冷戦の間の歴史を描くことを試みるものである。

2　東西貿易、南北問題、エネルギー安全保障

東西貿易とデタント

第二次世界大戦後に冷戦の対立が深まり、ヨーロッパを中心に西側陣営と東側陣営が形成されていったことは、東西間の経済関係も希薄になっていったことを意味した。とりわけ西側は、一九五〇年にココムと呼ばれる対共産圏輸出統制委員会を発足させ、東側陣営に対して戦略物資の禁輸政策を開始した。他方で東側陣営も、ソ連が東欧諸国への経済的支配を強化した。ソ連のみならず東欧諸国も計画経済を採用し、経済体制の異なる西側とのつながりよりも、東側陣営内での経済的自足が重視された。五〇年代半ばになると西欧諸国は、伝統的なソ連・東欧におけける市場とのつながりの再構築を目指し始める。しかし、貿易拡大の足かせの一つとなったのが、東側陣営の外貨不足であった。社会主義経済体制は外貨獲得に不向きであったが、当時、西側諸国は長期信用を与えることを制限

していた。
六〇年代後半以降、冷戦の緊張が緩むと、貿易制限を緩和する動きが加速する。西側からの信用供与も次第に拡大していった。東欧諸国も、六〇年代の西側諸国の高度経済成長に刺激され、経済の再活性化のために、とくに西側からの技術移転を重視するようになった。東欧諸国が西側とのデタントに積極的であったのは、東西間の経済関係を進展させたいとの思惑があったからである。アメリカですら、六〇年代に東側陣営に対する貿易制限を次第に緩和させてゆき、七〇年代に入るとニクソン政権は、キッシンジャーのリンケージ戦略の一環として、ソ連への穀物輸出を開始し始めるのである。(2)

八〇年代初頭に天然ガス・パイプラインをめぐって米欧関係が一時悪化する遠因は、七〇年代初頭のデタント期にさかのぼる。西欧諸国で最初にソ連から天然ガスを輸入することを決めたのは、西ドイツであった。六九年一〇月に西ドイツ社会民主党の党首ブラントが首相になると、より積極的に東方政策が進められるようになる。ブラントは、ソ連との武力不行使条約の締結、さらには東ドイツへの接近を念頭に、まずソ連との経済関係を発展させようとした。その結果が、ソ連が西ドイツに天然ガスを輸出し、西ドイツがソ連にパイプライン建設資材を輸出するという、七〇年二月のソ連・西独間協定であった。(3)

エネルギー問題と南北問題

さらに、南北問題および、それとも関連する石油危機が、後の米欧対立の背景要因となった。一九六四年に国連貿易開発会議（UNCTAD）が発足し、発展途上国のいわゆる「七七カ国グループ」が結成されると、東西関係のみならず、南北関係もまた国際政治の対立軸となっていく。同グループは、六七年一〇月に閣僚会議をアルジェリアで開催し、資源に対する主権回復と公正な世界経済秩序を求める「アルジェ憲章」を採択した。(4)エネルギー問題に関しては、七〇年にリビアが石油価格の引き上げに成功したことが一つの転機となったが、翌七一年二月には、第三世界の新たな盟主となりつつあったアルジェリアが、フランス系石油会社を一方的に国有化し、西側諸国に衝撃を与えた(5)。

そして何より、七三年一〇月に勃発した第四次中東戦争がもたらした石油危機の影響が最も深刻であった。第一に、西欧諸国にとってエネルギー安全保障という問題が切実なものとして認識されるようになったことを指摘しなければならない。エネルギー資源に乏しい西欧諸国は、戦後の経済成長を低価格の中近東の石油に依存してきた。七一年には、西ヨーロッパのエネルギー消費のうち石油は五七％にも達していた(6)。しかしながら、石油危機の勃発で石油価格は四倍となり、さらには石油輸出国機構（ＯＰＥＣ）によって、一時期石油禁輸の脅しを受けるという経験をした。七四年には、アルジェリアのブーメディエン大統領の主導で開催された国連特別総会において、「新国際経済秩序」の樹立が宣言された。アルジェリアはＯＰＥＣの一員であり、石油の禁輸を強く主張した国である。西側諸国はもはや、アルジェリアを安定的なエネルギー供給国と見なすことはできなくなっていた(7)。七五～七七年に行われた、いわゆる「南北対話」も、ことエネルギー問題に関しては、西側諸国にとって意味のある成果をもたらすことはなかった(8)。言うまでもなくエネルギーの安定供給はどの国にとっても死活的な問題であったが、中近東の石油のみにエネルギーを依存することのリスクが広く認識されることになった。そこで、エネルギー供給先の多元化のためにも、注目されたのがソ連の天然ガスであった。折しもデタントの時期であり、西欧諸国にとって安全保障の問題は、単に冷戦の文脈におけるソ連の脅威のみではなくなっていったのである。

石油危機のもたらした第二の重要性は、不況である。石油危機を期に、西側諸国は七〇年代に深刻な不況に陥った。経済成長率は著しく鈍化し、インフレが進行し、失業率も高まっていった。省エネ努力や産業構造の転換によって日本はいち早く不況から脱したが、西欧諸国は八〇年代に入っても経済不況を引きずった。七九年のイラン革命を機に起こった第二次石油危機は原油価格をさらに二倍に押し上げ、不況を一層深刻化させていた。このことは、後に西欧諸国が経済問題で妥協することを著しく困難にした。

新冷戦とパイプライン

しかし同時に、西側諸国とソ連との関係も、次第に悪化していった。ソ連がアンゴラなど、アフリカ諸国の内戦に介入の度を深めていったことには、アメリカ政府のみならず西欧諸国の各国政府も強い反感を抱いた。さらに西欧諸国が懸念したのがソ連の軍拡であり、とりわけ一九七〇年代半ばよりソ連が東欧諸国にＳＳ－20と西側で呼ばれた中距離核ミサイルを配備し始めたことであった。ＳＳ－20は旧式のものと較べ、核弾頭を三つ備え、命中精度も三倍となっており、西ヨーロッパにとっての脅威であった。これに対してＮＡＴＯ諸国は、七九年一二月の理事会で、「二重決定」と呼ばれる方針を承認した。それは、中距離核兵器の削減交渉を進めると同時に、もしソ連がそれに応じなければ、八三年に新型ミサイルであるパーシングⅡと地上発射核巡航ミサイルを西欧諸国に配備するという決定であった。天然ガス・パイプラインをめぐる八二年の議論に、この問題が通奏低音として影響を与えることになる。

保守派の支持を受け、対ソ強硬派のレーガンが八一年にアメリカ大統領に就任すると、米欧間の溝が広がった。とくにレーガン政権内のタカ派は、ソ連との戦いにおいて経済領域を重視した。さっそく七月には、ワインバーガー国防長官が提出したメモランダムをもとに、国家安全保障会議（ＮＳＣ）においてシベリアからのパイプライン問題が検討された(9)。彼は、パイプラインの建設を中止させるよう提案した。アメリカにとってこれは、主に二つの点で問題があったからである。まず、西欧諸国がエネルギーをソ連に依存することで、ソ連が政治的な武器を得てしまうことが懸念された。ソ連の脅しに対して、西ヨーロッパが脆弱になってしまうことが問題とされたのである。もう一つの懸念は、西欧諸国が天然ガスをソ連から購入することで、ソ連は外貨を獲得することができ、ソ連経済を支えることにつながることであった。実際、レーガン政権発足時にソ連は、外貨の六〇％を石油と天然ガスの売却によって得ていた(10)。七月二一～二二日にオタワで開催された先進国首脳会議でレーガン大統領は、パイプライン建設を断念するよう主張した。だが西欧諸国首脳は、それを拒否した(11)。

パイプライン建設と天然ガスの輸入を最も積極的に進めていた西ドイツ政府は、それによって自国がソ連に対して脆弱になるとは考えていなかった。むろん、ソ連への過度の依存が危険なのは言うまでもない。しかし西ドイツは慎重に事を進めていた。西ドイツ政府の説明によれば、ソ連からの天然ガス供給が増大しても、それは西ドイツにおけるエネルギー消費全体のわずか五〜六％にすぎず、仮に供給が止められても他の手段でまかなうことができる。セーフガードとしてガス貯蔵施設を建設し、ドイツ国内での貯蔵も進める。さらに、ソ連は外貨を必要としており、ソ連が天然ガスの供給を止めることはないだろうとの楽観も持たれていた。それゆえアメリカ政府はソ連に対する西ドイツの脆弱性を過大視している、と見なされていた(12)。むしろシュミット首相は、ソ連のSS-20配備を懸念すると同時に東側とのデタントの継続も重視しており、ヨーロッパの安定のためにもソ連との経済関係が深まることを望んでいた(13)。

イギリス政府もまた、西ドイツを支持した(14)。加えてパイプライン建設は、イギリス経済に利益ももたらすものであった。北海油田を持つイギリスはソ連から天然ガスを輸入する必要はなかったが、イギリス企業のジョン・ブラウン・エンジニアリングは、パイプライン建設に必要な圧縮加圧機をソ連に輸出する巨額の契約を結んでいた。それは二億ポンドにも上るビジネスであり、雇用増加につながるものであったため、不況からの脱却を重視していたサッチャーはソ連との契約を強く支持した。

ジョン・ブラウン社の他にも、八一年秋には、西ドイツ、フランス、イタリアの企業が、タービンなどパイプライン建設資材の輸出に関する契約を次々とソ連と締結した(15)。アメリカ政府の反発にもかかわらず、建設計画は着実に進展していった。レーガン政権は、パイプライン建設を断念させることを諦めたかに見えた。しかし、ポーランドでの危機勃発が状況を変えた。

3　経済制裁

ポーランド危機

一九八〇年の夏よりポーランドは、政治的混乱に陥っていた。その年の七月、ポーランド政府は何の予告もなしに食肉価格を大幅に引き上げた。それに対して、すぐさま首都のワルシャワなどで労働者の賃上げストライキが起こり、それは瞬く間に全国へと拡大した。九月、ワレサを委員長とする自主管理労組の全国組織「連帯」が創設され、「連帯」への参加者は一〇〇〇万人にも上った。八一年になると、ポーランドの状況は深刻さを増す。依然としてポーランド政府は労働者の要求を実施しようとせず、ストライキは断続的に続いていた。「連帯」内部でも、さらなる政治的変革を求める声が高まっていた。そのような中、一二月一三日にポーランドの指導者ヤルゼルスキは、秩序を回復する必要性があるとして戒厳令を布告したのである。「連帯」を中心とした改革運動は、強制的につぶされた。

レーガン大統領はすぐさま厳しい対応をとった。一二月二三日にポーランドに対する経済制裁を発表したのみならず、二九日にはソ連に対しても経済制裁を科した(16)。ポーランドにおける戒厳令の背後に、ソ連の関与があると見なしたからである。本章の議論にとって重要なのは、このソ連に対する経済制裁の中に、パイプ敷設機を含む天然ガスおよび石油に関連する機材の禁輸が含まれていたことである。このアメリカの措置を、西欧諸国は大いに懸念した。

ヴェルサイユ・サミット

さらに、一九八二年六月四〜六日にヴェルサイユで開催された先進国首脳会議の失敗が、その後の米仏対立を決定づけた。ヴェルサイユ・サミットの主催者のミッテラン仏大統領は、とくに軍事面では大西洋主義者として知られる。彼は三月に訪米した際、「いかなることがあっても、力の均衡が達成されるであろうことをソ連は知るべきである」と声明を出し、七九年の「ＮＡＴＯ二重決定」を全面的に支持すると表明していた[17]。しかし経済面では、当初、フランスとアメリカの政策はまったく異なっていた。ミッテランの大統領就任時、フランスの失業者は一六〇万人を超え、失業率は八％と戦後最高を記録していた[18]。インフレも一二％を越え、フランス経済は深刻な状況に陥っていた。ミッテラン政権は経済政策としてケインズ主義的拡張政策を採用し、「大きな政府」路線をとった。だがインフレも失業率も悪化し続け、経済は一向に好転しなかった。ミッテランの社会主義的な主要産業の国有化政策は市場に嫌われフラン安の圧力がかかり、貿易赤字も増大していった[19]。対照的に「小さな政府」を目指すレーガン政権の経済政策、いわゆるレーガノミックスは、インフレ抑制を重視し、超高金利政策と財政赤字、そしてドル高を容認するものであった。このようなレーガノミックスは、フランにさらなる下落圧力を加え、フランス経済に悪影響を及ぼしていた[20]。ヴェルサイユ・サミットは米仏両国の経済政策が衝突する場となった。

とはいえ、サミットでは妥協が成立するかに見えた。レーガンは東側陣営に対する輸出信用の問題を力説したが、これに関して他の同盟国がアメリカの方針を受け入れるなら、パイプラインに関する制裁措置をアメリカ国外にまで適用しないつもりであった。またとくにフランスに対しては、フラン浮上のためにドルによる支援を与えるつもりであった。しかし、ドル高を「強いアメリカ」への信認と見なしていたリーガン米財務長官は為替市場に介入して為替レートの安定に協力する気はなかった。彼はドル高を是正するつもりはなく、むしろフラン切り下げを期待する旨をサミット初日に発言し、米仏間の妥協の枠組みを壊してしまった[21]。サミットでの合意による為替相場の安定を目指していたミッテランは激怒し、「フランスは欧州を対ソ経済戦争に巻き込もうとするレーガン政権の努力を拒否し続ける」と記者団に述べ、アメリカの意向に反対する姿勢を明確にしたのである[22]。

米欧対立

他方アメリカでも、レーガン政権内のタカ派がパイプラインに関する制裁強化を主導した。Ｇ７サミットの失敗を受け、レーガンもすぐにその方針を承認した。[23] 一九八二年六月一八日、彼はついに、アメリカ企業のみならず、海外のアメリカ系子会社やアメリカ企業からライセンス受注によって部品を製造しているヨーロッパ企業にもパイプライン関連部品の禁輸措置の適用範囲を拡大すると発表した。さらにそれは遡及的に、すなわち制裁発表以前にすでになされているソ連との契約に対しても適用するとしたのである。[24]

レーガンの発表に、サッチャーは驚愕した。[25] 六月二三日にレーガンと会談したサッチャーは、アメリカの経済制裁から既存のソ連との契約を除外するよう求めた。それがすでに高い水準にある失業問題を悪化させるからであった。[26] また彼女は、アメリカの穀物がソ連に売られ続ける一方で、ジョン・ブラウン社が損失を被ることを許せなかった。「もしアメリカのロシアへの輸出が伸び続け、われわれの輸出が減ったら、イギリスでは大きな怒りがわき起こるであろう」と、サッチャーは訴えた。[27] だがレーガンは、聞く耳を持たなかった。

西欧諸国では、アメリカに対して非難の嵐が巻き起こった。各国首相は公然とレーガン政権を批判し始めた。シュミット西独首相は、六月二五日に連邦議会で演説し、アメリカの経済制裁は域外適応であり、「国際法の原則に反し、ヨーロッパ共同体にとって受け入れがたく、ＥＥＣの法廷において承認されることはあり得ない」と力説した。[28] サッチャーも七月一日の議会での演説で、私企業の契約履行の妨害は超大国のすべきことではないと述べ、イギリスの企業はイギリスの法律に従うよう訴えた。[29] 七月一四日にはＥＣ委員会も米国務省に文書を送り、米国内法の域外適用にあたるアメリカ政府の措置に公式に抗議し、制裁解除を求めた。[30] そしてソ連との契約期限が迫る八月後半、イギリス、フランス、西ドイツ、イタリア各国の企業は、アメリカ政府の意向に反し、ソ連へのパイプライン建設関連物資の輸送を開始した。[31] 各国政府の強い後押しがあったからである。天然ガス・パイプラインをめぐる米欧対立は、頂点に達した。西側同盟は、この危機をいかに脱しようとしたのだろうか。

4　交渉開始

米英の接近とフランスの反発

レーガン大統領が、一九八二年一一月に天然ガス・パイプラインに関する制裁を撤回するに至る過程で、まず重要な役割を果たしたのが、七月に新たに国務長官に就任したシュルツであった。国務省のトップとして、彼が真っ先に取り組む必要があったのが、このパイプラインをめぐる米欧対立であった[32]。シュルツは経済的相互依存をよく理解しており、一方的な経済制裁の効果に懐疑的であった[33]。この後、彼は四カ月かけて、一方で西欧諸国から最大限の譲歩を引き出し、他方でレーガンの面子を立てつつ最終的に経済制裁を撤回させる方策を模索することになる。

シュルツの次に重要なのが、イギリスのピム外相である。彼は、シュルツとともに、同盟内対立の落としどころを模索した。現在の米欧間の雰囲気はNATO同盟にとってきわめて害が大きいため至急健全な状態に戻すべきであると考えていた彼は[34]、八月二四日、シュルツに米英仏独伊五カ国会談を開くよう提案した。シュルツはこれにすぐに飛びつき、ピムの提案を受け入れた[35]。シュルツはレーガン大統領から、もしヨーロッパ側から要請があれば、交渉をしてもよいと認められていたため、ピムからの申し入れは渡りに船だったのである[36]。サッチャー首相も、ピム外相の方針に共感していた[37]。

障害はフランスであった。シェイソン仏外相は交渉に前向きであったが、ミッテラン大統領がそれを止めていた。「妥協などとんでもない！　我々の側からの何らかの譲歩と引き替えなどなしに、アメリカは一方的な形で禁輸措置を取り下げなければならない」とミッテランは考えていたからである[38]。ピム外相は、シュルツとの合意を踏まえて、フランス、西ドイツ、イタリアの外相に会談を行うよう八月二八日に提案していた[39]。しかしシェイソンは、協議すること自体に反対はしなかったものの、外相会談を至急行うことには反対した。大統領から認められていなかったからであろう。それゆえシェイソンは、パイプラインの問題とは直接関係しない自然な形で会うことができる九月末の国連総会での会談を約束した[40]。

九月二九日、国連総会開催に合わせてニューヨークに集まった米英仏外相は、一連の二国間協議を行った後、全員でディナー会議を行い東西経済関係に関して初めて協議した[41]。この会合で、シェイソン仏外相は正式にフランスが東西経済関係に関する協議に参加する準備がある旨を表明した[42]。彼自身は、大統領と異なり、同盟国との協議に応じなければ卑怯であると見なされると考えていた[43]。またシェイソンの交渉戦術は、パイプラインや経済制裁の問題については協議せず、あくまでも東西経済関係のあり方に関する同盟国間の協議を行うというものであった[44]。おそらくそうすることでミッテランの反対をかわしつつ、アメリカとの関係を改善し、ひいては経済制裁の撤回に導こうとしたのであろう。シュルツ米国務長官も、もし東西経済関係に関して西側同盟国の間で包括的な原則のパッケージが合意されれば、レーガン大統領は経済制裁を解除するとの見通しを示唆した[45]。この外相会議が、経済制裁解除につながる実質的な交渉の出発点となった。

ノン・ペーパー

同盟の危機の回避は、合意文書を作成する形で進められた。まずアメリカが後に「ノン・ペーパー」と呼ばれる文書のたたき台を提示し[46]、事務レベルでの協議を経てまとめられたものが、一九八二年一〇月二～三日にカナダのモントリオール郊外ラ・サピニエールで開催されたNATO理事会に提出され、NATO諸国全てによって原則として受け入れられた[47]。このNATOの外相会議では、翌年に迫った「二重決定」に基づく巡航ミサイル配備の問題も話し合われた。このラ・サピニエール会議は、重要な年である八三年が来る前に経済制裁の問題を解消すべきであることを出席者全員に思い起こさせた、とシュルツは述懐している[48]。

しかしなぜ、とりわけフランスは「ノン・ペーパー」に同意したのか。ミサイル配備問題もさることながら、シェイソン外相なりの思惑があった。ミッテランの大統領特別顧問アタリの日記によると、シェイソンはこの「ノン・ペーパー」を、同盟国間の合意文書ではなく、あくまでもアメリカの一方的な意図を宣言した文書として位置づけようとしていた[49]。つまり、「ノン・ペーパー」はあくまでも暗黙の了解という形にしつつ、経済制裁問題の解決を目指していたのである。この思惑は、後にアメリカ側との対立の火種となる。さらに最大の問題は、シェイソン外相が、ミッテランの承認を得ないまま独断で同盟国との交渉を進めていたことであった。ミッテラン大統領は、手元に届いた「ノン・ペーパー」の表紙に、「問題外」と書き殴っていた[50]。

フランス政府内のシェイソンとミッテランの見解の相違が他の同盟国に十分に認識されないまま、「ノン・ペーパー」の文言をめぐる詰めの協議は進められた。交渉の過程で「ノン・ペーパー」の草案は改稿が重ねられ、その都度細かな文言の変更が行われたが、その概略は以下のようなものであった。まず東側陣営に対して共通のアプローチが必要であると述べられ、ソ連・東欧諸国との経済関係が次の三つの基準に従うべきとされた。第一に、ソ連の軍事力増強に貢献しない。第二に、ソ連経済を助成せず、貿易は慎重に行うべきである。第三に、ソ連との経済戦争に従事しない。この基準を満たすべく、ココムやNATO、OECDなどで協議を進めることで合意するが、その際、ソ連・東欧諸国との経済関係に関して、とくに戦略物資と軍事技術、ハイテク製品、信用供与、エネルギー、そして農産物について分析がなされる。さらにココムでの協議で戦略物資のリストが見直されること、信用供与の政策について同盟国間で調整が行われること、そしてとりわけ同盟国間でエネルギー需要について研究が進められている間は、天然ガスについてソ連と新たな契約を結ばないこと、とされた[51]。

「ノン・ペーパー」の内容をめぐる交渉が困難であったのは、やはりフランスが抵抗したからである。すでに見たように、ミッテラン大統領の態度は強硬なままであった。フランスの交渉担当者であった駐米フランス大使ヴェルニエ＝パリエは、安易な妥協はできなかった。フランスがとくに抵抗したのが、信用供与を同盟の枠組みで調整すること、天然ガスの新契約が結べないこと、そしてハイテク製品の管理について新たに検討することの三点であった[52]。イギリス政府の交渉担当者は、フランスの強硬な姿勢に対して、制裁解除のために支払われなければならない額を見誤っている、と批判していた[53]。イギリスも手放しでアメリカの主張に賛同していたわけではない。イギリスの交渉戦術は、「ノン・ペーパー」に挙げられたテーマに関する交渉には積極的に参加する姿勢を示しつつ、その結果については事前にコミットしない、というものであった[54]。対立ではなく話し合いの雰囲気をつくり、レーガン大統領の体面を維持しつつも、実質的な譲歩はせずに経済制裁解除を得るのが狙いであった。フランスはしかし、それができなかった。ミッテランに、レーガンの面子を立てるつもりなどまったくなかったからである。

5　混乱の中の結末

レーガンvsミッテラン

一九八二年一〇月いっぱい、G7の駐米大使と国務省高官（そしてEC委員会と欧州理事会議長国）を中心にワシントンで「ノン・ペーパー」についての検討が繰り返され、ついに一一月、最終局面を迎えた。一一月初頭、フランスを除く全ての出席者が合意した文書が作られた[55]。フランスは孤立した。そして一一月六日、国務省は決断した。「ノン・ペーパー」をレーガン大統領に提出し、経済制裁解除を進言することに決めたのである[56]。もともと八三年のミサイル問題を念頭に年内解決を目指していたが、政治的スケジュールとして、一一月二日のアメリカの中間選挙前は望ましくないと考えられていた。選挙後であれば、制裁解除を行うことへの国内の圧力も小さいと計算されたのである[57]。一一月八日付のレーガンの日記にはこう書かれている。

ジョージ・シュルツは、ソ連との貿易、信用などに関して同盟国との合意を作り上げた。これは、われわれのパイプライン制裁よりも効果的であるので、私は制裁を取り下げるつもりである。この合意は、制裁の前に我々が得ようとしたものである。制裁は、その役を果たした[58]。

この日、レーガンは制裁解除を決断した。しかし、この時点でレーガン自身は認識していなかったが、ミッテランとの対決がまだ残っていた。

シェイソン外相には、さらなる試練がもたらされた。国務省が、「ノン・ペーパー」を公表することを要求してきたのである。(59)非公開のままにしたとしてもリークされる恐れがあるため、公式に発表してしまった方が好ましく、レーガン大統領も余計な説明をしなくてすむ、というのが国務省側の説明であった。フランスは拒否し続けた。フランス以外は、アメリカ側の説明を受け入れ、「ノン・ペーパー」の公表に同意した。だが、フランスは拒否し続けた。シェイソン外相の狙いは、裏で極秘の「ノン・ペーパー」には同意しつつ、表ではアメリカがあたかも無条件で制裁解除に応じたかのようにすることだった。(60)おそらくそれが、ミッテランが受け入れられるギリギリのシナリオであると彼は考えたのだろう。それゆえ、「ノン・ペーパー」が公表されてはならなかったのである。一一月八日、「ノン・ペーパー」の最終版を持ってミッテラン大統領を訪ねたシェイソン外相は、このテキストは秘密にされたままとなります、と請け負った。アタリの日記によると、ミッテランがこれに同意したと勘違いし、シェイソンは喜んで大統領執務室から出て行ったという。(61)

レーガンは、一一月一三日に、定例の土曜日正午のラジオ演説で経済制裁解除について発表する予定であった。その方針を、国務省は関係各国に伝えていた。一〇月四日に新たに西ドイツ首相に就任していたコールやサッチャーからは、制裁解除に感謝する手紙がレーガンに届いていた。(62)しかしフランスからは、政府として「ノン・ペーパー」に同意するという最終的な承認が届いていなかった。アメリカ側は大いに慌てた。クラーク大統領補佐官は、一三日の午前中、ミッテランと直接電話で話そうと試みたが、ミッテランはアメリカからの電話を無視した。(63)電話に出れば、フランスはアメリカに同意したと解釈される、と彼は考えていたからである。ミッテランは怒っていた。「この文書〔ノン・ペーパー〕について交渉することを望まないと言ったはずだ。…これはアメリカの考えへの追従だ。…ノンと言え。文書にも、その公表についても。(64)」結局、フランスの同意を得ないまま、レーガンは演説を行った。「今朝、工業民主主義国は行動計画について実質的な合意に達しました」として、「ノン・ペーパー」の内容を要約して説明し、経済制裁を解除することを発表したのである。(65)

なぜレーガンは、フランスの同意なしに経済制裁を解除したのか。第一に、すでに述べたように、レーガンは一一月八日の時点で制裁解除を決断していた点が挙げられる。第二に、シュルツによると、レーガンはパイプライン問題とそれをめぐる米欧対立にうんざりしており、制裁が逆効果となっていると考えていた[66]。最後に、フランス以外の同盟国との関係を再び悪化させたくなかったのだろう。一三日の日記にレーガンは次のように書いていた。「私はミッテランに電話した。彼は出なかった。私の手には、合意を喜ぶコール首相とマーガレット・サッチャーからのメッセージがあった[67]。」レーガンは、コールやサッチャーの期待に応えようとしたと思われる。

しかしミッテランは激しく反発した。レーガンが、西側同盟国は合意した、と発表したからである。フランス政府はすぐさまレーガンの演説に対するコミュニケを発表し、「フランスは、午後にワシントンで発表された合意に参加してはいない」と明言した[68]。ミッテランにとって、「ノン・ペーパー」の中身も、それが制裁解除と結びつけられたことも受け入れがたかった。一線を越えたのはアメリカであり、アメリカが無条件で制裁を取り下げるべきだというのが彼の考えであった[69]。その結果、レーガンの面子は潰れることとなったのである。

南北問題、エネルギー、冷戦

経済制裁の撤回までのプロセスは、レーガンの体面を保つ方策の模索であった。そのため、西側同盟国間で東西貿易に関する原則の合意が目指された。そして実際、できあがった「ノン・ペーパー」を見たレーガンは、制裁を科したことに意味があったと満足し、それが制裁撤回につながった。しかしながら、ミッテランは結局「ノン・ペーパー」に同意しなかった。それをフランスの独立と名誉を傷つけるものと見なしたからである。レーガンの面子を保ちつつ経済制裁を解除するというシナリオは失敗に終わった。

では、この天然ガス・パイプラインをめぐる騒乱は、西側同盟に何らかの影響を与えたのだろうか。ミッテランが同意しなかったにもかかわらず、レーガンは経済制裁を取り下げ、西側同盟の危機は回避された。他方でミッテランも、一九七九年の「二重決定」に基づくミサイル配備への支持をあらためて表明した。またフランスが、その後の東西貿易に関する協議をボイコットするようなこともなかった[70]。パイプライン問題が他の問題に波及したわけではなかった。とはいえ、東西貿易をめぐる西側同盟内の潜在的対立が解消されたわけでもなかった。

しかし、国際状況が七〇年代とは大きく変わっていた。そもそもパイプライン問題をめぐり米欧対立が深刻化した背景には、南北問題に端を発する資源ナショナリズムの高まりと石油危機により深刻化したエネルギー問題があった。しかし南北関係の文脈では、八一年にメキシコで開催されたカンクン・サミットが、実質的に南北対話の最後の頂点であった。[71] ここでも対話に大きな成果は見られなかったが、以後、「南」側諸国は分裂し、その結束力を失っていった。[72] さらにエネルギー史の文脈では、八二年に非ＯＰＥＣ諸国が初めてＯＰＥＣの石油生産量を抜き、石油が供給過剰になっていった。石油価格も急落し、ＯＰＥＣおよび「南」側も交渉力を失っていった。[73] その結果、西欧諸国のエネルギー安全保障は、相対的に高まった。また、八四年に西シベリアからのパイプラインは完成し操業が開始されたが、エネルギーをソ連に依存するリスクも相対的に低下した。事実、八五年に西ドイツのボンで開催された先進国首脳会議では、もはや南北問題はまったくテーブルに上らず、七五年にその第一回会議が開催されて以来初めて、共同声明においてエネルギー問題について言及されなかった。[74] このことは、西側同盟内の潜在的対立が表面化する環境がすでになくなっていたことを示唆していた。石油価格の暴落に苦しんだソ連も、エネルギー供給を政治的武器として利用するようなことは一度もなかった。[75] そして、東西貿易問題に限って言えば、米欧対立は再燃することなく、冷戦は終焉へと向かっていったのだった。

註

（1）Gordon B. Smith (ed.), *The Politics of East-West Trade* (Boulder: Westview Press, 1984); Reinhard Rode and Hanns-D. Jacobsen (eds.), *Economic Warfare or Détente: An Assessment of East-West Economic Relations in the 1980s* (Boulder: Westview Press, 1985); Bruce W. Jentleson, *Pipeline Politics: The Complex Political Economy of East-West Energy Trade* (Ithaca N. Y.: Cornell University Press, 1986); Antony J. Blinken, *Ally versus Ally: America, Europe, and the Siberian Pipeline Crisis* (New York: Praeger, 1987); David A. Baldwin and Helen Milner (eds.), *East West Trade and the Atlantic Alliance* (New York: St. Martin's Press, 1990); Michael Mastanduno, *Economic Containment: CoCom *and the Politics of East-West Trade* (Ithaca, N.Y.: Cornell University Press, 1992); Alan P. Dobson, *US Economic Statecraft for Survival, 1933–1991: Of Sanctions, Embargoes, and Economic Warfare* (London: Routledge, 2002); Werner D. Lippert, *The Economic Diplomacy of Ostpolitik: Origins of NATO's Energy Dilemma* (New York: Berghahn Books, 2011); Ksenia Demidova, "The Deal of the Century: The Reagan Administration and the Soviet Pipeline," in Kiran Klaus Patel and Kenneth Weisbrode (eds.), *European Integration and the Atlantic Community in the 1980s* (Cambridge: Cambridge University Press, 2013); Per Hogselius, *Red Gas: Russia and the Origins of European Energy Dependence* (New York: Palgrave Macmillan, 2013)；小原喜雄「東西貿易をめぐる先進国間の経済摩擦——主として西シベリア天然ガス・パイプライン事件について」『国際法外交雑誌』第八四巻、第三号（一九八五年）；永澤雄治「冷戦期における西欧諸国の対ソ連政治経済戦略——新冷戦までの東西貿易を中心として」『研究年報経済学』第六〇巻、第四号（一九九九年）。

（2）Philip J. Funigiello, *American-Soviet Trade in the Cold War* (North Carolina: University of North Carolina Press, 1988), pp. 181–182.

（3）妹尾哲志『戦後西ドイツ外交の分水嶺』晃洋書房、二〇一一年、五九頁；Angela Stent, *From Embargo to Ostpolitik: The Political Economy of West German-Soviet Relations, 1955–1980* (Cambridge: Cambridge University Press, 1981), pp. 163–169; Lippert, op. cit., pp. 47–50, 69–74; Hogselius, op. cit., chapter 7. 天然ガスの供給は、一九七三年一〇月一日より開始される。Rajendra K. Jain, *Germany, the Soviet Union and Eastern Europe 1949–1991* (New Delhi: Radiant Publishers, 1993), p. 162.

（4）Robert A. Mortimer, *Third World Coalition in International Politics* (Boulder: Westview Press, 1984), pp. 26–28.

（5）Giuliano Garavini, *After Empires: European Integration, Decolonization, and the Challenge from the Global South 1957–1986* (Oxford: Oxford University Press, 2012), p. 167.

（6）Ibid., p. 166.

（7）Blinken, op. cit., pp. 24–25.

（8）Garavini, op. cit., pp. 220–228; Luciano Tosi, "Europe, the United Nations and Dialogue with the Third World," in Antonio Varsori, Guia Migani (eds.), *Europe in the International Arena during the 1970s: Entering a Different World*

(Brussels: Peter Lang, 2011).

（9）Demidova, op. cit., pp. 73–74.

（10）Jentleson, op. cit., p. 174.

（11）Angela Romano, "Summits and East-West economic relations," in Emmanuel Mourlon-Druol and Federico Romero (eds.), *International Summitry and Global Governance: The rise of the G7 and the European Council, 1974–1991* (London: Routledge, 2014), p. 212.

（12）The National Archives, UK (TNA), FCO33/4599, Ruhfus to Jessel, 27 March 1981.

（13）Wilfried Loth, "Helmut Schmidt, Europe and the Defense of Détente", in Claudia Hiepel (ed.), *Europe in a Globalising World: Global Challenges and European Responses in the "long" 1970s* (Baden-Baden: Nomos, 2014), p. 108.

（14）TNA, CAB133/521, East/West Relations Brief by FCO, 18 November 1981.

（15）Jentleson, op. cit., p. 184.

（16）Jain, op. cit., p.164; Helene Sjursen, *The United States, Western Europe and the Polish Crisis: International relations in the Second Cold War* (Basingstoke: Palgrave Macmillan, 2003), p. 70.

（17）渡邊啓貴『フランス現代史――英雄の時代から保革共存へ』中央公論社、一九九八年、二六三頁。

（18）吉田徹編『ヨーロッパ統合とフランス――偉大さを求めた一世紀』法律文化社、二〇一二年、二〇八頁。

（19）Haig Simonian, *The Privileged Partnership: Franco-German Relations in the European Community, 1969–84* (Oxford: Clarendon Press, 1985), p. 322.

（20）田所昌幸『「アメリカ」を超えたドル――金融グローバリゼーションと通貨外交』中央公論新社、二〇〇一年、二八八頁。

（21）Funigiello, op. cit., p. 202; 吉田徹『ミッテラン社会党の転換』法政大学出版局、二〇〇八年、二一四頁。

（22）ロバート・パットナム、ニコラス・ベイン『サミット　先進国首脳会議』（山田進一訳）阪急コミュニケーションズ、一九八六年、二二三頁。

（23）Alan P. Dobson, "The Reagan Administration, Economic Warfare, and Starting to Close Down the Cold War", *Diplomatic History*. vol. 29, no. 3 (2005), p. 546.

（24）Jain, op. cit., p. 165.

（25）マーガレット・サッチャー『サッチャー回顧録――ダウニング街の日々　上』（石塚雅彦訳）日本経済新聞出版社、一九九三年、三三一頁。

（26）TNA, PREM19/925, Record of a Conversation between the Prime Minister and President Reagan at the White House at 1700 hours on Wednesday, 23 June 1982.

（27）Ibid.

（28）Lippert, op. cit., p. 169.

（29）ニコラス・ワプショット『レーガンとサッチャー――新自由主義のリーダーシップ』（久保恵美子訳）新潮社、二〇一四年、二七〇頁。

（30）Jentleson, op. cit., p. 195.

（31）Ibid.

（32）George Shultz, *Turmoil and Triumph: My Years As Secretary of State*（New York: Scribner's, 1993）, p. 135.

（33）Ibid, p. 137.

（34）TNA, PREM19/925, Holmes to Rickett, 1 September 1982.

（35）TNA, PREM19/925, Holmes to Rhodes, 26 August 1982.

（36）National Security Council Meeting, September 22, 1982. "National Security Council and National Security Planning Group Meetings", http://www.thereaganfiles.com/national-security-council.html

（37）TNA, PREM19/925, Coles to Richards, 15 September 1982.

（38）Jacques Attali, *Verbatim, 1981–1986*（Paris : Robert Laffont, 1993）, p. 326.

（39）Ministère des Affaires Etrangères, Direction des Affaires economiques et financieres, Direction economiqeu, Service des relations commerciales, financieres et industrielles（DE/RCFI）, Serie 1979–1983, carton 2889, MAE tel no. 35193 à Bonn 1250, 28.8.1982.

（40）*Akten zur Auswärtigen Politik der Bundesrepublik Deutschland*（以下 *AAPD*）, *1982*, Dok. 233, S. 1231.

（41）西ドイツではシュミット政権に建設的不信任決議が出されていたため、ゲンシャー外相はニューヨークに来られず、外務次官が代理で出席した。

(42) *AAPD, 1982*, Dok. 251, S. 1316.
(43) Attali, op. cit., p. 384.
(44) TNA, PREM19/925, FCO tel no. 703 to New Delhi, 28 September 1982.
(45) *AAPD, 1982*, Dok. 251, S. 1317.
(46) TNA, PREM19/925, UKMIS New York tel no. 1532 to FCO, 30 September 1982.
(47) TNA, PREM19/925, FCO tel no. 260 to UKDEL NATO, 4 October 1982; Pym to Prime Minister, 11 October 1982; *AAPD, 1982*, Dok. 253.
(48) Shultz, op. cit., p. 140.
(49) Attali, op. cit., p. 384.
(50) Ibid., p. 384; Pierre Favier et Michel Martin-Roland, *La Décennie Mitterrand: 1. Les ruptures* (Paris : Seuil, 1990), p. 262.
(51) 「ノン・ペーパー」の最終版は，National Security Decision Directive 66 "East-West Economic Relations & Poland-Related Sanctions" に添付されている。http://fas.org/irp/offdocs/nsdd/nsdd-066.htm
(52) TNA, PREM19/925, Pym to Prime Minister, 28 October 1982.
(53) TNA, PREM19/925, Washington tel no. 3444 to FCO, 24 October 1982.
(54) TNA, PREM19/925, Pym to Prime Minister, 28 October 1982.
(55) TNA, PREM19/925, Washington tel no. 3555 to FCO, 3 November 1982.
(56) TNA, PREM19/925, Washington tel no. 3596 to FCO, 6 November 1982.
(57) TNA, PREM19/925, Washington tel no. 3444 to FCO, 24 October 1982.
(58) Ronald Reagan, *The Reagan Diaries* (New York: Harper Perennial, 2009), p. 111.
(59) *AAPD, 1982*, Dok. 297, Anm. 8, S. 1552–1553.
(60) Attali, op. cit., p. 413.
(61) Ibid., p. 414; Favier, Martin-Roland, op. cit., p. 262.
(62) "MT letter to President Reagan," 12.11.1982, Margaret Thatcher Foundation, http://www.margaretthatcher.org/

document/122530

(63) Attali, op. cit., p. 418.

(64) Ibid.

(65) "Radio Address to the Nation on East-West Trade Relations and the Soviet Pipeline Sanctions," November 13, 1982. Public Papers of Ronald Reagan. http://www.reagan.utexas.edu/archives/speeches/1982/111382a.htm

(66) Shultz, op. cit., p. 142.

(67) Reagan, op. cit., p. 112.

(68) Hubert Vedrine, *Les mondes de François Mitterrand: À l'Élysée, 1981–1995* (Paris: Fayard, 1996), p. 224.

(69) *AAPD, 1982*, Dok. 254, S.1334.

(70) Mastanduno, op. cit., p. 261.

(71) Guia Migani, "The road to Cancun: the life and death of a North-South summit," in Mourlon-Druol, Romero (eds.), op. cit.

(72) Mark Atwood Lawrence, "The Rise and Fall of Nonalignment," in Robert J. McMahon (ed.), *The Cold War in the Third World* (Oxford: Oxford University Press, 2013), pp. 150–152.

(73) ダニエル・ヤーギン『石油の世紀――支配者たちの興亡　下』(日高義樹・持田直武訳) 日本放送出版協会、一九九一年、四九〇頁。

(74) 同上、五三三～五三四頁。

(75) Hogselius, op. cit., p. 221.

〔付記〕本章の草稿には、高瀬弘文、吉留公太、黒田知哉の各氏から貴重なコメントを賜った。記して感謝したい。なお本研究は、科学研究費（課題番号25780119）の研究成果の一部でもある。

第Ⅱ部　脱植民地化と冷戦

バンドン会議で演説する周恩来首相
（インドネシア・バンドンにて，1955年４月18日）（AFP＝時事）

第Ⅱ部総説　西欧への二つの挑戦
――脱植民地化と冷戦の複合作用――

池田　亮

1　問題の所在

周知の通り、冷戦期は脱植民地化と呼ばれる現象が急速に進んだ時代であった。第二次世界大戦前には、アジア・アフリカは基本的に日本と西欧諸国の植民地支配下に置かれていたが、一九七〇年代に植民地はほぼ消滅し、代わりに新興の主権国家がこれらの地域を覆った。二つの現象の相互作用はどのようなものだったのか。冷戦と脱植民地化は、戦後の国際政治を代表する顕著な特徴である一方で、二つの研究分野は一種の棲み分けをしてきたと言ってよい。アフリカは米ソが直接介入した事例を除けば冷戦史研究の対象となることはなく、帝国史研究が扱ってきた。またアジアは脱植民地化と冷戦が交錯した地域であるとしばしば指摘されるものの、主に冷戦史の観点から研究されてきた。アジア冷戦における脱植民地化の要素の存在がヨーロッパ冷戦とは異なる特徴として頻繁に指摘されてきたにもかかわらず、アジアの脱植民地化とはどのようなものかという視点は、国際政治史研究においては希薄であった。第Ⅱ部の総説においては、これら二つの現象が相互にどのような関連を持ちながら進行したのかを分析するための、筆者なりの視点を提示したい。

一般的に脱植民地化は、一七年にまずレーニンが発表し、次いでそれに対抗してウィルソン大統領が翌年に発表した一四カ条で含意された、民族自決（national self-determination）の概念に端を発するとされる。民族自決とは、ネーション――その定義は様々であるが――という集団の自己決定を指す。とくにウィルソンの概念はアジア・アフリカの人々に解放への期待を持たせたが、これは西欧の植民地支配を覆すものではなく、これらの地域の人々を失望させることになる。[1]とはいえ長期的には、ウィルソンが含意した概念は、ナショナリストの活動を活発化させるなど、植民地解体に向けて大きな力となった。さらにこの概念は、四一年の大西洋憲章および四五年の国連憲章で明記され、国際社会を規律する非常に重要な原則の一つとなった。こうして第二次世界大戦後は、脱植民地化に向けて国際圧力がさらに強まることになる。[2]

2　脱植民地化に関する先行研究

帝国史研究としての脱植民地化研究

脱植民地化研究は、帝国史研究の一部として長い歴史を持つ。第二次大戦後に起きた帝国の解体はいかなる原因から発生し、帝国はどのように再編されたかが、脱植民地化研究の大きな関心事であった。ここではその代表的研究を、ロータームントの分類を参考に振り返っておきたい。[3]脱植民地化を促した要因として、しばしば宗主国の戦略、植民地現地のナショナリズム、国際圧力が挙げられるが、[4]彼の分類もおおむねこの三要素を反映したものである。

第一の視点は、主に宗主国政府の外交史料を活用し、宗主国が各植民地を独立させる過程を比較しつつ描く。[5]その際によく用いられるのが「権力移譲」という表現であり、宗主国による独立承認をナショナリストの活動によって「強いられたもの」ではなく、ある種のプログラムに沿って現地住民に権力を移譲していく過程として捉える。脱植民地化研究としてはオーソドックスな視点であり、多くの研究蓄積がある。第二の視点は、インドネシアの事例など、現地人が植民地支配から自らを解放した点を強調する。ナショナリストが自らの活動を過度に正当化する傾向を持つ一方で、単に宗主国の政策にとらわれず、革命を通じて現地社会の脱植民地化を促したという視点を導入した点で、この視点は重要であろう。[6]とくに近年、米英の研究者の間では、脱植民地化を社会の視点から分析する傾向が強くなっており、植民地の社会だけではなく、本国社会の変化にも焦点があてられている。[7]第三の視点は、米ソや国連を中心とする国際圧力が宗主国による独立承認に影響を与えたことを強調する。一次史料公開以前には、宗主国に対するアメリカや国連の圧力が辛辣であり、宗主国の独立決定に強い影響を与えたとする研究が見られたが、公開以後はアメリカの立場がむしろ宗主国寄りの立場であったことを指摘するものが増えている。[8]

冷戦史研究としての脱植民地化研究

言うまでもなく、ここでの議論に最も強く関連するのは第三の視点である。だが、脱植民地化研究が帝国史研究から出発した関係上、この視点にも冷戦との相互作用を研究する姿勢は希薄であったと言わざるを得ない。たとえば、冷戦期に米ソが植民地解放を求めて競合した結果、脱植民地化が促進されたことは繰り返し指摘されてきた。しかし、なぜ特定の地域と時期には冷戦が作用し、逆にそうではない地域もあったのかといった議論はあまりなされてこなかった。この意味で、代表的な論者であるウェスタッドの著作をはじめとして、近年の冷戦研究が第三世界情勢に視野を広げつつあることは注目に値する。[9]しかし、これらの研究も米ソが直接関与した事例を取り上げる傾向が強く、西欧宗主国を冷戦の進展の中で勢力の後退を強いられる存在としてのみ描いてきた。

これらの問題点はいかに克服できるだろうか。本総説では、植民地帝国であった西欧諸国が冷戦期以前からアメリカと強い紐帯を持っていたことに着目し、これを「帝国＝植民地体制」[10]と呼びたい。これは西欧諸国が植民地問題で競合しながらも、他方で協力関係を維持しつつ内外からの挑戦に対抗していた体制を指す。冷戦期、この体制は脱植民地化と冷戦という二つの挑戦を受けて変容し、その結果として、現代世界は基本的に資本主義体制を採用する主権国家群から成り立つこととなった。その中で、以前ほど強固ではないにせよ、西欧諸国は旧植民地との強い紐帯を保ち、同時に、第二次大戦後に結成されたアメリカとの同盟を維持している。先に述べた帝国＝植民地体制は、脱植民地化と冷戦という二つの脅威を受けて、いかに冷戦後の世界秩序に再編成されたのか。以下では、この過程を俯瞰することにより、脱植民地化と冷戦がどのような相関関係をもって現代世界を作り上げていったかを考えるための、一つの視点の提示を試みる。

3　アジア・アフリカ地域の独立と冷戦

冷戦初期のアジア植民地独立

アジアでは、第二次大戦中に原則として独立が決定されていたインド以外でも、大戦直後からナショナリストが活発な独立運動を展開し、インドネシア・インドシナなどでは武装闘争の形態をとった。しばしば、アジアで独立運動が活発化した理由は、日本による占領が白人支配の正統性を揺るがし、その弱体ぶりを露呈したからだと言われる。しかしそれに加え、一九四五年八月に日本軍が降伏した後、宗主国が支配を回復する以前に独立派が現地で支配を確立し、宗主国の再占領に強く抵抗できたことも強調すべきである。また日本の統治下にあった朝鮮半島では、大戦中の合意に基づき、日本の降伏直後から三八度線を挟んで米ソが軍事占領を行った。四八年には南北でそれぞれ大韓民国と朝鮮民主主義人民共和国が成立したが、このことが後の朝鮮戦争の前提になる。これらを考え合わせれば、日本が大戦前に植民地統治体制を樹立したこと、および大戦中に宗主国の勢力を駆逐した後、戦争終結とともにそれらの統治体制が消滅したことが、アジアで多くの武力衝突が展開された大きな原因の一つだと言える。後述の通り、大戦中も宗主国の統治が継続したアフリカ、とくにサハラ以南アフリカとの違いは明らかであろう。

アジアにおいて冷戦の構図が明確に現れ始めるのは、中国内戦において中国共産党の勝利が明らかになる四八年頃だと言える。それまでソ連は、中国共産党に国民党との和解を勧告していた。しかし四九年七月には、アジア情勢について米ソ関係など戦略問題はソ連共産党が担当するものの、アジア各国の共産党の指導は中国共産党が担うという合意がなされたという。さらに、同年一〇月の中華人民共和国（以下、中国）の成立と五〇年二月の中ソ友好同盟相互援助条約の締結は、アジアへのソ連の関与を確定的なものにした(11)。とくに後者は、半植民地状態に置かれていた中国の国家建設をソ連が積極的に援助するという意味で、広い意味での中国の脱植民地化に協力する約束だったとも言える。

共産主義中国の成立はアジアの国際関係を根本的に変容させた。朝鮮半島では五〇年に朝鮮戦争が勃発し、中国とアメリカがそれぞれ北朝鮮と韓国に軍事援助を行って対峙する構図が生まれた。四五年九月、共産党を率いるホー・チ・ミンがヴェトナム民主共和国樹立を宣言し、フランス軍との武力闘争を開始していたが、五〇年一月からは中国から本格的な軍事援助を獲得するようになる(12)。逆にフランスは四九年にバオ・ダイ帝を擁立してヴェトナム国を建設し、翌年から米英が援助を開始した(13)。これらは、朝鮮半島とヴェトナムに住む人々による、どの範囲の人々と領域においてどのような国家を形成すべきかという政治決定をめぐる争いであり、その意味において民族自決を求める闘争であった。さらに、米中（およびソ連）がそれぞれの陣営に加担する形で冷戦の構図が生じたわけである。

インドネシアとマラヤでは独立過程において現地人が二つの陣営に分かれ、大国が双方に肩入れする形で冷戦の構図が現れたわけではない。しかし両国でも冷戦の影響を見出すことは可能である。インドネシアでは、オランダに対するナショナリストの武力闘争が大戦直後から発生した。国連安保理はその調停のために、アメリカの主導の下で四八年一二月に視察団の派遣を決定した。アメリカの目的は、ソ連が国連を主導するのを防ぐことにあった(14)。逆にマラヤでは、大戦直後にイギリスが統治を回復したため、インドネシアのようにナショナリストに現地情勢の主導権を奪われることはなかった。四八年に共産党の蜂起が始まったものの、イギリスは「非常事態宣言」を発令して弾圧し、国連など国際勢力の介入を阻止することができた。こうしてイギリスは、自身の影響力に好意的な「健全なナショナリズム」の育成を進めていく(15)。そもそもイギリスは戦間期より白人植民地を中心にコモンウェルスと呼ばれる組織を結成しており、戦後も旧植民地を加盟させ、独特の形態で影響力を保持してきた(16)。

アフリカ情勢

一九五〇年代半ば以後は、アフリカを中心に植民地の独立が進む。アフリカはアジアとは異なり、北アフリカを除いて大戦中もヨーロッパ宗主国の支配が継続した。このため、大戦後もアフリカではアジア各地の規模での現地人の武装蜂起は起こり得ず、独立後も宗主国の影響力が色濃く残る政治体制が樹立されていく一因となる。さらに同様の理由から、アメリカなどの域外大国が介入する余地も少なく、冷戦は明確に波及しにくかった。

とはいえ、アフリカの脱植民地化が冷戦の影響を全く受けなかったわけではない。前述の通り、植民地解放を掲げる米ソ両国はアフリカ植民地の民族自決にも好意的な態度を示し、このことが西欧宗主国とアメリカとの間で深刻な対立を生んだ。宗主国の中でイギリスは例外的に、脱植民地化を進める姿勢を第二次大戦中から示していたものの、戦後も権限移譲の歩みは遅く、アメリカから絶えず圧力を受けることになる。[17] ただしアメリカの意図は、西欧の同盟国が将来的に植民地地域に自治権と独立を付与することで、現地ナショナリストと協力関係を保ちつつその影響力を維持することにあった。つまり、アメリカ自身が宗主国に取って代わることなく、アフリカを広い意味での西側陣営に組み込むことが目的だったのである。

しかしアメリカは、国連が植民地問題を討議することにもおおむね好意的であり、植民地情勢はもっぱら自国の管轄権に属すると主張する宗主国との間で深刻な対立が生まれた。典型例が、五二年を通じて国連で行われた仏保護領チュニジア問題の討議であり、問題に関して国連の管轄権を主張するアメリカと、自国の管轄権を主張するフランスとの間で論争が繰り広げられた。結局アメリカの主張通り、年末の総会決議はフランスがチュニジアの自治体制樹立を目指すよう勧告したものの、国連は同国の情勢に直接介入しない態度を示してフランスに譲歩をした。この点で国連は、仲裁のため視察団を派遣したインドネシアの事例とは対照的な態度を示したと言える。基本的に宗主国が一貫して支配を継続できたアフリカでは、国連が現地情勢に容喙できる余地も乏しかった。概して五〇年代半ばまで、米ソなどの域外大国も、またアジア・アラブ諸国も含めた国際世論も、アフリカ植民地の独立を唱えることは稀であった。[18]

ソ連の援助攻勢

この情勢を一変させたのが、新興国の歓心を買うことを目的とした、一九五〇年代半ばからのソ連の援助攻勢である。五五年秋からフルシチョフらソ連首脳はインドなどアジア諸国を歴訪して経済援助を約束し、九月にはエジプトの大規模軍拡に協力することを発表し、欧米諸国に強い衝撃を与えた。このことは、独立後に旧宗主国からの援助がなくとも国家建設が可能であることを意味し、経済基盤の弱体な新興国および植民地のナショナリストを大いに鼓舞したからである。宗主国の危機感の最初の現れが翌年のモロッコ独立の承認であり、フランスは独立承認によって同国に親仏路線を維持させようとしたのである[19]。

以後、宗主国は独立付与によって現地人の歓心を繋ぎ止めるという政策を実践していく。この政策は前述のアメリカの方針とも合致し、援助・貿易・投資などの面でアメリカの経済力を借りつつ旧宗主国が政治的影響力を維持する、ルイスとロビンソンのいう「脱植民地化の帝国主義（Imperialism of Decolonization）」がとくにアフリカでは顕著に見られることになる。ソ連の影響力を極力排除することが、その大きな眼目であった[20]。次いで、フランスをはじめ宗主国は六〇年に相次いでアフリカ植民地の独立に踏み切り、同年一二月に国連総会が採択した「植民地独立付与宣言」は植民地保有の国際的な正統性を失わせた[21]。これらのことが、イギリスの独立承認をさらに加速させ、ポルトガル領を除き、六〇年代終わりまでにほぼ全てのアフリカの植民地が独立を果たした。

国家建設と分断国家

これに対してアジアでは、とくに米中などの大国が明白な関与を示し、冷戦と脱植民地化の相互作用も大国の動向に大きく左右されることになる。その結果、どの大国から援助を獲得して国家建設を進めるのかという問題について、アジア諸国はアフリカ以上に多様な選択肢を持ちえたが、多くはアメリカとの同盟を選んだ。朝鮮戦争勃発の翌年、米比相互防衛条約が締結され、次いで米韓相互防衛条約、米華相互防衛条約、さらには東南アジア条約機構（ＳＥＡＴＯ）の結成に至った。ＳＥＡＴＯはその後有名無実化していくが、これら諸条約は総じて、国々が西側路線を選択した見返りに、アメリカが安全保障体制の構築を積極的に援助し、経済的にも支援したことを意味していた。

他方、中国と、その援助を受けた北朝鮮と北ヴェトナムは共産主義路線に則った国家建設を進めた。前述のように中ソは同盟条約を締結したものの、毛沢東をはじめとする指導者たちは中国を米ソの二極構造に組み込まれない、独自の勢力だと捉えていた。とくに、ソ連が資本主義勢力との共存を目指す、いわゆる平和共存路線を採用し始めると、毛は中国こそが脱植民地化過程に革命的要素を付与する能力を持っていると考え、アジア各地の革命支援を積極化する。一九六三年と六四年に中国指導者が、ラオス、カンボジア、インドネシアの共産党指導者を招いて東南アジアでの革命の可能性を探る会議を開いたのはこのような目的からであった。(22)

中国とインドネシアの共産党は「北京＝ジャカルタ枢軸」と呼ばれるほどの強固な紐帯を築いたが、六五年の九・三〇事件でインドネシア共産党が解体されると、この「枢軸」は崩壊に至る。また、五〇年代末に始まる中ソ対立は北朝鮮および北ヴェトナムと中国の関係も冷却化させ、両国は相次いでソ連との関係を強化していった。(23)中ソ対立はさらに、七〇年代の米中和解に繋がり、ついで七〇年代終わりから中国は「改革開放」路線を採択し、革命支援国としての立場を公式に放棄するに至るのである。八〇年代に中国が事実上の資本主義市場経済に転換していったことは、第三世界諸国がソ連型経済を採用することを困難にする効果を持ったと言われる。(24)

西側陣営にも東側陣営にも属さずに、国家建設を図る道もあった。いわゆる非同盟運動であり、この運動の端的な現れが五五年に開催された第一回アジア・アフリカ会議（バンドン会議）である。(25)冷戦の二極構造とは距離を置き、反人種主義や経済発展、脱植民地化などを主唱するこの会議は、その後の第三世界諸国に一定の指針を与えた。実際に、非同盟主義を掲げたインド・パキスタンやエジプトは、米ソ（および中国）から好条件で援助を引き出すことに成功した。スエズ危機の契機となった、エジプトのアラブ中立主義政策もこの文脈に位置づけることができる。(26)非同盟運動は六四年にカイロで第二回会議を開催し、また国連貿易開発会議（ＵＮＣＴＡＤ）設立に寄与するなど、一定の成果を上げたことは否定できない。七〇年代半ばまでに加盟国数は七五まで増加したが、皮肉なことに加盟国の多様さは運動内の分裂を招き、七〇年代終わりには非同盟運動は勢いを失っていく。(27)

その一方で、韓国・北朝鮮、南北ヴェトナム、中国・台湾といった分断国家も存在し、東西両陣営に分かれて国家建設を進めていた。それぞれ同じ民族からなるこれらの国々は、相手の国の正統性を否定し、自らが民族全体を代表する正統な政府であることを主張した。いうまでもなく、最も暴力的な展開を見せたのが南北ヴェトナムであり、アメリカは大規模な軍事的関与にもかかわらず戦争に勝利できず、七六年には北が南を併合して統一を達成した。また、中国と台湾はアフリカ新興国からの承認を求めて外交面で競合したが、このことが、主権国家としてのアフリカ新興国の正統性を高めると同時に、経済援助を通じて国家建設にも寄与したと言える。(28)

植民地独立および冷戦の終焉

アフリカでは一九七〇年代に、残されたポルトガル領植民地の独立が達成された。このうちアンゴラは、七五年の独立承認以後、ソ連とキューバが本格的な軍事支援を行った。マルクス主義を信奉する勢力がアフリカで登場したことが、ソ連の積極的関与の一因だと言われる。(29)しかしそれだけではなく、ポルトガルの脱植民地化政策の失敗も一因に挙げる必要があるだろう。長引く植民地戦争の負担によって国家財政が破綻寸前になったポルトガルは、英仏とは異なり、安定的な政治運営を行う勢力を育成しないまま独立付与を余儀なくされた。このことが独立後に現地で複数の政治勢力の競合を生み、ソ連が公式に関与する余地を与えたのである。(30)こうして戦後の植民地独立の波は、ポルトガル領の独立をもって基本的に終焉を迎えた。

しばしば八〇年代は、経済成長を遂げるアジアと、それに乗り遅れ経済停滞に苦しむアフリカという図式で描かれる。七〇年代に一時期、アフリカで隆盛を見せた共産主義イデオロギーも、八〇年代には失望をもって迎えられ、アフリカ諸国は国際通貨基金（ＩＭＦ）の主導する構造調整プログラムを適用されていく。(31)冷戦期に独立を達成したアジア・アフリカ諸国には、資本主義と共産主義という二つの成長モデルが提示されたが、この時期にはソ連経済の停滞は明らかであり、資本主義以外の選択肢は現実的ではなくなっていた。こうして、八九年には冷戦の終焉が訪れることになる。

4　帝国＝植民地体制の再編過程としての冷戦

西欧による脱植民地化政策の失敗と米ソの関与

第二次大戦前から一部で崩壊しつつあった帝国＝植民地体制は、冷戦によって決定的に変容させられる。冷戦は植民地の独立を促し、世界中に主権国家体系が流布する契機となった。しかし同時に指摘すべきは、冷戦の波及と呼べる現象と、その前提となる米ソの直接的関与が、宗主国が安定的に権力移譲を行えなかった場合に起きる傾向が強いことである。本総説で述べたとおり、アジアでアメリカの関与が強く見られた大きな理由の一つが、日本の軍事プレゼンスが降伏により急速に消滅したことにある。中国内戦と中華人民共和国の成立もまた、そもそもこの国が公式に植民地化されなかったことと、日本の降伏に一因がある。そして中国の共産化が大きな契機となって、朝鮮戦争やインドシナへのアメリカの軍事的関与へと帰結するのである。逆に、安定的な権力移譲が比較的多くの領域で見られたアフリカでは、米ソが関与する余地は小さかった。アフリカでソ連の関与が見られた事例も、主にポルトガル領植民地のように宗主国が円滑な権力移譲を成功裏に行えなかった場合であると言える。

資本主義・主権国家の体系

ウェスタッドが指摘するように、冷戦期に独立を果たした新興国のほとんどが資本主義市場への編入を選択した。しかし北朝鮮やヴェトナム民主共和国をはじめとして、東側路線を選択した国も存在する。[32] また共産主義体制を採用しないまでも、非同盟の立場で東西両陣営から援助を引き出そうと試みた国々も存在する。このように冷戦は、新興国が国家建設を進めるうえで複数の選択肢を提供することになり、だからこそ米ソや東西ヨーロッパ諸国もまた、様々な援助を行ったのである。しかし、米中和解の後に中国が徐々に資本主義体制に接近していくことからも明らかなように、第三世界の経済成長に関する限り、八〇年代には資本主義の共産主義に対する優勢が明らかになりつつあった。当然のことながら、冷戦終焉後も、新興諸国は資本主義体制に留め置かれることになる。それは、アメリカや西欧諸国が優位を占める世界資本主義経済に、第三世界諸国が劣位のまま組み込まれることを意味していた。

第二次大戦によって疲弊し、かつ脱植民地化と冷戦という二つの脅威に直面した西欧諸国にとって、アメリカの助力は必要不可欠であった。無論、西欧宗主国は脱植民地化に向けたアメリカの圧力に唯々諾々と従ったわけではなく、両者の間には深刻な政治的対立が見られた。大戦後でも、イギリス以外の宗主国は植民地に自治を与える意図はなく、またイギリスも権力移譲を積極的に行うことはなかった。そして新興国もまた、大国に対して政治的経済的パワーの配分を要求した。さらなる脱植民地化を求める、第三世界の人々の熱意は、非対称な関係を維持しようとする欧米諸国と衝突し、両者の間での抗争は今後も継続されるであろう。また現に、ＢＲＩＣｓと呼ばれるように、経済発展を遂げつつある諸国も存在する。しかし、冷戦期に現実に進行した脱植民地化は、西欧を頂点とする帝国＝植民地体制が、主権国家体系を前提とする世界資本主義体制に再編成されていく過程であった。もし西欧が権力の安定的移譲に失敗した場合、あるいはそもそも公式の宗主国が存在しない場合、ソ連が介入する余地があり、だからこそアメリカは必要に応じて関与を示し、西欧とアメリカは協力と対立を繰り返しながら極力ソ連の影響力の浸透を防ごうとしたのだと言える。

5　各章の概要

以下では、第Ⅱ部に所収されている各章を概観する。第六章は、ヴェトナム情勢をめぐる西側諸国関係を扱う。大戦直後ホー・チ・ミンによる反仏蜂起に対抗して、フランスはバオ・ダイ擁立を図る。フランスが与えた「独立」は実質を欠き、脱植民地化を主唱するアメリカは猜疑心をもってその動きを見ていた。だがマラヤおよびインドネシアでの共産主義者の蜂起、中華人民共和国の成立は、アメリカに東南アジアにおける共産主義者ネットワークの存在を確信させた。その結果、アメリカは自らの東南アジア政策に「冷戦の論理」を持ち込み、反植民地主義を捨て、反共主義へと振れた。アメリカはインドシナ防共の観点から対仏援助に乗り出し、アジアにおける冷戦に踏み込んだ。

第七章は、仏保護領チュニジアとモロッコの脱植民地化を扱う。フランスはアメリカから圧力を受け、チュニジアでの脱植民地化に転じ、それが帝国全体の政策転換に繋がる。この転換は、潜在的にはフランスをNATOから離脱させるほどの危険を持ったものであった。しかし、イギリスが米仏間の対立を調停し、両者の齟齬を最小化する役割を果たしたことにより、危機は未然に回避された。この結果、西側同盟を分裂させることなくフランスは脱植民地化政策に転じ、脱植民地化が同盟を危機に陥れることなく進行する大きな契機となったのである。

第八章は、一九六〇年から開始され六三年に収束したコンゴ危機を取り上げる。ベルギーから独立した同国は、その直後から内戦が勃発し、ソ連が介入する気配を見せるなど大混乱に陥り、さらにアメリカが対抗して介入したため、この危機はしばしば冷戦史の文脈で分析されてきた。本章は、アメリカの介入が国連を介して行われたがゆえに、西側同盟内対立や第三世界諸国内での対立など、「非冷戦」の要素も国連の活動に投影され、これら対立の影響を受けて国連事務局は介入資源の確保に苦慮したことに注目する。そして危機の中心的問題たるカタンガ分離の処理には、資源が限られているにもかかわらず平和維持活動を失敗できないという、国連組織防衛の論理が大きな影響を与えたことを明らかにする。

第九章は、中国と台湾が正統性を競うために、アフリカ新興国による国家承認を取り付けるべく外交合戦を繰り広げたことを議論する。主に議論の対象となるのはフランスから六〇年に独立したコンゴ共和国であり、こうした脱植民地化の進展は中国と台湾を競合させたが、逆に分断国家の存在は新興国に大きな利点を与えたのである。コンゴ共和国の事例は、冷戦と脱植民地化の交錯に加え、分裂国家の正統性という第三の軸を持ち込むことで、冷戦と非冷戦の境界を探る手がかりを与えてくれると言えよう。

第十章は、イギリスとコモンウェルス諸国の関係を取り上げる。前者にとって後者は、旧自治領諸国や旧帝国地域の第三世界諸国との関係を維持する機能を果たし、冷戦政策を遂行するうえで重要な意義を持っていた。インド洋へのソ連海軍の進出に対抗して、イギリスは南アフリカへの武器売却を検討するが、それはザンビアなどサハラ以南アフリカ諸国の反発を買う。アパルトヘイト政策という人種問題が障害となったのであり、この意味でコモンウェルスはイギリスにディレンマを突きつけたのである。

第II部の論考は、いずれも一次史料に基づく実証研究であり、できるかぎり時系列的な順序で収録されている。脱植民地化と冷戦の相互作用に関する研究は端緒についたばかりであり、これら論考はその最初の手がかりに過ぎないのかもしれない。しかし、これら論考の題材の多様さは、二つの潮流の交錯がいかに多様で豊かな内容を持ちうるかを示している。その意味で第II部は、より多くの時代と地域を対象とした、包括的な意味での脱植民地化と冷戦の相互作用の解明に向けた一歩となるであろう。

註

(1) Erez Manela, *The Wilsonian Moment: Self-Determination and the International Origins of Anticolonial Nationalism* (Oxford: Oxford University Press, 2007).

(2) ただし、民族自決は曖昧な概念であり、どの集団の人々に適用されるべきなのか、あるいはそもそも権利なのか単に原則に過ぎないのか、など多くの論争を生んできた。Brad Simpson, 'Bernath Lecture: The United States and the Curios History of Self-Determination,' *Diplomatic History*, vol. 36, no. 4 (September 2012).

(3) Dietmar Rothermund, *The Routledge Companion to Decolonization* (London and New York: Routledge, 2006).

(4) John Sprinhall, *Decolonization since 1945: The Collapse of European Overseas Empires* (Basingstoke: Palgrave, 2001).

(5) たとえば、Raymond Betts, *France and Decolonisation 1900-1960* (London: Macmillan Education LTD, 1991); Judith M. Brown and Wm. Roger Louis (eds.), *The Oxford History of the British Empire, The Twentieth Century* (Oxford: Oxford University Press: 1999); Ronald Hyam, *Britain's Declining Empire: The Road to Decolonisation, 1918-1968* (Cambridge: Cambridge University Press, 2006).

(6) 現地人の作ではないが、インドネシア独立研究の古典として、George McTurnan Kahin, *Nationalism and Revolution*

in *Indonesia* (Ithaca: Cornell University Press, 1970).

(7) たとえば、Frederick Cooper, *Decolonization and African Society: The Labor Question in French and British Africa* (Cambridge: Cambridge University Press, 1996); Todd Shepard, *The Invention of Decolonization: The Algerian War and the Remaking of France* (Ithaca: Cornell University Press, 2006).

(8) 後者の先駆的業績として、Wm. Roger Louis, *Imperialism at Bay: The United States and the Decolonization of the British Empire, 1941-1945* (Oxford: Oxford University Press, 1987).

(9) Odd Arne Westad, 'The New International History of the Cold War: Three (Possible) Paradigms,' *Diplomatic History*, vol. 24, no. 4 (Fall 2000); Tony Smith, 'New Bottles for New Wine: A Pericentric Framework for the Study of the Cold War,' *Diplomatic History*, vol. 24, no. 4 (Fall 2000); Odd Arne Westad, *The Global Cold War: Third World Interventions and the Making of Our Times* (Cambridge: Cambridge University Press, 2005)〔邦訳：O・A・ウェスタッド『グローバル冷戦史――第三世界への介入と現代世界の形成』(佐々木雄太監訳、小川浩之・益田実・三須拓也・山本健訳) 名古屋大学出版会、二〇一〇年〕; Robert J. McMahon (ed.), *The Cold War in the Third World* (Oxford: Oxford University Press, 2013).

(10) この概念は、ドレイトンが提示した「覆い隠された共同支配体制 (Masked Condominia)」に近いが、冷戦後の国際政治体制との断絶を強調している点でドレイトンの議論とは異なる。Richard Drayton, 'Masked Condominia: Pan-European Collaboration in the History of Imperialism,' paper presented at the Japanese Association of British Imperial and Commonwealth History in June 2011. なお、帝国主義時代の「支配－被支配関係」から「長い二〇世紀」を分析した書として、木畑洋一『二〇世紀の歴史』岩波新書、二〇一四年。

(11) 下斗米伸夫『アジア冷戦史』中公新書、二〇〇四年、第二章。

(12) Martin Thomas, Bob Moore, and L. J. Butler, *Crises of Empire: Decolonization and Europe's Imperial States, 1918-1975* (London: Hodder Education, 2008), chapter 7.

(13) Mark Atwood Lawrence, *Assuming the Burden: Europe and the American Commitment to War in Vietnam* (Berkeley: University of California Press, 2005).

(14) Marc Frey, 'The Indonesian Revolution and the Fall of the Dutch Empire: Actors, Factors, and Strategies,' in Marc

Frey, Ronald W. Pruessen, and Tan Tai Yong (eds.), *The Transformation of Southeast Asia: International Perspectives on Decolonization* (Armonk: M.E. Sharpe, 2003), chapter 6.

(15) 木畑洋一『帝国のたそがれ——冷戦下のイギリスとアジア』東京大学出版会、一九九六年。

(16) この組織については、小川浩之『英連邦——王冠への忠誠と自由な連合』中央公論新社、二〇一二年、山本正・細川道久編著『コモンウェルスとは何か——ポスト帝国時代のソフトパワー』ミネルヴァ書房、二〇一四年。

(17) James P. Hubbard, *The United States and the End of British Colonial Rule in Africa, 1941–1968* (Jefferson: McFarland & Company, 2010). 仏米関係については、藤井篤「冷戦と脱植民地化——アルジェリア戦争と仏米関係」『国際政治』一三四号、二〇〇三年。

(18) 池田亮『植民地独立の起源』法政大学出版局、二〇一三年。

(19) 池田前掲書。

(20) Wm. Roger Louis and Ronald Robinson, 'The Imperialism of Decolonization,' *The Journal of Imperial and Commonwealth History*, vol. 22, no. 3 (1994).

(21) 半澤朝彦「国連とイギリス帝国の消滅 1960–1963」『国際政治』一二六号（二〇〇一年）。

(22) Chen Jian, 'China, the Third World, and the Cold War,' in McMahon (ed.), op. cit., chapter 5.

(23) 下斗米前掲書、第四章、第五章。

(24) Chen Jian, op. cit.

(25) この会議については、宮城大蔵『バンドン会議と日本のアジア復帰』草思社、二〇〇一年。

(26) 第三世界の工業化との関連でスエズ危機を分析した研究書として、Guy Laron, *Origins of the Suez Crisis: Postwar Development Diplomacy and the Struggle over Third World Industrialization, 1945–1956* (Wahington, D. C. Woodrow Wilson Center Press, 2013).

(27) Mark Atwood Lawrence, 'The Rise and Fall of Nonalignment,' in McMahon, op. cit., chapter 8. また非同盟運動に対するアメリカ政府の対応については、Robert B. Rakove, *Kennedy, Johnson, and the Nonaligned World* (Cambridge: Cambridge University Press, 2013).

(28) Jeffrey James Byrne, 'Africa's Cold War,' in McMahon (ed.), op. cit., chapter 6. アフリカ新興国をめぐる東西ドイツの

競合については、Sara Lorenzini, 'Globalising Ostpolitik,' *Cold War History*, vol. 9, no. 2,（May 2009).

(29) Westad, *The Global Cold War*, chapter 7.

(30) 池田亮「アフリカ――国際関係と国家建設」竹内俊隆編著『現代国際関係入門』ミネルヴァ書房、二〇一二年、第一四章。ベルギー領コンゴが独立直後に内戦に陥った背景にも同様の原因があると考えられる。

(31) Westad, *The Global Cold War*, chapter 9.

(32) Odd Arne Westad, 'Epilogue: The Cold War and the Third World,' in McMahon（ed.), op. cit.

〔付記〕本総説の草稿に、片山慶隆氏から貴重なコメントを賜った。記して御礼申し上げる。

第六章　東南アジアにおける脱植民地化と冷戦の開始

――想像上の共産主義の恐怖はいかにして生成されたか、一九四七～一九四九年――

鳥潟優子

1　インドシナ戦争・脱植民地化・冷戦

インドシナ戦争とヴェトナム戦争の起源

ポツダム宣言受諾による日本の降伏を受けて、一九四五年九月二日、ホー・チ・ミンはヴェトナム民主共和国の独立を宣言した。だが、ポツダム会談における合意に基づいて、北緯一六度線以南のヴェトナムにイギリスが、以北に中華民国が進駐した。フランスは、東南アジアで旧宗主国の復帰を支援する方針をとっていたイギリスの助けを受けて、四六年一月、インドシナに帰還した。フランス政府はその後、ホー・チ・ミン率いるヴェトナム独立連盟（ヴェトミン）との交渉を行い、四六年三月六日、ヴェトナム民主共和国に「フランス連合」（l'Union française）の枠組みの中で自治を認める協定を締結した。だが、なおも完全独立を求めるヴェトミン側との交渉は、その後暗礁に乗り上げ、四六年一二月、インドシナ戦争の勃発に至る。

当初、反植民地主義の強い国内世論に押されたアメリカ政府がオランダのインドネシア（蘭領東インド）で行った国連を使った干渉を、フランス側は強く警戒した。しかしながら、五〇年以降アメリカは、インドシナ戦争に対して公式に経済・軍事援助を与え、フランスの極東における植民地戦争の最大のスポンサーとなる。さらに五四年七月フランスの敗北とそれに続く撤退以後、アメリカがヴェトナムの南半分を引き受け、六〇年代には泥沼のヴェトナム戦争へとはまり込んでいくのは、周知の通りである。国民意識に反植民地主義が浸透したアメリカが、なぜ自らはそれほど大きな権益を持たない東南アジアの一角の植民地紛争に対して、これほどまでに加担することになったのだろうか。

こうしたアメリカの変貌は、「ドミノ理論」に象徴されるように、冷戦の深化とともに共産主義の拡大阻止がアメリカ外交の至上命題になったからだと理解されるのが一般的である。しかし、アメリカ政府にとって、国外の共産主義者は確かにイデオロギー的に相容れない勢力であったが、それだけでは恐怖を引き起こす存在ではなかった。むしろ戦後の復興や民主化の課題を前にした場合、共産勢力は、アメリカにとって、警戒しつつも当てにできる「協力者」ですらありえた。だが、彼らがアメリカと軍事的に対立を深めるモスクワの指揮命令下に入ったとなれば、事態は一変する。その時点で初めて共産勢力は、アメリカ政府にとって深刻な脅威となり、駆逐すべき「敵」となるのである。冷戦は共産主義対自由および資本主義というイデオロギー対立のみの産物ではなく、そこに米ソ間の勢力圏争いという地政学的な対立が結合して初めて生じた。

ここで注目すべきは、共産主義者がソ連の支配に服するようになったとアメリカが認識するに至った時期が、地域ごとに異なっていたことである。たとえば、第二次世界大戦直後のフランスでは、共産党は労働組合に大きな影響力を持っており、アメリカが目指す戦後の経済復興のためには、その協力は不可欠と考えられていた。しかし、四七年九月、コミンフォルムによるフランス共産党批判を契機に、フランス共産党は経済復興への協力の方針を撤回し、政府転覆などの暴力的な革命路線に転換した。それに対してアメリカは、フランス共産党を敵と見なす態度を鮮明にし、フランスにおける「国内冷戦」が始まったのである(1)。

アジアでも同様の動きが見られた。日本共産党は米軍を「解放軍」と見なし、占領下での平和革命を掲げていた。しかし、四七年七月、日本共産党はソ連の命令に服している、という分析が米極東軍の参謀第二部（G2）から出されて以降、米占領当局は段階的に警戒を強めた。五〇年初め、日本共産党は、コミンフォルムの共産党批判を受けた野坂参三の自己批判を経て、反占領軍・武力闘争路線に転じた。同年五月、アメリカはレッド・パージを断行するに至る(2)。これらの事例から見れば、アメリカは、各国共産党に対するソ連の支配が貫徹したと認識して初めて、共産勢力を「敵」と見なすようになったことが分かる。しかも、その時期は地域によってかなり異なっていたのである。

東南アジアにおいても、アメリカ政府内では大戦後、ホー・チ・ミンら現地指導者が、共産主義者であることを警戒しつつも、モスクワの支配下にないのであれば、脱植民地化において協力しうるナショナリストだとも見なしていた[3]。では、東南アジアにおいては、アメリカはいつ、どのようにして共産主義拡大に対する脅威認識を形成し、インドシナ介入を行うに至ったのだろうか。

最近の先行研究を見ると、フランスの外交史・経済史研究者ボスアとテルトレ、そしてアメリカの冷戦史家ログヴァルとスタットラーは、アメリカによるインドシナ戦争への経済・軍事援助の始まりは、西欧諸国に軍備増強を求め、フランスが反対する西ドイツ再軍備の容認を導くための代償であったという見方で一致する[4]。先行研究は、いずれも、戦争が中盤を過ぎた五〇年五月にアチソン国務長官主導で、アメリカ政府が本格的なインドシナ戦争への経済援助に踏み込んだことを重視し、アメリカの関与開始の動機については、地政学的に最も重要とされるヨーロッパ安全保障の要因を強調してきたといえる。

だが、こうした分析では、ヨーロッパ正面での再軍備がおおむね実現した五〇年代半ば以降も、アメリカがヴェトナムに介入し続けたことを十分に説明し難い。この点を補うためには、アメリカのインドシナ関与には、その初発の時点から、東南アジア独自の文脈に基づく冷戦の要素があったことも認めなければならない。そのため、本章では、アメリカ政府が、具体的にどのような契機で東南アジアの共産主義に脅威感を持ち、東南アジアで冷戦を生成し、いかにしてインドシナ戦争への関与を開始したのかを検証する[5]。

ここでは、インドシナ戦争勃発直後四七年一月以降、アメリカのインドシナ援助政策がほぼ固まる四九年末までの時期を分析対象として、まず、アメリカによる脱植民地化の圧力とフランスの現地人政権樹立と「独立」付与の努力を取り上げる。次いで、マラヤにおけるイギリスの共産党勢力蜂起の鎮圧（四八年六月の「非常事態宣言」前後）、インドネシア独立戦争と中国での共産党勝利という三つの連続する事象が、アメリカの東南アジアにおける共産主義の脅威認識にどのような変化をもたらしたのか、そしてインドシナに対する政策路線がいかに転換したのかを明らかにする。同時にフランスはいかにしてアメリカからの圧力をかわし、最終的にインドシナへの援助を引き出すに至ったのかを跡付ける。こうした分析を通じて、フランスがインドシナや東南アジアにアメリカを引き込んだという、アメリカ側で一般的になりつつある解釈の妥当性を検証したい。

「独立」のカモフラージュ工作——交渉からバオ・ダイ擁立作戦へ

一九四六年一一月下旬、中国船臨検中の武力衝突を契機に、仏軍は一二月一九日ハノイで戦闘を開始し、インドシナ戦争が勃発した。当初、進撃を続けていた仏軍の勢いは四七年三月以降、急速に衰えた。戦争が長引くと、兵力と戦費の制約や本土の経済問題も重なり、フランスにとって次第に不利になりかねない。一カ月前にインドシナ総督兼高等弁務官に着任していたボラエールは四七年四月、ヴェトミン側による交渉の呼びかけに応じた。

しかし、ボラエール総督は、四六年三月にホー・チ・ミンとの間で合意した仏越予備協定と同様、あくまでフランス連合内での「独立」を認めるだけだとした。交渉で懸案となっていたヴェトナムの「三地域」統合問題についても、総督は内政問題だとして譲歩を拒絶した。「三地域」統合問題とは、仏越協定において、フランスは北部トンキンと中部アンナンについてヴェトナム民主共和国の自治を認め、インドシナでフランスにとって最大の利権が存在し、本国直轄領となっていた南部コーチシナの扱いは住民投票で決めると約束していたことである。しかし、総督府は、統一されれば豊かなコーチシナの富が北部に流れると心配する地元経済界の有力者や地主ら親仏勢力に「三地域」統合反対を唱えさせ、四六年六月、現地有力者グエン・ヴァン・ティエンを主席とするコーチシナ共和国を成立させた。こうしてコーチシナの利権を手放したくないフランス側は、譲歩を拒み通した。結局、四七年九月、ホー・チ・ミン率いるヴェトミンとの交渉は頓挫した。(6)

総督府は交渉決裂後の四七年秋、ヴェトミンとの交渉継続を断念し、新たな交渉相手となりうる現地人政権の樹立を本格的に考え始める。交渉の頓挫を見たアメリカは、仏軍が全面攻勢によって軍事的解決を目指せば、フランス本国へのドル援助に影響すると警告した。[7] さらにアメリカは、フランスがヴェトミンとの交渉を進めなければ、インドシナ問題を国連へ付託する可能性すら示唆して圧力をかけた。[8] そうした圧力を回避するためにも、交渉可能な現地人政権の樹立は、フランスにとって急務であった。その現地人指導者として白羽の矢が立ったのは、阮王朝の元皇帝バオ・ダイである。元来権力欲が薄く、政権復帰に乗り気でなかったバオ・ダイだが、総督府が「独立」付与の可能性に言及すると、政権に関心を示し始めた。

この動きを見たフランス外務省は、総督府が安易に「独立」という言葉を使うことにも懸念を示した。[9]「独立」と言っても、実際にはフランス連合の枠内での自治であり、軍と外交、基地をフランスが手放す意思はなく、フランスが管理する連邦型の政府にヴェトナム人が参加するだけだった。そうした「独立」をヴェトナムに与えても、ヴェトナム人が不満を抱くのみならず、アメリカも到底納得させられないと外務省は懸念したのである。イギリスは同年八月、インド、セイロンおよびビルマには独立を付与しており、フランス側の提案のみすぼらしさが際立つ。アジアで植民地独立の気運が高まる中、外務省の出先では、バオ・ダイもかつてのホー・チ・ミンと同じような条件を要求してくると予想し、ホー・チ・ミンとの交渉を再開すべきだという声さえあった。[10]

しかし、ボラエール総督は、外務省の様々な懸念を一蹴し、総じて楽観的であった。内務省の高級官僚である知事団出身で、レジスタンスの名士だったボラエールは、戦後、急進党から上院議員に選出され、四七年三月にインドシナ総督に任命された人物である。四八年一〇月までの約一年半、ヴェトミンとバオ・ダイの双方と交渉にあたったが、インドシナにおけるフランスの利権の死守こそ自らの使命と考える総督府官僚制の政策路線を忠実に履行したものと思われる。[11]

ボラエール総督は、四七年一二月初旬、ヴェトナム北部のアロン湾でバオ・ダイとの会談に漕ぎ着けたが、両者の交渉は難航した。[12] フランス外務省は、アメリカから圧力を受けながら、[13] 膠着する総督府とバオ・ダイとの間の交渉を促すべく力を注いだ。ようやく四八年五月、仏越間で「アロン湾協定」がまとまった。

この新協定では、「三地域」が望むのであれば、フランス側はヴェトナムの統一に一切反対しないという文言を明記することによって、初めてバオ・ダイの合意を取り付けた(14)。同月、北部の反共知識人層、中部の旧阮朝官僚層、南部コーチシナの経済界や地主などの反共ナショナリストらにより構成される臨時中央政府が設立された。新政府の大統領には、四七年一〇月からコーチシナ共和国大統領をつとめていたグエン・ヴァン・スァン将軍が就任し、バオ・ダイはそれを承認する形をとった。四八年六月五日、ボラエール、バオ・ダイ、スァンの三者会談によってアロン湾協定への調印が行われ、この協定によって、フランス連合の枠内でヴェトナムの三地域を統合した形での「独立」が認められるに至った(15)。

しかし、新たに設立された臨時中央政府には問題点もあった。王室に対する忠誠を活用できると期待されたバオ・ダイは、結局、首班の座を拒み続け、スァンが大統領となったことであった。スァンは直轄領コーチシナ出身者でフランス国籍を持つ、つまりフランス軍の将軍であり、新政府が再び傀儡と見なされる恐れがあると外務省は懸念した(16)。総督府の方でも、スァン将軍の統治能力に対する評価は低かった(17)。そのため、フランス側では以後も、バオ・ダイに対して、現地人政権を率いるよう交渉を継続した。

そうした悪戦苦闘は、フランスが脱植民地化に消極的だと見るアメリカ政府の印象を改善するためだった。しかし、アメリカの方は、アロン湾協定調印後もフランスの努力を依然として冷淡に見ていた。カフェリー米駐仏大使は、フランスが議会による協定の批准をはじめとする国内手続きを履行すれば、フランスのインドシナ政策を承認すると伝えてきたが(18)、これは、憲法問題に発展する直轄領コーチシナの放棄をフランス議会が容易に承認できるはずがないという前提に基いたもので(19)、むしろフランス政府に対する継続的な圧力の一環だったと思われる。不安定な臨時中央政府を懸念するアメリカは、フランス政府とバオ・ダイとの間で予定されている交渉の行方も注視していた(20)。

2　アジアにおける一九四八年危機

アジアにおける共産主義の拡張とアメリカ

アロン湾協定合意直前の一九四八年五月四日、ボラエール総督は、本国政府宛ての報告書において、地域状況の急激な変化により、アメリカが反共の観点から東南アジア地域への介入を開始するとの期待を次のように示した。

「中国共産党の躍進、シンガポールのゼネスト、ビルマの混乱、バンコクでのソ連エージェントの活動、ヴェトミンと中国共産党がインドシナ北部で共謀していること、いずれも、アメリカを東南アジアでの直接、間接の介入に導く要因である。(21)」

しかし、四八年二月の時点では、アメリカには、アジア全域において秩序維持のためにリーダーシップを発揮する意思はなかった。戦後アメリカのアジアにおける安全保障システムの礎石は、日本とフィリピンである。それ以外の極東地域でアメリカは直接の関与を控え、西欧諸国が脱植民地化を進めたうえで秩序と安定に責任を持つべきだと考えていた。つまり国務省は、仮に国共内戦において中国共産党が勝利しても、ソ連が動かなければ、アメリカの安全保障には直接関係しないとさえ分析していたようである。(22)ヨーロッパでは東西対立が深まっていたが、極東にはこの時点で冷戦は波及していなかった。それゆえにインドシナについてもアメリカは、ホー・チ・ミンら共産主義勢力の脅威を恐れることなく、フランスに対して、アロン湾協定調印後も臨時中央政府の実効性を高めるよう、圧力をかけ続けることができた。(23)

しかし、次第に東南アジアでも、共産主義の脅威はインドシナのホー・チ・ミンだけではなくなっていく。四八年春から英領マラヤでは、中国系のチン・ペン率いるマラヤ共産党による反英民族解放闘争の一環として、農園主殺害や錫鉱山襲撃などが相次いでいた。ゲント英高等弁務官は四八年六月一八日、非常事態宣言を発した。イギリスはマラヤ共産党武装勢力の掃討を目指したが、アメリカはこの事態に特段の関心を示さず、イギリスがマラヤにおいて治安確保を行うことを望んでいた(24)。

もちろん、アメリカも東南アジア諸国における共産主義者の活動激化に対して、まったく無関心だったわけではない。だが、アメリカにとって、それらの活動がヴェトミンのように本質的にはナショナリズムに突き動かされたものと解釈できるうちは、自らが死活的な利益を持たない辺境の事態に過ぎず、反植民地主義の文脈から言えば、好意的に見ることさえできる運動であった。華僑主体のマラヤ共産党についても、イギリス側は遅くとも非常事態宣言までには、モスクワの指令を受けたものだと断定し、アメリカ側に危機感を訴えていた。しかし、アメリカの方は、非常事態宣言の直前になっても、イギリスがマラヤの脱植民地化を進めるよう期待を示すだけで、とくに脅威を感じていた様子はない(25)。

アメリカの安全保障にとって脅威になるのは、これら東南アジアの共産主義勢力がモスクワの指令に基づいてソ連の勢力圏の拡張を目指していると判明した時であった。しかし、東南アジアの共産主義勢力のほとんどが華僑である以上、モスクワと華僑が手を結ぶかは中国共産党の影響が大きいと考えられた。肝心の中国共産党がソ連側につくかどうかは、この時点ではまったく判断できない問題であった。国務省内では、対ソ強硬派に属する在モスクワ米大使館でさえ、四八年六月末の時点では毛沢東の「チトー化」の可能性を排除していなかった(26)。ホー・チ・ミンについても、この頃、ようやく国務省内で共産主義者に間違いないという言明が行われる。だが、国務省は、ホーがモスクワから指令を受けているかどうかについては明確な心証を得ているわけではなかった(27)。したがって、この時点では、華僑系共産主義者のネットワークは、アメリカの安全保障上の深刻な脅威ではなかった。

もっとも、ソ連が東南アジアにまったく無関心だったと考えられていたわけではない。国務省東南アジア課は、モスクワが極東、とくに東南アジアで反米プロパガンダを強化し、アメリカを帝国主義的搾取の領袖と非難していると警告を発している(28)。

しかし、四八年夏までのアメリカは、東南アジアの共産主義者のネットワークが、まだこうしたモスクワの活動と連結していないと考えていたようである。というのも四八年一〇月中旬になってはじめて、アメリカ国務省は、東南アジアにおけるソ連の唯一の政策目標は、西側植民地勢力に取って代わることだとの認識に転じたからである。アチソン国務長官代理の名前で関連する在外公館に向けて発信された、極東政策に関する四八年一〇月一三日付回覧文書「極東および東南アジアにおけるソ連の政策パターン」において[29]、ソ連は、まず現地の共産主義者にナショナリスト運動を乗っ取らせ、その後、真のナショナリストの指導者の排除を目論んでいるとの分析が打ち出された。東欧で進行中の「サラミ戦術」（敵の権力や影響力を少しずつ削ぎ取りつつ、殲滅すること）が、東南アジアにも投影されていると国務省は見るようになったのである。

その一方で、右記国務省の文書は、クレムリンの東南アジア侵略の政策が実行されるかどうかは、中国共産党次第だと強調しつつも、この点について楽観的な見通しを示していた。すなわち、モスクワの方も、「チトー化」のリスクを恐れて毛沢東の共産党への支援の意思はまだ持たないと見る。むしろ中国共産党と国民党のいずれであっても、統一された強大な中国の誕生の阻止が、ソ連にとって最優先の課題だというのである。

ただし、すでにこの時点で国務省内には、強力な異論があった。この文書は、在モスクワ米大使館が四七年一〇月と四八年六月に作成した東南アジアにおけるソ連脅威を強調する報告を情報源にしていたが、その在モスクワ米大使館は、もはや「チトー化」のシナリオを信じてはいなかったのである。在モスクワ米大使館は、スターリンに忠誠を誓う北京を通じて、地域の華僑共産主義者のネットワークがソ連の指令のままに動き始める悪夢を想定し始めるようになっていた。

国務省から回覧文書を受け取ったアメリカ在外公館の中にも、モスクワの支配を懸念する見方への同調が見られるようになる。たとえば、サイゴン総領事は一一月五日、インドシナではモスクワと中国で訓練された少数の共産主義者が、強力な地元のナショナリズム運動を強固にコントロールし、政権を掌握していると国務長官に報告した。その報告では、ホー・チ・ミンがモスクワや中国、あるいはソ連のバンコク代表部から指令を受けているという証拠はないが、ホー・チ・ミンは監督なしでも日々の政策の決定を任せられるくらい篤い忠誠心をもっているようだと分析されていた。さらに総領事は、インドシナで中国系共産主義者の活動が見られないのは、ヴェトナム人の反中感情を考慮してモスクワが抑制しているのだろうとも観測した(30)。

モスクワから北京を経由して、東南アジア各地を網羅する想像上の共産主義者の指揮命令系統が、ここに浮かび上がる。仮にこの表象がより多くの国務省関係者の脳裏に横溢するようになれば、一枚岩の国際共産主義という怪物が現れて、アメリカ政府の外交方針を強力に規定することになろう。実際、国務省は、四八年秋以降、東南アジアの共産主義者の活動は、ソ連から指令を受けているのではないかと疑念を持ち始めた。では、なぜ国務省の認識は転換したのだろうか。

二重の転機としてのインドネシア問題

その鍵はインドネシア情勢にあった。インドネシア独立戦争が混迷を深める一九四八年八月、ソ連に亡命していたインドネシア共産党幹部のムソが帰国した。ムソはすぐさま、オランダとの協調を図る社会党のシャリフディン元共和国大統領から人民民主戦線（反帝国主義を掲げた、社会党と共産党を中核とする統一戦線）の指導権を奪い、社会党、労働党、社会主義青年団などを共産党に合流させた。オランダは共和国政府に対抗させるために、インドネシア各地で傀儡国家を設立する政策をとっており、それを容認した共和国政府に対する国民の不満は高まっていた。九月中旬、共産党はマディウン市で政府機関を襲撃する。中央ジャワ、スマトラなどでも都市を掌握し、ムソらは、臨時革命政府の樹立を宣言した。

ムソのインドネシア帰還とこの「マディウン事件」こそ、モスクワが東南アジアの各共産党をコントロールする意思があると、アメリカが脅威認識を格段に深める契機となった。インドネシア・バタヴィアのサラダ・フランス総領事によると、マディウン事件を見た米豪軍事筋は、インドネシア共和国側指導者スカルノとハッタは共産側の権力奪取を阻止できないのではないかと危惧していたという。サラダ総領事は、もし共産側が政権を掌握すれば、交渉は不可能になり、オランダ軍の警察行動による解決以外に手段はないと見ていた[31]。そうなると、植民地主義が現地人民を共産側に追いやることになる。

インドネシアがインドシナと同じ袋小路にはまり込むのを傍観してよいのか。この状況に危機感を強めた国務省は、オランダ政府に対してスカルノとハッタを支持するように要求した。アメリカは、「イタリアにおいてデ・ガスペリを支援して、トリアッティに対抗させたように、ハッタを支持して、ムソに対抗させる必要がある」とオランダに対して説得を行った。しかし、スティッカー・オランダ海外植民地相は、ハッタがムソ率いる共産党に正面から対抗するとは確信できないと述べて、アメリカの要請を拒否した[32]。

マディウン事件は結局、ハッタらの共和国政府が九月一九日、ラジオ放送で「ムソに与するか、スカルノとハッタにつくか」と国民に呼びかけて勢力を挽回したうえで、武力で共産軍を鎮圧し終結した。逃走中のムソは一〇月、共和国軍によって射殺された。スカルノとハッタらが短期間で共産側の武力鎮圧に成功した結果、アメリカ政府は、当初、その政治的基盤を不安視していた共和国政府を、支援に値する非共産主義の現地ナショナリスト政権だと高く評価するようになった[33]。他方で、モスクワ帰りの共産主義者の蜂起は、ソ連の東南アジア侵略に対するアメリカの警戒心を格段に高めた。

こうしたインドネシナ共産党の叛乱は、実はインドシナとフランスにとっても、間接的に大きな転機となった。アメリカは、それまで主に脱植民地化政策の対象として見なしてきた東南アジアを、共産主義からの防衛というヨーロッパの冷戦の色眼鏡で見直し始めた。その結果、アメリカ政府、とくに国務省は、次に見る通り、きわめて難しい舵取りを迫られることになる。

国務省では、その頃、ソ連の狙いは植民地と宗主国との関係を壊し、モスクワ指導下の共産勢力が宗主国に取って代わることだと考えるようになっていた。そうであれば、これまでのように単純に反植民地主義を唱えて脱植民地化を推進すればよいというわけにはいかない。宗主国オランダの官僚や軍隊を軽率にインドネシアから追い出せば、ソ連の手先を利することになるからである。しかし、共産主義排除に傾斜して反植民地主義の看板を下ろしたと見なされるならば、国務省はアメリカ世論とその意を汲む議会から激しく非難されるだろう。そもそもオランダが強引な植民地戦争を続けるのを容認すれば、現地の貧困は増し、共産主義がはびこる悪循環に陥りかねない。

国務省はジレンマに陥った。そこで国連を活用しながら、オランダの影響力や関与を残しつつ、同時に植民地主義と非難されないよう、現地の政権への支援をオランダに求めて圧力をかけるという難しい舵取りを、国務省は続けていく(34)。その結果、類似した状況にあると考えられたインドシナ問題へのアメリカ側の対応も変化し、フランスの極東における植民地戦争の行方は大きく変わっていく。

四八年一二月一八日、マディウン事件で共和国側が消耗し弱体化したのを見たオランダは、停戦に合意した四八年一月のレンヴィル協定を破棄し、スカルノやハッタらを拘束して首都ジョグジャカルタを占領した。オランダはそれを国内治安確保のための第二次警察行動だと主張した。オランダの行動は国際世論から激しい非難を浴びた。その後、国連安保理でその非難決議が可決された結果、オランダは軍事的な優勢にもかかわらず、スカルノやハッタら共和国側要人を釈放し、インドネシア共和国に主権を移譲せざるをえなくなる(35)。

強行突破を試みたオランダの蹉跌は、フランスにとって強烈な教訓となった。四九年一月下旬、アメリカ国連代表部が安保理決議案を作成した段階で(36)、フランス外務省は動揺した。安保理決議を拒否すれば、オランダは憲章に基づいて制裁を受けることになる(37)。国連がオランダの主権に取って代わるかのような事態は不適当だとフランスがすぐさま異議を申し立てたのは、このような決議案が通れば、国連が内政干渉を行う前例になり、次はインドシナを抱える自国が標的になりかねないと焦りを強めたからであった(38)。フランスは二月の決議案の票決を棄権した(39)。その経緯をフランスのボネ駐米大使は、アメリカの世論と議会において反オランダ（反植民地主義）の怒りが爆発したことで、国務省は決議案を修正できなかったと外相に報告した。ボネによれば、アメリカ国務省はオランダに対する強硬策は不公平だと理解しているが、オランダに事件の責任を押し付けることで、議会との対立を回避し、安保理の多数派の背後に隠れることを選んだ(40)。オランダの第二次警察行動を通じて、フランス外務省は、アメリカ国務省が常に背後から議会や世論の反植民地主義に縛られながら行動せざるを得ないことを学んだ。フランスは以後も続くインドネシア情勢の展開を横目で見ながら、オランダの二の舞を演じないよう慎重にインドシナ内外での工作を進めていく。

中国共産党の勝利

インドネシアにおけるムソのような存在は、たしかにソ連の東南アジアにおける野心を示すもので、アメリカにとって脅威と認識された。しかし、東南アジアにはまだモスクワ仕込みの活動家はごく少数であり、それほど大きな脅威にはなりえなかった。マラヤでの蜂起が示したように、この地域の共産主義者はほとんどが華僑であった。したがって中国で内戦が続き、中国共産党の勢力が国外に向かわない間は、その活動も限定的なものになるだろうと考えられた。何より、もし中国がソ連と仲違いをすれば、華僑の共産主義者は伝統的な中華秩序を構成する新たなエージェントに過ぎなくなる。もちろん華僑の活動によって、植民地が直接脅威に晒されるヨーロッパの宗主国は動揺するかもしれない。しかし、アメリカにとっては、ヨーロッパにおける米ソ対立に関連しない、いわば、辺境での勢力圏争いの一つに過ぎない。先述の一九四八年一〇月一三日付国務省回覧文書においても、国務省政策企画室はまだそのような立場に立っていた。

しかし、四八年末以降、東南アジアにおける共産主義者の脅威を減殺してきた二つの安全装置が相次いで外れる。まず、中国の国共内戦は、四八年秋以降のいわゆる「三大戦役」（四八年九月～四九年一月）の結果、中国共産党勝利がほぼ決定したとの観測が一般的になった。中国共産党が統一中国の支配者となれば、華僑の共産主義者ネットワークを動員して、明の永楽帝のように東南アジアへの膨張を目指し始めるかもしれない。

最も深刻な危機感を抱いたのは、国民党軍の潰走によってインドシナの国境の向こう側に到達した人民解放軍と対峙することになるフランスであった。南京駐在のフランス大使メイリエはこの頃、シューマン外相に宛てた「中国共産党の勝利の見込み」と題する電文で、国境を越えて中国からヴェトミン側に武器や弾薬が流入すると警戒を促した。続いてメイリエは、アメリカに対しては、共産陣営が東南アジアの入り口にまでやってきたのは深刻な脅威だと強調すべきであり、インドシナは共産主義陣営の南への拡大を止める最後の砦であると訴えて、フランスのインドシナ政策に対する支持を獲得すべきだと外相に進言した[41]。

対するアメリカの方は、当初、冷静であった。アメリカは四六年末に蔣介石への援助を中止して以来、国民党と共産党のいずれにも関与しない方針を採っていた[42]。この時点では、共産党率いる中国が誕生しても、アメリカにとって、それはソ連と切り離して交渉が可能な相手になりうるはずだと予測されていたからである[43]。

だが、人民解放軍が国民政府の首都南京に迫りつつある四九年三月八日になると状況が変わった。駐南京アメリカ大使は国務長官に宛て、中国に共産党政権樹立の可能性が高まったことにより、東南アジアには新事態が発生したと極秘のメモを送付するに至る。大使は、中国共産党勝利により巨大な統一中国が誕生する直接的な影響として、東南アジアの中国系共産主義者の影響力も一層増大すると警鐘を鳴らした[44]。

しかし、アメリカの中国共産党に対する態度が決定的に変化したのは、四九年秋以降である。中国内戦に共産党が勝利して、中華人民共和国が四九年一〇月に成立したうえで、統一した中国とソ連が急速に接近して関係を密接化し、中国が東欧諸国のようにソ連の「衛星国化」したとの認識を国務省が強めるようになったからである。そこで初めて、東南アジアの華僑共産主義者のネットワークにかかっていた、二つ目の安全装置が外れた。

3　東南アジアをめぐる西欧宗主国とアメリカ

英仏協力の検討

こうしてアメリカ政府は、一九四八年夏から四九年春までの短期間に、対共産主義脅威認識を急激に変えた。それに対して東南アジアの植民地で共産勢力と対峙していた英仏両国の外交当局は、どのように対応戦略を切り替えていったのだろうか。

四八年のマラヤ危機は、アメリカ政府の認識の変化を導き、英仏にも東南アジアでの共産主義者の脅威を痛感させた。フランス外務省は四八年七月、マラヤなど東南アジア各地の華僑共産主義者の活動を「秘密結社の相次ぐ反乱」と表現し、警戒を強めた。アジア＝オセアニア局の分析では、この「秘密結社」は国境を越えたネットワークを持ち、アジア各地域で同じようなプロパガンダを行っていた。しかも、上海から中国人の宣伝員チームが各地に送りこまれており、当然、各共産党の間には密接な連携があることになる。この地域に植民地を持つ英仏蘭がいずれもブリュッセル条約（西欧同盟）の加盟国であることに着目したオランダ政府が、この条約を根拠に極東の反乱に対する共通行動の提案を検討していることを知り、フランス外務省も横の連携を模索し始めた。(45)

他方、イギリスは、戦後初期にインドシナをフランスに引き渡して以降、近隣の植民地の命運に関与しない方針を貫いていた。だが、イギリスは、マラヤでの反乱に直面して大きく態度を変え始め、四八年一二月には、東南アジア地域における英仏協力に意欲を見せた。頼みのアメリカは、軍事・経済の資源配分で西欧や日本を優先し、さらに国内の反植民地感情はきわめて強く、西欧が支配する東南アジアへの援助は期待できないと考えたからである。(46)イギリスは、インドネシアの泥沼で国際的非難を浴びるオランダとアジアで協力することに対して、とりわけ慎重だったが、この時期、イギリス外務省アジア担当事務次官補デニングが、オランダを加えた西欧三カ国による反共防衛のための団結の可能性に初めて言及する。(47)

こうして英仏協議が外交当局間で開始された。(48)それに加えて、四九年末には両国の東南アジア派遣軍司令官同士の接触も活発化し、フランス側はイギリス軍が過去にないほど協力に前向きになったと評価している。両国軍はこの地域の共産側の活動に関して、情報交換を目的とした協議と協力を約束し、その制度化を検討した。(49)しかし、英仏間の協力は、マラヤとインドシナにおけるテロの鎮圧など治安維持のレベルに留まり、外交・軍事面での共同行動には発展しなかった。(50)

フランス側はかねてより、東南アジアにおける英仏の協力関係をより高次に発展させることを希望していた。フランス外務省は、東南アジアの安全保障を確保するためにはアメリカの協力・支援が不可欠と考えつつも、当面その見込みがきわめて低いと見ていた。(51)そこでフランス側は、緩やかでも実効的な英仏協力を機能させることで、それを梃子にアメリカの政治的・物質的支援を引き出す道を模索しようとしたのだった。[52]

米英主導のアジア反共同盟構想

実は、イギリスの方では、中国系共産ゲリラに対する治安協力を超えて、仏蘭との協力を先に進める意思はなかった。なぜなら、イギリス政府はほぼ同時期に、アメリカから全く別の形での地域協力への賛同を迫られていたからである。

その種を撒いたのは、イギリス側だった。一九四八年末から四九年初めにかけて、イギリスは、西欧諸国とアジア諸国を結集したアジア反共同盟の構想を、米仏双方にほのめかしたようである。[53] フランスとの間ではそれ以上の進展はなかったが、英外相ベヴィンに構想を持ちかけられたアメリカ側は、おそらくイギリスの予期した以上に関心を示した。イギリス側が構想を示したのは単なる観測気球だったのか。四九年二月の米英間の会談以降、アジア反共同盟構想に前のめりの国務省極東局長に対して、駐米イギリス大使は火消しに回っている。[54]

それに対してアメリカ側はおそらく、中国共産党の勝利が確実になったことについて、イギリス側よりも遥かに強いインパクトを感じていた。アメリカの駐南京大使が、四九年初め、中国共産党の勝利によって、共産主義を通じたソ連の膨張を抑え込むための新しいアプローチが必要になったと本省に提案している。すなわち、アメリカが西欧宗主国を導いて東南アジアの諸民族に完全な独立を付与させ、その後に東南アジア諸国を地域的な枠組みに結集させたうえで、経済復興を進めていくべきだというのである。[55] そこには、マーシャル・プラン開始の際の西ヨーロッパに対する方針との類似性が感じ取れた。イギリス側が持ちかけたアジア反共同盟の構想は、以下のように二重の意味でアメリカの方針に資するものであり、それゆえに国務省内でラスクや政策企画室が飛びついたのである。[56]

第一に、反共同盟は米英など西側諸国が主導権を取るものであってはならなかった。西側支配と共産側に非難されるだけでなく、「帝国主義」に対するアジア諸国自身の猜疑心を刺激すれば、逆に反西側のアジア同盟ができかねない。その点では米英間に認識の一致があった。[57] したがってアジア諸国に主導権を取らせるための大前提としては、まずインドシナやインドネシアに対して、代表的な政府の下で完全な独立を与えねばならない。そう迫ることで、アメリカはイギリスに対して、自ら言い出したアジア反共同盟を人質にとり、共に仏蘭に対して脱植民地化の圧力をかけるよう、四九年初めから秋にかけて繰り返し協力を迫った[58]。

第二に、東南アジアの反共同盟は、アメリカ政府が議会や世論の根強い反植民地主義を克服して、共産主義の伝播を防ぐうえで戦略的な地位を占めるようになったインドシナなどに経済援助を行う道を開くものとして位置づけられていた、と見ることができる。

英側のデニングは、九月の米英会談においても、東南アジアでの地域的枠組みの設立に再び消極的な立場を示し、むしろ各地域への個別の経済援助に期待を示した。それに対して国務省極東局長バターワースは、全く反対の立場を示した。つまり、現状では経済援助は難しく、まずインドシナやインドネシアで脱植民地化を完成させ、そのうえで反共の地域連合を設立することが先決だと主張したのである[59]。しかし、だからといって、アメリカが対共産主義戦略上の拠点への経済援助に否定的だったわけではない。事実は反対だった。アメリカ政権内ではまさにこの頃、ソ連共産主義の東南アジア浸透への脅威感が高まり、東南アジアを含む地域の戦略拠点への援助実施を求める動きが急になった[60]。しかし、援助がいかに安全保障上の急務であっても、国内世論や議会の反発を最小限にできなければ実現は覚束ない。植民地主義への加担を嫌悪し財政支援の膨張も懸念する議会を説得するためには、イギリスの持ち出した自助努力を基盤とする東南アジアの反共同盟、という案は理想的であった。

バオ・ダイ政権樹立とアジア・ナショナリストの利用

この頃、アメリカ政府はインドシナ問題に関するフランスへの圧力をさらに強めていった。それを受けてフランス政府は、アロン湾協定後、ヴェトナム臨時中央政府を長期的に安定させるために梃入れを行った。ただし、これは単に外圧を受けた受身の対応だったわけではない。フランス側でも中国共産党の勝利を目の当たりにして、東南アジアでは白人の力では共産主義は抑えられないとの思いを強め[61]、現地ナショナリスト勢力から十分な支持を獲得した現地人政権の設立が必要だと痛感していた[62]。

アロン湾協定の締結直後にスァン将軍を支持した勢力の一部が、ヴェトミン支持に回りつつあった一九四八年九月中旬、インドシナ総督府のカトルー将軍は、バオ・ダイに現地人政権の首班として立つよう説得を続けていた[63]。同時にカトルーは本国政府に対して、ヴェトナムの共産化を防ぐためには、独立を実質的な形態にする必要があるとして、バオ・ダイが要求したヴェトナムの外交代表権と一定の軍隊の保有を認めるよう求めた[64]。外務省もバオ・ダイとの交渉を重視した。ヴェトミンに対する軍事的勝利が見込めない中、友好的な非共産政権の樹立にも失敗して、フランスが軍隊と行政の完全な撤退に追い込まれれば、新たな植民地統括の枠組みである「フランス連合」自体の破綻となりかねないからであった[65]。

その後、フランス政府は、フランス連合軍の枠内でヴェトナム軍を設立し、フランス政府の監督下にヴェトナム独自の外交接受権を認めるという譲歩を行った。バオ・ダイはこれを受け入れ、オリオール仏大統領との間で四九年三月八日、フランス＝ヴェトナム協定（いわゆるエリゼ協定）を調印した。バオ・ダイは四月末に亡命先の香港からヴェトナムに帰還し、フランス議会は同年六月、アロン湾協定締結以来の問題であったコーチシナのヴェトナム併合案（ヴェトナム三地域統合案）を可決するに至る[66]。ようやくバオ・ダイ首班政府によるヴェトナム国の統一が、紙の上では完成した。

アメリカ国務省はエリゼ協定調印以来、カフェエリー駐仏大使を通じて、バオ・ダイこそがインドシナ問題解決のための最後のチャンスだと強調して、フランス側に一層の努力を督励していた[67]。まがりなりにも自前の軍隊と外交権を持つバオ・ダイ政権が成立したことで、ヴェトナムの現地人政権は、反植民地主義の強い米議会の目にも正統性を増した。共産主義の蔓延を阻止するためにヴェトナムへの援助を行わねばならなくなった場合、議会から必要な承認を得るためのハードルを下げる効果が期待できた。実際、国務省はエリゼ協定調印後、支援開始を検討し始めた。だが、インドネシアの第二次警察行動を見た議会が植民地主義への反発を再び強めたため、援助の検討はいったん立ち消えになった[68]。

しかし、国務省は断念したわけではなかった。四九年九月中旬、バターワース極東局長は、アチソン国務長官に対して次のように進言した。九月一三日に予定されるベヴィン英外相との会談において、イギリスがまずバオ・ダイ政権の承認を行ったうえで、英米で足並みを揃えて、フランスに対してエリゼ協定を早急に実行するように圧力をかけることを提案すべきだと主張したのである[69]。アメリカ自身がまだバオ・ダイ政権を承認していなかったことを考えると、米議会の反植民地感情を恐れる国務省は、先にイギリスを動かし、自らがバオ・ダイ支援に動きやすい環境を整備しようとしたのではないかと思われる。

フランス外務省の方も、インドネシア情勢の分析を通じて、国務省が議会の動きにいかに縛られているかは熟知していた。フランス外務省は、四九年五月末から六月にかけてアメリカの方針転換を実感し、インドシナ援助を引き出す可能性が高まったと認識していた[70]。インドシナの将来は、すべてバオ・ダイ擁立作戦にかかっているとフランスは認識していたが[71]、バオ・ダイ政権は必ずしも安定していないうえに、フランス政府全体の方針ではインドシナに影響力を残すことに固執しており、完全な独立を付与する準備はなかった。そこでフランス外務省は、バオ・ダイ政権やそれを支えるフランスのインドシナ政策に対して、アジア諸国から理解と支持を獲得して植民地主義的な印象を薄めるという作戦に乗り出す。最大の標的になったのは、アジアの植民地独立のシンボルとなっていたインドの初代首相ネルーである[72]。四九年一月のニューデリー会議の成功以後、ネルーの国際的威信は頂点に達し[73]、アメリカのバターワース局長も、四九年五月、フランスのボネ駐米大使との会談で、ネルーをアジアで共産主義への抵抗運動を指揮しうる大政治家として称賛し、ネルーであればインドネシアでもインドシナでも、解決に向けて人民に対して影響力を持ちうると説いた[74]。高まる反共主義の前に、議会への配慮を除けば、アメリカ外交から反植民地主義の要素が脱落しつつあった。

4　アメリカのインドシナ援助の開始

一九四九年一二月上旬、米仏両国政府はフランスとインドシナへの経済・軍事援助に関する協定を締結し、フランス待望の対インドシナ援助にアメリカは踏み込んだ。アメリカは、まず同年二月から六月の間に五〇〇万ドル、五〇～五一年会計年度に一五〇〇万ドルの経済援助を、フランスの承認の下でインドシナ三カ国に直接行ったのである。(75)

前節で見たように、アメリカ国務省は四九年初秋まで、対外支出や植民地主義に敏感な議会の反発を予期して、アメリカの援助をヴェトナム独立後のアジア諸国自らが結成するアジア反共同盟を受け皿にして、新興独立国を自立に導く目的で行う構想を描いていた。議会対策という点では、ヨーロッパでのマーシャル・プランと共通性が見られる。だが、マーシャル・プランが援助による経済復興を通じた貧困の除去を、共産主義の蔓延を防ぐ最良の手段だと考える発想に基いていたのに対して、インドシナの場合には、眼前に迫った（と考えられていた）北からの共産主義の浸透を押し止めるための軍事援助が一層前面に立つようになっていく。

このように国務省が議会の反植民地主義対策として考案した政策構想も、四九年末以降の中ソの急接近という事態の前にやがて破棄される。結局ヴェトナムの独立さえ実現されないまま、インドシナ援助にアメリカは踏み切った。四九年一一月一六日付のジェサップ無任所大使から国務長官に宛てた「大統領会議用・極東アジア政策概要覚書」によれば、中国はロシアの極東における伝統的な帝国主義の道具になってしまった。(76)それを裏付けるかのように、翌五〇年二月、中ソ友好同盟相互援助条約（いわゆる中ソ同盟）の締結が大きく宣伝される。そうして「モスクワ➡北京➡ハノイ」というベクトルが多くのアメリカの外交政策決定者の脳裏に刻まれ、一枚岩の国際共産主義が東南アジアを席巻するという図式が強迫観念となった。インドシナへの開発援助よりも、実質的にはフランス遠征軍への軍事援助が、政治的な装飾が整う前に開始されたのは、この帰結であった。

四九年一二月三〇日、一足先に始まったインドシナ援助を追認するかのように、国家安全保障会議は大統領に提出した対アジア基本政策文書（NSC四八／二）の中で、共産主義侵略の脅威を監視し、アメリカの余力の範囲内で、この地域内外の他の政府が抵抗するのに必要な政治・経済・軍事援助・助言を行うことを勧告した。[77]アジアで今や優勢となったソ連の影響力の減殺とその除去を最終目的に掲げるこの政策文書は、実質的にアジアにおける冷戦の開始を宣言するものとなった。

五〇年六月の朝鮮戦争勃発とほぼ同時に、アメリカ政権内には、共産中国が東欧同様のソ連の衛星国になったという認識が確立した。[78]五〇年七月初頭の国家安全保障会議文書は、ソ連はアジアからアメリカを完全に追い出そうとし、それに中国共産党が協力を始めたと分析している。[79]この形勢が動かないのであれば、インドシナは今や東南アジア全体を国際共産主義の侵略から守る最後の砦となる。つまり、ここを失えば、地域全体を失うだけではなく、世界大で戦われている冷戦において西側陣営が取り返しのつかない痛手を負うことになる、[80]というドミノ理論が出てくるのは自然であろう。そうであるなら、アメリカは可能な範囲であらゆる手段を尽くさなければならなくなる。実際、細々と始まったアメリカの対インドシナおよび対仏援助は、その後四年の間に急激に拡大した。五一年以降は、マーシャル・プランの見返り資金がフランス本国の軍事費に公式に充当されるようになり、インドシナ戦争に占めるアメリカの出資比率（現物給付を除く）は、五二年に約三〇％、五三年は約四五％にまで膨張した。[81]フランスの植民地戦争を一手に支えることになったアメリカが、五四年にフランスが敗退すると、その後を引き受けることになったのは自然の流れだったといえよう。

その結果だけを見れば、アメリカは、かねてからフランスが望んでいた通りに、ヴェトナムで植民地戦争に入り込んでいったように見える。しかし、本章で見てきたように、アメリカが泥沼に足を踏み込んだのは、フランス外交の成果とまではいえないことがわかる。バオ・ダイ擁立工作とネルーへのアプローチのいずれにしても、歴代の中道左派内閣に大きな譲歩をする準備がない以上、フランス外務省の外交努力のインパクトは初めから限られていた。つまり、アメリカはフランスによってヴェトナムに引き込まれたとまではいえない。四八年に生起したマラヤ非常事態宣言、インドネシアでの共産党の蜂起、中国共産党による国土統一という三つの事件の偶然の連鎖の中で、中国共産党を通じてモスクワが東南アジアの共産主義者のネットワークをコントロールするという表象（後にほとんど実態を反映しないと判明した）が誕生し、徐々にアメリカの政策決定者の心理を覆っていった。

かつて帝国主義を誇った英仏蘭は、それぞれの形とペースで苦悩しながらも脱植民地化を進め、現地で影響力を維持しようとした。その際、西欧植民地諸国は、脱植民地化という非冷戦の外交舞台で、いわば確信犯的に冷戦の論理をちらつかせて、アメリカからの圧力をかわし、さらに支持や援助を引き出そうとしていた。他方、アメリカの東南アジア政策は、本章で見たように、短期間のうちに想像上の国際共産主義の恐怖に取りつかれて、反植民地主義から反共主義へと大きく揺れた。ホー・チ・ミンらアジア人の指導者の多くは、ナショナリストと共産主義者の両面を持っており、脱植民地化の促進を自らの使命と考えるアメリカ側でも当初はその点を見極めようとする者もいた。しかし、アジア情勢の急変を契機に、グローバルな覇権国家として未成熟で経験も現地地域状況への理解もまだ浅いアメリカは、彼らとソ連が一枚岩であるとの確固とした観念を自ら頭の中に急速に創出してしまった。そうしてアメリカは冷戦の論理を自らの東南アジア政策に深く刻み込み、それに囚われたのである。その結果、アメリカは自らヴェトナム戦争に至る道に足を踏み込んでいったのである。

註

（1）Serge Berstein et Pierre Milza, *Histoire de la France au XXe siècle* (Paris: Complexe, 1990), pp. 46–52.

（2）柴山太『日本再軍備への道』ミネルヴァ書房、二〇一〇年、一〇一～一〇二、二七六～二七九頁。

（3）William Duiler, *Ho Chi Minh: A Life* (New York: Theia, 2000), pp. 406, 424.

（4）仏米の外交史料とフランス大蔵省の史料を検証したボスアは、アメリカの援助はインドシナでのフランスの影響力確保を支援するためではなく、ドル収支を均衡させて、ヨーロッパ正面で北大西洋条約機構の枠内での再軍備を進める必要から行われたと分析する。Gérard Bossuat, *Les aides américaines économiques et militaires à la France, 1938–1960; une nouvelle image des rapports de puissance* (Paris: Comité pour l'histoire économique et financière de la France, 2001). フランス大蔵省及び外務省の史料を重視したテルトレは、アメリカのインドシナ援助は、ヨーロッパ正面でのフランスの軍備増強をフランス独自の財源で行うことと引き換えであったと指摘する。それは、ヨーロッパで第一級の役割を果たしたいというフランスの思惑とも合致しており、フランス自身がインドシナを捨て、ヨーロッパを選択し、アメリカにインドシナを肩代わりさせる契機になったと分析する。Hugues Tertrais, *La piastre et le fusil: le coût de la guerre d'Indochine, 1945-1954* (Paris: Ministère de l'économie, des finances et de l'industrie, Comité pour l'histoire économique et financière de la France, 2002). 米仏英の史料を駆使したスタットラーも、ボスアとテルトレと同様に、フランスがアメリカに援助を求める際、インドシナに対する援助がなければ、フランスはヨーロッパ正面での再軍備かインドシナでの戦争か、いずれかを放棄しなければならないと主張し、アメリカはそのジレンマに付き合っていくうちに、インドシナ戦争が放棄できなくなり、介入を深めていったと分析する。Kathryn C. Statler, *Replacing France: the origins of American intervention in Vietnam* (Lexington: University Press of Kentucky, 2007). 米英仏の史料を徹底的に調査したログヴァルも、第一次大戦直後からインドシナ戦争後の一九六〇年までを分析した大著で、アメリカがヨーロッパでの安全保障を懸念するあまり、四〇年代末にフランスのインドシナ援助要請を拒否できなかったことを、後のヴェトナム介入を避けるための「失われた機会」の一つだったと位置づけ重視する。Fredrik Logevall, *Embers of War: The Fall of an Empire and the Making of America's Vietnam* (New York: Random House, 2012). なお、イギリスもフランスと同様、大戦後、本国の復興が急務であり、同時にアジアでは独立を約束したインドなどで脱植民地化を慎重に進めていたので、フランス復帰後のインドシナへの関与を躊躇していた。だが四八年中頃からのマラヤ情勢の悪化と中国共産党介入の可能性といったアジア情勢の悪化に加えて、相次ぐフランス軍のインドシナ増派によってヨーロッパ安全保障が手薄になるのを恐れ、イギリスはフランスの対米外交の支援を行うに至ったという。Mark Atwood Lawrence, *Assuming the Burden: Europe and the American Commitment to War in Vietnam* (Berkley: University of California Press, 2007). アメリカのインドシナ介入をめぐってイギリス外交が果たした影響に関する先駆的研究として、Andrew Rotter, *The Path to Vietnam: Origins of American Commitment to Southeast Asia* (Ithaca: Cornell University Press, 1987).

(5) 大戦直後、地域秩序が動揺を続けるインドシナ戦争の初期、植民地紛争が頻発する地域の状況を俯瞰しつつ、アメリカのインドシナ介入の起源を検証した研究は、管見の限り見当たらない。例外として、トーマスは地域全体の情勢を視野に入れてイギリスの外交軍事戦略を解明しようとした。Martin Thomas, 'Processing Decolonization: British Strategic

Analysis of Conflict in Vietnam and Indonesia, 1945–1950,' in Christopher Gocha and Christian Ostermann (eds.), *Connecting Histories: Decolonization and the Cold War in Southeast Asia, 1945–1962* (Washington, DC: Woodrow Wilson Center Press, 2009), pp. 84–120. その他の先行研究を見ておくと、アメリカ外交史の研究は、六〇年代泥沼化したアメリカのヴェトナム戦争の起源論争の一環として、ヴェトナム戦争との連続性を重視するために、分析の視野がヴェトナムあるいはインドシナに限定される傾向がある。次に、フランスの先行研究では、対米関係の重要性ゆえに、分析の焦点はもっぱら仏米関係に絞られる。さらに、イギリスの先行研究の関心は、英米仏関係と英領マラヤとの関係に集中する。なお、イギリス外交史の研究では、日本撤退後のアジア秩序や地域秩序の移行期を包括的に分析しようとする意欲的な研究は少なくない。しかし、アジア各国（地域）別の分析になると、イギリスの植民地（英連邦諸国）に焦点が合わされ、仏領や蘭領アジア、とくにインドネシアに関しては十分な関心が払われない傾向がある。たとえば、Nicholas Tarling, *Britain, Southeast Asia and the Onset of the Cold War, 1945–1950* (Cambridge: Cambridge University Press, 1998); Karl Hack, *Defense and Decolonisation in Southeast Asia: Britain, Malaya and Singapore 1941–68* (Surrey: Curzon Press, 2001). なお、インドネシア独立戦争と冷戦との関連を検証した代表的な研究としては、Robert McMahon, *Colonialism and Cold War: The United States and the Struggle for Indonesian Independence, 1945–49* (Ithaca: Cornell University Press, 1981); Frances Gouda with Thijs Brocades Zaalberg, *American Visions of the Netherkands East Indies/Indonesia: US Foreign Policy and Indonesian Nationalism, 1920–1949* (Amsterdam: Amsterdam University Press, 2002).

（6）　Ministère des Affaires Etrangères, *Documents diplomatiques français* (*DDF*), 1947, t. 2, pp. 233–234, 424–425.

（7）　*DDF*, 1947, t. 2, pp. 418–419, 532–534.

（8）　*DDF*, 1948, t. 1, pp. 678–679.

（9）　*DDF*, 1947, t. 2, p. 233.

（10）　*DDF*, 1947, t. 2, pp. 472–474.

（11）　その証拠に、外務省は以後も繰り返し海外領土省からインドシナに関する権限を取り上げて、自ら管轄することを目論見、バオ・ダイらもこれを支持していた。*DDF*, 1949, t. 1, pp. 504–505.

（12）　*DDF*, 1947, t. 2, pp. 842–843; *DDF*, 1948, t. 1, pp. 134–136, 227–229, 237–238.

(13) *DDF*, 1948, t. 1, pp. 367–368, 678–679.
(14) ただし、外務省アジア＝オセアニア局は、三地域統合によってコーチシナを放棄することは、フランス本国での憲法問題に発展すると大臣に警告していた。また海外領土省は、アロン湾協定では、まだ三地域の統合を認めてはいないと主張していた。*DDF*, 1948, t. 1, pp. 787–789.
(15) 国際社会からの圧力の矢面に立つ外務省は、アロン湾協定における「独立」とは、あくまでフランス連合への所属を前提にした制約されたものであることを強く懸念していた。*DDF*, 1948, t. 1, pp. 908–910.
(16) *DDF*, 1948, t. 1, pp. 678–679, 712–713.
(17) *DDF*, 1948, t. 1, pp. 876–877.
(18) *DDF*, 1948, t. 2, p. 83.
(19) *Foreign Relations of the United States* (*FRUS*), 1948, vol. 6 (Government Printing Office,1974), pp. 24–25, 27.
(20) *DDF*, 1948, t. 2, p. 83.
(21) *DDF*, 1948, t. 1, pp. 679–687.
(22) *FRUS*, 1948, vol. 1, pp. 523–526
(23) *FRUS*, 1948, vol. 6, pp. 21–23.
(24) A. J. Stockwell, 'The United States and Britain's Decolonization of Malaya, 1942–57,' in David Ryan and Victor Pungong (eds.), *The United States and Decolonization: Power and Freedom* (New York: St. Martin Press, 2000), p. 188.
(25) Stockwell, op. cit., pp. 195–198; *FRUS*, 1948, vol. 3, p. 1100.
(26) *FRUS*, 1948, vol. 1, pp. 583–584.
(27) *FRUS*, 1948, vol. 6, pp. 28–29.
(28) *FRUS*, 1948, vol. 1, pp. 607–609.
(29) *FRUS*, 1948, vol. 1, pp. 638–644.
(30) *FRUS*, 1948, vol. 6, pp. 54–55.
(31) *DDF*, 1948, t. 2, pp. 387–388.
(32) *DDF*, 1948, t. 2, p. 444.

(33) Gouda, op. cit., chapter 11.
(34) *FRUS*, 1948, vol. 1, pp. 638–644; *FRUS*, 1949, vol. 7, pp. 1197–1204.
(35) オランダとインドネシア共和国による和平交渉は、ルム＝ロイエン協定（四九年五月七日）に基づいて開催されたハーグ円卓会議（四九年八～一一月）を経て四九年一二月にオランダが共和国の独立と現地からの撤退に合意し、インドネシア独立戦争は終結した。
(36) 決議案は、スマトラ・ジャワなどで、共和国政府の権力を回復することを目的とした。とくにアメリカ側は、政治犯（ハッタら共和国指導者）の解放を絶対条件としていた。
(37) *DDF*, 1949, t. 1, pp. 108–110, 164–167, 310–313.
(38) *DDF*, 1949, t. 1, pp. 164–167.
(39) *DDF*, 1949, t. 1, pp. 164–167.
(40) *DDF*, 1949, t. 1, pp. 237–238.
(41) *DDF*, 1948, t. 2, pp. 952–953.
(42) *FRUS*, 1948, vol. 1, pp. 523–526; *DDF*, 1948, t. 1, pp. 37–39; 牛軍『冷戦期中国外交の政策決定』（真水康樹訳）千倉書房、二〇〇七年、二六頁。
(43) *FRUS*, 1949, vol. 7, pp. 1140–1141.
(44) *FRUS*, 1949, vol. 7, pp. 1120–1123.
(45) *DDF*, 1948, t. 2, pp. 70–71.
(46) *DDF*, 1948, t. 2, pp. 921–926.
(47) 四九年末のオランダによる第二次警察行動は、英仏がオランダとアジアで協力する可能性を閉ざした。*DDF*, 1948, t. 2, pp. 921–926.
(48) *DDF*, 1948, t. 2, pp. 921–926; *DDF* 1949, t.1, pp. 202–207.
(49) *DDF*, 1948, t. 2, pp. 990–993, 1036–1038.
(50) *DDF*, 1949, t. 1, pp. 914–917.
(51) *DDF*, 1949, t. 1, pp. 504–514.

（52）フランス側には、イギリスとの協力関係を強化すれば、イギリスはネルーら旧植民地アジア諸国のナショナリストと良好な関係を保っているため、アジア諸民族の独立のシンボルとしてこの時期、威信を急速に高めつつあったネルーらに接近して、懸案のインドシナ問題への理解と支持の獲得が期待できるとの思惑もあった。*DDF*, 1948, t. 1, pp. 37–39; *DDF*, 1949, t. 1, pp. 504–514.

（53）*DDF*, 1948, t. 2, pp. 1016–1019; *DDF*, 1949, t. 1, pp. 220–229.

（54）イギリスが逃げ腰に転じたのには、蔣介石とフィリピンのキリノ大統領が独自に反共同盟構想（「太平洋条約」構想）を打ち出したことも作用している。蔣はアメリカからの援助の積み増しを得ようとしているに過ぎないと見たのである。二月の会談でイギリス側は、アメリカの資金提供の可能性を退け、英米の役割は後方からの精神面の支援に留めるべきと主張した。アメリカも蔣の延命に手を貸さず、反共同盟に中国を含めないことでは一致していたが、イギリスは、後述するように、中国抜きの構想にも消極的だった。*FRUS*, 1949, vol. 7, pp. 1118–1119.

（55）*FRUS*, 1949, vol. 7, pp. 1117–1118, 1119–1123.

（56）*FRUS*, 1949, vol. 7, pp. 1128–1133, 1153–1154.

（57）*FRUS*, 1949, vol. 7, pp. 1135–1137.

（58）*FRUS*, 1949, vol. 7, pp. 1118–1123, 1128–1130. 1204–1208.

（59）*FRUS*, 1949, vol. 7, pp. 1197–1204.

（60）国家安全保障会議はトルーマン大統領あての報告で、五一年財政年度に英連邦や東南アジア（インドネシアを含む）などを対象とした援助プログラムの新設（上限二億ドル）の可能性を諮問した。付属文書で経済諮問委員会は共産主義の脅威を強調している。*FRUS*, 1949, vol. 1, pp. 386–399.

（61）*DDF*, 1949, t. 1, pp. 25–31.

（62）*DDF*, 1948, t. 1, pp. 37–39.

（63）*DDF*, 1948, t. 2, pp. 474–475.

（64）*DDF*, 1948, t. 2, pp. 424–427.

（65）*DDF*, 1948, t. 2, pp. 540–542.

（66）Pierre Brocheux and Daniel Hémery（eds.）, *Indochina: An Ambiguous Colonization 1858–1954*（Berkeley: University of California Press, 2011), pp. 364–365

(67) *DDF*, 1949, t. 1, p. 450.

(68) フランスが強く望んでいたマーシャル・プランの援助対象にインドシナを含めることについても、トルーマン政権は慎重になった。オランダの第二次警察行動に対する国連決議に基づく制裁によって、インドネシアへのマーシャル・プラン援助が停止されたが、オランダ本国を援助対象に残すために、トルーマンは議会と激しい闘争を強いられたからである。*DDF*, 1949, t. 1, pp. 640–644.

(69) *FRUS*, 1949, vol. 7, pp. 83–89, 1204–1208.

(70) *DDF*, 1949, t. 1, pp. 878–879, 972–974; *DDF*, 1949, t. 2, pp. 287–288.

(71) *DDF*, 1949, t. 1, pp. 462–464.

(72) *DDF*, 1949, t. 1, pp. 220–229, 462–464, 504–514, 990–991.

(73) *DDF*, 1949, t. 1, pp. 183–186.

(74) *DDF*, 1949, t. 1, pp. 878–879.

(75) Bossuat, op. cit., p. 218

(76) *FRUS*, 1949, vol. 7, pp. 1210–1214.

(77) *FRUS*, 1949, vol. 7, pp. 1215–1220.

(78) *FRUS*, 1950, vol. 1, pp. 382.

(79) *FRUS*, 1950, vol. 1, pp. 331–338.

(80) *FRUS*, 1950, vol. 1, pp. 438–439.

(81) Bossuat, op. cit., pp. 226–227, pp. 335–339.

第七章　チュニジア・モロッコの脱植民地化と西側同盟

池田　亮

1　脱植民地化・冷戦・同盟

先行研究

脱植民地化と冷戦は、どのような相関関係をもって展開されたのか。[1] 視点としては決して新しくはないものの、実証研究が実際に進み始めたのは比較的最近だと言ってよい。脱植民地化と冷戦の相互作用を探る研究は、二つの潮流に分類できるだろう。第一の潮流は、アメリカが国連などで宗主国に圧力を加えた結果発生した米欧対立の側面を強調する。植民地問題が国連で取り上げられた時をはじめとして、ともに民族自決を唱える米ソは、植民地の自治ないしは独立を求めて宗主国へ圧力を行使した。[2] 宗主国は西欧諸国に限られたため、脱植民地化はアメリカに深刻なディレンマを突き付け、西側同盟内での対立を生んだ。第二の潮流は、脱植民地化過程で米ソが軍事介入を含めて様々な形で援助・介入を行い、第三世界での影響力拡大を目指して競合したことを指摘する。[3] この研究は主に、独立後の国家建設の段階を対象とする。国家建設には多くの資金や軍備を必要としたが、新興国はそれらを米ソに頼った。米ソは新興国の支持を得るべく援助を繰り返し、時には紛争に介入することもあった。

しかし、これらの研究には重要な視点が抜け落ちている。それは、多くの植民地を持っていた西欧諸国、とくに英仏の動向である。先行研究は第三世界を争点として行われた米ソの対決を冷戦として分析しているが、宗主国が植民地問題をめぐる冷戦にどのように主体的に関わっていたかを議論していない。これらの研究では、米ソ冷戦が独立運動を高揚させた結果、宗主国はひたすら勢力後退を強いられる存在として描かれてきた。現実には、英仏は、多くの植民地で主導権を維持したまま「秩序ある脱植民地化（orderly decolonization）」を遂行できたが、これはアメリカの希望と合致していた。アメリカは宗主国が植民地で影響力を保ったまま脱植民地化を進めることを希望しており、決して影響力の霧散を望んでいたわけではない。英仏など旧宗主国は、多くの場合アメリカの力を借りつつ旧植民地地域での影響力を維持しているため、冷戦に対応しつつ影響力維持の形態を変容させたと見るべきであろう。

もう一つの問題点は、先行研究が取り上げる事例が、米ソの少なくとも片方が積極的に関与している事例に限定されていることである。こうして分析対象が限定されていた関係上、第三世界で冷戦が展開された事例として挙げられるのは、米ソいずれかの関与が明白なアジアとラテンアメリカを中心とする地域となり、アフリカ・中東は一部に限られることとなった。英仏の旧植民地地域の多くは、米ソの関与が希薄なため冷戦研究の対象から除外され、もっぱら脱植民地化の文脈から研究されてきたのである。

本研究の視点

本章では、チュニジア・モロッコという北アフリカの旧仏領保護国の脱植民地化過程を検討することにより、それが西側同盟内の国際関係といかなる相関関係を持っていたかを分析する。本章は、西欧の植民地宗主国が対立しつつも協力関係にあったことに注目し、各宗主国の植民地帝国を統合して、第Ⅱ部総説と同様に「帝国＝植民地体制」と呼ぶ。この秩序は、西欧と植民地の間の緊密な関係という第一の軸と、西欧とアメリカの緊密な関係という第二の軸から成り立っている。冷戦期において脱植民地化の潮流は、第一の軸のみならず第二の軸をも危険に晒すものであるがゆえに、常に冷戦的な脅威だと認識された。換言すれば、脱植民地化と冷戦という二つの脅威は相互に増幅しながら帝国＝植民地体制に挑戦したというのが、本章の議論である。チュニジア・モロッコは国際政治史研究では学術的に大きな関心を集めてきたとは言い難いが、その脱植民地化過程には際立った特徴がある。それはフランスが、インドシナのように戦争と国際会議を通じた外国勢力の明示的な関与なしで、初めて自発的に脱植民地化を承認するに至ったという点である。つまりフランスが脱植民地化を戦略として採用していく端緒となったわけであり、帝国＝植民地体制の再編に向けた重要な契機だと考えられるのである。

さて、このフランスの方針転換と西側同盟の国際関係は、どのような相互作用を持ったのか。植民地は宗主国の管轄権に属するのが原則であり、同盟国であってもフランスの植民地政策を左右することは法的には不可能である。ただし、二国の問題はしばしば国連に持ち込まれるか、そうされそうになったため、フランスは国連での問題討議を阻止するために、また討議された場合は可能な限り有利な結論がでるようにするために他国の協力を必要とした。それゆえ米英は、国連での問題討議をめぐってフランスの植民地政策に影響を及ぼしうる立場にあった。国連は、まずモロッコ問題を一九五一年に、次いでチュニジア問題を五二年に取り上げ、フランスとチュニジアが国内自治達成に向けて交渉を続けるよう総会で決議した。この決議は強力な国際圧力となって前記のフランスの方針転換を促すことになったが、この決議を導くため国連で議論を主導したのがアメリカであった。

米仏関係に加え、本章はイギリスの役割にも注目する。アメリカは国連総会で討議が始まった段階で、国連がチュニジア情勢に直接関与することを期待していた。これを危険だと見たイギリスはフランスを国際圧力から守ろうと行動し、このことがアメリカの譲歩を引き出した。この結果フランスは総会決議の後でもチュニジアにおいて主導権を維持することができ、結局これが脱植民地化政策に転じることを可能にしたのである。イギリスはフランスと同じく広大な植民地帝国を保有しつつも、脱植民地化を漸進的に進めるという点で、米仏の中間的立場にいた。この後もイギリスは、フランスへの圧力が過剰にならないよう、絶えずアメリカの態度を抑制しようとする。イギリスは、脱植民地化をめぐって米仏関係を調停して西側同盟の結束を維持することで、ソ連が米仏の亀裂を利用するのを防ぐのに大きく貢献したのである。

以下では、五二年の国連討議に注目しつつ、主に米英との関係の中でどのようにフランスが脱植民地化政策に踏み切ることになったのかを議論したい。第2節で、英仏の植民地政策の歴史と保護国化以後のチュニジア・モロッコの歴史をまとめる。第3節では五一年と五二年に両国問題が国連で検討され、米英仏三国間の協調と対立の結果、五二年にどのような国連決議が採択されたかを分析する。第4節では、五三年から五五年までの情勢を検討する。フランスはまずチュニジアで、次いでモロッコで脱植民地化に転じたが、その政策転換に国連決議が関わっていること、そしてその決議を導くにあたり米英が大きく貢献したことを指摘する。フランスが五四年にチュニジアで承認した自治は独立にはつながらない前提であったが、同国民の主権を承認するものであり、米英もフランスが脱植民地化に転向したことを示すと考えた。二国の脱植民地化過程を分析するにあたり、本来であればそれらの現地情勢も詳しく検討する必要があるが、紙幅の関係から別の論考に譲る(4)。

2　前　史

戦後植民地政策の歴史

同じく世界中に多くの植民地を持ちながら、英仏の統治形態は対照的であった。まずフランスは、第四共和制憲法に規定されたフランス連合という組織に植民地を所属させ、その中では一切の自治や独立を認めない方針であった(5)。これは伝統的な同化（assimilation）という理念に基づき、現地人をフランス人化していくことを理想としていたからである。したがって、現地人の政治的権利を拡大するとすれば、自治権の付与や拡大ではなく、フランス本国の政治に参加できる人々の数を拡大していくことだった。チュニジア・モロッコはこの組織への加盟を拒否していたが、フランスは協同国家として加盟させることを目論んでいた。ここでいう協同（association）とは、同化よりも柔軟な統治という側面を持ち、現地人に一定の政治的・経済的自立性を認める手法だったが(6)、フランスはチュニジア、モロッコ国民による自治や将来的な独立を承認するつもりはなかった。自律的な政治権力の付与を拒否するという意味では、両国民の観点から見れば、同化と大きな違いはなかったと言ってよい。

ところがイギリスは、第一次世界大戦前後から白人植民地に自治や事実上の独立を認めていた。また第二次大戦中には、インドを戦後に独立させる方針を固めており、アフリカ植民地にも自治権を付与していく方針を宣言していた。たしかに、アフリカ現地人による政治参加の拡大は、戦後においてもきわめて緩慢であり、現地人を満足させるには程遠かった。政府内では一九五四年頃には、あと二〇年以内に独立を獲得する植民地は、ゴールド・コースト（独立後はガーナ）、ナイジェリアやマラヤ連邦に限られるだろうと考えられていたほどだった。(7) しかしそれでも、基本的理念がフランスとは全く異なっていたことをここで強調しておきたい。

保護国体制

チュニジアとモロッコは、それぞれ一八八一年と一九一二年にフランスの保護国となった。両国はともに、アラブ人を中心とするイスラム国家であったが、保護国化後はフランスが大量の移民を送り込んだ。両国における統治は、形式的にはチュニジアのベイ、モロッコのスルタンという伝統的君主を温存する、間接統治という形態がとられた。このため、一般民衆の目には両者は依然として自分たちの支配者であった。だが統治の実権はフランス政府の派遣する総督が握っており、外交権も完全にフランスが掌握していた。国内行政を官僚として担っていたのは主に入植者であり、こうした入植者は本国でもロビー活動を行い、両国におけるフランスのプレゼンス維持に努めた。

アメリカのウィルソン大統領の一四か条が間接的に民族自決に言及したことから、(8) 二〇年代以後、チュニジアではナショナリズム運動が高揚する。その中で主導権を握ったのがブルギバの率いるネオ・ドゥストゥール党であり、彼は基本的には親仏姿勢を保ちつつもフランスに主権と独立の承認を求めた。三〇年代から、モロッコでもイスティクラール党を中心に独立運動が高揚していった。

第二次大戦後も、フランスは両国の独立を認めず、前述のフランス連合への加盟を強要しようとする。しかしベイとスルタンは、わずかながらも残された国家の自律性を失うことを恐れ、加盟を拒絶した。フランスは五〇年一月に、チュニジアの国内自治権を承認することを閣議決定した。(9) しかしこれは現実にはチュニジア人の政治的自律性を承認するものではなく、フランスの目標は依然として同国の連合加盟にあった。独立運動が高揚するのを避けるべく、このような態度を示したに過ぎなかったのである。これに対してブルギバは、まずチュニジア人の主権を承認し、その後に二国間交渉を行って独立を承認するようフランスに求めた。だがフランスはこれに応じず、逆にフランス人とチュニジア人が同数ずつ議員として参加する地方議会の設立を提示した[10]。フランス側は、いずれは国政レベルでも両国人が議員として参加する国会の設立を目論んでいたのである。

3　国連での問題討議

一九五一年一二月の国連総会

モロッコでは、一九五〇年一〇月にスルタンのモハメド五世がイスティクラール党とともに、即時独立を求めた[11]。フランスは当然これを拒絶し、チュニジアと同様の地方議会の設立を提案した。モロッコ内陸部では豪族がフランスの財政援助を受けて封建体制を維持していたが、これら豪族は国家の近代化を志向するスルタン・モハメド五世への反感を募らせていた。中でもマラケシュのパシャであるエル・グラウイはスルタンを公式に批判し、両者の間で対立が深まる。エル・グラウイの圧力を背景にフランスはモハメド五世に、フランス人も議員として参加する地方議会案を承認するよう迫ったが、この案がモロッコの主権を否定することを察知したモハメドは拒否した。フランスの強硬な態度を見た米英両国は、モロッコ民衆とアラブ諸国の反発を恐れ、あまり強硬な姿勢を示さないよう助言した[12]。五一年二月、フランスはモハメドに改革案を承認するよう迫ったものの、彼はやはり拒絶した[13]。

フランスの態度に反発したアラブ諸国は、一〇月にモロッコ問題を国連に付託した。総会が問題を討議する権限を持つかどうかをめぐり、米英仏三カ国の立場は分かれた。まず、チュニジア・モロッコに管轄権を有すると主張するフランスは、国連に管轄権はないと主張し、イギリスの同調を得た。イギリスは、米英による先の助言がフランスの態度を頑なにして、危機の発生に繋がったと判断したのである。ハーヴェイ駐仏大使は外務省に、米英による助言はリスクが高く、フランスを植民地から追い出そうと画策しているのではないかという疑念を掻き立てるため、逆効果だと提言した[14]。その結果イギリス政府は、個々の政策には内心反対していたものの、公にはフランスの立場を支持する方針を打ち出す。「西側同盟内の対立があればソ連を利するだけだ[15]」というのがイギリスの判断であり、アメリカにも国連討議に反対するよう呼びかけた[16]。

アメリカの立場は、フランスとモロッコ、ひいては西欧の宗主国とアラブ・ナショナリズムの間で中道政策(middle-of-the-road policy)を採ることであった。アメリカの直面したディレンマは、西欧諸国に一方的に味方すればナショナリズムを共産主義の側に向かわせてしまうが、さりとてアラブ・ナショナリズムに味方すれば、対ソ戦略上の重要な同盟国である西欧諸国との関係を悪化させてしまうことだった。この結果、国務省はモロッコ問題においてもフランスとモロッコの中間に立つことを五一年八月に決定していた[17]。アメリカの希望は、フランスが国内自治に繋がる改革を開始することであり、これによってモロッコを親仏国家に留めることだったのである。興味深いことに、アメリカ側は一一月に「モロッコは独立の準備が整っていない」と、フランス政府に伝えていた[18]。以後もアメリカは、モロッコ独立ではなく、あくまで国内自治体制の樹立を求めていく。

いずれにせよ、フランスに圧力をかける必要性を感じていたアチソン国務長官は、植民地問題を国連で討議することには反対しないのがアメリカの伝統的な立場だ[19]、との理由でイギリスの要請を拒絶した。しかし、英仏の態度を見たアメリカ政府は、譲歩の必要を感じていた。アチソンはイギリス側に対して、問題討議を先送りすべきだというカナダ案に賛成する意向を伝えた。結局のところ西側三カ国は妥協し、総会でのモロッコ問題の討議を行うか否か、決定を延期すべきとの立場をとることを決めたわけである。この結果、国連総会もまた同様の結論を下した[20]。

一九五二年四月の国連安保理

チュニジア政府は、一九五一年一〇月、チュニジア人のみからなる国会の開設を要求した。しかしフランスはこの要求を黙殺し、一二月に至って交渉は完全に決裂した。これを見たブルギバは交渉を諦め、国連を通じた国際圧力によってフランスを譲歩させる戦術に転じる。ネオ・ドゥストゥール党の要請を受け、アラブ諸国も公式に問題米英仏三カ国の基本的な認識は、前年から変化はなかった。ただし、前年モロッコ問題討議をめぐって実質的に討議に反対したアメリカ国務省は国内世論の強い批判を浴びていた。安保理では第三世界諸国の数が少ないため、安保理が討議に賛成する可能性は低かったが、それでもアメリカの対応は先例を創り、他国の今後の投票を左右するため、様々な勢力が国務省に働きかけを行った。英仏は討議反対を強く訴え、国務省のヨーロッパ局も反対を主張した。これに対してアラブ諸国や国務省国連代表は、国連には問題を取り上げる権限があると主張した。逡巡の末、アチソンは棄権することを決め、国連安保理もまた問題を取り上げないとの決定を四月に下した(22)。

フランス政府は、自国の立場を全面的には支持しないアメリカ政府に不満を覚えていた。シューマン外相は五月にアチソンと会談し、国連でフランスへの全面的支持を表明するよう求めた(23)。この席でシューマンは、ネオ・ドゥストゥール党やイスティクラール党は急進的な意見を代表する少数派に過ぎないとしたが、アメリカ側は、両政党は国民の広範な支持を得ていると反論した。そしてアチソンは「フランスの改革案の内容を公にすれば、支持を表明できる」との立場を示した。すでに述べたとおり、アメリカの希望はフランスがチュニジアとモロッコで国内自治体制設立に向けた改革を開始することであり、この内容の改革をフランスが公表しなければ支持できないと考えていた。結局アメリカは、チュニジア人とモロッコ人の主権を承認するよう求めていたのであり、むろんそれは両国をフランス連合に加盟させることを目論むフランス政府の希望とは合致しなかった。こうしてフランスは改革案を公表できず、アメリカの支持を得ることもできなかったのである。

一九五二年一二月の国連総会

安保理では失敗に終わったものの、アラブ諸国はチュニジア問題の国連討議を諦めたわけではなかった。一九五二年七月末、これら諸国はアジア諸国とともに、総会で問題を討議するよう事務総長に要請した。アラブ諸国の主張は、フランスがナショナリストと交渉して国内自治体制を樹立すべく改革を実施すべきであり、そしてチュニジア代表団を国連に招聘して聴聞会を開催すべきであるという二点であった。後者は問題解決に積極的に国連が関与すべきだという強硬な案であったと言える。総会への問題の付託は、安保理とは異なる政治状況を生み出す。なぜなら、アジア・アラブ諸国の数を考慮すれば、総会が問題討議に賛成することは確実だと考えられたからである。

この予測を前提に、国務省は自らも賛成票を投じることを決めており、フランスも国連討議を受け入れるよう説得する。ここには一一月のアメリカ大統領選挙への考慮もあったと考えられるが、二回連続で植民地問題の国連討議に賛成しなかった国務省を国民が厳しく批判していたことも背景にあった。八月初頭、国務省はフランスのボネ駐米大使に対し、もし討議を受諾しなければアラブ諸国に悪い印象を与え、フランスに不利な結果を生むだろうと述べた(24)。同時に国務省は、イギリス外務省に対しても、共同でフランスの説得にあたるべきだと提案したが、後者は「米英が共同でフランスに圧力を加えているように見えたら、非常に不幸な結果をもたらすだろう」と反論した(25)。イギリス側は、助言が逆効果を生むとの判断を維持していたのである。

アメリカの立場を知って、フランス政府はディレンマに陥った。もし国連討議を受け入れればアメリカの全面的な支持を得ることができ、チュニジアとモロッコでのフランスの立場を万全なものにできる。しかし国連討議は悪しき前例となり、他の植民地の問題も国連に持ち込まれる事態を招きかねない。だが、九月半ばにはフランス政府は逡巡しつつも、討議の受諾に傾きつつあった(26)。現に九月上旬には、米仏政府の官僚レベルで、フランスが国連討議に賛成した場合、どのような声明を国務省が発表すべきか、協議が始まっていた(27)。

この間イギリス政府は、目立った動きを見せなかった。北アフリカ問題への対応はフランスの管轄権に属するため、その主導権に委ねるべきだというのがイギリスの立場であった。問題が国連で討議される事態が起きれば、次はキプロスなど英領植民地の問題が持ち込まれる恐れがある。したがって、フランス政府が両国問題の国連討議に傾斜しているのはイギリスにとっては脅威であったが、イギリス外務省はフランスに助言すべきではないと論じた。やはり、助言すれば英仏関係を極度に悪化させてしまうとの判断であった(28)。

シューマン仏外相は九月二四日、「政府の対応を決定するに当たり、他国政府、とくに米英やラテンアメリカ諸国の意見を大いに考慮する」[29]との声明を発表した。フランス政府は、逡巡の挙句、他国政府の意見を聞いて判断を下すとの意思表示をしたのである。そしてこの発言が意外な展開を生む。国務省は国連討議に賛成することを正式決定し、同時にアラブ諸国の求めるチュニジア代表団の招聘にも賛成することをフランスに伝えた[30]。反対に、自由に判断を下してよいと言われたイギリス政府は、一〇月初頭、自国植民地への危害を考慮して国連討議に反対するとの結論を下した[31]。そしてイギリスから十全な支持を国連で得られると悟ったフランス政府もまた、チュニジア問題の国連討議を拒否することを決定する[32]。北アフリカで利益はあるとしても、世界中の植民地全体に危害が及ぶことの損害の方が大きいとの判断であった。

英仏の態度に国務省は大いに困惑したが、国連討議に賛成する立場は変えなかった。国務省は予定通り、穏健な決議案を総会に提出してアジア・アラブ案に対抗するよう、総会議長国ブラジルの代表に非公式に要請した[33]。本来は国務省の作成した案であったが、表立った行動を避けたいアメリカは、ブラジルにこの案の提出を委ねたのである。これはラテンアメリカ決議案と呼ばれたが、その内容は「フランスとチュニジアが、フランスとフランス人の正統な権利を保障しつつ、国内自治の達成に向けて交渉を継続すべきである」というものであった。アジア・アラブ案との大きな違いは、チュニジア側の代表者を特定せず、しかもフランスの利権に言及している点であった。だがアメリカは、英仏の立場が固まった後、一一月に至って重要な譲歩を行った。チュニジア代表の招聘に反対する立場に転じたのである[34]。英仏が国連討議そのものを断固として拒否するのを見て、この点は譲歩すべきだと判断したのであろう。

一二月に開催された総会本会議は、政治・安全保障問題を専門に扱う第一委員会の結論に従うことを同月の初めに議決した[35]。この結論とは、チュニジア代表の招聘を含めてアジア・アラブ案を拒絶し、ラテンアメリカ案を採択するというものであった。そして自らの決議案採択に失敗したアジア・アラブ諸国は、「何も決議が採択されないのが最悪のシナリオだ」[36]との判断のもと、第一委員会でラテンアメリカ案に賛成票を投じた。こうして国連総会は、ラテンアメリカ案を圧倒的多数で可決した。こうした国際社会の意見は、目には見えないものの強力な圧力として作用し、間接的にフランスの方針転換を生みだすことになる。

五二年の総会決議はフランスにとって諸刃の剣であった。なぜなら第一に、チュニジア情勢に関して介入する権利が国連にもあることを認め、かつフランスがチュニジアに国内自治体制を樹立しなければならないと述べているからであった。これは、従来のフランスの同化政策を否定したものであり、国連の加盟国のほとんどがチュニジアの国内自治を望んでいることを明確化したのである。しかもこれはアメリカ政府の立場を基本的に反映したものであり、フランスにとってはアメリカという重要な同盟国が自身の植民地政策を否定していることは大きな痛手であった。

しかし第二に、この決議は二国間交渉の継続を望むことを述べたのみであり、国連自らがナショナリストの代表を招聘したり、またフランスの交渉相手が誰であるべきかを特定していなかった。つまり国連は、最終目標だけは示したものの、それ以外の点では極力チュニジア問題には介入しない態度を示しており、フランスが誰と交渉しようと問題視しないという姿勢だったのである。問題解決の主導権は依然としてフランスが握り続けているのであり、極論すればフランスが交渉相手を選定して自ら望む「国内自治」の外観を持つ体制を作ることも可能だった。決議の第二の側面はアメリカが譲歩したからこそ生まれたが、その譲歩を引き出すにあたり、やはりイギリスのイニシアチブを強調すべきであろう。イギリスが国連の管轄権を否定し、宗主国であるフランスを同様の立場に引き戻したからこそ、アメリカ政府も譲歩すべきだと考えるに至ったのである。

4　国内自治と独立

チュニジアの国内自治

国連総会議決の直後、フランスは地方議会案をベイに再提示し、強引に署名させた(37)。以後ベイは、ネオ・ドゥストゥール党の主張が国連で全面的な支持を獲得できなかったと判断し、フランスに協力的な姿勢を示す。一九五四年三月、フランス当局は国会開設に関する改革案をベイに提出し、署名させた[38]。これはやはりフランス人議員が半数参加するものであり、チュニジアのフランス連合加盟に向けて大きく前進したと判断された。なぜなら、ベイの意思に関わりなく、国会が加盟に賛成すれば「民主的に」加盟への途を開くことができるからである。

フランスの勝利の瞬間だと思われた。しかし、この後、ブルギバが予想外の反対運動を展開し、彼の宣伝活動と武装集団の蜂起がベイの権威を失わせていく。ベイが国内の人民から支持を失ってしまった結果、フランスはベイに代わる新しい協力者が必要となった。新しく選ばれたのはブルギバとネオ・ドゥストゥール党であり、この勢力の協力に基づいて新たな統治体制を構築することが決定された。だが協力の代償として、フランスはチュニジア人の主権を承認し、国内自治を承認することを余儀なくされた。つまりフランスは従来の協同政策から決別し、脱植民地化に踏み切ることを決定したのである。これが五四年七月に当時のマンデス＝フランス仏首相がチュニジアを電撃訪問して述べた内容であり、いわゆるカルタゴ宣言と呼ばれるものである[39]。

これは五二年の国連総会決議の内容と合致し、ひいては五〇年四月にブルギバが要求した内容でもあった。フランスが脱植民地化に転換した直接のきっかけはチュニジア国内の反仏・反ベイ運動の高揚であったが、長期的には、やはり総会決議の影響を無視することはできない。国連が国内自治を支持する決議を行っていなければ、ナショナリズム運動は弱体なものになり、反仏運動が高揚することはなかったであろう。重要なことに、カルタゴ宣言の直前、フランス政府はダレス米国務長官に新政策の概要を伝え、内諾を得ている[40]。フランスは、従来の協同政策が戦後世界で支持を得られないものであること、そして植民地で影響力を保つには、アメリカに同意してナショナリストと協力しなければならないと理解したのである。

モロッコ改革の開始と米英の対応

フランスはモロッコでも同様の改革を決定したものの、一九五五年夏に入っても情勢は膠着したままであった。折しも、バンドン会議が四月に開催されてアジア・アフリカ諸国が植民地解放を唱え、九月に予定されている国連総会にモロッコ問題を付託する可能性が高まっていた。モロッコ問題の国際化の可能性を前に、五二年と同様、米英の政策には相違が見られた。苛立ったアメリカは、フランスに警告することを決定する。八月一日、まずダレス国務長官はイギリスと共同で警告を送ることをイギリス外務省に打診した。しかしイギリスは依然として助言や警告が逆効果を持つと考えていたため、こうした共同介入を拒否した。(41) 翌日、アメリカのディロン駐仏大使はフォール仏首相と会談を持ち、「モロッコ情勢が改善しないのであれば、次の総会では、モロッコ問題についてここ二年のようにフランスを支持することは難しい(42)」と伝えた。五二年一二月より後、アメリカは一転してチュニジア・モロッコ問題の国連討議に対して反対に回ったが、五五年には再び積極的な姿勢を見せると警告したのである。

これに対してイギリスは、アメリカよりもはるかに間接的な手法を考えていた。直接フランス政府に助言するのではなく、世論に働きかけようというのである。この時期、フランス世論の中に植民地と新しい関係を築くことに肯定的な潮流が勢いを増していることに、イギリス外務省は気づいていた。この潮流を後押しするため、イギリスは二つの手段に出た。一つは、アメリカ政府にもフランスに好意的なスタンスを取らせることであり、外務省は七月後半以後、国務省に対して働きかけを開始する。(43) 第二の手段としてイギリス政府は、タイムズ紙に八月五日、フランスの新しい植民地政策を称える記事を掲載させ、フランス世論に根強い米英に対する不信感を払拭しようとした。(44) イギリスの懸念は、米英が共同で助言すればフランスは植民地でより頑迷な態度を示してしまい、結局は影響力保持に失敗しかねないことだった。モロッコで失敗すればアルジェリアでの影響力喪失に繋がり、そうなれば中立主義と左翼勢力が急速に力を増し、完成したばかりの西欧防衛システムからフランスが脱退する可能性すらあると危惧していたのである。フランス抜きでこのシステムが長期的には機能しないことも、この悲観的予測の前提として当然視されていた。(45)

フランス政府に対するアメリカの警告は、幸いにもイギリスの懸念した結果をもたらさなかった。フォール首相は、イスティクラール党を含め主要政治勢力との会議を八月下旬に開催し、いかなる体制を構築すべきか協議すると発表した。つまり、ナショナリストの見解に耳を傾けるべきだという国務省の助言に、フォールは同意したのである。こうしてフランス南東部のエクス・レ・バンで開かれた会議において、ナショナリスト勢力や保守派が参画する、国内自治に準ずる体制を樹立することが合意された[46]。仏モロッコ両国に根強い反対を押し切って、フランス政府がこの結論に達したことは、フランスが脱植民地化へと大きく舵を切ったことを意味していた。この結果、アメリカはフランスを支持することが可能になる。ダレス国務長官は八月末に、フランスの対モロッコ政策を支援するという声明を発表した[47]。そしてこのダレスの声明は、イギリス外務省が七月後半以後に、フランス植民地政策に好意的になるよう働きかけてきた結果でもあったと言える。

独　立

こうしてフランスは、一九五五年九月にモロッコで改革を開始した。しかしフランスの計画は予期せぬ事件によって覆され、最終的に独立承認へと追い込まれてしまう。その契機となったのが同月末に発表された、エジプトとチェコスロヴァキアの武器取引協定である。これは実質的に、ソ連がエジプトの大規模軍拡に協力し始めたことを意味していた。この事件はモロッコ情勢に二点で重大な影響を与えた。第一に、イスティクラール党などナショナリスト勢力の中で、エジプトに倣って中立主義的独立を目指す勢力が急速に力をつけた。そして第二に、そのことにより保守派が危機感を強め、モロッコは内戦勃発前夜ともいえる一触即発の状況に陥った。この状況で、エル・グラウイがモハメド五世[48]の復位を承認したため、フランス政府は一転してモハメドを中心とする親仏体制の樹立を目指す。彼の権威を補強するために、フランスは独立承認を余儀なくされたのである[49]。当面は独立を促す必要はないと考えていた、米英やアラブ諸国にとっても想定外の事態であった。

この間、米英間で再びフランスのモロッコ政策への介入について意見交換がなされた。モロッコで内戦が勃発する危険があることを恐れたダレス国務長官は、再び問題解決を急ぐようフランス政府に助言することをイギリス側に提案した。だがマクミラン英外相は従来の立場を維持し、情勢を見守るべきだとアメリカ側に伝えた[50]。八月とは異なり、今回はダレスはマクミランの見解に同意してフランスへの助言を行わなかった。

一一月上旬、仏モロッコ両国政府は、後者の独立に言及するコミュニケを発表した(51)。独立決定は、直ちにチュニジアに波及し、フランス政府はその独立の承認も余儀なくされた。チュニジアはモロッコよりも政治的発展が進んでいると目されていたため、もし前者の独立が承認されなければ国民の目にはあまりに不自然に映るからである(52)。こうして五六年二月より、仏モロッコおよび仏チュニジアの二国間交渉が同時並行的に始まった。前者は三月二日、後者は三月二〇日に妥結し、フランス政府は両国の独立を原則として承認した。アメリカ政府は直ちにこれらの合意を歓迎する書簡を送り、両者の独立を承認した(53)。

独立承認後の交渉

チュニジア・モロッコ独立の原則が承認された後も、具体的にどのような独立を両国が果たすかをめぐり、フランスとの交渉が続いた。この交渉が妥結して合意が批准されて初めて、両国が独立を獲得し、他国と外交関係を樹立できる、というのがフランス政府の立場であった。国内の混乱ゆえに独立を早期に獲得する必要のあったモロッコは比較的に順調に交渉を進めることができ、一九五六年五月八日に両国は合意に達した(54)。これは重要案件については事前協議を定めるなど、フランスの強い影響力を反映する内容となった。この合意は意外な反応を生む。イギリスが「フランスがチュニジア・モロッコと合意に達した後で独立を承認する」(55)と発言したのである。これは仏チュニジア間の交渉がモロッコほど順調に進展しておらず、その前進に向けて後押しする意味があったと言える。助言をしないという従来のイギリスの立場から逸脱した行為であり、フランス政府の反感を買った。イギリスの目的は、エジプトのナセル大統領の勢力が北アフリカに拡大することを阻止するために、チュニジア・モロッコ両国民の歓心を買うことにあったのである。仏モロッコ協定は、六月初めに開催されたフランス下院における討議の過程で批准されたものの、仏チュニジア協定の妥結は、会期後にずれ込んでしまった。しかも、六月一五日の協定はチュニジアが外国と外交関係を樹立することを認めたものの、フランスとの協調の具体的方法を規定したものではなく、結局二国間関係はモロッコとの関係よりは文面上は弱いものに留まった(56)。

しかし、チュニジア・モロッコともに、フランスとの関係を軸に西側圏に留まろうという意欲は明白であった。独立承認によって国内基盤を固めたスルタンは言うまでもなく、ブルギバについても、あるアメリカの外交官は「ブルギバは、自分が西側を選択したことが西側から確認されていることを国民に知らせるために、アメリカに支援を求めている」と記している。[57]この姿勢は、外交関係の樹立以後、チュニジアがアメリカに再三にわたって経済支援を求めたことにも表れている。

しかし、チュニジア・モロッコの期待は十分にかなえられたとは言えない。モロッコは五六年七月、財政援助についてフランス政府と交渉を継続中であった。独立後、多大な財政援助を必要としていたモロッコ政府と交渉にあたっていたフランス人官僚は、二六日にアメリカのディロン駐仏大使に対して以下のように発言している。これは、アメリカ政府がエジプト側に対して、従来からの案件であったアスワンハイダム建設援助につき、米英からの援助案を撤回することを一九日に通告した直後であった。

当初モロッコ側は、独立すれば直ちに、米ソや、場合によっては西欧諸国からも具体的な援助の申し出が殺到すると期待していた。…そのような申し出が来ない状況を前にして…、モロッコ指導者は、フランスと交渉し、今まで遅延させてきた融資に関する交渉を再開する必要があると認識した。[58]

このフランス人官僚は、アメリカによるダム建設援助の撤回が、モロッコ政府の態度変更を促すにあたり、効果的だったと謝意を表している。フランスからの融資を受け取るにはフランス議会の審査を経る必要があったが、議会はモロッコ政府の対応を好意的には見ていなかった。モロッコは以後、不利な条件での融資を受諾することを余儀なくされていく。アメリカ政府の基本的立場は、モロッコへの経済援助についてあくまでフランスの「補完的役割」に留まるというものであり、この関係は仏チュニジア関係においてもあてはまった。ブルギバも、このことを十分に理解させられていくことになる。[59]逆に言えば、フランスはアメリカの経済力を借りながら、チュニジアとモロッコを独立後もフランスの影響力圏、ひいては広い意味での西側陣営に留め置くことに成功したのである。

5　脱植民地化と西側同盟の亀裂

冷戦と脱植民地化の複合作用

第Ⅱ部総説で述べた「帝国＝植民地体制」の文脈では、以上の議論はいかに整理できるだろうか。この体制は戦後についてはとりわけ、脱植民地化と冷戦の二つの潮流によって挑戦を受けてきたと言える。冷戦が一九四七年に開始されたとすれば、脱植民地化とは冷戦に先立って発生した潮流であり、その意味では非冷戦の要素である。だが、このように概念上は帝国＝植民地体制への挑戦を脱植民地化と冷戦という二つの潮流によって分類することは可能だとしても、現実には両者は密接な相関関係を持って展開された。独立や自治権を求める現地ナショナリストは、国連などで多くの場合、ソ連やアジア・アラブ諸国の支持を得ることができた。その結果、同じく植民地解放を求めるアメリカも宗主国に権限の移譲を急ぐよう圧力をかけることになった。そうでなければ、ナショナリストがソ連の力を借りることによって自らの解放を試みる可能性が高いからである。米ソ対立を前提としてアメリカが脱植民地化を促し、活発化したナショナリズム運動をさらにソ連が後押ししたわけである。そしてその際に、アメリカが西欧宗主国に求めたのは、民族自決の承認であり、現地人が参加する政治制度の準備であった。

植民地宗主国のうち、イギリスは白人植民地には自治権を漸進的に付与する政策を採用してきたが、第一次大戦以後はインドでも地方レベルで自治体制を部分的に導入した。次いで第二次大戦前に枢軸国の脅威が強まると、アフリカでも植民地に自治を導入することを将来の目標として掲げるに至った。つまり、冷戦の開始時点でイギリスはすでに白人植民地以外でも脱植民地化を進める方向に舵を切っていたのであり、この意味でイギリスだけは、アメリカと原則レベルでは目標を共有していたのだと言える。

本章で分析した北アフリカは、大戦中に枢軸国に占領されたこともあり、独立運動が他のアフリカ植民地よりも活発化していた。そして仏領植民地での独立運動は、西側同盟の中でも大きな関心を呼んだ。フランスはドイツ問題で発言権を持つことにより、同盟内で重要な地位を占めるだけでなく、その植民地領域の広大さゆえに、国際情勢に与える影響が他の植民地帝国と比較してはるかに大きかったからである。フランス植民地政策の根本原則である同化、そしてその修正版としての協同はチュニジア・モロッコのナショナリストの受け入れるところではなく、米英にとってはいかにしてフランスを脱植民地化へと向かわせるかが焦点となった。サハラ以南アフリカでは同化は決して不人気な政策ではなかったが、将来的にも受け入れられるかは不透明であり、米英は早めにフランスが同化政策から転換することを望んでいたのである。

チュニジアとモロッコでの独立運動に直面しながらもフランスが協同原則に固執したことは、米英にとって潜在的だが深刻な意味を持っていた。第一に、脱植民地化が植民地領域にもたらし得る問題である。フランスが問題解決に失敗した場合、両国がフランスの影響力圏を逃れる形で独立を果たす可能性があり、さらにはそれが他の植民地に波及する可能性があった。第二は、フランスと米英間の齟齬がもたらす、西側同盟内の亀裂であり、これは米英にとって冷戦戦略上の脅威であった。両国の情勢は、その地理的近接性と民族的類似性ゆえに、アルジェリア情勢に直接影響をもたらす可能性があった。アルジェリアがフランスの影響力を脱する形で独立を果たす事態になれば、フランス世論が激昂することは必至であった。米英が戦後に脱植民地化の原則に同意していたことから、最悪の場合、世論の反発が米英に向かう可能性があり、その場合フランスがＮＡＴＯから離脱する危険すらあると認識されていた。両国の脱植民地化は西側同盟に関わる問題であり、それがソ連を利するものである以上、冷戦戦略上の脅威として認識されたのである。

イギリスの役割

米英がフランスに対して抱いていた期待は、類似のものだったと言ってよい。ただちに独立を承認する必要はないものの、チュニジア・モロッコ両国民の自決権と国内自治を承認することで、将来的な独立の後も両国がフランスの影響力圏に留まれるようになると期待された。だが、自決権の承認こそ、同化（および協同）政策に固執するフランスにとっては容認できない原則であり、仮に独立後に影響力が残存するとしても受け入れられるものではなかった。

にもかかわらず、米英間では対フランス政策において相違が見られたのであり、その根底には両者の脅威認識の相違があった。アメリカは、フランスとアラブの間に亀裂があればそれをソ連が利用する危険があると恐れており、両者の調停を図ろうと試みたのである。アメリカが、フランスと保護国の間で「中道政策」を採用して両者の中間的立場を取った理由はここにあった。

しかしイギリスにとっては、このようにアメリカがフランスとアラブの間で調停を試みていることこそが問題であった。それは米仏間の立場の相違と捉えられ、ソ連によって利用される危険があったからである。イギリスは一九五一年以後助言はかえってフランスの敵意を招き、問題解決を困難にすると恐れ続け、アメリカ側にも助言を控えるよう説得を試みた。国連でも終始フランスの立場に同調し、国連が問題を取り上げる権限を否定し続けた。五二年秋にはアメリカの意向に反してこの立場を表明し、最終的にはこの態度が、聴聞会の問題ではアメリカをして譲歩せしめることになる。結果的にイギリスの態度は、国連がチュニジア・モロッコ問題に直接関与することを不可能にし、フランスが主導権を維持したまま両国の問題に対応することを可能にした。このことが、フランスが脱植民地化政策に転換した後、国連の干渉を受けることなくナショナリストたちと交渉できたことの遠因となったと言える。

なぜイギリスはこのように慎重な態度をとったのか。その意図は、可能な限りフランスを国際的な圧力から守り、自らの判断で脱植民地化に転向させることにあった。イギリスは、自身が植民地で権限移譲を徐々に進めていることがフランス政府の反感を買っていることを自覚していたため、助言が逆効果を生むことを理解していたのである。フランス政府と世論の反感を米英に集めることなく、フランスを従来の方針から転換させるには、フランスが自らを失敗に気付くのを辛抱強く待ち続けるしかない、との判断であった。この忍耐強い姿勢は、植民地支配から自らを解放したという経験を持ち、反植民地主義世論の強いアメリカにはとりえないものであった。逆に言えば、植民地帝国でありながら、脱植民地化という原則自体には反対しないというイギリスだからこそ採用できた政策であったと考えられる。脱植民地化という世界の潮流が引き起こしてしまった米仏間の対立をイギリスは調停しようと試み、かなりの程度それに成功した。そしてイギリスの努力の結果、西側同盟の結束が維持できたことにより、フランスが独立後も旧植民地で政治的影響力を維持し、アメリカがそれを経済的に支援するという役割分担の実現を容易にしたのである。

アメリカの関与と帝国＝植民地体制の変容

現代の視点から振り返れば、第二次大戦の終結後、脱植民地化とソ連の脅威に対抗するためには、西欧諸国にとってアメリカの力を借りることが不可欠であり、そのアメリカが植民地解放を唱える以上、ある程度はその主張と折り合いをつける必要があったと言える。ソ連の主張を受け入れることは植民地から駆逐されることを意味しており、アメリカの主張を受け入れる方がはるかに良い結果となることが明白である。植民地問題でアメリカと対立を続けたところでソ連と和解することはあり得ず、結局は西欧宗主国にとって利益はないからである。ケントは、冷戦の起源の一つとして、イギリスが帝国維持のためにアメリカを説得して対ソ強硬姿勢に転じさせたことがあると論じるが[(60)]、この議論の背景には以上のようなイギリス側の計算があると言える。これに対して、同様に広大な植民地帝国でありながら、アルジェリア死守を求める強い世論を持つフランスは、植民地問題をめぐってアメリカの戦略との妥協にはなかなか踏み切れずにいた。この意味で、本章で分析した、チュニジアとモロッコをめぐってフランスが脱植民地化を決断する過程は、フランスが植民地問題で米英の方針に妥協していく大きな転換点となったわけである。そして、アメリカの関与の論理的帰結が植民地独立であったとすれば、本章で扱ったフランスの方針転換は、冷戦と脱植民地化という二つの脅威に直面した帝国＝植民地体制が、戦後において世界規模の主権国家体系へと変容していく過程の重要な出発点の一つであったと位置づけることができるだろう。

註

（1）本章の内容は、Ryo Ikeda, *The Imperialism of French Decolonisation: French Policy and the Anglo-American Response in Tunisia and Morocco*（Basingstoke: Palgrave Macmillan, 2015）と部分的に重なる。類似の内容の掲載にあたって同書出版社より許可を得た。

（2）先駆的業績として、Wm. Roger Louis, *Imperialism at Bay: The United States and the Decolonization of the British Empire, 1941-1945*（New York: Oxford University Press, 1978）.

（3）代表的な著作として、Odd Arne Westad, *The Global Cold War: Third World Interventions and the Making of Our Times*（Cambridge: Cambridge University Press, 2005）〔邦訳：O・A・ウェスタッド『グローバル冷戦史――第三世界への介入と現代世界の形成』（佐々木雄太監訳、小川浩之・益田実・三須拓也・三宅康之・山本健訳）名古屋大学出版会、二〇一〇年〕; Robert J. McMahon（ed.）, *The Cold War in the Third World*（New York: Oxford University Press, 2013）.

（4）詳細は以下を参照のこと。池田亮『植民地独立の起源――フランスのチュニジア・モロッコ政策』法政大学出版局、二〇一三年。

（5）フランス連合についてはMartin Thomas, Bob Moore, and L. J. Butler, *Crises of Empire: Decolonization and Europe's Imperial States, 1918-1975*（London: Hodder Education, 2008）などを参照。日本語では、池田前掲書。

（6）Raymond Betts, *Assimilation and Association in French Colonial Theory, 1890-1914*（Lincoln and London: University of Nebraska Press, 2004）.

（7）Thomas et al. op. cit., p. 81.

（8）Erez Manela, *The Wilsonian Moment: Self-Determination and the International Origins of Anticolonnial Nationalism*（Oxford: Oxford University Press, 2007）.

（9）Ministère des Affaires Étrangères（MAE）, Tunisie 1944-1955, vol. 380, Note, 14 January 1950.

（10）MAE, Cabinet du Ministre, Schuman, vol. 101. Note pour le Ministre, 17 October 1951.

（11）*Foreign Relations of the United States*（*FRUS*）, 1950, vol. V, p. 1752, The Chargé in France（Bonsal）to Acheson, no. 2124, October 19, 1950.

（12）The National Archives, UK（TNA）, FO371/90243, JF1022/5, FO to Paris, no. 96, 2 February, 1951.

(13) MAE, Maroc 1950–1955, vol. 68, Paris à Rabat, Circulaire no.18, 15 March 1951; *Le Monde*, 28 February 1951.

(14) TNA, FO371/97090, JF1041/7, Harvey to FO, no. 38, 19 January 1952.

(15) TNA, FO371/90244, JF1022/46, Harvey to FO, no. 80, 12 March 1951.

(16) TNA, FO371/90241, JF10113/35, Harvey to FO, no. 645, 6 November 1951.

(17) *FRUS*, 1951, vol. V, pp. 1384–1386, Paper Prepared in the State Department, August 29, 1951.

(18) Ibid., pp. 1387–1389, US Minutes of the First meeting of the Foreign Minister of the US and France, September 11, 1951.

(19) TNA, FO371/90241, JF10113/35, Harvey to FO, no. 645, 6 November 1951.

(20) *Yearbook of the United Nations*, 1951, pp. 357–359.

(21) MAE, Tunisie 1944–1955, vol. 384, l'Evolution politique de la Tunisie depuis Juin 1950 et la Crise de Janvier-Avril 1952, April 1952.

(22) MAE, Tunisie 1944–1955, vol. 364, New York à Paris, no. 611/612, 14 April 1952.

(23) *FRUS*, 1952–1954, vol. XI, pp. 766–771, US Delegation Minutes of a Meeting, June 3, 1952.

(24) MAE, Tunisie 1944–1955, vol. 368, Washington à Paris, no. 5583/5592, 6 August 1952.

(25) *FRUS*, 1952–1954, vol. XI, pp. 793–794, The Chargé in the United Kingdom (Holmes) to the State Department, no. 668, August 6, 1952.

(26) *FRUS*, 1952–1954, vol. XI, pp. 811–812, Dunn to the State Department, no. 1711, September 18, 1952.

(27) The National Archives of Record and Administration (NARA), RG59, Lot58, D48, Entry 1293, Box 5 [40.1 UN Tunisia 1952–1953], Memorandum of Conversation, September 10, 1952; RG59, Lot58, D48, Entry 1293, Box 5 [40.1 UN Tunisia 1952–1953], Secret Security Information, September 16, 1952.

(28) TNA, FO371/97102, JF1041/241, Draft brief for the Secretary of State for the visit of Mr. Pearson. 9 September 1952.

(29) TNA, FO371/97102, JF1041/246, Paris to London, no. 397, 25 September 1952.

(30) NARA, RG59, CDF 320.00, box 1281, US-French Talks on the UN, September 30, 1952.

(31) MAE, Tunisie 1944–1955, vol. 369, Massigli à Washington, no. 4173, 2 October 1952.

(32) MAE, Tunisie 1944–1955, vol. 369, Hoppenot à Paris, no. 2245/2250, 4 October 1952.
(33) NARA, RG59, CDF 772.00, box 4007, Memorandum of Conversation, September 29, 1952.
(34) TNA, FO371/97105, JF1041/297, Franks to FO, no. 2069, 6 November 1952.
(35) *UNGA Official Records*, vol. 7 1952–53, Plenary Meetings, p. 382.
(36) NARA, RG59, CDF 320.11 box 1286, Memorandum of Conversation, December 11, 1952.
(37) MAE, Tunisie 1944–1955, vol. 369, Tunis à Paris, no. 2155/2158, 20 December 1952.
(38) MAE, Tunisie 1944–1955, vol. 389, Note pour le Président par la Direction d'Afrique-Levant, 27 February 1954 ; Tunis à Paris, no.172/176, 4 March 1954.
(39) MAE, Tunisie 1944–1955, vol. 390, la Déclaration de Carthage.
(40) NARA, RG59, CDF 772.00, box 4008, Paris to Dulles, no. 376, July 27, 1954; 772.00, box 4008, Dulles to Paris, no. 3067, July 30, 1954.
(41) TNA, FO371/113806, JF1072/10, Makins to FO, no. 1790, 1 August 1955.
(42) *FRUS*, 1955–1957, vol. XVIII, doc. 182, Paris to the State Department, no. 489, August 2, 1955.
(43) TNA, FO371/113806, JF1072/7, Jebb to FO, 18 July 1955.
(44) TNA, FO371/113806, JF1072/10 (b), Ramsden Minute, 2 August 1955.
(45) TNA, FO371/113803, JF1051/3, Jebb to Eden, 23 March 1955.
(46) Gilbert Grandval, *Ma Mission au Maroc* (Paris: Libraire Plon, 1956), p. 193; *Documents Diplomatique Français* (*DDF*), 1955, vol. II, doc. 144, Note, Conversations franco-marocaines d'Aix-les-Bains, 27 August 1955.
(47) *Le Monde*, 31 August 1955.
(48) 五三年、グラウイ派の反スルタン運動を受け、フランスは彼を廃位していた。
(49) 詳細は、池田前掲書　第7章。
(50) TNA, FO371/113806, JF1072/20, FO Minute by Phillip, 5 October 1955.
(51) *DDF*, 1955, vol. II, doc. 369, p. 817, footnote 4.
(52) MAE, Tunisie 1944–1955, vol. 379, Seydoux à Paris, no. 3658/3662, 3 November 1955.

(53) *L'Année Politique*, 1956, p. 202; *Le Monde*, 8 March 1956; MAE, Tunisie 1956–1969, vol. 108, Situation Politique en Tunisie (mars 1956); NARA, RG59, CDF, 772. 02/5–1456, Dulles to Tunis, no. 123, May 14, 1956.

(54) *DDF*, 1956, vol. I, doc. 311, Savary aux Repŕesantants diplomatiques de France, 12 May 1956.

(55) *Le Monde*, 11 May 1956.

(56) *L'Année Politique*, 1956, p. 208.

(57) NARA, RG59, CDF 772.00, box 3666, Hughes to Washington, no. 247 May 4, 1956.

(58) NARA, RG59, CDF 651.71, box 2621, Paris to Dulles, no. 444, July 26, 1956.

(59) 彼はアメリカの外交官に対して「チュニジアはフランスの属国に過ぎない。…アメリカはチュニジアと直接取引することを望んでいない」と嘆いている。NARA, RG59, CDF 772.00, box 3666, Tunis to Secretary of State, no. 186, October 26, 1956.

(60) John Kent, *British Imperial Strategy and the Origins of the Cold War* 1944–49 (London: Leicester University Press, 1993).

第八章　国連組織防衛の論理とカタンガ分離終結

——一九六二～一九六三年——

三須拓也

ウ・タントは彼が呼ぶところの「逆説」を語った。すなわちコンゴ作戦に資金を提供する国々は、国際連合が積極的活動を行うと、資金を引き揚げると脅す。国連作戦に部隊を提供する国々は、直ちに積極的活動を行わないならば、部隊を引き揚げると脅すのである。(1)

1　国連とコンゴ危機

コンゴ危機は、一九六〇年六月にベルギー領コンゴがコンゴ民主共和国としてベルギーから独立した後、ベルギーがカタンガ州の分離独立を工作し、その結果発生した内乱である。激しい部族対立と旧宗主国の介入を伴った地下資源をめぐる利権紛争に、東西冷戦が投影され激化したこの紛争は、コンゴ国連軍の武力行使を受けて、六三年のカタンガの分離終了宣言で終結した。

コンゴ危機は、米ソ対立を軸とした東西冷戦の一コマとして描かれる傾向がある。(2)しかしカタンガ分離問題には、冷戦とは本来的に文脈を異にする、ベルギー、イギリスの植民地利権の問題が関わっており、脱植民地化をめぐる問題も影響を与えた。とくに植民地問題への国連の介入をめぐる米欧対立、アジア・アフリカ諸国と西側諸国との対立の問題は、看過できない。加えて考慮すべきは、国連が関与したために問題が複雑化した点である。コンゴ危機では、アメリカの強い支持を背景に、冷戦史上最大の平和維持軍が活動したが、これは、国連事務局にとって資金、技術、兵員の確保等の面で多大な負担となった。国連は常にそれら介入資源確保の限界を意識させられ、この確保をめぐる政治交渉が、紛争処理過程に影響を与えた。

このようにコンゴ危機は冷戦とは異なる論理が様々な影響を与えたと考えられる事件だが、本章の分析対象とするカタンガ分離終結過程でも、これらの問題が表出した。たとえば各国史料からは、当時アメリカ政府高官や国連上級職員の多くが、終結には何らかの力の行使が必要だと認識していたにもかかわらず、植民地利権を有する国内外の分離支持勢力が障害となり、踏み込んだ措置が取れなかったこと、また財政危機下にあった国連事務局は、常に介入資源の確保とその活動の正統性の維持に苦慮し続けたことをうかがい知ることができる。

では介入をめぐる各種対立や国連の介入資源確保の問題は、危機の展開をどのように左右したのか。本章は、六二年初頭から六三年春までの分離終結過程に焦点をあて、アメリカの持つ構造的権力が国連事務局に及ぼした影響を念頭に置きつつ、この過程で冷戦および冷戦とは異なる論理が果たした役割を考察する。(3) そして分離がなぜ六三年一月の国連軍の武力行使で終結したのかとの問いに対して、限られた資源の中で委託任務を失敗できないという国連組織防衛の論理が、この時期に危機を終結させた要因であったことを明らかにする。

2　米欧摩擦と国連財政問題

カタンガ納税問題とブリュッセル、ロンドン

一九六〇年七月に勃発した旧ベルギー領コンゴの騒乱は、その後一年以上が経過してもワシントンとニューヨークの頭痛の種であった。この間親ソ的と目されたコンゴ首相ルムンバは殺害され、ソ連は直接介入の意思を失ったものの、(4) コンゴ南端に位置するカタンガ州の分離終結は、展望できなかった。この地域は、銅、金、錫、コバルト、ウランといった鉱物資源の世界的産地であり、独立前の植民地時代、政府税収の四八％、輸出収益の五二％を提供した。(5) しかしカタンガの指導者チョンベは、統一に向けた諸手続きを定めたキトナ協定（国連軍の武力行使とアメリ

カの仲介で六一年一二月締結）を履行しようとせず、コンゴ中央政府はカタンガからの徴税ができない状態が続いたため、国内経済は破綻の瀬戸際にあった。

チョンベの態度の背景には、彼が手にした潤沢な資金と武器に加えて、分離をめぐる西側諸国の足並みの乱れがあった。(6) アメリカと国連事務局は、六一年夏の親米的なアドーラを首相とする中央政府の成立を受けて、コンゴ統一を目指したが、この地域に具体的利権を持つベルギーとイギリスは、国連軍の二度の武力行使の時のように、国連の植民地問題への積極介入に反対した。(7) そしてカタンガの納税問題では、ベルギーの場合は能力の面で、イギリスは意思の面で分離終結の障害となった。

まずベルギーが問題であった。六一年春に発足したスパークが副首相兼外相を務める新政権は、前政権と比べて国連に協力的であった。しかし不安定な連立政権で、コンゴ問題への対応をめぐり厳しい批判に晒されがちであった新政権は、大財閥ソシエテ・ジェネラル・ド・ベルジックの子会社ユニオン・ミニエールのカタンガに対する納税問題の解決に指導力を発揮できなかった。なぜなら分離を可能ならしめたユニオン・ミニエールのカタンガへの納税行為は、コンゴの国内法の未整備状況下では、非合法とは言い難かったからである。(8)

このような中アメリカは無策だったわけではない。民間のチャンネルをも使った直接交渉でわずかではあったがアメリカは成果をあげた。(9) 六二年一月からの数カ月にわたる交渉でアメリカは、仮に送金を停止すればチョンベは報復として総額三〇億ドルの設備を破壊し、従業員に危害を加えると主張するユニオン・ミニエールから、若干の送金の自粛を引き出した。(10) しかし同時に明らかになったのは、アメリカをしてもユニオン・ミニエールの非合法とは言えない活動を完全に停止できないことであった。六一年一二月にソシエテ・ジェネラル総裁に就任したノキンらの親米的経営陣は、長期的には分離は「非現実的で危険」と判断したが、その一方でソシエテ・ジェネラル経営陣には、統一後のコンゴ政府が同社利益を保護するのかどうかに不安を覚え、カタンガと中央政府との和解に反対するものがいた。(11) 七月、在ブリュッセル・アメリカ大使マッカーサーは、「ユニオン・ミニエールとソシエテ・ジェネラルの支配集団は、レオポルドヴィル政府へ積極的支援提供をなかなか受け入れようとせず、そしてチョンベへの効果的圧力提供にも乗り気ではない」と報告せざるをえなかった[12]。

いま一つの障害がイギリスであった。アメリカは、イギリス政府を介して、ユニオン・ミニエールの大株主の一つであるイギリス企業タンガニーカ・コンセッションズにも働きかけて、カタンガ送金を阻止しようとした。しかし、アフリカに独自の政治経済的権益を持つイギリスは、非協力的であった[13]。与党保守党は分離に好意的であり、またタンガニーカ・コンセッションズから選挙資金の提供を受けていた。しかも彼らには、五六年のスエズ戦争での国連による介入の悪夢が生々しかった。それゆえイギリスは、国連との協力の体裁を保ちつつも、送金の阻止のために手を打たず、またコモンウェルス構成国ローデシアからの対カタンガ武器流入も阻止しなかった[14]。

この結果コンゴ問題をめぐり、英米間の「特別な関係」は空転した。ケネディ大統領の発案で六二年五月一五日から一八日まで開かれた米英ベルギー三カ国会談は、象徴的であった。この会談においてベルギー代表は米英間のギャップを埋めようと努力したが、最終的に明らかになったのは両国ともユニオン・ミニエールに圧力をかけないという事実であった。ブルース大使は、とくに状況次第では国連へ財政支援の撤回を仄めかすイギリスについて、まったくもってやる気がないと報告せざるを得なかった[15]。

分離固定化と国連財政問題

分離問題をめぐる同盟国間の足並みの乱れは、コンゴでは二つの政治的方向性を生んだ。第一にはカタンガには分離継続の好機となった。他方、首都レオポルドヴィルのアドーラ政権は、分離の早期終結を求める左派勢力（ルムンバ派）の圧力に晒されることになった。

アメリカは、アドーラ政権の権威を保つべく支援し続けていた。そもそもアドーラは、一九六一年夏にアメリカ中央情報局（ＣＩＡ）と国連軍の秘密工作を通じて首相に就任したが[16]、その後もＣＩＡは、彼の支持母体である各種労働組合や青年団体に資金を提供し、軍事的には亡命キューバ人パイロットからなる「即席空軍」を組織した[17]。国務省も六二年春アドーラの訪米を計画し、アメリカ議会議員および報道陣に好意的印象を与えるのに手を貸した[18]。

しかしチョンベからの「莫大な資金」が反アドーラ議員に流れ込んでいるとの噂が絶えず、彼の権威は失墜し続けていた。[19]

他方で分離の固定化は進んだ。西側の共同圧力がないことを悟ったチョンベは、時間稼ぎに徹した。彼は交渉姿勢を示しつつも、何かしらの合意が得られそうになると、病気を装うか、あるいは全権がないとの主張を繰り返し、六月末まで交渉を流産させ続けた。彼はキトナ協定を受け入れるふりをすることで時間を稼ぎ、潤沢な資金を軍備増強に用いた。彼と彼の側近ムノンゴは、カタンガ憲兵隊のために新しい武器を調達し、少なくとも五機の戦闘機を空軍に配備し、また三〇〇から五〇〇人の傭兵をかき集めた。[20]

国軍を完全支配できないアドーラに、分離を単独で終結させる力はなかった。ルムンバ派の拠点スタンレーヴィルでの反政府武装蜂起の噂が絶えない中で、[21]経済は混乱し、政府財政は破綻しかけていた。大量の失業者が街に溢れ、政府は財政赤字を埋めあわせるために新紙幣の増刷を繰り返し、激しいインフレが起こっていた。その一方でユニオン・ミニエールが中央政府を迂回して多額の外国為替収益を使い、またコーヒーや紅茶等の物資の不法輸出が相次いだために、国際収支の赤字は月額約一六〇〇万ドルにのぼり、外貨準備は尽きかけていた。しかも厳しい財政状況下でアドーラは、国軍兵士の忠誠心維持のために、彼らの賃上げ要求に応え続けねばならなかった。[22]

チョンベは、一つの野心を抱いていた。それは国連軍を資金切れでコンゴから撤退させることであった。国連憲章に定めのない平和維持活動に関して、ソ連やフランスなどが経費を支払わず、「コンゴだけでも一カ月あたり約一〇〇〇万ドルの支出」のために、当時国連は深刻な財政危機に直面していた。[23]当時国連事務総長ウ・タントは「国連財政問題を彼の第一の優先課題」と捉えていた。[24]六一年一二月国連総会は、国際司法裁判所に対して、平和維持活動経費が憲章第一七条の「この機構の経費」に該当するかどうかの判断を求めたが、不払い国はその姿勢を改めず、国連軍の資金は六二年六月には枯渇しそうであった。そこで国連債購入財源としての緊急予算枠一億ドルの設定を渋るアメリカ議会に狙いを定めたチョンベは、六一年秋以降ベルギー国籍の広報マンで、「カタンガ政府」の公式代表ストルゥーレンスのロビー活動を通じて、反国連・親カタンガ勢力を組織化した。これに呼応して超党派の有力政治家達が「反共主義の拠点カタンガを守れ」のかけ声とともに反国連キャンペーンを展開した[25]。

ケネディは、連邦捜査局（ＦＢＩ）を用いてカタンガ・ロビーの動きを封じようとしたが、この時は議会との妥協を余儀なくされた[26]。その一つは、不払い国に対する国連憲章第一九条の適用の約束であった。すなわち分担金支払いが二年を超えて遅延した加盟国の国連総会投票権剥奪を定めたこの条項を、平和維持活動の経費不払い国にも適用しようというのである。議会外交委員会は、即時払いの額をケネディが求める一億ドルではなく、二五〇〇万ドルに限定し、残り七五〇〇万ドル分については、利払い状況やアメリカの国連通常予算の分担分なども考慮して、後に検討することを求めた。ケネディは、これらの要求の検討を受け入れることで、六月二八日、修正予算案への議会上院の承認を得ることができた[27]。

3　経済制裁と宥和政策

ウ・タント・プラン登場

ニューヨークでは国連事務局が、財政問題の火種が燻り続ける状況に焦っていた。ウ・タントは、国連債売却で多少の息継ぎができたとは言え、一九六三年三月までに資金繰りが悪化することを予見していた[28]。その一方でカタンガから寄せられる情報は、チョンベの立場の強まりと国連軍の権威の低下であった。たとえば、六二年七月の独立二周年式典においてカタンガは、州都エリザベスヴィル中心街で兵員二〇〇〇人の軍事パレードを行っていた。また煽動した婦女子に国連軍インド部隊が設営した検問所を襲撃させ、そして国連軍の反撃で犠牲者が出たことを宣伝して回った[29]。

国連が打てる策に限界がある中で、アメリカもカタンガへの圧力なしに事態の打開はないことを理解していた。しかしアドーラは国連軍のカタンガ武力行使を渇望したが、この最も単純な方策は非現実的であった。国連は六一年の間に二度カタンガへの武力行使を行ったが、いずれも西側諸国からの批判に晒された。国務省情報調査局は、同盟国の支持確保に目処が立たない中で、国連軍のカタンガ武力行使が行われるならば、それは「決定的な軍事的解決にならない…ばかりか、コンゴ全体へ無政府状態を広げることになり、確実な破壊をもたらし、終わりの見えない内戦を引き起こすだろう」と分析していた。[30]

このような中、国連軍の武力行使を回避しつつ、カタンガへ圧力をかける方策は二つあると考えられた。一つはコンゴ国軍支援の増強であった。ケネディは、国軍の再訓練計画策定のために、グリーン大佐をコンゴに派遣した。八月以降、「国連の傘」の下での支援に加えて、一五万ドルの軍事支援をアドーラに直接提供した。[31]

もう一つの方法は国際協調による経済制裁であった。それが六二年八月一〇日に公表されたウ・タント・プランであった。この計画は、国連事務総長の名前が冠されたが、実質的には、英仏ベルギーとの協議を経て国務省が作成し、ウ・タントに「引き受けさせた」コンゴ和解計画であった。新憲法の起草やその議会による承認など、統一に向けた段階を記したこの計画は、その履行を迫るために、カタンガ産鉱物資源の輸出入禁止という経済制裁の発動を予定していた。[32]

しかしこの計画の実効性には当初から疑問符がついた。根本的理由は、この計画にも米欧間の不和が投影されたからであった。そもそもこの計画は、具体的な期限設定を欠いたまま、単に履行の段階を定めただけであった。しかも米欧間の不和のために、仮にその内容が履行されない場合の力の行使が十分に担保されないままとなった。アメリカの根回しにもかかわらず、銅資源の消費国フランスは公然と反対し、イギリスは当初の態度を翻し最終的に協力を拒否した。そのため制裁の内実もアメリカとベルギーの二国のみによる。[33]

しかも、アメリカですら制裁に二の足を踏む部分があった。ウ・タント・プランは、経済制裁がうまくいかない場合、さらなる制裁の可能性を謳ったが、同盟国との協調を望むアメリカは、それに国連軍の武力行使が含まれることを嫌がった。八月五日にケネディはこの計画を承認したが、その際彼は、仮に経済制裁が失敗した場合「より厳重な措置」をとると記されていた原案の記述を、公表段階では「とることができる」へ修正させた。[34] この結果、政権内部には経済制裁の効果への疑念が残った。[35]

宥和政策とアドーラの苦境

対カタンガ圧力の必要性を認めたものの、和解実現に十分な手段を欠くウ・タント・プランの前途は多難であった。コンゴ側にとってこれは、ワシントンの事情を反映した文章に過ぎず、コンゴの当事者から同意を得ることが難しかった。結果、和解交渉の進展は、カタンガとレオポルドヴィルの双方にかけられた圧力と譲歩の変数になりがちであった。

この事情を背景として、チョンベが今一度障害となった。権力源泉をアメリカに依存するアドーラはこの計画に同意したものの、チョンベは交渉そのものを拒否し続けていた。このためチョンベが交渉上の優位性を維持する中で、アメリカは譲歩を強いられた。

一九六二年九月になるとアメリカの宥和的態度が顕著になった。その態度を端的に示したのが、テキサス州の裕福な石油業者で親カタンガ的立場のマクギー国務次官の派遣であった。ガーナ人のガーディナ国連事務総長特別代表は、チョンベが図に乗るとの理由から直接交渉に猛然と反対したが、チョンベは国連への不信感を公然と口にし続けたため、ケネディはマクギーをチョンベの元へ派遣した(36)。一連の会談においてマクギーは、チョンベから数々の「空約束」を得ることと引き替えに、新憲法の下でカタンガにはより大きな権限が与えられることを約束した。これは、憲法起草過程へのチョンベの関与を望まぬアドーラからすれば、「裏切り」ともとれる譲歩であった(37)。

チョンベへの宥和政策はアドーラ政権を不安定化した。両者の和解の行く末が、カタンガに有利な内容になるのではないかとの期待から、一〇月までにライバル指導者の反乱が国中を覆い始めた。まず反乱はカサイ州で起こり、一〇月中旬になると現地実力者で政敵のカロンジが、短期間であったがアドーラへ反旗を翻した(38)。キブ州でも、カシャムラが、「コンゴ抵抗運動」を立ち上げ、センドウェのバルバカ党もアドーラの打倒を掲げた。アドーラはその報復に反対派の一部を投獄した(39)。

ウ・タント・プランの実行は、日を追って難しくなった。アドーラは、アメリカと国連の法律専門家が起草した憲法草案を受け入れたが、コンゴ議会はその承認を渋っていた。この原因について法律家であるボール国務次官は、憲法草案承認が制裁回避に不可欠であることを認めつつも、国連派遣の民法の専門家が作った新憲法がコンゴの実情に合わないほど「洗練されすぎており、そしておそらくうまく機能しない」と感じていた。[40] マクギーは、一〇月にもコンゴを訪問したが、チョンベはこの時交渉を拒否し、空軍力を増強し、傭兵を集め、カタンガ憲兵隊を一万八〇〇〇人規模へと拡大し続けた。[41] コンゴ国軍が三週間にわたってカタンガ攻撃を続ける中、事態が改善しないことに苛立つアドーラは、一〇月二〇日、制裁の第三段階を要求した。[42]

このタイミングはアメリカには最悪であった。大西洋の向こう側では、キューバ危機が起こっていたからであった。一〇月一四日、アメリカの偵察機が、ソ連がキューバにミサイル基地を建設中であることを発見した。その後の約二週間、ワシントンとニューヨークは、この危機の処理に忙殺され続けた。アドーラの期待とは裏腹に、ケネディはコンゴ問題への具体的反応ができなかった。アドーラの権力は弱まるばかりかと思われたが、同じ時期に、この流れを一変させる出来事が起こった。中印国境紛争の勃発であった。

4　二つのタイム・リミットの浮上とオペレーション・グランドスラム

中印国境紛争とインド部隊の撤退――一つ目のタイム・リミット

一九六二年一〇月二〇日、国連軍最大の派遣部隊提供国インドが中国との国境紛争に巻き込まれ、中国軍にカシミール地方のアクサイチンを奪われた。インドの国連軍への部隊提供で中印間の軍事バランスが変化し、中国の行動を誘発させたのか、またこの事件とキューバ危機勃発とに何かしらの関連があるのか、定かではない。しかし、この紛争のコンゴ危機への影響は明確で、この攻撃を理由にネルー首相は、六三年三月を期限としてインド部隊の引き揚げを表明した。そして最大時約二万人規模となった国連兵員の約三分の一を提供したインドの離脱で、国連事務局は国連軍の規模の維持に苦慮することになった。[43]

国連事務局は慢性的な人材不足に悩んでおり、インド部隊の引き揚げはこの問題を決定的にした。[44] もともと多様な国の派遣部隊から構成される国連軍には、言語問題、人種問題などを背景にオペレーショナル・レベルの問題が多かった。規律の取れたスウェーデン部隊やカナダ部隊は、その作戦実施能力に高い評価が与えられたが、白人との人種摩擦を抱えるコンゴでは、その活動地域に限りがあった。一方で、エチオピアなどのアフリカ人部隊では、無規律で質の悪い兵士達が、赤十字の救護隊を殺害するようなケースもあった(45)。このような中で有色人種で、「国連軍で最も実力ある」と評されたインド部隊、とくにグルカ兵団にはエリザベスヴィル駐留の最重要任務が託されていた。しかし中印国境紛争の影響で国連はこれを失った(46)。

ワシントンでは、インド部隊撤退の期限が強く意識される中で、悲観的見通しが強まっていた。大統領補佐官ケイセンは、国連軍の軍事能力の強化を図らなければ、その弱体化の流れの中で、いい流れの中で最悪の場合「アフリカを舞台とした白人と黒人の戦争の類」が勃発し、アメリカは、その中間に囚われると警告した。すなわち、アドーラ政権は急進派（ルムンバ派）に打ち倒され、アフリカ諸国の多数派はレオポルドヴィルの支援に向かい、その一方でポルトガルと白人少数派の中央アフリカ連邦と南アフリカ共和国の体制はチョンベに支援を与えるだろうというのである(47)。

ケネディは事態を座視していたわけではなかった。この時期アメリカは、国連軍の弱体化を補うために、グリーン・プランと呼称されたコンゴ国軍の再訓練計画に取り組んでおり、またアドーラ政権への梃入れとして、輸入用外貨支給の二五〇〇万ドル、公法四八〇号のもとでの二七五万ドル規模の援助を行っていた(48)。しかし国連軍の武力行使の回避、内戦激化の回避がアメリカにとっての至上命題である以上、この帰結は現状の固定化を意味した。

一方ウ・タントは、「自分の計画」が骨抜きになりつつある状況に焦っていた。カタンガへの積極策を求めるアジア・アフリカ諸国、とくに急進派のカサブランカ・グループは、アメリカがウ・タント・プランへの支持を撤回するのではないかとの懸念が広がりつつあった(49)。しかも、アドーラには、ウ・タント・プランが一向に実施されないことへの失望から、国連軍をコンゴから撤退させる気配すらあった(50)。このような状況下で「幾分自暴自棄的な傾向」があったウ・タントは、指導力を発揮しようとして、これまで明言してこなかった交渉期限を一一月一五日と設定した[51]。しかし、キューバ危機の処理に忙殺されたアメリカには、経済制裁への十分な準備ができておらず、またベルギーも国内立法が進んでいなかった[52]。結局、期限が訪れたが何も起こらなかった。国連では何もできなかったのである。

レオポルドヴィルでは、アメリカと国連が本当に制裁を実施するのかどうか疑う声が強まっていた。カサヴブ大統領率いるアバコ党は計画への疑念を口にし、カタンガに対する「より強い措置」をとるよう求めた[53]。アドーラは、一一月二八日に苛立つ議会の不信任投票に晒された在レオポルドヴィル・アメリカ大使ガリオンに対して、「アメリカは国連を支配しているのだから、（コンゴの）情勢により責任を負うべきだ」となじり、分離終結に繋がるのであれば、ソ連から支援を受けるべきだとする声が議会で沸き上がっていることを伝えた。アドーラの不満は、カタンガ憲兵隊が国軍兵士や村民を日々攻撃し、自らの政権が不安定であるにもかかわらず、アメリカや国連が何もやらないことにあった[54]。アドーラは窮するあまり、アメリカと十分協議することなく、一二月一一日、経済制裁の即時実施を訴える手紙を一七カ国に送りさえした[55]。

アメリカはあがくアドーラに梃入れを続けていた。CIAのレオポルドヴィル支局長デヴリンが後に回顧したように、六二年一〇月から一二月の間、CIAは多数の工作員を用いて、反対派の買収などの政治工作を活発化させた[56]。一一月二五日アメリカは、「技術上の詳細」について調整の必要を残したまま、コンゴの「即席空軍」のために「適当な量」のロケット砲を提供することを承認した[57]。また、悪化の一途をたどるコンゴ経済立て直しのために、五〇〇〇万ドル規模の国際援助計画の作成を急ぐと同時に、モービル石油などの石油会社からカタンガへの納税停止協力を得た[58]。しかし大きな変化はなかった。アドーラは、反対派の辞任圧力に晒されて、政治犯の特赦を認めざるを得ないほど追い込まれていた[59]。

国連職員も焦りの色を隠せなくなっていた。一一月二六日、ニューヨークのバンチ国連事務次長の邸宅で開かれた夕食会の際、ガーディナ国連事務総長特別代表は、ローワン国務次官補代理に近づき、アメリカはコンゴ人民を「裏切りつつあ」り、さらに踏み込んだ措置を避けるために、「（国連を）盾として使おうとしている」と批判した。

さらにガーディナは、アジア・アフリカ諸国のウ・タント・プランの失敗に対する幻滅を伝えたうえで、国連は残り一カ月はアメリカと行動をともにするであろうが、もし改善がないのであれば「（アメリカは）コンゴを一国だけで好きなように扱うことができる」だろうと、その怒りをぶちまけた(60)。

アメリカ・ベルギー協調と国連軍の強化

ケネディは、ウ・タントとアドーラの苦境を目のあたりにして、態度を明らかにせねばならなくなった。そして西側諸国間で制裁をめぐり相変わらず不一致が続くことを期待するチョンベに対して、ケネディはベルギーの協力を取りつけることで、この目論見を破ろうとした(61)。一九六二年一一月二七日ケネディは、ワシントンを訪問中のスパークに対して、次のように語り、好意的反応を得た。

コンゴでは時間が尽きかけている。インド部隊はまもなく立ち去るだろう、国連の資金はほとんど尽きている。そして（コンゴ）政府は不安定である。我々が協調してなし得ることを考えていただけると有りがたい(62)。

同日、両者は、歳入の五〇％を中央政府に渡すようカタンガに求め、「きわめて短期間のうちに」再統合へと向かわないのであれば、「厳しい措置を含む国連の計画の下で、さらに踏み込んだ段階」が実施されるだろうとの共同声明を発した(63)。

この共同声明に対して、コンゴ国内外で激しい抗議行動が起こった。翌日、カタンガのベルギー人入植者達は、「殺人者スパーク」と叫びながら、在エリザベスヴィル・ベルギー領事館に投石した。在ブリュッセル・アメリカ大使マッカーサーは、事態の深刻さゆえに、ベルギーの現政権は、一カ月ももたないだろうと打電した。またマッカーサーの元にも、暗殺予告を含む嫌がらせの電話が届いた(64)。この後、ベルギー政府は厳しい世論に晒され続け、「急激に弱体化」し続けたが、スパークは引き下がらず、一二月一一日彼はチョンベを「反乱者」と呼び、仮に国連が武力行使で分離を終結させることがあっても、ベルギー政府は国連を支持するだろうと表明した[65]。

後にヒルズマン情報調査局長が回顧したように、一一月二七日の共同声明が国務省の政策の重要な転換点になった。一二月九日、国務省では、ボール国務次官が情報調査局に「新コンゴ政策」策定の基礎作業を行うよう命じた[66]。その四日後、「財源に限りがあり、おそらく想定より早くインド部隊が撤退することに直面した国連は、コンゴにおいて軍隊として十分な実力を維持することはできない」との現状認識の下、情報調査局が導き出した主な結論は以下の通りであった。(1)アドーラ率いる中央政府は自力で現在の難局を乗り切ることができない、(2)仮にアメリカが非関与となり、国連軍も撤退することになれば、中央政府はソ連に支援を求めたうえで、カタンガ侵攻へと向かうだろう、(3)それゆえワシントンは、チョンベの考えを改めさせ、ソ連の介入を阻止すべきである、(4)仮にアメリカが非関与の立場をとるならば、より悪化した状況（国連軍不在で、アメリカとブラック・アフリカ諸国との関係は決裂）での再介入を余儀なくされる、(5)それゆえ現段階での最良の選択肢とはアメリカ軍による国連への直接支援である[67]、(6)ただし、その目的はカタンガの再統合に向けた力の行使の「回避」とする。すなわち、チョンベを破壊することなく、アメリカの後援を得た国連の力を見せつけることで、チョンベの戦意を挫く。

一二月一四日と一七日、国家安全保障会議が開催された。参加者は、ケネディ、ラスク国務長官、ボール、マクギー、クリーヴランド国務次官補、ＣＩＡのトウィーディ、ヒルズマン、グリーン大佐などの面々であった。会議では国連の資金が尽きつつあり、またインド部隊撤退がチョンベを安心させかねないとタイム・リミットを意識するケネディが様々な疑問点をぶつけた。これに対して議論を主導したのはボールであった。彼は、国連が「これまでなしてきた以上に、武力を印象的に示す」必要があると主張し、力の誇示を目的とした国連軍の軍事力強化をアメリカが支援するよう推奨した。具体的にはアメリカは、強制措置を支持していることをチョンベに悟らせるために、八機のジェット戦闘機と数機の偵察航空機からなる航空中隊を提供すべきというものであった。この提案に対して、いつもは親カタンガ的なマクギーですら同意し、最終的に承認された[68]。

皮肉なことにアメリカの国連軍強化の決断は、新たな火種でもあった。なぜならこの計画は国連事務局が望まないことだったのである。ウ・タントにとってアメリカのような大国の国連軍参加は、国連軍を法的に基礎づけた安全保障理事会決議からの逸脱であり、これは前任者の故ハマーショルドが回避したいと願ったことでもあった。(69)

ウ・タントが若干の抵抗を試みたのも自然なことであった。一九六二年一二月中旬ウ・タントとアメリカ政府高官との間で会談が相次いだが、ウ・タントはアメリカ軍の参加に、「只ならぬ留保」を付けようとした。(70) 一五日のアメリカ国連大使スティーヴンソンとの会談でウ・タントは、アメリカの歴史的決定を賞賛しつつ、しかし国連安保理の承認なしにアメリカの制裁的な直接介入を合法化できないと伝えた。ウ・タントが本心で望んだのは、アメリカからの機材提供だけであった。これに対して、ボールは、これではチョンベを屈服させることができないと考え、アメリカがこの決定に至った理由は、国連の無能さと鈍さで生じた「時間がかかり、引き延ばされた、流血の混乱」のせいであることを彼に伝えるよう、国連代表部に命じた。そしてその伝言とともにスティーヴンソンらは、もし現在の効果のない措置が続くのであれば、アメリカ議会は平和維持軍の分担金支払いを拒否するだろう、もし国連がカタンガ問題の迅速な解決を望むのであれば、アメリカの部隊参加こそが答えである、とウ・タントに伝えた。他方ウ・タントにはこの提案を拒否できなかった。(71)

一二月一八日、国連の軍事的追加要求の評価のために、アメリカ軍のトルーマン将軍に率いられた調査団がコンゴへ派遣されてからは、(72) ウ・タントにとって時間との闘いが加速した。国連の中立性を決定的に毀損するアメリカの航空中隊到着はもう一つのタイム・リミットに他ならなかった。いわば国連の介入資源の維持と介入の正統性をめぐるディレンマを突きつけられたウ・タントは、面従腹背的な態度をとった。一二月二一日、アメリカが戦闘機提供を提案した際、その実施を可能な限り先延ばしにしようとし、他方でアメリカ以外の国からの軍備増強を急いだ。(73) ウ・タントはカナダ空軍のモリソンに国連空軍の組織化を依頼し、スウェーデン、エチオピア空軍提供の戦闘機、イタリアからの輸送機、インドからのキャンベラ爆撃機で空軍力を整備した。(74) また数週間前に北ローデシア

国連軍強化の逆説——もう一つのタイム・リミット

自治領の元首になったカウンダの協力を得て、ベンゲラ鉄道の一部を使って部隊をコルウェジとジャドヴィルへと輸送する手筈も整えた。[75]

エリザベスヴィルでは緊張感が高まっていた。一二月一九日、アメリカの動きを察したチョンベは、国連あるいはアメリカの動き次第では「焦土作戦」をとると脅しをかけた。その翌日のアメリカの援助表明の報復として、彼は、エリザベスヴィルのアメリカ領事館を、「ケネディをぶっとばせ」と騒ぎ立てる学生に襲撃させ、またカタンガ憲兵隊に国連軍部隊を包囲させた。これに対してウ・タントは、一二月二八日の午後三時までに憲兵隊を撤退させるよう要求した。[76]

オペレーション・グランドスラム

一九六二年一二月下旬、クリスマス・ムード一色の世間をよそに、ワシントンとニューヨークは暗い雰囲気に覆われていた。チョンベが好戦的な態度を改めようとしない中で、国連軍司令部は野心的な軍事作戦計画を練っていた。一二月二八日、三度目となる国連軍のカタンガ武力行使、「オペレーション・グランドスラム」が開始された。ただし、カタンガ分離終結ストーリーは、合理的な計算に基づく計画実施ではなく、ややコミカルな偶発的事件を端緒として、予期せざる結果がもたらされたというのが真相であった。

一二月二四日、ルブンバシ郊外のユニオン・ミニエールの採鉱場の山の周辺にいた、国連軍チュニジア部隊とエチオピア部隊が交代した。フランス語を話すチュニジア部隊兵士とカタンガ憲兵隊兵士が仲良くなっているとの噂が交代理由であった。この日、クリスマス・イブで浮かれ騒ぐカタンガ憲兵隊の兵士もこの山の周辺にいた。エチオピア部隊兵士はフランス語を解さなかったが、現地生産の「シンバ・ビール」を飲んで泥酔したカタンガ兵に停止命令を出した。しかしこの兵士は停止しなかったため、エチオピア兵は威嚇発砲した。パニックに陥ったこのカタンガ兵は、山から転げ落ちて怪我をした。憲兵隊の同僚は、彼が狙撃されたと考え、国連軍の陣地を攻撃した。この攻撃が偶発的なものか、あるいはチョンベやほかの上級将校の命令なのかは不明だったが、道路封鎖の任にあったエチオピア部隊への攻撃の結果、国連軍のヘリコプター一機が破壊され、兵士一名が命を落とした。一連の事態を受けて、ウ・タントは、一二日二八日、国連軍の移動の自由を保証するように命じ、ここに攻撃の第三ラウンドが始まった。(77)

米大統領補佐官ケイセンの事前評価では、国連軍の軍事的勝利の可能性はせいぜい五割であったが、形勢は国連軍の優位で推移した。(78) カタンガ側に制空権を握られた過去の経験を踏まえて、国連軍のスウェーデン製サーブ・ジェット機が、カタンガ航空部隊を攻撃し、コルウェジ・ケンゲレ空港の燃料貯蔵庫と数機の航空機を破壊した。国連軍の地上部隊がエリザベスヴィルの重要拠点と憲兵隊本部を占拠した。徐々に憲兵隊部隊は、バラバラとなり至るところで逃走者が出た。そして、二九日までに国連軍は街の全域を制圧した。国連軍の攻撃開始からすぐに官邸を脱出したチョンベは、ローデシアへ逃げた。カタンガの残存勢力はエリザベスヴィルとジャドヴィルの間に位置する橋を爆破し抵抗を試みた後、敗走を重ねた。(79) 一二月三〇日、国連軍は、チョンベの側近ムノンゴの逃走先キプシも制圧し、事務総長特別代表ガーディナは、国連は、この時点で行動を中止するという「同じ誤りは犯さないだろう」と宣言した。(80)

かつてボールは、追い詰められたチョンベが理性を失った行動を取る可能性を懸念したが、(81) この時ケネディは、彼らがユニオン・ミニエールの重要な資産であるコルウェジのダムと水力発電所の破壊、そして鉱山の閉鎖に踏み切ることを憂慮した。一二月三〇日、休暇をパームビーチで過ごしていたケネディは、その晩にボールに電話し、国連軍の攻撃停止を希望した。ラスクは、この希望をただちにバンチに伝え、バンチからさらなる指令があるまでは国連軍司令部が全活動を停止するとの同意を得た。(82) そのうえで国務省は、国連軍の軍事作戦についての声明文をウ・タントのために書き上げ、翌三一日、ウ・タントは軍事作戦の二週間停止を宣言した。(83)

ニューヨークのアメリカ国連代表部は、現在の命令では国連軍の前進はキプシまでで、その先のジャドヴィルではないと国連事務局から伝えられていた。(84) しかし、ワシントンもニューヨークも事態を完全に支配できるわけではなかった。停止命令にもかかわらず、現地部隊は、橋が破壊されたルフィラ河を渡ってジャドヴィルへ前進した。

予想外の国連軍の前進は別の効果を持った。国連軍の軍事的優位が明らかな今ならば、ヨーロッパ資産を守りつつ、チョンベを屈服させうる状況が生まれたのである。イギリス大使館の観察では、この一週間の展開でチョンベの立場は「大きく弱まって」おり、しかもガリオンが国務省へ報告したように、ベルギーとイギリスの資産と人命は、これまでの戦闘で危険に晒されておらず、逆に早まった休戦は将来のトラブルの種を残すだけで、国連軍の士気を低下させ、国連を支援する各国政府を混乱させる可能性があった。それゆえこのタイミングで休戦するならば事務総長特別代表を辞する旨をガーディナから伝えられたウ・タントは、アメリカ政府からの「深刻な懸念」を伝えられたにもかかわらず、チョンベとの対話を求めるラスクの要請を拒否した。(85)

ウ・タントがこだわったのは、国連の組織防衛の論理であった。この時、彼がラスクに伝えたように、現地の国連職員の「ムード」は、信用できないチョンベとの交渉を断固拒否するというものであった。(86)二つのタイム・リミットが迫る中で、国連軍の活動を成功させねばならないウ・タントは、この「ムード」を尊重した。彼は、ガーディナの辞任の脅しについて「延々と考え続けた」後、コルウェジには西側諸国がその破壊を懸念する水力発電所とダムがあったにもかかわらず、チョンベの脅しは虚仮威しに過ぎず、彼の権力基盤は融解しつつあるとの判断の下、任務遂行に邁進するとの決意を、アメリカに伝え続けた。(87)

5　カタンガ分離終結と国連組織防衛の論理

結局、過去二年間で「最も断固とした姿勢」を示したウ・タントは、狙いを完遂した。(88)一九六三年一月一〇日、チョンベは、支援が尽きつつあることを自覚し、カタンガにおける国連軍の自由移動を認めた。(89)一四日、ソシエテ・ジェネラルのノキン総裁は、分離支持の「超保守派」役員を解任し、(90)翌日ユニオン・ミニエールは、コンゴ・フランと外貨の交換でレオポルドヴィルと合意したことを表明した。これはベルギー財界が和解に協力することを意味した。一月二一日ウ・タントは国連軍部隊をコルウェジに進駐させ、その二日後、イレオ上院議員がコンゴ政府を代表して、エリザベスヴィルに到着した。それから残存する傭兵が国外退去となり、カタンガ分離は終わった[91]。

本章は、アメリカ・国連関係に注目してカタンガ分離終結過程を分析した。そして一連の叙述において、(1)植民地権益の存在を背景とする米欧摩擦が分離を支える国際環境を整えたこと、(2)同摩擦はカタンガ側を利する国連財政問題として表出したこと、(3)しかし国連財源の枯渇と分離の固定化が進む中で、ウ・タントにとって二つのタイム・リミットの問題が浮上し、彼はいわば国連軍の介入資源の維持と介入の正統性をめぐるジレンマに直面したこと、(4)最終的に彼が意識し続けた国連組織防衛の論理が、六三年一月にカタンガ問題が解決する要因であったこと、を明らかにした。

このようにカタンガ分離終結過程では、米ソ対立を軸とする東西冷戦の影響は限定的であった。もちろん本章でも、国連軍の失敗がソ連の介入に繋がりかねないとの意味で、冷戦的考慮が存在したことを議論した。しかし同時に明らかになったのは、危機を通じて国連のプレゼンスが維持された結果、危機の冷戦的要素は抑制され続けたことであり、またそれゆえに国連の独自力学が危機の展開に多大な影響を与えたことであった。

ちなみにコンゴの騒乱は、六四年の国連軍の完全撤退とともに今一度激化した。介入資源に限界のある国連は、結局のところこの紛争の種を取り除くことはできなかった。このことは、国連が関わったことで、地域紛争の冷戦的要素は一時的に緩和されたものの、逆に紛争を複雑化させたのではないのか、またこの作戦の「成功」は偶然の産物だったのではないか、との疑問を生じさせる。

註

（1）The John F. Kennedy Presidential Library (JFKL), National Security Files (NSF), Countries, Box 28A, Tel 3780, New York to S of S, May 18, 1962.

（2）Lise Namikas, *Battleground Africa: Cold War in the Congo, 1960–1965* (Stanford: Stanford University Press, 2013); Sergey Mazov, *A Distant Front in the Cold War: The USSR in West Africa and the Congo, 1956–1964* (Stanford: Stanford University Press, 2010); Madeleine G. Kalb, *The Congo Cables: The Cold War in Africa—From Eisenhower to*

Kennedy (New York: Macmillan, 1982).

（3）この場合の構造的権力とは、国連軍経費の約半分を負担し、空輸業務のほとんどを請け負うアメリカが、コンゴ国内政治に介入しつつ、また国連軍の動向を監視するためにほぼ毎日国連事務局と接触し続けることで、国連の紛争処理過程を操作し得る立場にあった事実を指す。JFKL, NSF, Countries, Box 28A, Memo, "US control over resumption of hostilities in the Katanga", December 17, 1962.

（4）Alessandro Iandolo, 'Imbalance of Power: The Soviet Union and the Congo Crisis, 1960–1961,' *Journal of Cold War Studies*, vol. 16, no. 2 (2014).

（5）JFKL, Cleveland papers, Box 69, Memo, "Talking Paper on the Congo," February 2, 1963.

（6）National Archives and Records Administration, US (NARA), RG59, Central Decimal File (CDF) 1960–63, Box 1969, Tel 2403, New York to S of S, January 13, 1962.

（7）三須拓也「コンゴ危機とアメリカ＝国連：非介入の名の下での介入」名古屋大学大学院法学研究科提出博士学位請求論文、二〇一六年予定。

（8）独立後も他地域の騒乱から隔離されたカタンガの資源輸出は順調であった。しかもコンゴ政府は外国為替収益の国外持出を二〇％に制限したのに対して、「カタンガ政府」は四五％まで認めていた。NARA, RG59, CDF 1960–63, Box 1971, Tel 1691, Brussels to S of S, March 14 1962; Tel 2436, Léopoldville to S of S, March 28, 1962.

（9）ソシエテ・ジェネラルの子会社社長で元アメリカ海軍大将のカークや在ブリュッセル・アメリカ大使マッカーサーは、ソシエテ・ジェネラルとユニオン・ミニエールの経営陣に接触し、チョンベに支払われている採掘権料、税金、株式配当等を、第三者預託にするよう説得した。また在ロンドン・アメリカ大使ブルースも、タンガニーカ・コンセッションズに接触した。JFKL, NSF, Countries, Box 30, Tel 1200, 1206, Brussels to S of S, January 4, 1962.

（10）JFKL, NSF, Countries, Box 30, Airgram A-254, Brussels to S of S, January 4, 1962; Box 31, Tel 229, S of S to Brussels, August 7, 1962. 六二年一月、同社は、設備投資に振り向けることを理由に、予定の株式配当金の支払いを延期し、五月には一九八〇万ドルの配当金支払いの無期限延期を公表した。そしてその後一年間でカタンガは、予算の約二五％を失った。Jules Gerard-Libois, *Katanga Secession* (Madison: Wisconsin University Press, 1966), p. 206.

（11）JFKL, NSF, Countries, Box 30, Tel 1206, Brussels to S of S, January 5, 1962.

（12）ノキンは六一年一二月に就任したばかりで路線修正の力が無かった。他方ストラーテンら「守旧派」重役は分離継続を望んだ。JFKL, NSF, Countries, Box 31, Tel 58, Brussels to S of S, July 12, 1962.

（13）イギリスは、タンガニーカ・コンセッションズ、ベンゲラ鉄道、ブリティッシュ・アメリカン・タバコ、ユニリーバなどに投資を行っており、政府もカタンガの経済活動の安定継続を望んだ。また政治面でもイギリスは、ウガンダ、タンガニーカ、ケニヤ、ローデシア・ニヤサランドといったコンゴ隣接の植民地に、ルムンバのような急進的民族主義者の影響が及び、混乱が広がることを警戒した。The National Archives, UK（TNA）, FO371/146635, JB1015/130, Letter from Scott, 22 June 1960.

（14）マクミラン首相は、チョンベのことを白人傭兵と破廉恥な取引を行う輩であるものの、親白人でヨーロッパ資産保護を主張する政治家であり、共産主義への最善の防波堤であると評した。Richard D. Mahoney, *JFK: Ordeal in Africa*（Oxford: Oxford University Press, 1983）, pp. 129–130. またタンガニーカ・コンセッションズ社長ウォーターハウスも、彼を「政治的に最も有能な現地人」と評した。JFKL, NSF, Countries, Box 31, Tel 16, London to S of S, July 2, 1962.

（15）JFKL, NSF, Countries, Box 30A, Tel 3257, S of S to Brussels, May 19, 1962; Brubeck papers, Box 382, Memo, "Our Congo Policy After the London Talks," May 21, 1961.

（16）三須拓也「非介入の名のもとでの介入――ケネディ政権とコンゴ国連軍」緒方貞子・半澤朝彦編著『グローバル・ガヴァナンスの歴史的変容――国連と国際政治史』ミネルヴァ書房、二〇〇七年、二〇三～二三三頁。

（17）Leif Hellström, *The Instant Air Force, The Creation of the CIA Air Unit in the Congo, 1962*（Saarbrücken: VDM, 2008）, pp. 28–32.

（18）JFKL, President's Office File（POF）, Subjects, Box 114, Memo, "Briefing Material for the Visit of Prime Minister Adoula," February 3, 1962.

（19）NARA, RG59, CDF 755A 1960–63, Box 1973, Tel 3134, Léopoldville to S of S, June 25, 1962.

（20）*The New York Times*, October 21, 1962.

（21）JFKL, NSF, Countries, Box 30A, CIA Information Report 15363, June 21, 1962.

（22）JFKL, POF, countries, Box 114, Memo, "Next Steps on the Congo," May 14, 1962; Cleveland papers, Box 69, Memo, "Economic Problem and the Congo Nation Building", undated; NSF, Countries, Box 28, Memocon Kennedy, February 5,

1962.

(23) JFKL, NSF, Brubeck papers, Box 382A, Memo, "Congo Operation," December 14, 1962.

(24) JFKL, POF, Subjects, Box 109, Memo, "200,000,000 Bond Issue," January 18, 1962.

(25) TNA, FO371/161482, JB103145/8, Memo from Chancery, 13 January 1962. 当時アメリカは、財政危機救済のために、史上初の国連債（年利二％、二五年償還）の購入財源として一億ドルの緊急予算枠設定を国際公約としたが、その議会承認は難航した。共和党のゴールドウォーターやタワーは、国連債購入は議会の政権に対する「完全降伏」だとして譲らず、民主党でもマンスフィールドやジャクソンらが国連への懐疑を主張した。さらにホワイトハウスでも副大統領ジョンソンが国連債問題で何ら積極的な行動をとらず、ウォール街と繋がる財務長官ディロンも国連の放漫財政は容認できないと主張した。Mahoney, op. cit., p. 138.

(26) 国務省は、訪米を望むチョンベのビザ発給を遅らせ、また国家承認を取りつけるためにコスタリカ大使の買収を図っているとの疑いから、ストルゥーレンスを逮捕・国外追放しようとした。その際司法長官ロバート・ケネディの許可のもとでＦＢＩは、国連事務局の協力を得つつ、ストルゥーレンスとチョンベの電話を盗聴した。しかし情報は違法手段で集められたため、ホワイトハウスは、国連債の問題解決にめどが立つまでは、その公表を見送った。Mahoney, op. cit., pp. 137–138. NARA, RG59, CDF 1960–63, Box 1973, Tel 117, Léopoldville to S of S, March 12, 1962.

(27) Stephen R. Weissman, *American Foreign Policy in the Congo, 1960–1964* (Ithaca: Cornell University Press, 1974), p. 177; *The New York Times*, June 29, 1962. 三須拓也「ケネディ、ジョンソン政権と一九六〇年代の国連財政危機」『経済と経営』第四一巻第二号、二〇一一年。

(28) JFKL, NSF, Countries, Box 30A, Tel 4110, USUN to S of S, June 25, 1962.

(29) *Foreign Relations of the United States* (*FRUS*) 1961–1963, vol. XX, footnote 1, p. 506; NARA, RG59, CDF 1960–63, Box 1975, Tel 365, Elisabethville to S of S, August 31, 1962.

(30) JFKL, NSF, Countries, Box 28, Research Memo, RAF-29, May 29, 1962.

(31) *FRUS*, 1961–1963 vol. xx, footnote 4, p. 532; JFKL, NSF, Countries, Box 28A, Memo "Congo Developments (U)," December 11, 1962.

(32) JFKL, NSF, Countries, Box 28A, Memo, "Course of Action", August 2, 1962; Box 33, Tel 1105, Léopoldville to S of S,

November 12, 1962. 主な内容は⑴コンゴ議会の新憲法承認、⑵ユニオン・ミニエールから得た収入のカタンガからレオポルドヴィルへの委譲、⑶カタンガ軍を組み込み再編成された国軍の再訓練の実施、⑷チョンベ率いる政党コナカ党の中央政府の参加。Rosalyn Higgins, *United Nations Peacekeeping 1946–1967, Documents and Commentary*, vol. 3, Africa（Oxford: Oxford University Press, 1980）, pp. 435–439.

（33）主な内容は⑴ベルギーがその七五％を輸入停止にすることを含む、国際的なカタンガ産の銅の輸出入禁止、⑵ベルギー政府の要請を受けてアメリカ政府が七五％のカタンガ産コバルトの輸入停止。JFKL, NSF, Countries, Box 31, Tel 768, London to S of S, August 7, 1962.

（34）*FRUS*, 1961–1963, vol. xx, Memo, Ball to Kennedy, August 3, 1962, pp. 527–532.

（35）JFKL, NSF, Brubeck papers, Box 382A, Memo, "New Policy on the Congo," December 13, 1962.

（36）NARA, RG59, CDF 1960–63, Box 1975, Tel 743, Léopoldville to S of S, September 27, 1962; Memo, "Reply to Senator Dodd's Letter of September 18, 1962," September 25, 1962.

（37）JFKL, Ball papers, Box 3, Telcon Ball, Kaysen, September 30, 1962; NSF, Countries, Box 28A, Tel 414 S of S to Elisabethville, November 5, 1962.

（38）*FRUS*, 1961–1963, vol. xx, Tel 633, Léopoldville to S of S, September 13, 1962, pp. 574–577.

（39）Namikas, op. cit., p. 166; *The New York Times*, October 11, 1962.

（40）*FRUS*, 1961–1963, vol. xx, Memo, September 29, 1962, pp. 594–595; Memo, November 5, 1962, pp. 647–651.

（41）対してカタンガ駐留の国連軍部隊は約九六〇〇人であった。JFKL, NSF, Brubeck papers, Box 382, Memo, "The Military Situation in the Congo," October 17, 1962.

（42）*The New York Times*, October 21, 1962.

（43）当初ネルーは議会の批判を受けて六三年一月の撤退を希望した。しかし同時期にマラヤ部隊（六〇〇人）、チュニジア部隊（一〇四七人）の引き揚げがあり、国連軍全体で一七三六五人規模が一〇〇一〇人規模まで縮小される見通しがあったため、ウ・タントは撤退期限の延長を要請した。JFKL, NSF, Countries, Box 33, Tel 1839, New York to S of S, November 16, 1962; Indar Jit Rikhye, *Military Adviser to the Secretary-General*（New York: St. Martin's Press, 1993）, p. 312.

(44) NARA, RG59, CDF 1960–63, Box 1970, Memocon with Linner, March 12, 1962.
(45) Brian Urquhart, *A Life in Peace and War* (New York: Norton & Company, 1987), pp. 186, 188.
(46) 国連側はインド提供のキャンベラ機の引揚げも懸念した。JFKL, NSF, Countries, Box 32A, Memo, "India might withdraw troops from Congo," October 26, 1962; Tel 1571, New York to S of S, October 31, 1962; Tel 1167, S of S to USUN, November 1, 1962.
(47) *FRUS*, 1961–1963, vol. xx, Memo by Kaysen, November 7, 1962, pp. 651–653.
(48) JFKL, NSF, Countries, Box 28A, Memo, "Congo," September 21, 1962; Box 32A, Tel 1017, Léopoldville to S of S, October 27, 1962; Memocon, Kennedy, McGhee, October 31, 1962; Brubeck papers, Box 382A, Memo, "Status of PL-480 Agreement with the Congo," December 17, 1962.
(49) *FRUS*, 1961–1963, vol. xx, Tel 1954, USUN to S of S, November 26, 1962, pp. 685–686; JFKL, NSF, Countries, Box 33, Tel 1105, Léopoldville to S of S, November 12, 1962.
(50) JFKL, NSF, Brubeck papers, Box 382, Memo, "The Military Situation in the Congo," October 17, 1962.
(51) Alan James, *Britain and the Congo Crisis, 1960–1963* (London: Macmillan, 1996), p. 185; JFKL, NSF, Brubeck, Box 382, Memocon with Kennedy, November 8, 1962.
(52) JFKL, Ball papers, Box 3, Telcon Ball, Bundy, December 14, 1962. ただし未準備だったわけではない。ケネディの承認を得て国務省は、経済制裁の実施を含む「非常時作戦」の検討を開始したばかりであった。JFKL, NSF, Countries, Box 28A, Memo, "Congo Review," November 7, 1962; Memo, "Report of Conversation with Secretary General U Thant on the Congo," December 16, 1962.
(53) JFKL, NSF, Countries, Box 33, Tel 1178, Léopoldville to S of S, November 23, 1962.
(54) JFKL, NSF, Countries, Box 33, Tel 1321, Léopoldville to S of S, December 6, 1962.
(55) JFKL, NSF, Countries, Box 28A, Memo, "New Policy on the Congo," December 13, 1962.
(56) Larry Devlin, *Chief of Station, Congo, A Memoir of 1960–67* (New York: Public Affairs, 2007), p. 203.
(57) Hellström, op. cit., p. 36.
(58) JFKL, NSF, Countries, Box 32A, Circular 693, October 19, 1962; Tel 680, S of S to Léopoldville, November 2, 1962.

(59)　JFKL, NSF, Countries, Box 33, Tel 1204, Léopoldville to S of S, November 26, 1962.

(60)　JFKL, NSF, Countries, Box 33, Tel 1952, Léopoldville to S of S, November 26, 1962.

(61)　NARA, RG59, CDF 1960–63, Box 1975, Memocon with Badre, “Progress of U Thant Plan,” September 28, 1962.

(62)　JFKL, NSF, Brubeck, Box 382A, Memocon with Spaak, November 27, 1962.

(63)　*American Foreign Policy Current Documents 1962*, Joint Statement, Kennedy, Spaak, November 27, 1962, p. 909; *The New York Times*, November 28, 1962.

(64)　JFKL, NSF, Countries, Box 33A, Tel 858, Brussels to S of S, December 14, 1962.

(65)　Mahoney, op. cit., p. 151. JFKL, NSF, Countries, Box 28A, CIA Report, “Recent Development in the Congo,” December 20, 1962.

(66)　同局が選ばれた背景には、これまで意見が一致することがなかったアフリカニストとヨーロピアニストの対立を回避する狙いがあった。Roger Hilsman, *To Move A Nation, The Politics of Foreign Policy in the Administration of John F. Kennedy* (New York: Doubleday, 1967), p. 266; JFKL, Ball papers, Box 3, Telcon Ball, Kaysen, December 8, 1962.

(67)　*FRUS*, 1961–1963, vol. xx, Memo from Kaysen, December 13, 1962, pp. 727–728; JFKL, NSF, Brubeck papers, Box 382A, Memo, “New Policy on the Congo,” December 13, 1962.

(68)　*FRUS*, 1961–1963, vol. xx, Memo for Kennedy, December 13, 1962, pp. 729–733; Memo by Sorensen, December 17, 1962, pp. 749–750; JFKL, NSF, Brubeck papers, Box 382A, Memo, “Meeting with the President,” December 14, 1962; Ball papers, Box 3, Telcon Ball, Kennedy, December 15, 1962.

(69)　JFKL, Ball papers, Box 3, Telcon Ball, Gilpatric, December 15, 1962; Telcon Ball, Kennedy, December 15, 1962; NSC, Countries, Box 28A, Memo, “Military Implementation of the US plan,” December 17, 1962.

(70)　JFKL, NSF, Brubeck papers, Box 382A, Memo, “For Stevenson,” undated.

(71)　JFKL, NSF, Countries, Box 28A, Memo, “Report of Conversation with Secretary General U Thant on the Congo,” December 16, 1962; Ball papers, Box 3, Telcon Ball, Kennedy, December 15, 1962. *FRUS*, 1961–1963, vol. xx, Tel 2426, USUN to S of S, December 19, 1962, pp. 765–768.

(72)　JFKL, Cleveland papers, Box 69, Memo, “Truman Mission,” undated.

(73) *FRUS*, 1961–1963, vol. xx, Tel 1733, D of S to USUN, December 21, 1962, pp. 777–778.

(74) Frank R. Villafaña, *Cold War in the Congo: The Confrontation of Cuban Military Forces, 1960–1967* (New Brunswick: Transaction Pub, 2009), p. 60.

(75) JFKL, NSF, Countries, Box 28A, Memo, "Report of Conversation with Secretary General U Thant on the Congo," December 16, 1962.

(76) JFKL, NSF, Brubeck papers, Box 383, Report, "Congo Reintegration Settlement," undated.

(77) JFKL, NSF, Brubeck papers, Box 383, Report, "Congo Reintegration Settlement," undated; Cleveland papers, Box 69, Memo, "Military Action in Katanga," March 13, 1963.

(78) JFKL, NSF, Countries, Box 28A, Memo for the President, "Congo Issues," December 17, 1962.

(79) JFKL, Cleveland papers, Box 69, Memo, "Talking Paper on the Congo," February 2, 1963.

(80) JFKL, NSF, Brubeck papers, Box 383, Report, "Congo Reintegration Settlement," undated.

(81) JFKL, Ball papers, Box 3, Telcon Ball, Kaysen, September 30, 1962.

(82) JFKL, Ball papers, Box 3, Telcon Ball, Rusk, December 30, 1962; John Bartlow Martin, *Adlai Stevenson and the World: The Life of Adlai E. Stevenson* (New York: Doubleday, 1977), p. 533.

(83) *FRUS*, 1961–1963, vol. xx, Tel 1770, S of S to USUN, December 29, 1962, pp. 793–795; JFKL, NSF, Countries, Box 29, Memo to Williams, January 2, 1963; *The New York Times*, January 1, 1963.

(84) JFKL, NSF, Countries, Box 33A, Tel 956, S of S to Brussels, December 29, 1962.

(85) JFKL, Ball papers, Box 3, Telcon Ball, Cleveland, December 31, 1962; Cleveland papers, Box 69, Telcon Rusk, U Thant, January 9, 1963; TNA, FO371/167245, JB1051/21, Memo, "Congo," January 9, 1963.

(86) JFKL, Cleveland papers, Box 69, Telephone Call to U Thant, January 9, 1963.

(87) *FRUS*, 1961–1963, vol. xx, Tel 1756, Leopoldville to S of S, January 9, 1963, pp. 822–825.

(88) JFKL, Ball papers, Box 3, Telcon Ball, Rusk, January 2, 1963.

(89) TNA, FO371/167245, JB1051/22, Memo, "Congo," 14 January 1963.

(90) JFKL, NSF, Countries, Box 34, Tel 1023, Brussels to S of S, January 14, 1962.

(91) NARA, RG59, CDF, 1960–1963, Box 1977, Airgram 305, "Joint Weeka No. 29", January 25, 1963.

第九章　コンゴ（ブラザヴィル）共和国をめぐる中台国交樹立競争

三宅康之

1　中国外交の位相

「規格外」の中国問題

冷戦期に生起したが、全面的に冷戦の一部と見なしがたい事象の一例として、本章では中華人民共和国（中国）と中華民国（台湾）の国交樹立競争を取り上げる。

冷戦史における中国・台湾という存在の位置づけは、どう試みても収まりが良くなく、中国問題は「規格外」と言うしかない。それにはいくつもの理由がある。第二次世界大戦の戦勝国が内戦に陥り、劣勢だった共産ゲリラが勝利して、大陸規模の共産主義国が誕生したこと。中華民国が台湾に落ち延びた後もアメリカの庇護の下に存続し、国連安保理常任理事国の地位も保持するなど、実体に不釣り合いな影響力を維持したこと。中国・台湾以外に、東南アジアをはじめ各地に膨大な中国系住民が存在し、それぞれの居住国社会にも中台対立の影響が及んだこと、などが直ちに挙げられよう。さらに、中国は東側陣営、台湾は西側陣営に分かれて属したものの、双方の指導者である毛沢東、蔣介石ともに、中華意識を核とする強固なナショナリズムに立脚する強烈な自負心の持ち主であり、従順なジュニア・パートナーとしての地位に甘んじることはなかった。むしろ、シニア・パートナーである超大国ソ連・アメリカの側が「同盟内政治」に相当気を遣わざるを得なかったのである(1)。

一九四九年の中華人民共和国の建国以来、中国と台湾は「中華」を築き上げてきた歴代王朝の後継者としての正統性を争い、それぞれ「中国は一つ」「漢賊並び立たず」と称し、相互承認はおろか、第三国に対しても自国との国交樹立に際しては他方を承認せぬよう、さらには他方と国交があった場合は断交するよう強硬に要求してきた。また、国連における中国代表権問題のように、国際機関でのポスト争いも熾烈であった。(2) こうした中台間の対立は、冷戦期には東西陣営対立と重複したことから冷戦の一部と見られたが、冷戦終結後の今日も続いていることからしても全面的に冷戦の一部に収まりきらないことは明白である。

アフリカ、コンゴ（ブラザヴィル）共和国

本章では、このような中華人民共和国と中華民国の国交樹立をめぐる相克を中台の国交樹立競争と呼び、一九六〇年代、西アフリカに位置する独立初期のコンゴ（ブラザヴィル）共和国をめぐる国交樹立競争の過程に迫ることを目指す。なお、コンゴ川を挟む両岸に二つの国家が存在し、六〇年代前半にはともにコンゴ共和国を名乗ったため混同しやすい（首都も向かい合っている）。南岸のコンゴ内戦（前章参照）で知られる今日のコンゴ民主共和国は旧ベルギー領でアフリカ屈指の大国であるが、北岸に位置するコンゴ共和国は旧フランス領で小国の類に属する。通常、首都の名を併記して両国を区別するが、以下では前者をコンゴ（レオポルドヴィル）とし、後者は単にコンゴないしブラザヴィルとする。

では、なぜ中台関係の検討のためにわざわざ西アフリカの小国を取り上げるのか。たしかに、中台国交樹立競争が始まった当初は、欧米およびアジアの近隣諸国をめぐるものであった。だが、五五年に開催されたアジア・アフリカ会議（バンドン会議）を経て中国の目が中東・アフリカ地域にも向くようになっていたところに、脱植民地化の波がアフリカに及び、五〇年代後半から続々と独立国が誕生した。これに伴い、中台の競争はグローバル化したのである。

これらアフリカの新興国それぞれが独立を迎えるたびに中国側はいち早く承認を打電したが、各国の対応は分かれた。大多数が台湾を承認した一方、ごく少数が中国承認に踏み切り、また中台いずれの承認も保留した国も若干

あった。というのも、独立直後のアフリカ諸国に共通の願望は、国連加盟と経済援助の獲得であったが、ともにアメリカとアメリカが支える台湾に配慮せざるを得ない問題である。そのため、中国にシンパシーがあったとしても関係樹立はデメリットが大きすぎると考えられたのである。(3)

ところが、六四年に入ると台湾と国交関係があったコンゴ、中央アフリカ、ダオメ（現・ベナン）が、六五年にはモーリタニアが中国承認へと切り替わり、台湾と断交し中国と国交樹立した。逆に六六年以降、プロレタリア文化大革命（文革）期に中国外交が混乱した機会にいったん台湾側が巻き返した。しかし、七〇年代に入り米中接近後は地滑り的に中国承認へと傾き、二〇一五年三月現在アフリカ地域で台湾と国交があるのは三カ国のみとなっている。(4)当時の冷戦状況を思えば、このような推移を見るだけでも、アジアから遠く離れたアフリカにも冷戦と絡んで中台間の複雑な駆け引きが展開されてきたことが窺い知れよう。

コンゴの事例を少し具体的に検討してみると、独立後、初代大統領は親仏・親西側的スタンスをとり台湾を承認したが、政変で成立した左派新政権が中国承認へスイッチし、中国と国交樹立したことが分かる。そして他の事例もほぼ同様に、政変による承認および国交切り替えの過程をたどっている。その意味でコンゴは最初にして典型的な例であり、詳細な検討に値すると本章では考える。

つまり、コンゴをめぐる中台国交樹立競争の検討とは、冷戦、脱植民地化、分断国家の正統性競争の絡み合いを明らかにし、冷戦・非冷戦の境界を探るのに適切な試みなのである。

2　コンゴ共和国の独立と政治変動

ユールー政権の内政・外交

一九五〇年代を通じて仏領植民地の政治参加が徐々に拡大する中で、仏領コンゴではアフリカ利益擁護民主連合（ＵＤＤＩＡ）が勢力を伸ばした。(5)ＵＤＤＩＡを率いる元聖職者のユールーがコンゴ南部のブラザヴィル一帯で優勢な出身部族の動員に成功し、五八年の領域議会選挙ではＵＤＤＩＡがついに過半数を制した。五八年一一月にコンゴで行われたフランス第五共和制憲法（同年六月に政界復帰したドゴール大統領が制定した）をめぐる仏領コンゴ住民による国民投票の結果、圧倒的多数の賛成でコンゴはフランス共同体内の自治共和国となり、首相にはユールーが就任した。さらにコンゴ自治政府は六〇年七月一二日にフランスの同意を取り付け、八月一五日にコンゴ共和国として独立宣言を行い、ユールーが初代大統領に就任した。

旧仏領諸国は概してフランスとの関係を重視したが、なかでもユールーの親仏・親西側路線ぶりは突出していた。[6]ユールー政権はアメリカ合衆国とは独立当日に国交樹立した一方、共産圏とは国交を結ばなかった。[7]中国も独立前日に祝電で承認を通告したが、黙殺された。[8]コンゴは台湾との国交樹立（九月一〇日）を選択したのである。六〇年一二月のブラザヴィル会議に集まった旧仏領穏健派一二カ国は「ブラザヴィル・グループ」として知られ、六〇年代初頭には一目を置かれる存在であった。翌年同グループはアフリカ＝マダガスカル連合（ＵＡＭ）へと発展した。[9]これと対抗してアルジェリア、モロッコ、ギニア、マリなどをはじめとする急進派が結集した「カサブランカ・グループ」は、各々が国交を有する中国とも連携して反帝国主義運動を展開していった。[10]

ここで台湾側に目を移そう。コンゴ大使の人選は難航し、人事の決定は六一年四月末のことであった。大使に任命された沈錡はイギリス統治時代のインドに長期留学（博士号取得）したのち、英語力を買われて中央宣伝部に入り、さらに五一年に蔣介石の機要秘書（英語通訳）に抜擢され、五六年から行政院新聞局長（閣僚級）の職にあった。人事異動の時期にあたり、蔣介石が「これからはアフリカが重要になるというからアフリカに派遣しよう」と決断を下した。七月一八日、蔣介石は出国前の面会において、他国の外交使節と密に連携すること、コンゴを対アフリカ外交の中心にすることの二点を指示した。[11]とは言え、六一年八月一日の大使着任後も大使館は三、四名ほどの小所帯であった（着任までは代理大使が一人で館務を担っていた）。

なお、国連での代表資格をめぐり現メンバーである中華民国と非加盟の中華人民共和国および双方の支持国が争う中国代表権問題は、五〇年以降毎年総会での恒例行事となっており、ソ連が問題を提起するとアメリカが「いかなる審議もしない」という「棚上げ」を逆提案することが繰り返されてきた。ところが、六〇年の総会で一七のアフリカ新興国が加盟し、やがて総会の約三割をアフリカ諸国が占めるようになったことで、中国代表権問題についてもアフリカ各国の支持を獲得することが重要となった(12)。

アフリカ諸国との関係強化にあたり資源の少ない台湾側が用いた手法は、要人の招待や農業技術援助という小規模で地道な方法であり、コンゴに対しても同様の手法が用いられた(13)。コンゴは、初めて代表を送った六〇年の国連総会では中国代表権問題に棄権票を投じていたが、大使の着任後は直接の働きかけが奏功し六一年には台湾支持に転じた。総会全体でも中国支持三七票に対し台湾支持が四八票と多数を占めた。翌六二年には台湾と国交を樹立した諸国の新加盟により台湾支持五六票（中国支持は四二票）となった(14)。

「栄光の三日間」――ユールー政権の崩壊、一九六三年

コンゴ国内に話を戻そう。ユールーは一九六一年三月に大統領に再選されると、他のアフリカ諸国の指導者同様、国防相、内相を兼任するなど権力集中化の傾向を見せ始めた。一方で国内経済運営は軌道に乗らなかった。フランスなどから得たインフラ建設用の多額の援助も汚職のため適切に使用されなかった。

六三年に入ると経済状況はいっそう悪化し、北部から南部の都市に流入していた労働者が大量に失業した。当然ながら秩序も不穏になり、国民の不満は高まった。ユールーは四月の国会で一党制を導入する法案を通すなど強権化によって局面を打開しようとしたが、これが裏目に出ていっそうの反発を呼んだ。加えて六月初旬にギニアのトゥーレ大統領が公式訪問した際、公開スピーチで社会主義の即時実施を呼びかけたことが刺激となり、その後、労働組合によるデモの頻度が高まって七月末には一触即発の状態に立ち至った。八月六日、政府が一党制導入と労組の統一を公布すると、各労組が八月一三日からのゼネストを呼びかけた。当初掲げられたのは逮捕された労組指導者の釈放と、汚職で悪名高い閣僚の罷免の要求だけであったが、ユールーが対処を誤り、内閣改組に同意しながらも腹心である渦中の閣僚を留任させたことでデモが激化し、政府打倒が叫ばれるに至った(15)。

フランスは旧仏領諸国と治安維持協定を結んでおり、コンゴも例外でなかった。ユールーはフランスの介入を大使館に要請し、大使館も「協定実施は不可欠」と本国政府に具申した[16]。フランスの現地治安維持部隊も不測の事態に備えていた。ところが、流動的な事態の中で最終的に一五日午前中にドゴールは不介入を決定した[17]。コンゴ国軍も将校団はユールーに近い南部人が占めていたものの、兵士は北部人が多く同郷の失業者に同情的であり、部族対立から日和見を決め込んだ[18]。

フランスの不介入を受けて、一五日午後にコンゴ軍青年将校二名が大統領府に乗り込んでユールーに辞任文書に署名させ、政権はあっけなく崩壊した[19]。八月一三日から一五日は「栄光の三日間」と称され、今日でも国の祝日となっている。翌一六日、軍部と労働組合を二大支持基盤とする臨時政府が樹立された。臨時首班には、ユールー政権で一時閣僚を務めながらも袂を分かっていた、穏健な社会主義者マサンバ＝デバが就任した。

なお、六月末から八月にかけてアフリカ諸国を歴訪していた中華民国外相・沈昌煥が建国記念日に合わせてコンゴを訪問し、ブラザヴィルで民衆暴動と遭遇するという椿事が発生した（一四、一五日）。失脚目前のユールーに面会した最後の海外要人となった外相はスケジュールを変更して対岸のレオポルドヴィルに退避を余儀なくされたのであった[20]。

3　中華人民共和国承認へ

臨時政府と各国の関係正常化——一九六三年八〜一二月

コンゴの臨時政府に対し、各国は正式な承認を暫時差し控えた。アフリカ諸国とくにＵＡＭメンバー国指導者は盟友ユールーから権力を奪取したため臨時政府に冷淡であり、欧米諸国もアフリカ諸国を慮りその対応を見極めようとした。四面楚歌に陥った臨時政府側は欧米の不承認はユールー復帰の陰謀を企てているためと推測し、危機感を強めた。

台湾としては国連総会における代表権問題もあり、この隙に乗じて中国が承認する懸念もあったため、早期承認が望ましかった。他方で西側諸国の結束を乱すのは不適切として対応に苦慮したが、コンゴへの中国進出を望まないアメリカの理解も得て、九月二八日にフランスが承認した後の一〇月四日に承認した（アメリカによる承認は一一月一二日）[21]。孤立に苦しむ臨時政府は、これに感謝し、六三年の国連総会では台湾支持票を投じて報いた。このコンゴ票を含め、同年の総会では、台湾支持票は五七票（中国支持は四一票）となり、一昨年、昨年と比べてやや改善した。

新政権の左傾化

西側諸国との関係改善の一方、政権打倒を主導した労組指導者らが影響力をふるい、臨時政府は左傾化した。前政権下では認められなかった親共宣伝紙が発刊され、反西側の過激な言論も現れるようになった。六三年一〇月頃に発刊された親共紙『ディパンダ』（Dipanda、「独立」の意）がその突出した例である。同紙が反欧米にとどまらず、一一月六日の社説で蔣介石をユールーになぞらえ、台湾との断交要求も掲げるに至ったことに台湾側は神経を尖らせた。中華民国行政院新聞局も同紙を問題視し、六四年一月下旬にコンゴ政府に再発防止申し入れを行うよう外交部を通じて大使館に要請したが、すでにコンゴ政府は中国承認に舵を切っており、申し入れは遅きに失した[22]。

一二月八日に行われた新憲法の国民投票と国会議員選挙の結果、「科学的社会主義」を謳う新憲法が採択され、五五の議席すべてに体制側の人物が当選した。同月一九日発足した新政府には、マサンバ＝デバが大統領（任期は五年間）に、反欧米・左傾色の濃い臨時政府農相リスバが首相に就任し、労組指導者も二名入閣した。新閣僚は平均三五歳で、弱冠三二歳の首相が誕生したことに象徴されるように、ユールー政権よりさらに一回り若い世代が政権中枢についたことになる。

六四年一月になると、マサンバ＝デバ大統領は、「革命国民運動」（ＭＮＲ）という翼賛的左翼大衆政党を結成した。ユールー政権による一党制導入への反対が政変の契機であったことを考えれば皮肉なことである。大統領は党と政府、軍部と左派のバランサーの位置を占めることで政局をコントロールしようとした。しかし、インドネシアのスカルノの例と同じく、やがては軍部と左派の対立激化がマサンバ＝デバ自身の失脚を招くことになった。

新政権は非同盟外交政策を掲げ、援助を引き出すため財相を欧米や日本に派遣する一方で、一月七日から外相をマダガスカル、ケニア、エチオピア、アラブ連合国（エジプト）、アルジェリア、モロッコ、ガーナ、モーリタニア、ナイジェリアなどのアフリカ九カ国（多くがＵＡＭ非加盟国、親共国家）に歴訪させた。この外相歴訪が中国承認へとつながるのだが、この点に入る前に、六四年初頭までの中国外交の動向を概観しておこう。

中国外交――中仏接近と周恩来のアフリカ歴訪

いつの時代にも、誰にとっても中国外交への対応や理解が困難であるのは、中国が常に和戦・硬軟両様の姿勢を示すためである。一九五〇年代半ばにも相互の領土と主権の尊重、相互不可侵、内政不干渉、平等互恵、平和的共存からなる平和五原則を唱える一方、二度にわたり台湾海峡危機を演出し、国際社会を振り回した。六〇年代前半には民族解放闘争支援と「二つの中間地帯論」のセットとなった。

六〇年代前半の中国国内状況から見ると、六二年一月、毛沢東は無残な失敗に終わった大躍進運動を総括する会議において自己批判し、一線を退くと述べた。その直後の二月に、王稼祥党中央連絡部部長らが、内部講話および党中央政治局（周恩来・鄧小平・陳毅）に宛てた書簡の中で、周辺国との関係改善を図り、対外援助も実力相応にすべしとの政策提案を行った。同年七月この献策が対ソ政策で試みられた直後に一線にカムバックした毛沢東は王稼祥を厳しく批判し、以降、インドとの国境紛争、キューバ危機後のソ連非難など外交政策は逆に対決姿勢を強めた。(23)

ただし、米ソ以外にはなお平和的手段でアプローチする余地があると考えられ、六三年秋までに打ち出されたのが「二つの中間地帯論」である。基となった「中間地帯論」は、世界の主要矛盾は米ソ間ではなく、その中間の地帯、とくに第三世界とアメリカ帝国主義との間にあり、したがって中国の果たす役割が大きいとする、毛沢東独自の国際秩序観である。すでに中ソ対立が進行していたことから「二つの中間地帯論」は米ソを同列に敵視するとい

う意味で、本来の冷戦の論理からは乖離したものとなっていた。(24)

第一中間地帯とされたアジア、アフリカ、ラテンアメリカについては、ソ連やインドと対抗し、中国のリーダーシップの下に、第二回アジア・アフリカ会議の六五年中の開催を実現すべく、中国は尽力した。第二中間地帯には西欧諸国と日本、カナダが想定された。なかでも、部分的核実験停止条約をめぐるアメリカとの確執などからドゴール大統領が代表的指導者として高く評価された。現実にも中仏接近は、遅くとも六三年九月より始まっていた。一〇月二三日、ドゴールの意を受けたフォール元首相が訪中し、一一月に毛沢東と面会したことで、双方の関心事項や国交樹立の意思が確認された。(25)コンゴでも一二月末には現地フランス語ラジオで中仏国交樹立の話題について毎日のように放送するようになり、台湾側も周辺国へのドミノ効果を懸念した。(26)最終的に中仏国交樹立は六四年一月二七日に発表されたが、関係諸国には同月一五日に通知されており、コンゴにおいても一八日にフランス大使が大統領に直接伝達している。(27)

中国のアフリカ外交についても概観しておこう。ここでも硬軟二つの方針が反映されている。民族解放闘争については急進派の「カサブランカ・グループ」と連携しつつ、六〇年代前半にはアルジェリア独立運動とコンゴ内戦にコミットした。後者ではルムンバ首相殺害後の六一年二月、ルムンバ派のギゼンガ（スタンレーヴィル）政権と国交樹立し、外交使節も派遣した。同政権が瓦解したため大使館は一カ月余りで撤収を余儀なくされたが、その後も同派に支援を続けた。(28)

並行して、中国はアフリカへの「微笑外交」も展開した。そのハイライトは、六三年一二月一四日から六四年二月二九日にかけて行われた、周恩来首相・陳毅外相一行のアフリカ諸国歴訪である。すでに国交樹立済みのアラブ連合、アルジェリア、モロッコ、ガーナ、マリ、ギニア、スーダン、ソマリアのほか、国交のなかったチュニジア、エチオピアにも立ち寄りが認められ、チュニジアとは一月一〇日に国交樹立を達成した。アルジェリアには五〇〇〇万ドル相当の援助が提供されたことに加え、一月一五日にガーナ、および二一日にマリで発表された無利子借款など好条件の援助方針が発表されたのであった。(29)

と考えるべきだろう。[30]

国交樹立交渉と舞台裏

一九六四年一月二一日、記者会見を開いたリスバ首相は「中国との国交樹立を願う。ただし、中国が先に承認することを要する」と述べ、中国承認の意思を突然表明した。このタイミングからフランスに追従した動きと見られがちだが、以下が示すように、フランスの中国承認は追い風になった程度で、コンゴ政府は単独でも対中接近したと考えるべきだろう。[30]

沈大使に対して事前通知はなく、台湾側は虚を衝かれた。指示を仰ぐ大使に対して、台北本省も「手を尽くして阻止せよ」と訓令するのみであった。[31] ところが、大使が首相と面会できたのは、発表から一週間後の二八日のことであった。首相が挙げた中国承認の理由は、第一に青年層や労組の要求があり、政府として応えないわけにはいかないこと、第二に、中国はすでに建国後一五年が経過し、今後とも台湾と統一しそうにないこと、などであった。[32]

中国側はどう反応したか。二月五日、北京外交部から駐アルジェリア大使館へ、コンゴの態度を調べるよう訓令が出され、翌六日、駐アルジェリア代理大使がコンゴ外相ガナオの訪問に対応した。つまり、中国側の反応がないまま、コンゴ側から二月五日以前に、おそらくアルジェリアで接触したと推測できる。[33] コンゴ側の呼びかけは中国側にとっても驚きで、懐疑的ですらあったことが分かる。

六日の協議ではコンゴ外相から、国交樹立の「方式は難しくない。あなたたちが我々に国交樹立を求める書簡を送るか打電し、我々が同意の声明を発表する。あなたたちが大使を派遣する」。そして「中国は一つであり、それは中華人民共和国で北京が首都であると宣言する」だけのことである、と発言したのに対し、代理大使は、「両国が国交を樹立することは、コンゴが国連において中国の合法的権利の回復を支持し、蔣介石集団の代表の駆逐を要求することを意味する」としたうえで、さらに⑴国交樹立前は、協議の必要がある場合、パリの大使館を通じて接触する、⑵中国の記者の訪問を国交樹立以前に歓迎する、という二点について明確にすることを求めた。[34]

この確認を経て、二月一三日、ガーナの首都アクラで同地駐在の中国大使・黄華（のちに外相）がコンゴ外相との交渉に入った。[35] 中国大使に対して、コンゴ外相は、コンゴは欧米からも周辺親仏国からも孤立しており、貴国の

料金受取人払郵便

山科局承認

1242

差出有効期間
平成29年7月
20日まで

郵便はがき

6 0 7 - 8 7 9 0

（受　取　人）

京都市山科区
日ノ岡堤谷町1番地

ミネルヴァ書房
読者アンケート係 行

◆ 以下のアンケートにお答え下さい。

お求めの
書店名＿＿＿＿＿＿＿＿市区町村＿＿＿＿＿＿＿＿＿＿＿＿書店

＊ この本をどのようにしてお知りになりましたか？ 以下の中から選び、3つま
で○をお付け下さい。

A.広告（　　　）を見て　B.店頭で見て　C.知人·友人の薦め
D.著者ファン　E.図書館で借りて　F.教科書として
G.ミネルヴァ書房図書目録　H.ミネルヴァ通信
I.書評（　　　）をみて　J.講演会など　K.テレビ·ラジオ
L.出版ダイジェスト　M.これから出る本　N.他の本を読んで
O.DM　P.ホームページ（　　　　　　）をみて
Q.書店の案内で　R.その他（　　　　　　）

書 名　お買上の本のタイトルをご記入下さい。

◆上記の本に関するご感想、またはご意見・ご希望などをお書き下さい。
文章を採用させていただいた方には図書カードを贈呈いたします。

◆よく読む分野（ご専門）について、3つまで○をお付け下さい。

1. 哲学・思想　2. 世界史　3. 日本史　4. 政治・法律
5. 経済　6. 経営　7. 心理　8. 教育　9. 保育　10. 社会福祉
11. 社会　12. 自然科学　13. 文学・言語　14. 評論・評伝
15. 児童書　16. 資格・実用　17. その他（　　　　　）

〒
ご住所

Tel　（　　）

お名前《ふりがな》　年齢　歳　性別　男・女

ご職業・学校名
（所属・専門）

Eメール

ミネルヴァ書房ホームページ　http://www.minervashobo.co.jp/

＊新刊案内（DM）不要の方は × を付けて下さい。 □

支持が欲しいと訴えた。共同声明の中で国交樹立の決定と同時に台湾と断交するとの表現には同意しなかったものの、「中国が唯一の合法的政府であると承認する」と明記することは同意した。ガーナからの報告に対し、一五日、外交部は「コンゴ政府は国交を切望し、二つの中国問題についての態度も比較的明確である。コンゴとの国交はフランスの影響下にあるUAM諸国への突破口を開くためにも有利である」と評価した。そこで交渉を継続して早期公表を勝ち取るよう努力することを決定し、原則に触れなければ事後報告を容認する旨の指示を与えた。外交部が用意した共同声明の草案は、次の三つの文章からなる簡潔なものであった。

「中華人民共和国政府はコンゴ（ブラザヴィル）の現政府を合法的政府と承認する。コンゴ（ブラザヴィル）政府は中華人民共和国は全中国人民を代表する唯一の合法的政府であると承認する。中国とコンゴ（ブラザヴィル）両政府は正式に外交関係を樹立し、大使級の外交代表を交換することを決定する。[36]」

この草案を叩き台として、一六日、一七日にわたり黄華とコンゴ外相が交渉した。[37] 交渉中、一七日になってコンゴ側の態度が後退した。中華民国への配慮と中台対立に巻き込まれる懸念から、コンゴ側は、中華民国との「断交」、「中国人民全体を代表する唯一の合法的政府」などの表現を共同声明に入れないことを希望した。中国側は、交渉中の往復書簡の中で表現に関する同意を確認し、さらに口頭協議で、断交後中華民国大使が外交官の資格を失うことを確認した。その結果、簡単な共同声明を発表し、交換書簡の中で「唯一の合法的政府と承認する」と明記することで内容修正を受け入れた。コンゴ側も共同声明に平和五原則を盛り込むことは同意した。さらに発表に至る手順の詳細を詰め、一七日に協議が完了した。翌一八日北京の同意を得たのち、共同声明に正式署名した。協議で同意された通り、二月二二日に国交樹立が中国・コンゴ双方により公表された。プレス発表にこの日が選ばれたのは偶然ではなかった。黄華は二四日開催のアフリカ統一会議以前に交渉をまとめ、声明を発表すればさらに有利になると建議しており、これを踏まえての設定であった。[38]

交渉を経て共同声明の最終的な文面は次のように大きく変わっていた。

「中華人民共和国とコンゴ共和国（ブラザヴィル）政府は、それぞれの国の人民の利益と願望に基づき、相互承認と大使級の外交関係樹立を決定した。両国政府は、主権と領土保全の相互尊重、相互不可侵、相互内政不干渉、平等互恵、平和共存等の五原則に従って、両国間の友好協力関係を発展させることに一致して同意した。」[39]

コンゴでは、ガーナから帰国した外相が記者会見で国交樹立を公表した。その場で『ディパンダ』紙記者から「中華民国とは断交したということか」と確認されたのに対し、外相は「その問題は存在しない。北京と国交樹立した日から台湾は存在していない」と返答した。記者会見の後、沈大使は外交官としての地位を事実上喪失し、大統領、首相は無論のこと、外相とも面会不可能となった。コンゴ側が中国との協議内容を遵守したものと見てよかろう。一連の経験を総括する本国への報告書で、黄華は原則を守りつつ、柔軟な対応を取ったと自賛している。[40]また、フランスに追従したと見られたくない相手方のプライドに配慮して声明文の語句を選んだと述べている。

中華民国大使館閉鎖

中華民国外交部も手をこまねいていたわけではなく、コンゴ政府に再考を進言するよう在任国政府へ働きかけることをＵＡＭ加盟国駐在大使らに訓令している。[41]しかし、協力を要請しているうちに二二日の国交樹立の発表に至ったのであった。

沈大使は国交樹立発表後、一両日中には撤収を命じられるものと想定したが、その後二カ月近くも留まることになった。現地情勢は、二月七日に「ユールーが国外に連行され殺害される」という噂からブラザヴィル市内で大規模な暴動が発生するなど、ユールー復権を目指すクーデターやその噂が絶えない流動的状況が半年以上も続いていた。政府が転覆して再びユールー派の親西側政権が誕生すれば事態は一変する。このことに台北外交部は一縷の望みをかけつつ、コンゴ政府当局からの断交通知を待つという方針をとったためである。アメリカ国務省からの引き止めもこの方針を支えた。

他方で中国側も大使館設置の動きを見せなかった。三月中旬になって中国側は新華社記者二名を派遣したが、その後また動きが途絶えたため、現地と台湾では様々な憶測が流れた。そうした中、ソ連東欧歴訪後の四月九日に、コンゴ外相が記者会見で中国の代理大使が翌日到着すると発表した。ところが、続いて「世界でどの国も二つの中国が並存する国はなく、コンゴでできれば一つの成果である」と、「二つの中国」の可能性を追求するような発言を同外相が行ったことで混乱が生じた。一〇日、甘邁臨時代理大使ほか一行六名が中国大使館開設の先遣隊として到着した。(42) 臨時代理大使が一五日、外相と面会した当日夜に再び記者会見が行われ、外相は「反動的台湾は存在しない」と言明した。中国側の抗議にコンゴ側が屈したことは自明であろう。(43)

四月一六日、一七日には政府系新聞『コンゴ』紙までが中華民国大使館に対して批判、そして遂には脅迫するに至り、中華民国は最終的に一七日に断交した。大使出国は四月二五日となった。大使の帰国後、台北では検討会議が開催され、今般の経験が総括された。(44) 中国大使の着任、信任状の奉呈はさらに先の六月のことであった。

4　コンゴとの国交樹立後の中国外交

ブラザヴィルを拠点に

こうして中台の国交樹立競争に勝負はついたが、本節では中国の進出は関係諸国に何をもたらしたのかについて見届けておこう。

コンゴ側の積極的な働きかけの真の狙いがどこにあったかは、まだ台湾側が撤収もしていない一九六四年三月末の時点で早くも密使（MNR常務書記）を北京に派遣して経済・軍事援助を要請したことから明らかである。中国側は毛沢東も面会する等手厚くもてなし、総計二七〇〇万フラン（五〇〇万米ドル）の無利子借款を決定した。半年後の九月にマサンバ＝デバ大統領が訪中すると、友好条約・経済技術協力協定を締結し、五年間で二〇〇〇万米ドルという無利子借款を与え、国会議事堂や競技場、ダムの建設等に援助を注ぎ込んだ。(45)

中国がコンゴを厚遇したのには無論、中国なりの打算があった。一つにはコンゴを中国による援助のショーウィンドウとすることで、周辺旧仏領国へのドミノ効果が期待された。六四年のうちに中央アフリカとダオメが承認を切り替えたが、前者については、設立直後の在ブラザヴィル大使館が早速連絡ポイントになって国交樹立の起点となる訪中代表団の派遣が進められたことが判明している(46)。

また、中国はコンゴをアフリカ中部の外交拠点としてのみならず、対岸のコンゴ民主共和国など周辺諸国への浸透拠点として重視し、周辺国出身の民族解放運動ゲリラの軍事教練が行われた。MNRの下部組織で戦闘的な青年部（JMNR）も、中国大使館から資金援助を受けていたとされる。

とはいえ、すべてが中国の思惑通りに進んだわけではない。中国はソ連との対抗上、援助を増やさざるを得なかった面もある。コンゴ政府は六四年三月には中国への密使派遣の前に、欧米に財相を派遣して援助を求める一方、ソ連東欧諸国には外相を派遣し、国交樹立を進めていた（ソ連との国交樹立は三月一六日）(47)。マサンバ＝デバ政権期（六八年七月まで）にソ連は三〇億フランを提供し、中国はその倍額をより好条件で提供したという(48)。

一方、マサンバ＝デバ政権は多額の援助を双方から獲得したものの、国内の左傾化が加速し、コンゴ政府と西側諸国および周辺諸国との関係も軒並み悪化した。隣国コンゴ（レオポルドヴィル）とは在外反政府勢力の自国内への侵入を支援したとの非難合戦を繰り広げた(49)。六五年八月には、左翼政権発足以来続いたコンゴ当局による反米行為やアメリカ大使館および館員へのハラスメントが深刻化したためアメリカは大使館を撤収させた。アメリカ大使館の再開は直後から模索されたが、結局、極左派の影響力が後退する七七年までずれ込んだ。

六〇年代後半の混乱を潜り抜けて

中国にとって一九六四年は、概して上げ潮の年であった。国交樹立の面では一月のフランスとの国交樹立に続き、同年中にアフリカ五カ国と国交樹立を達成することに成功した。その結果、アフリカの台湾承認国数が一九から一五へと減少したのに対し、中華人民共和国承認数は一二から一七へと増加し、初めて両者の承認国数が逆転した。

一〇月には原爆実験にも成功したうえ、毛沢東との個人的関係が悪かったソ連指導者フルシチョフも失脚した。

しかし、六五年は一転して引き潮の年となった。実現に注力してきた第二回アジア・アフリカ会議は流会に終わり、フランスに続いて中国と国交樹立する先進国も現れなかった。一方、この年の夏頃には中ソ関係が悪化の一途を辿り、ベトナムではアメリカによる北爆が激化していた。ここに至り「二つの中間地帯論」に基づく穏健路線は放棄され、強硬路線が前面に出るようになった。九月三日付林彪国防部長名義の論文「人民戦争の勝利万歳」は、「世界の農村から世界の都市を包囲する」と述べ、中国革命を唯一正統のモデルとしつつ、反政府民族解放運動への支援を強調した。これはイデオロギーに基づく歴史的任務という冷戦的表現こそ用いているが、ソ連への対抗に加え、アメリカを同時多発的反乱への対処に忙殺させ、ベトナム戦争での対中圧力を相対的に緩和させる、前方防御という安全保障面の意図もあった[50]。つまり、穏健路線にせよ強硬路線にせよ中国の国益・威信を優先させた、冷戦とは異なる論理で外交を展開していたことを確認しておきたい。

ところが、こうした中国の宣伝活動は、反政府勢力を国内に抱える国々を不安に陥れた。九月には「北京＝ジャカルタ枢軸」と謳われたインドネシアでも九・三〇事件が発生してインドネシア共産党が壊滅し、スカルノが失脚した。六五年末から六六年初にかけては承認を切り替えたばかりのダオメ、中央アフリカ、そして急進派として知られたガーナでも相次いでクーデターが発生し、各新政権は中国側に断交を通告した[51]。

六六年に中国国内が文化大革命に突入すると、対アフリカのみならず外交全般が混乱し、毛沢東主義の押しつけに反発して断交・関係凍結に踏み切る国家もさらに増え、同年の国連総会では台湾支持票数が中国支持票数を再び上回った（アフリカ票は同数に分かれた）。

コンゴでも二大支持基盤であった軍部と左派の対立から内政が不安定化し、コンゴと中国との関係もいったん冷却化した。ところが、六八年七月三一日の急進左派青年将校ングアビが主導したクーデターによりマサンバ＝デバが失脚すると、他国と異なり、コンゴ側の急進化により両国関係は持ち直し、中国にとってはアルバニア、ギニアと並ぶ貴重な存在となった。ングアビ政権下、六九年一二月三一日には、コンゴ労働党を創立したうえ、アフリカ初のマルクス＝レーニン主義国家を目指してコンゴ人民共和国に改名した。この頃、コンゴには三〇〇人に及ぶ中国人「専門家」が派遣され、軍事学校も設立されるなど、二国間関係は絶頂に達した[52]。しかし、七六年、毛沢東が死去して文革が終わり、七七年にはングアビが暗殺され、蜜月期は終焉した[53]。中国側が国内の経済改革に専念し、国外の反政府ゲリラ支援を控えることになった一方、コンゴ側は米ソとの関係修復に転じた。そして冷戦終結後の九一年、マルクス＝レーニン主義は放棄され、国名もコンゴ共和国へと戻されたのであった。

最後に、本事例から得られた知見を、各関係国を動かしていた論理が冷戦・非冷戦の論理のいずれであったかという観点から再整理してみよう。

米ソを盟主として自由民主主義・資本主義体制と社会主義ないし共産主義体制の東西陣営に分かれ、各々の勢力圏を維持・拡大するための競争を冷戦とすれば、米ソの動向はやはり冷戦の論理に沿ったものであった。ただし、コンゴでは旧宗主国フランスが独立後も圧倒な存在感を保ったのに対し、米ソの存在感はともに希薄であった。ソ連についてはユールー政権期には国交がなく、留学生の教化や活動資金提供、情報戦などで影響を及ぼすなど間接的な方法を取らざるを得なかった。国交樹立後にも指導者との関係では中国に水をあけられた。アメリカはアメリカで、経済的利害も少なく、ソ連の進出を防ぐという目的のためだけにブラザヴィルに陣取っていたため、中ソ進出の一年後には大使館を撤収し対岸のコンゴ（レオポルドヴィル）への関与を深めていった。

コンゴについてはどうか。独立後、フランスとの密接な協力関係に基づく国家建設の試みは軌道に乗らず、政権転覆に終わった。新政権は社会主義化を選択し、共産圏に接近した。当初比較的穏健で全方位外交を進めた政権が急進化し、クーデターで文革期の中国をモデルとするコンゴ人民共和国へと至る過程において、中ソの後押しが作用したことは間違いない。中ソ進出後、コンゴ内外の冷戦的対立が激化したという点では冷戦の論理が働いたと見なせる。だが、親仏指導者の失脚やその後の急進化の実態は、外部の働きかけという以上に、南部と北部の部族対立や経済問題、世代対立、そして対岸のコンゴ（レオポルドヴィル）への対抗意識も絡んだ、ローカルで非冷戦的な政治力学によるものであった。中ソ側からコンゴに接近したのではなくコンゴ側から中ソに接近したこと、米ソ対立ではなく中ソ対立からコンゴが利益を得たことも強調しておきたい。

付言すれば、旧宗主国フランスが急進化するマサンバ＝デバ政権に支援を続けたことも冷戦の論理では説明できず、「フランスの栄光」を追求するドゴールがフランスの偉大性の証左としてフランス語圏のような独自の勢力圏の維持を図ったと考えるのが妥当であろう。これは毛沢東が独自の中間地帯論を唱えたり、ソ連と対立したりしたのと軌を一にしていたのであって、中仏のナショナリズムの論理が冷戦の論理を超えたと見てよい。

中台間の対抗関係についても、毛沢東や蔣介石のイデオロギッシュで好戦的な言辞は典型的な冷戦の産物と見えるが、国交樹立競争や国連代表権問題といった中台間の正統性争いの根本原因である「一つの中国」原則に双方がこだわったことは冷戦の論理では説明できない。この原則は「大一統（統一を尊ぶ）」という中国固有の国家観の延長上に位置づけられるのであって、イデオロギー対立の根底で両者は国家の正統性に関わる伝統的理念を共有していた。つまり、中華の伝統を維持することをともに優先したのであり、ここでもナショナリズムの論理が優ったのである。冷戦後の今日も「一つの中国」原則への中国側のこだわりはなお強く、それゆえに中台の駆け引きも継続しているのは周知の通りである。

冷戦と脱植民地化の交錯に加え、それらと重なりつつも自ずと異なる分裂国家の正統性競争という第三の軸を持ち込むことで、米ソ冷戦の主戦場でない場においても冷戦と非冷戦の境界を明確化し、複雑な実態によりよく迫る——アフリカの小国コンゴをめぐる中台国交樹立競争の分析はそうした可能性を有するアプローチと言えよう。

註

（1）たとえば中ソ関係について、O・A・ウェスタッド『グローバル冷戦史——第三世界への介入と現代世界の形成』（佐々木雄太監訳、小川浩之・益田実・三須拓也・三宅康之・山本健訳）名古屋大学出版会、二〇一〇年、第五章を参照のこと。

（2）張紹鐸『国連中国代表権問題をめぐる国際関係（一九六一～一九七一）』国際書院、二〇〇七年。

（3）あえて中国と国交樹立した国々は、指導者の社会主義イデオロギー志向性と、旧宗主国との対立関係といった要因が作用している。
（4）ブルキナファソ、サントメプリンシペ、スワジランド。
（5）コンゴの政治史については次を参照。小田英男『アフリカ現代史Ⅲ　第二版』山川出版社、一九九一年。René Gauze, Translation, editing, and supplement by Virginia Thompson and Richard Adloff, *The Politics of Congo-Brazzaville* (Stanford: Hoover Institution Publication, 1973).
（6）コンゴ危機（前章参照）に際して、アフリカ諸国の中でも唯一親チョンベ的姿勢を見せたほどであった。小田前掲書、一八七頁。
（7）大使館を設立したのは、フランス、アメリカ、イギリス、ベルギー、西ドイツ、ポルトガル、イスラエル、チャド、中華民国、韓国、南ベトナム。
（8）『人民日報』、一九六〇年八月一五日。
（9）UAMは六一年九月創設。原加盟国はカメルーン、中央アフリカ、コンゴ共和国、コートジボワール、ダオメ、ガボン、オートボルタ、マダガスカル、モーリタニア、ニジェール、セネガル、チャド。のちにルワンダとトーゴも加盟した。
（10）モロッコ、ギニア、ガーナ、マリ、アラブ連合、アルジェリアが主要メンバーである。なお、アラブ連合はエジプトとシリアが一九五八年に連合して成立したが、六一年にシリアが脱退して実質的に解体した。
（11）沈錡の回顧録が詳細かつ信頼性も高い。沈錡『我的一生　沈錡回憶録』（台北：聯経出版社、二〇〇〇年）（以下、沈錡回憶録）。異動直前の六〇年一二月から六一年三月にかけて、台湾の対アフリカ外交強化の一環として、沈錡はブラザヴィルも含めアフリカ一三カ国を歴訪し、レオポルドヴィルにアフリカ大陸最初の台湾の宣伝機関（新聞処）を設立するなど成果を上げていたことも考慮されたであろう。この歴訪は資金面を含めてアメリカの全面的協力によるものであった。沈錡回顧録第二巻、三二六頁、三七六頁。
（12）張前掲書、第二章。
（13）この援助にもアメリカの財政支援を受けていた。王文隆『外交下郷、農業出洋：中華民國農技援助非洲的實施和影響（一九六〇～一九七四）』（台北：国立政治大学歴史学系、二〇〇四年）が詳しい。コンゴ要人の台湾への招待については『剛果（布拉薩市）人士訪華』（国史館所蔵外交部档案、020-101200-0049）。沈大使の着任前にユールーの訪台話が持ち上がったが、実現しなかった。沈大使はユールーに近い国会議長の訪台を準備していた。

(14) 当時のアメリカ大使によると、コンゴ政府当局が快諾しても、訓令を打電せず航空便で送って時機を逸する、国連代表が本国の方針にかかわらずその場の雰囲気で投票してしまうなどの問題があったという。沈錡回顧録第三巻、八七頁。
(15) Gauze, op. cit., pp. 151–154.
(16) Ministère des Affaires Étrangères (MAE), Direction des Affaires Africaines et Malgaches 1, Congo-Brazzaville, Politique Étrangère, Relations avec la France, 1961–1965, vol. 21. Télégramme, Brazzaville à Paris, no. 474, 13 August 1963; Télégramme, Brazzaville à Paris, nos. 485/487, 14 August 1963.
(17) 不介入の判断理由は諸説存在する。もし犠牲者を多く出せば事態の収拾はさらに困難になり、コンゴ国内フランス人居住者への報復の可能性や、周辺国への影響も懸念されたというのがフランス参事官の沈錡への非公式説明であった。沈錡回顧録第三巻、二二四〜二二五頁。ドゴール大統領のアフリカ問題顧問フォカールと連絡がつかず思い切った策が取れなかったとはフォカール自身の弁である。Philippe Gaillard, *Foccart Parle 1* (Paris: Fayard/Keune Afrique, 1995), pp. 274–275. 加茂省三「ジャック・フォカールとフランスのアフリカ外交——虚像と実像の狭間で」『人間学研究』第一一号、二〇一三年も参照のこと。
(18) 片山正人『現代アフリカ・クーデター全史』叢文社、二〇〇五年、一〇六〜一〇七頁。
(19) ユールーはフランス政府の要請を受けて身体の安全は保証され、軍事キャンプに収容された。六五年三月に対岸のレオポルドヴィルに脱出したものの、フランスでの居住は許されず、マドリードで亡命生活を送った。
(20) 『外交部長沈昌煥訪非』（中央研究院近代史研究所所蔵外交部檔案（以下、中研院外交部檔案）、212.21/0010）。沈錡回顧録第三巻、二二二〜二二〇頁。
(21) 承認検討過程については『中剛（布市）関係』（国史館所蔵外交部檔案、020–990600–1679）。
(22) 「行政院新聞局致外交部（一九六四年一月二三日）」『中剛（布市）関係』（中華民国外交部檔案、国史館新店分館所蔵、020–990600–1679）。同紙は「革命国民運動」青年部（ＪＭＮＲ）の機関紙ともいう。沈大使と新聞局の調査によると、同紙はソ連の資金とチェコの製版機械を用いて発行され、ニュース源は在ギニア新華社とアルジェリア新聞社であった。沈錡回顧録第三巻、二四六頁、二六〇頁。中国との国交樹立後は、中国の資金援助を受け、中国側広報紙のようになった。Gauze, op. cit., p. 194.
(23) 毛は後に王の献策を帝国主義・現代修正主義・各国反動派（それぞれ、アメリカ・ソ連・インドを指す）に対して和解を進め、民族解放闘争に対する支援を少なくする「三和一少」路線であると決めつけ、「三闘一多」が必要である、とした。銭庠理『中華人民共和国史第五巻　歴史的変局　従挽救危機到反修防修（一九六二～一九六五）』（香港：中文大学出版社、二〇〇八年）。

(24)「中間地帯論」は国共内戦が勃発して間もない一九四六年に原型が示され、その後ソ連の公式見解を優先した時期を挟み五八年に再提起されていた。Chen Jian, 'China, the Third World, and the Cold War,' in Robert McMahon (ed.), *The Cold War in the Third World* (Oxford: Oxford University Press, 2013), chapter 5.

(25) 中仏接近については福田円『中国外交と台湾――「一つの中国」原則の起源』慶應義塾大学出版会、二〇一三年、第六章。

(26) 沈錡回顧録第三巻、二六三頁。

(27) MAE, Asie-Océanie 1944- , Chine 1956–1967, vol. 525. Télégramme du Brazzaville à Paris, no. 79, 18 January 1964.

(28) コンゴ（レオポルドヴィル）は独立時点では台湾と国交を樹立したが、内戦で中央政府が分裂し、中国を承認するスタンレーヴィル政府と台湾を承認するレオポルドヴィル政府が一時的に並存した。

(29) 村上享二「一九六〇年代前半の中国のアフリカ関与と台湾の反応」『中国21』vol. 39, 2014, 一八一～二〇〇頁。

(30) 反欧米・左傾化した新政権が対中接近したコンゴに対し、親仏的政権が承認を切り替えた中央アフリカはフランスに追従したと考えてよい。

(31) 前日にコンゴ外務省官房長は関係を維持したいと大使に語っていた。「剛果（布市）致外交部（一九六四年一月二二日）」『剛果（布拉薩市）与中共建交』（中研院外交部檔案、205.22/0001）。「外交部致剛果（布市）（一九六四年一月二三日）」、同上。

(32) 会談記録の詳細は「剛果（布市）致外交部（一九六四年一月三一日）」、同上。

(33)「請了解剛（布）政府与我発展関係的態度（一九六四年二月五日）」（中国外交部檔案、108–01335–01）。

(34)「会見剛果（布）外長談建交事（一九六四年二月六日）」、同上。

(35) 中国側との接触はコンゴ外相秘書すら知らされない極秘行動であったという。沈錡回顧録第三巻、二九九頁。

(36)「復同剛果（布）談判建交（一九六四年二月一五日）」（中国外交部檔案、108–01335–01）。

(37)「同剛果外長談建交公報事（一九六四年二月二七日）」（中国外交部檔案、108–01335–02）。

(38)「剛果（布）外長談建交問題（一九六四年二月一三日）」（中国外交部檔案、108–01335–01）。
(39)『人民日報』、一九六四年二月二三日。訳文は次によった。沢田治夫編『資料集　中華人民共和国政府承認及び外交関係』出版社・出版年不明、一七七頁。なお、同日別記事で交換書簡も『人民日報』に掲載されたが、コンゴ側から抗議は無かったようである。
(40)「関於同剛果（布）建交事（一九六四年二月二九日）」（中国外交部檔案、108–01335–02）。ただし、黄は一八日（火曜日）に合意してから二二日（土曜日）まで、コンゴ側が約束を違えないか、不安が残ったとも記している。次においても言及している。黄華『親歴与見聞――黄華回憶録』（北京：世界知識出版社、二〇〇七年）、一二八頁。
(41)たとえば「外交部致剛果（布市）（一九六四年二月三日）」。『剛果（布拉薩市）与中共建交』（中研院外交部檔案、205.22/0001）。
(42)甘邁は解放軍出身で前職はインド大使館付武官。コンゴでの役割はゲリラ戦指導教官と見なされた。Gauze, op. cit.
(43)以上の過程に関する優れた研究として福田前掲書、三二一～三二四頁を参照されたい。
(44)「中国（布市）断絶外交関係案検討会議記録（五月八日）」（中研院外交部檔案、205.22/0001）。沈錡はその後も外交・メディア畑を歩んだ。
(45)王泰平主編『中華人民共和国外交史（第二巻）一九五七―一九六九』（北京：世界知識出版社、一九九八年）、一八二～一八三頁。当時のコンゴ国家予算はおよそ三九〇〇万米ドルであった。
(46)もちろん、それぞれの文脈は異なる。ダオメについては、王文隆「臺海両岸政府在達荷美的外交競逐（一九六四～一九六六）」国史舘館刊第二十一期（二〇〇九年九月）、一五一～一九二頁。中央アフリカの訪中団派遣については「関於同意中非共和国派友善使団訪華的請示（一九六四年五月五日）」（中国外交部檔案、108–01354–05）。
(47)コンゴ外相は三月一〇日から四月六日にかけてソ連、ポーランド、チェコスロヴァキア、ユーゴスラヴィアの四ヵ国を歴訪した。マサンバ＝デバ大統領は翌六五年八月に訪ソした。
(48)Gauze, op. cit.
(49)中国もブラザヴィル側に与して、レオポルドヴィル政権をアメリカの傀儡と侮蔑し、アメリカのレオポルドヴィル支援を指弾した。中国側は今日でも、アメリカの支援で、六五年二月にチョンベ政権がコンゴ政府要人を暗殺し、七月にユールーがクーデターを企てたと主張する。王泰平主編前掲書、一八三頁。だが、前者についてはＪＭＮＲ過激派の犯行の疑いが濃い。Gauze, op. cit., p. 160.

(50) キューバも同様の動機から活発に中米やアフリカなど他国の革命を支援した。ウェスタッド前掲書、第五章。

(51) 片山前掲書、第三章。これらのクーデターはアメリカ中央情報局（ＣＩＡ）の支援を受けていたにせよ、概して経済問題や部族対立、権力闘争に端を発したものと判断される。

(52) 江翔『我在非洲十七年』（上海：上海辞書出版社、二〇〇七年）、一〇六頁。江翔によると、政権と密接な関係を築いた中国側の懸念は、米ソを背景とするクーデターであった。実際にソ連と近い軍人がクーデターを起こし、失敗に終わったことがあった。

(53) 真相不明のまま、陰謀の首謀者としてマサンバ＝デバが処刑されて幕が引かれた。

第十章　冷戦・アパルトヘイト・コモンウェルス

――イギリス対外政策と南アフリカへの武器輸出問題、一九五五～一九七五年――

小川浩之

1　南アフリカへの武器売却問題――問題の背景

冷戦と南アフリカへの武器売却問題

冷戦期の第三世界においては、アメリカ、ソ連という両超大国による介入が繰り返し行われ、それに対する第三世界側の激しい抵抗も見られたことが、ウェスタッドによる代表的研究で実証的かつダイナミックに分析されている。それは米ソの側にさえも変容を迫るプロセスであった(1)。そうしたウェスタッドの視点は非常に重要であるが、その一方で、冷戦における西側、東側双方の主要同盟国の役割にもまた無視できないものがあった。とりわけ本章が着目するコモンウェルス（英連邦）――イギリスおよびイギリスから独立した国々を中心に構成される国際機構で、イギリスの脱植民地化後の帝国の残滓と捉えられる――では、イギリスやカナダ、オーストラリアなどアメリカの主要同盟国の役割が注目に値する。

また、第三世界も多様な存在であった。第三世界諸国の中には、アメリカやソ連の介入の対象となった国々だけではなく、両超大国およびそれらの主要同盟国の地域的同盟国、あるいは「代理人」「協力者」となった国々も存在した。西側のインドネシア、ブラジル、イスラエル、イラン、パキスタン、トルコ、ザイール（旧コンゴ。現コンゴ民主共和国）、南アフリカ、東側のキューバ、ヴェトナム（一九七五年四月三〇日のサイゴン陥落・南ヴェトナム政府の倒壊までは北ヴェトナム）、エチオピア、南イエメンなどが代表的である。

そうした中で、冷戦下で表面化したイギリスから南アフリカへの武器輸出問題は、イギリス政府にとって困難な状況を突きつけるものとなった。まず、イギリス政府の対外政策におけるコモンウェルスの重要性があった。イギリスの脱植民地化は相対的に制御されたものであり、それは帝国から独立した国々をコモンウェルスに組み込むことで既存の関係やイギリスの影響力をできるだけ維持することで成り立つ面が大きかった。特に、イギリス政府の冷戦政策において、コモンウェルスは、カナダ、オーストラリア、ニュージーランドといった西側の「旧自治領」加盟国との関係強化に役立つとともに、旧帝国地域の第三世界諸国（西側寄りの政策をとる国とともに、多くの非同盟諸国を含む）との関係を維持・強化するために重要な存在と位置づけられていた。

ところが、南アフリカの人種隔離政策（アパルトヘイト）は、第二次世界大戦後、アジア・アフリカ諸国などの独立とコモンウェルス加盟に伴い「多人種の連合」へと移行したコモンウェルス諸国間の最大の懸案であった。とりわけ、アフリカのコモンウェルス諸国にとって、南アフリカへの武器売却は、イギリス放送協会（ＢＢＣ）の報道番組「パノラマ」でのザンビア大統領カウンダへのインタビューによれば、原則の問題にとどまらず、まさに「生死に関わる問題」であった(2)。カウンダをはじめブラック・アフリカ諸国首脳の南アフリカへの武器売却への反発は、反アパルトヘイトという「原則」だけでなく、彼ら自身の国家の安全保障への深刻な懸念から生じたものでもあったのである。

他方で、南アフリカには、アフリカにおける「強力で西側志向の国家」としての価値があったと指摘されるように(3)、アメリカやイギリスを中心とする西側諸国と南アフリカのアパルトヘイト体制との冷戦下の協力関係も存在した。そうした南アフリカが西側の主要な地域的同盟国として持った価値は、脱植民地化が進むとともに冷戦対立がアフリカ大陸やインド洋にも波及する中で、ますます大きなものとなっていた。また、イギリスにとって、二〇世紀（少なくともその途中まで）においても、南アフリカの喜望峰は、ドーバー、ジブラルタル、スエズ、シンガポールと並んで、世界に広がる「イギリス人の世界（British world）を結びつける五つの戦略拠点」の一角に位置づけられていた(4)。さらに、本章が扱う時期の大半において、六七年六月五日に勃発した第三次中東戦争（六日間戦争）以後、スエズ運河の封鎖が続いていた（結局、スエズ運河の封鎖は第四次中東戦争後の七五年六月までの八年間継続することになる）。[5] そうした中で、アフリカ大陸南端を迂回する南部アフリカ周辺の海上ルートであるケープ・ルートと、南アフリカのケープタウン近郊のサイモンズタウン海軍基地の戦略的重要性に関する認識も高まっていたのである。[6]

では、イギリス政府は、南アフリカへの武器売却について、とりわけコモンウェルス諸国との関係において、どのような政策をとったのであろうか。それを明らかにすることが本章の課題の一つである。そのうえで、結びに、冷戦下におけるイギリスから南アフリカへの武器輸出問題を通して明らかになった点について整理を行いたい。

なお、南アフリカへの武器売却とそれが主要議題となった七一年一月一四～二二日のシンガポールでのコモンウェルス首脳会議（Commonwealth Heads of Government Meeting: CHOGM）については、すでにいくつかの先行研究が存在する。ただし、それらはいずれも十分なものではない。まず、ハイアムとヘンショウによる共著は、イギリスと南アフリカの関係についての重要な実証的通史だが、南アフリカへの武器売却問題については、一九六〇年代～七〇年代のイギリス主要政党（保守党、労働党、自由党）の立場の違いや新聞・雑誌の論調について簡潔に紹介・分析しているのみである。[7] また、レデコップの論文は、詳細な研究だが、カナダのトルドー政権の対応を中心に扱っており、また八二年という早い時期に刊行されたため史料的にも一次史料の使用はなく、当時の公刊資料（議会議事録など）や新聞に依拠するのみである。[8] マッキンタイアの論文は、九九年出版でいくつかの一次史料を使用しているものの、南アフリカへの武器輸出問題とシンガポール首脳会議についての記述・分析には多くの紙幅は割かれていない。[9] 最後に、山口による最新の研究は、イギリス政府の防衛・対外政策委員会（首相を議長とする内閣委員会で、外務コモンウェルス相、国防相らで構成される）文書を中心に用いて分析が行われるなど参考になる点が多いが、インド洋における安全保障問題を広く扱った論文全体から見ると、やはり南アフリカへの武器売却問題とシンガポール首脳会議の扱いは限定的である。[10] いずれにせよ、当時のイギリスのヒース保守党政権の政策・対応とコモンウェルスの枠組みでの議論についての先行研究は不十分であるといわざるをえない。

それに対して、本章では、イギリス国立公文書館所蔵の一次史料を中心としつつ、カナダ国立図書館・公文書館所蔵文書、コモンウェルス事務局文書館所蔵文書や当時の各国の新聞・雑誌なども用いて、より実証的な分析を行う。また、当時の関係者の回顧録も有用であり、未公刊の文書館文書とともに適宜参照した(11)。

イギリスから南アフリカへの武器輸出問題には、これから具体的に検討するように、冷戦戦略の側面もあったが、経済的利益やコモンウェルス政策の側面、人種差別の是非という規範に関する側面もあり、本書全体の分析視角である「冷戦」と「非冷戦」の境界に位置する問題となっている。それゆえに、この問題について詳しく分析することは、「冷戦」と「非冷戦」の境界をより明確にすることに役立つと考えられるのである。

サイモンズタウン協定からウィルソン政権へ

イギリスから南アフリカへの武器輸出の基礎となったのは、一九五五年六月三〇日に両国間で締結された（厳密に言えば、それは両国国防相の間の複数の交換書簡で構成されていた）防衛協定――通称サイモンズタウン協定（Simonstown Agreement または Simonstown Agreements と表記される）と呼ばれた――であった。そこでは、(1)サイモンズタウン海軍基地（二一年の「スマッツ＝チャーチル防衛協定」によりイギリス軍が管理・運営していた）の南アフリカへの返還、(2)平時・戦時におけるイギリス海軍による同基地の使用、(3)イギリスから南アフリカへの艦船の売却（約一八〇〇万ポンド相当）、(4)南部アフリカ海域の防衛における両国軍の協力（戦時の合同作戦の際には、イギリス海軍の南大西洋司令長官が両国海軍の作戦指揮を担当するとされた）、(5)平時における両国軍による協議、共同訓練、人材交流などが定められていたのである(12)。

それらの中でも艦船の売却に関しては、その後、対潜水艦作戦におけるフリゲート艦とヘリコプターの併用が一般的に受け入れられるようになった。南アフリカ海軍も、イギリス海軍の例にならって、イギリスから購入したフリゲート艦にイギリス製のワスプ型ヘリコプター（通常、フリゲート艦または駆逐艦に搭載される対潜水艦攻撃用ヘリコプターで、イギリスのウェストランド社製）を搭載することを決定した。そして、南アフリカ政府からイギリス政府に対して、フリゲート艦の対潜水艦システムの一体部分であるとして、（後述するように）さらなるワスプの供給が要求されたのである[13]。

それに対して、南アフリカのコモンウェルス諸国間での孤立には深刻なものがあった。それが最も顕著に表れたのは、六一年五月三一日に南アフリカがコモンウェルスから脱退したことである。南アフリカは、シャープヴィル虐殺事件――六〇年三月二一日に非白人の移動の自由を制限していたパス法（pass laws）へのアフリカ人の集団抗議に対して警官が発砲し、死者六九名（六七名とする研究もある）、負傷者数百名を出した事件――などを通して高まったアパルトヘイトへの加盟国各国政府の批判を受けて、南アフリカ連邦（Union of South Africa）から南アフリカ共和国（Republic of South Africa）に移行するとともにコモンウェルスを脱退した。それは形式的には、六一年三月八〜一七日にロンドンで開催されたコモンウェルス首相会議（Commonwealth Prime Ministers' Meeting）での激しい議論の応酬を経て行われた南アフリカ政府による自発的な「脱退」であったが、実質的にはコモンウェルスからの「追放」といってもよいものであった[14]。

しかし、その後も南アフリカは、コモンウェルス特恵制度やスターリング地域といった多数のコモンウェルス諸国が参加する経済的枠組みには残留しており、サイモンズタウン協定も存続していた。さらに、南アフリカのコモンウェルス脱退後も、六一年六月二九日に行われたイギリスのマクミラン保守党政権の閣議では、防衛目的の兵器と国内の騒乱の鎮圧に用いられる可能性のある武器の区別は適切に行うことができるとされ、通常の省庁間の手続きを経て、南アフリカに主に軍事目的のために必要と考えられる兵器と軍事装備を輸出することは継続されるべきであると合意されていた（騒乱鎮圧に使われる武器はアパルトヘイトの抑圧体制の維持に直接つながるため、輸出できないとされた）[15]。

ところが、六四年一〇月一五日のイギリス総選挙で労働党が勝利を収め、左派的傾向の強いウィルソン労働党政権が成立したことで、イギリス政府の政策に一定の変化が見られるようになる。ウィルソン政権は、六三年以降の一連の国連決議（六四年六月一八日の国連安全保障理事会決議第一九一号など）に基づき、南アフリカへの武器輸出を停止する方針をとったのである。ただし、たとえば、国連安全保障理事会決議第一九一号では、「南アフリカにおける武器と弾薬の製造と維持のために用いられる武器、すべての種類の弾薬、軍事用車両、装備および材料の南アフリカへの売却と運搬を直ちに停止するというすべての国家に対するその要請を再確認する」と定められたもの[16]の、一連の国連安全保障理事会決議は、南アフリカへの武器輸出禁止を加盟国政府に対して完全に強制するものではなかった。

そして、ウィルソン政権も、サイモンズタウン協定に基づき保守党政権期に結ばれた売買契約の履行（たとえばバッカニア攻撃機一六機を含む）およびそれまでに売却済みの武器の欠損補充は例外扱いとした[17]。他方で、艦船については、五五年のサイモンズタウン協定以降、四隻のフリゲート艦（一五型一隻、一二型三隻）を含む計一八隻（フリゲート艦以外には沿岸掃海艇一〇隻など）が売却されたが、ウィルソン政権期に南アフリカ側がさらに二隻のフリゲート艦または駆逐艦の購入を要求したことに対しては、当初予定額の一八〇〇万ポンドを超えるため取り消しとなった[18]。そして、ウィルソン政権は、七〇～七一年に売却の是非が問題となるワスプ型ヘリコプターについては、六四年の六機、六五～六六年の四機の供給で義務は果たしたという立場をとり、それ以降の南アフリカ政府からの要請（六七～六九年）は拒否していたのである[19]。最終的に、六九年一〇月九日のイギリス閣議において、それ以上のワスプ型ヘリコプターを南アフリカに供給しないことが決定され、同年一二月一二日にそのことが南アフリカの駐イギリス大使に通告された[20]。それに対して、南アフリカ側からは、ワスプの搭載を前提として近代化計画を進めていたフリゲート艦に他のヘリコプターを搭載しようとする場合には、技術的な理由からさらなる改造に多大なコストが生じることなどもあり、強い反発が示された[21]。

2　ヒース政権の成立と武器売却再開問題

ヒース政権の成立と政策転換

そうした状況で起こった変化が、一九七〇年六月一八日のイギリス総選挙での保守党の勝利によってヒース保守党政権が成立したことであった。野党時代から労働党と異なる立場をとっていた保守党は、すでに総選挙の段階で、南アフリカへの武器禁輸の見直しを表明して選挙戦に臨んでいた。また、齋藤が指摘するように、ヒース政権はソ連との関係改善に高い優先度を与えておらず、東西両陣営間の緊張緩和（デタント）についても懐疑的な立場をとっていた[22]。そして、ヒース政権は政権発足直後の同年七月、南アフリカへの武器売却を再開する意図を表明したのである。具体的には、イギリス政府はまず、七月一日に行われた新政権発足後第一回目の防衛・対外政策委員会で前政権からの方針転換を打ち出し、ヒースとダグラス＝ヒューム外務コモンウェルス相が、アパルトヘイトは支持しないとしつつも、イギリスの防衛にとって必要なサイモンズタウン協定を維持するため、海上防衛に必要な装備に限って南アフリカへの売却を許可したいとしたのである[23]。

次いで、七月一一日に他のコモンウェルス諸国政府に対して南アフリカへの武器売却を再開する意図が伝えられた。そして、七月二〇日には、ダグラス＝ヒュームが、下院での演説で、南部アフリカ海域の安全航行の重要性――それこそがサイモンズタウン協定が交渉された目的であったとされた――を強調しつつ、海上ルートの安全保障のために限定された武器の南アフリカへの輸出申請を考慮する用意があることを公表したのである。ただし、それと同時に、ダグラス＝ヒュームは、イギリス政府が南アフリカ政府の人種政策に明確に反対しており、アパルトヘイトや国内鎮圧の政策を強化するための武器を売却する意図はないことを付言することも忘れなかった。そして彼は、こうした基盤に基づき、イギリス政府は、他のコモンウェルス諸国政府と、この問題について協議をすることに関心を抱いていると述べたのである[24]。

ヒース政権が南アフリカへの武器売却再開の意図を表明した背景には、以下のような要因があったと考えられる。第一に、南部アフリカおよびインド洋での冷戦（対ソ連戦略）上の考慮があった。ソ連海軍は、六八年からインド洋にプレゼンスを維持しており、七四年には同海域配備の自国艦船をインド洋艦隊に指定した[25]。そして、後に検討する七一年一月のシンガポールでのコモンウェルス首脳会議の際にも、ヒースは、サイモンズタウン協定はどういった危険に対するものであるのかというインドのシン外相の質問を受けて、「私たちが直面しなければならない危険はロシアのプレゼンスである」と明言している（それに対して、ウガンダ大統領オボテは、イギリスはアフリカの「南端」をその他の部分に対抗して支援しているようであり、それはソ連の浸透を助長していると批判している。(26)なお、山口の指摘によれば、イギリス国防省も、インド洋全域の防衛体制を見る戦略的・政治的観点が重要であり、ソ連の進出を抑えるために沿岸諸国との協力の余地を残すことが、南アフリカとの軍事協力よりも重要だという立場をとっていた(27)）。

さて、ここでは、冷戦上の考慮が、武器売却の経済的利益を得るためのレトリックとして用いられたという可能性も排除はできないが、管見の限り、イギリス政府文書からそうした考慮は確認することができなかった。他方で、七〇年三月九日のプレトリアでの選挙運動演説でボータ国防相がケープ・ルートの重要性とソ連の海軍力の脅威について言及していた南アフリカについては、より一般的に「プレトリアの反共レトリック」に関する指摘がなされており、共産主義への対抗が国民党のアパルトヘイト体制の正当化に用いられたという分析は存在する。(28)

第二に、南アフリカに対する武器輸出および貿易拡大の経済的利益を指摘することができる。南アフリカは、金やダイヤモンドなど希少金属を含む様々な天然資源の大規模な産出国としての大きな価値があり、そうした豊富な天然資源の存在ゆえに外国からの兵器の購買能力も高い国であった。たとえば、イギリスから南アフリカに武器を輸出しないのであれば、フランスやイタリア、ドイツ連邦共和国（西ドイツ）など（なかでもフランス）の企業が南アフリカの兵器市場への進出を狙っているという懸念がイギリス政府内で繰り返し語られたことからも、こうした考慮をうかがうことができる。(29)また、すでに見たように、六七〜七五年の間、スエズ運河が封鎖されていたため、イギリスにとってケープ・ルートの経済的重要性も増大していた。たとえば、ヒースは、七〇年一二月一六日にオタワで行った記者会見で、イギリスの全貿易の四分の一と原油供給のほぼ半分がインド洋から喜望峰経由で行われており、「それゆえに、これは私たちにとって非常に重要なライフ・ラインである」と述べていた。そして、さらにヒースによれば、コモンウェルスの大半の国々は同じような利益をイギリスと共有していないのであった。(30)

第三に、サイモンズタウン協定および国連決議の解釈の問題があった。たとえば、ヒースは、同じく七〇年一二月一六日のオタワにおける記者会見での発言で、保守党が与党期、野党期を問わず一貫してサイモンズタウン協定を支持し、かつそれを支持して七〇年六月の総選挙を戦ったことを強調し、「その協定の下で、私たちは南アフリカに海上防衛のための兵器を供給する義務がある」と明言している。さらにヒースによれば、サイモンズタウン協定は、両締結国政府が解消することに同意したときにのみ解消されうるのであった[31]。

また、国連決議との関係でも、保守党は、（とりわけ野党期の）労働党とは異なり、国連憲章の下ではあらゆる国がそれ自身の対外防衛のための兵器を保有することを認められており、国連安全保障理事会決議は南アフリカに対して対外防衛のために必要な兵器を供給することまでは禁じていないという立場をとっていた[32]。なお、アメリカで六九年一月二〇日に発足したニクソン共和党政権下でも、それまでジョンソン民主党政権下で停止されていた南アフリカとの情報活動の共有と海軍の協力計画が再開されている[33]。また、ヒースとニクソンの間では、インド洋におけるソ連軍の活動についての脅威認識も共有されており、その問題に関して両国間での議論も始められていた。インド洋の中央に位置する英領ディエゴ・ガルシアにおける米海軍通信施設の建設の開始も計画されていた（ただし、実際にディエゴ・ガルシアにおける米海軍通信施設の建設が行われるのは、七二年一〇月に新たな英米協定が締結された後であり、通信施設の稼働開始は七三年三月のこととなる）[34]。

コモンウェルス諸国の反発

ヒース政権が南アフリカへの武器売却を再開する方針を示したのに対して、多くのアフリカやアジア、カリブ海などのコモンウェルス諸国政府は強く反発した。たとえば、ダグラス＝ヒュームの声明の直後に比較的まとまった形で自らの考えを披露した政治家の中に、カリブ海の島国であるバルバドスの首相バローがいる。バローは、七月二八日の声明で、「私は、イギリス政府のこの決定に強力に抗議した」と述べ、コモンウェルスの存在すら脅かされかねないと警告を発した。また彼は、対外防衛にのみ使用可能な兵器が存在するという考え方も拒絶するとした。ただし彼は、他のコモンウェルス諸国政府とともに、南アフリカ政府に武器を供給するというイギリス政府の提案を強く非難するとしつつも、この問題をめぐる立場の相違によってコモンウェルスが解体することは受け入れられ

ないという考えを示したのである。(35)

他方で、イギリスの官僚レベルでの分析では、ブラック・アフリカ諸国を中心により激しい反発も予想されていた。そこでは、南アフリカへの武器輸出を強行すれば、タンザニア、ウガンダ、ザンビア、シエラレオネがコモンウェルスから離脱し、それに続いてケニアも離反すれば、反イギリスの動きはナイジェリア、インド、セイロンなど広くコモンウェルス諸国間に波及すると指摘されていたのである。(36)

実際、七月二〇日のダグラス＝ヒュームの声明の直後の七月二二日には、ザンビア大統領カウンダ、タンザニア大統領ニエレレ、ウガンダ大統領オボテの三名が、イギリスの南アフリカとの取引を非難するためにタンザニアの首都ダルエスサラームに集まり会談を行った。ヒースは、ニエレレに対して、いかなる最終的な決定もなされてはいないという保証を緊急に送っていたが、その効果は乏しく、ニエレレは武器売却がなされればタンザニアはコモンウェルスを脱退するという立場を明らかにした。カウンダは、ダグラス＝ヒュームの声明を受けて、「言われなければならないことはすべて言われた。いまや求められるのは行動である」と述べた。オボテは、彼自身の大きな失望について語り、提案された武器取引が持ちうる深刻な結果について述べた。なかでも当初からイニシアティブを発揮したのは、一九六五年一一月一一日のローデシアのスミス白人少数政権によるイギリスからの一方的独立宣言（少数派の白人による支配の永続化を目指したもの）をイギリス政府が防げなかったことに反発してイギリスとの外交関係を断絶したことのあるニエレレであった。ニエレレはまた、社会主義志向を持った政治家でもあった。ダルエスサラームでの会合に招かれなかったケニア政府も、ムンガイ外相が、七月二一日に、東アフリカの周辺諸国とすでに緊密な協議を行っていると述べていた。ただし、ケニア政府の立場は、コモンウェルス、国連、アフリカ統一機構（OAU）を通して、アフリカ諸国はイギリスに翻意するよう訴えるべきであるという相対的に穏健なものであった。(37)

また、カナダ、インド両国首相からも、ヒースに対して「強いメッセージ」が送られた。国連でも、インド、パキスタン両国政府の支持を受けつつ、アフリカ諸国の代表たちが武器売却反対のイニシアティブをとっていた（ただし、アフリカとアジアの国連加盟国代表は、すべての国家が留保なしに六三年の武器禁輸の安全保障理事会決議を尊重するよう呼びかける決議草案を準備したが、南アフリカへの武器売却に積極的な英仏両国政府が拒否権を持つ安全保障理事会で南アフリカへの武器売却禁止を完全に強制的なものにする決議が可決される見込みはもちろんなかった）。他方、これらすべてに対して、マラウィ政府はイギリス政府の提案に反対ではないという主張が、南アフリカ政府からなされた。また、オーストラリア政府は七月下旬の段階ではとくに反応を見せず、ニュージーランド首相ホリオークは、イギリスはそれ自身の選択をすべきだが、ニュージーランドは南アフリカにいかなる軍事装備も売却しないと声明した。(38)

ニエレレはまた、七〇年一〇月中旬にイギリスを訪問し、イギリス首相のロンドン郊外にある別邸チェッカーズでヒースをはじめとするイギリス政府閣僚と会談した。会談後の一〇月一二日、ニエレレは、イギリス側がインド洋におけるソ連の野心について警告したことにもまったく動かされることなく、もしイギリスが南アフリカに武器を売却すれば、タンザニアはコモンウェルスからの脱退を考慮するであろうし、いくつかのアフリカ諸国がそれに続くかもしれないと述べた。(39)

そうした中で、カナダ自由党政権のトルドー首相が、七〇年一二月五〜八日に、外交政策特別補佐官のヘッドをタンザニアとザンビアに派遣し、両国大統領の説得にあたらせた。ヘッドの訪問は、ニエレレとカウンダがコモンウェルスからの拙速な脱退に向かわず、翌年一月のシンガポールでのコモンウェルス首脳会議への参加を了承するうえで一役買うことになった。(40)

3　シンガポール宣言と武器売却問題をめぐる妥協

一九七一年コモンウェルス首脳会議（ＣＨＯＧＭ）

一九七一年一月一四〜二二日にはシンガポールで、コモンウェルス首脳会議が開催された。会議は、シンガポールの港を見渡すシェントン・ウェイに六五年に総工費四〇〇万シンガポール・ドルを費やして建設された五階建てのコンファレンス・ホールを舞台に開かれた。それは、「独立後のシンガポールにおけるイノベーションの重要な画期的作品」で、「一九六〇年代のシンガポールの前衛的な都市建築の見事な事例」であった[41]。そして、七一年一月中旬、「英連邦諸国からの賓客が、清潔で緑にあふれたシンガポールに到着した」のである[42]。

そしてこれは、第一回目の「コモンウェルス首脳会議」となった。それまでは、四四年以来、「コモンウェルス首相会議」が慣例的にロンドンで開催されており、議長はイギリス首相が務めていた。例外は、ローデシア問題について議論するために六六年一月一一〜一二日にナイジェリアの首都（当時）のラゴスで二日間だけ開かれ、議長もナイジェリア首相バレワが務めたコモンウェルス首相会議のみであった。しかし、シンガポールでの首脳会議では、もはや議長の座はイギリス首相の手から離れて、開催国であるシンガポールのリー・クアンユー首相が議長を務め、しばしば厳しいやりとりがなされた計一三回の全体会合やその他の非公式首脳会議を通して議論を統括した。そして、その後、コモンウェルス首脳会議は七三年八月二〜一〇日のオタワ、七五年四月二九日〜五月六日のキングストン（ジャマイカ）と、様々な加盟国で開催されるようになっていく。

シンガポールでの首脳会議では、ヒースが、南部アフリカからインド洋にかけての海上ルート（ケープ・ルート）へのソ連の脅威増大を強く意識しつつ、南アフリカへの武器輸出の必要性を強調した。また彼は、イギリス政府には、南アフリカ海軍に対して交換部品、七機のワスプ型ヘリコプター、二隻のフリゲート艦を供給する法的責務があると主張した[43]。他方、イギリス国内でも、労働党や「反アパルトヘイト運動」などの市民運動、学生運動などは、そうしたヒース政権の態度を厳しく批判した。他にも、コモンウェルス事務局長の元には、コモンウェルス各国の大小様々な団体や個人から、シンガポールでの首脳会議に向けて、イギリスから南アフリカへの武器売却に抗議する意見・訴えが届いていた[44]。

シンガポール首脳会議で見られたのは、第二次世界大戦後に独立したコモンウェルス内のアジア・アフリカ諸国などからの南アフリカへの武器売却に対する強い反発や非難の声であった。そうした結果、シンガポールでのコモンウェルス首脳会議では、とくに南部アフリカ（南アフリカ共和国やローデシア）の人種差別や南アフリカへの武器売却の問題をめぐり、途中までは決裂さえも危惧されたほどの厳しい議論の応酬が見られたのであった。たとえば、ニエレレ、カウンダ、オボテ、ボツワナ大統領カーマ、マレーシア首相ラザク、ナイジェリア外相アリクポなどが、イギリスへの批判を行った首脳として代表的である。なかでもそうした非難の先頭に立ったのは、従来からアパルトヘイトやローデシアの白人少数政権への批判を繰り返してきたニエレレであった。彼は、コモンウェルス首脳会議に向けて、「南アフリカとコモンウェルス」と題する文書を各国代表団に提出したが、ガーナ首相ブシアによれば、それは一般的なアフリカの立場を「非常に立派かつ簡潔に」示したものであった(45)。そうした双方の対立を受けて、カナダ自由党政権のトルドー首相は、首脳会議の初日にシンガポールから本国政府に状況を報告した際に、コモンウェルス諸国間の「仲介は不可能である。望みうることは加盟国がコモンウェルスにとどまることだけである。妥協の可能性はない。イギリス人たちはすでに決心をしており、彼らはコモンウェルスのために非常に高い代価を払う用意はないようである」ときわめて悲観的な見方を伝えていた(46)。

アジア・アフリカ諸国の側では、たとえば、アリクポが、一月一九日の午前・午後に行われた各国首脳のみでの非公式会議の場で、もし南アフリカがアフリカ諸国を攻撃したらどうするのかと問題提起し、南アフリカはすでにアパルトヘイトに抵抗する「自由の戦士」(freedom fighters) に対してイギリスから供給されたバッカニア機を用いていると述べた（他方、ヒースはバッカニア機が「自由の戦士」に対して用いられたという証拠は知らないと反論した(47)）。カーマは、一月二〇日夕方のコモンウェルス首脳会議第八回全体会合で、イギリス政府の側で南アフリカに武器を売却するという最終的な決定を行えば、コモンウェルス諸国間の関係を損なうだけでなく、「南部アフリカにおけるイギリスの公言された目的〔アパルトヘイトを終結させること〕に関してまったく逆効果であろう」と強調した（以下も含めて、〔　〕内は筆者による補足(48)）。

また、ラザクは、コモンウェルス首脳会議第九回全体会合（一月二〇〜二一日）で、「アフリカとインド洋でのイギリスの利益は、独立したアフリカ諸国との関係を改善することによって最もよく達成されるであろう。南アフリカへの武器売却は、アフリカの怒りと憤りを引き起こすため〔イギリスの利益にとって〕逆効果である。…南アフリカ政府は、とくに西側の友好国から自らの孤立を確信させられたときにのみ、その政策を変更するであろう」と発言し、西側諸国と南アフリカのアパルトヘイト体制との協力関係も念頭に置きつつ、厳しい批判を展開した。(49) この第九回全体会合は、一月二〇日の午後八時三〇分に始まり、「南部アフリカの問題」について二三カ国の代表が順番に発言し、翌日の午前四時まで続いたものであった。ただしそれは、各国首脳が事前に用意した主張を「記録に残すために」順番に演説したという性質が強いものであった。ヒースはそうした様子を、本国のモードリング内相に、「ほとんどの演説者は、一般に彼らの武器売却への反対を宣伝し、私たちに再考を求めつつ、彼らのすでに知られた立場を記録に残すために再び述べていた」と報告している。(50)

コモンウェルス首脳会議から帰国した後のイギリス閣議（一月二六日）で、ヒースは次のように報告を行っている。まず、ヒースによれば、コモンウェルス首脳会議では多くの代表らが、イギリス政府が、サイモンズタウン協定の下で南アフリカへの武器供給を正当化すると考える防衛政策の問題と、イギリス政府も強く批判しているアパルトヘイトの問題とを明確に区別していることを理解できていなかった。そして、「彼らは同様に、私たちがインド洋で進展していると考えている南部アフリカ周辺の重要な海上ルートの安全保障への新たで狡猾なソ連の脅威の本当の規模と性質について十分に情報を得ていない」のであった。(51) また、ヒースの回顧録には、「コモンウェルスのアフリカ諸国の指導者たちは、私のアパルトヘイトへの個人的な反対が真剣なものであることはたしかに受け入れたが、私たちのより広い戦略的考慮についてはおおむね無関心であった」と記されている。(52)

ただし、前記のイギリス閣議で、ダグラス＝ヒュームが、「いくつかの政府は、私たちがインド洋で本当の安全保障上の問題に直面しており、私たちの南アフリカ政府への法的および道義的な責務は、私たちが考慮に入れなければならない非常に妥当な要素であると理解し始めていた」とも述べたように、イギリス政府の立場への理解が一部に見られるようになっていたのも確かであった。(53) そうした中で、たとえばカナダのトルドー首相が、一月二〇日の非公式首脳会議やシンガポール宣言（後述）草案の修正において、とくにイギリスとブラック・アフリカ諸国の間で仲介を試みるなど、会議の決裂を避けるための努力もなされた。(54) 開催国シンガポールのリー・クアンユー首相は、コモンウェルス首脳会議の閉会演説（一月二二日）で、「カナダ首相は、私たちの私的なセッションで際立った貢献を行った」とその役割を高く評価している。[55] カナダ外交研究者の櫻田は、「この事例に関するトルドー政権の目的は、第一に英連邦を現存の多民族組織として存続させ、その次に英国の対南ア武器売却を阻止することにあった」と指摘している。[56] また、リー・クアンユー、およびカナダの元外交官で当時コモンウェルス事務局長を務めていたスミス――一月一九日、二〇日の非公式会議のために譲歩案を準備した――の役割も大きかった。[57]

シンガポール宣言

一九七一年一月二二日、コモンウェルス首脳会議の最終日に、「コモンウェルスの原則に関するシンガポール宣言」（Singapore Declaration of Commonwealth Principles）が全会一致で採択され、公表された。このいわゆるシンガポール宣言は、一四項目からなり、コモンウェルス各国首脳によって、「独立した主権国家の自主的な連合」であるコモンウェルスの多様な加盟国を結びつけるものとして、自由、平等、平和、民主主義、法の支配などの原則や途上国の開発などの目標が公式に打ち出されたものである。さらにそこでは、第七項で、人種差別を「社会における完全な悪」（an unmitigated evil of society）とする認識も示されていた。そうした反人種差別や反帝国主義の要素は、シンガポール宣言の大きな特徴の一つである。シンガポール宣言ではまた、それらの原則や目標を追求することで、コモンウェルスは、「現代世界の平和と進歩のために不可欠な多国間アプローチの建設的な事例」を提供することができるという「信念」も示された。[58]

他方、トルドーらの仲介努力もあり、ザンビア大統領カウンダによって準備された宣言草案の反人種差別の項目の具体的内容（とくに人種差別を行う国への支援を明確に否定する文言）は薄められ、南アフリカへの武器売却が禁止されるには至らなかった。具体的には、シンガポール宣言の第七項につながる宣言草案の段階では、「私たちは、それら〔人種差別と人種的偏見〕を実施するすべての体制に対して、それらを固定し、または強化することができるようないかなる支援も否定するであろう」と明記され、南アフリカ共和国への武器売却を実質的に否定するような文言が盛り込まれていた[59]。それは、強硬な反人種差別の要素を持つ草案であった。そして、カウンダは、七一年一月一四日のコモンウェルス首脳会議の第二回全体会合で、反人種差別の立場を改めて強調するとともに、コモンウェルスに明確な原則を与えることで、コモンウェルス首脳は彼らの機構を強化できると期待していると述べたのである[60]。しかし、最終的なシンガポール宣言の第七項では、「いかなる国も、人種差別を実施する体制に対して、それ自身の判断において直接的に（in its own judgment directly）、この悪しき政策の追求や固定につながるような支援を行うことはできないであろう」とより控えめな表現に修正されたのである（傍点は筆者による）[61]。

イギリスから南アフリカへの武器輸出問題については、あらゆる国家は何がその国益であるかを決める権利があるというヒースの議論とトルドーらによる仲介の結果、他国首脳の承認または少なくとも最低限の黙認が得られたと考えることができるであろう。たとえば、ガーナのブシア首相は記者会見で、イギリス政府が南アフリカへの武器売却を進めれば「道徳的権威と信望」を大きく損なうであろうとしつつも、そうしたヒースの議論を容認する立場を示したのであった[62]。

結局、シンガポールにおけるコモンウェルス首脳会議とシンガポール宣言の結果、反人種差別の規範が明確化・明文化された一方で、人種差別を行う国への支援（武器売却を含む）については妥協的な結論に達したということができるであろう。南アフリカへの武器売却が一律には禁じられることがなかったのも前述した通りである。タンザニアやザンビアをはじめとするアフリカ諸国がコモンウェルスから離脱するといった深刻な事態も避けられた。武器売却に強硬に反対していたアフリカ諸国の首脳たちは、内外へのアピールのために強硬姿勢をとっていた面があり、また、イギリスをはじめとするコモンウェルス諸国との政治的、経済的紐帯にも魅力があったために妥協が受け入れられる余地があったといえよう。

さらに、七一年のコモンウェルス首脳会議では、提案されていたコモンウェルス技術協力基金の創設でも合意がなされた。一月二一日の第一一回全体会合では、カナダが四〇％または年間三五万ドル、イギリスが三〇％または年間一一万ポンドの負担をすることに同意した[63]。さらに、シンガポールでのコモンウェルス首脳会議の結果、「多数のコモンウェルス諸国にとって死活的な重要性を持つ南大西洋とインド洋における海上通商ルートの安全保障に影響を与える要因について検討する」ために、オーストラリア、イギリス、カナダ、インド、ジャマイカ、ケニア、マレーシア、ナイジェリアの代表を構成員とするインド洋安全保障問題検討グループを設置することでも合意に達した。ただし、この検討グループ会合は、後述するようにイギリス政府が南アフリカへの武器売却を決定・公表したことを受けて、ナイジェリア、マレーシア、インドが不参加となったため、結局実現せずに終わることとなる。(64)

4　南アフリカへの武器売却問題の帰結

本章で検討してきたように、冷戦下におけるイギリスから南アフリカへの武器輸出問題を通して、以下のようなことが明らかになったと考えられる。

第一に、イギリスに代表される西側先進国と南アフリカのアパルトヘイト体制との冷戦下の「相互依存」の存在である。それは、イギリス政府が冷戦政策上の考慮から実質的にアパルトヘイト体制を黙認する一方で、南アフリカ側もイギリスをはじめとする西側諸国の冷戦戦略に依拠する形でアパルトヘイト体制を維持したという共存関係であった。一九六一年三月七日に当時の南アフリカ連邦首相フルヴールトは、イギリス首相マクミランとロンドンで首脳会談を行い、その場で、コモンウェルスの基盤が話題に上った。そこで、マクミランが「それはある原則に基づく組織ではなく、いまや影響力圏（sphere of influence）である」と述べたのに対して、フルヴールトは「南アフリカは西側諸国と一緒に活動することを強く望んでいる。…コモンウェルスを結びつける原則はおそらく存在しないのは確かだが、共通する一つのものは共産主義への反対である」という発言を残している。(65)冷戦下におけるイギリスから南アフリカへの武器売却問題を通しても、そこから浮かび上がるのは、インド洋から南部アフリカにかけての地域におけるソ連海軍の脅威増大に対する安全保障の追求という両国共通の利益が存在したことである。

第二に、イギリスにとって、帝国解体後の「多人種の連合」としてのコモンウェルスの価値と南アフリカとの戦略的、経済的関係とのジレンマがあった。たしかに、ヒースの閣議での発言などからは、より強硬なイギリス政府の態度を見てとることもできる。しかし、すぐ後で見るように、イギリス政府は一部の兵器の売却を見合わせるなどの譲歩も見せており、南アフリカとの「相互依存」や同国への武器売却による経済的利益とともに、コモンウェルス諸国間の結束を維持する考慮も見られたということができるであろう。コモンウェルスは、イギリスにとって脱植民地化を相対的に制御されたものにするうえで役立ったが、そのためには時にイギリス側にも譲歩が求められたといえる。

第三に、イギリス国内外での反人種差別の規範の強まりによる圧力を指摘することができる。(66) たしかに、シンガポール宣言の第七項は、イギリスとアジア・アフリカなどのコモンウェルス諸国の間の妥協の産物であり、内政不干渉原則を盾にとった人種差別の正当化を認めない一方で、人種差別を行う国への支援・武器輸出には各国に裁量の余地を残すものであった。しかし、シンガポールでの首脳会議においてコモンウェルスの枠組みで反人種差別の規範が明確化されたことの意義は小さいものではなかった。実際、シンガポール宣言は、その後のコモンウェルスの制度化、規範強化の端緒として、非常に重要なものと位置づけられるようになっていくのである。

七一年二月一六日の閣議で、ヒース政権は、二月八日の防衛・対外政策委員会での合意を受けて、もし南アフリカ政府が彼らのフリゲート艦とともに用いるヘリコプターを発注することを希望するならば、サイモンズタウン協定の下で生じる法的責務があるとして、南アフリカにワスプ型ヘリコプターを売却することを決定した。そして、二月二二日には、イギリス政府は「その条約上の義務に従って」、七機のワスプを約二〇〇万ドルで南アフリカに売却することを公表した。しかし、南アフリカ政府が関心を持っていると知られており、カウンダやニエレレが最も問題視していた南アフリカへの艦船の売却はなされなかった。さらに、それから約二年後の七四年二月二八日のイギリス総選挙の結果、第三次ウィルソン労働党政権が成立した後、約束されていた七機目のワスプの供給がなされることはなかった。そのうえ、七五年六月一五日には、スエズ以東からの英軍の最終的な撤退方針もあり、サイモンズタウン協定自体が、イギリスにもたらすトラブルと比較して、軍事的観点からの利益は大きくないと判断さ

れた結果、両国間の交渉を経て破棄されることになる。(67)

イギリス政府にとって、インド洋における安全保障上の考慮は、冷戦的考慮であると同時に、自国の国際的地位の維持という別種の、非冷戦的な考慮の反映でもあった。コモンウェルスを維持することによる制御された脱植民地化の必要という考慮それ自体もまた、第三世界における西側の影響力確保、東側の影響力拡大阻止の必要という冷戦的な考慮を反映したものであったが、同時にイギリスの世界的な地位と役割の制御された縮小ないし維持というイギリス独自の、非冷戦的な考慮の反映でもあったのである。

註

(1) O・A・ウェスタッド『グローバル冷戦史――第三世界への介入と現代世界の形成』（佐々木雄太監訳、小川浩之・益田実・三須拓也・三宅康之・山本健訳）名古屋大学出版会、二〇一〇年。

(2) *The Straits Times*, 20 January 1971.

(3) ウェスタッド前掲書、二一八頁。

(4) Wm. Roger Louis, 'Introduction,' in Judith M. Brown and Wm. Roger Louis (eds.), *The Oxford History of the British Empire, Volume IV: The Twentieth Century* (Oxford: Oxford University Press, 1999), p. 2.

(5) 芝崎祐典「世界的影響力維持の試み――スエズ以東からの撤退とイギリスの中東政策」木畑洋一・後藤春美編著『帝国の長い影――二〇世紀国際秩序の変容』ミネルヴァ書房、二〇一〇年、八一～八二頁。

(6) 七〇年に作成されたイギリス政府文書によると、サイモンズタウン基地は、イギリス海軍の艦船の燃料補給、修理、乗組員の休暇の目的に使用されており、六九年には計六九回の停泊があった。また、サイモンズタウン基地のケープ・ラジオが当該地域のイギリス海軍の通信に使用されていた。The National Archives, UK（TNA）, FCO45/658, J. E. C. Macrae (FCO) to P. Petrie (United Kingdom Mission to the United Nations), 4 August 1970.

(7) Ronald Hyam and Peter Henshaw, *The Lion and the Springbok: Britain and South Africa since the Boer War* (Cambridge: Cambridge University Press, 2003), pp. 321-323, 328-329.

(8) Clarence G. Redekop, 'Trudeau at Singapore: The Commonwealth and Arms Sales to South Africa,' in Kim Richard

Nossal (ed.), *An Acceptance of Paradox: Essays on Canadian Diplomacy in Honour of John W. Holmes* (Toronto: Canadian Institute of International Affairs, 1982), pp. 174-195.

(9) W. David McIntyre, 'From Singapore to Harare: New Zealand and the Commonwealth,' in Bruce Brown (ed.), *New Zealand in World Affairs III, 1972-1990* (Wellington: Victoria University Press, 1999), pp. 88-91.

(10) 山口育人「第二次世界大戦後イギリスの世界的役割とコモンウェルス――インド洋地域の安全保障問題をめぐって」山本正・細川道久編著『コモンウェルスとは何か――ポスト帝国時代のソフトパワー』ミネルヴァ書房、二〇一四年、二七三～二七八頁。

(11) たとえば、Edward Heath, *The Course of My Life: My Autobiography* (London: Hodder and Stoughton, 1998), pp. 477-478, 480-482. リー・クアンユー『リー・クアンユー回顧録――ザ・シンガポール・ストーリー』(下)(小牧利寿訳)日本経済新聞社、二〇〇〇年、三二五～三二九頁。

(12) *Exchanges of Letters on Defence Matters between the Governments of the United Kingdom and the Union of South Africa*, July 1955, Cmd. 9520 (London: HMSO, 1955); M. J. Christie, *The Simonstown Agreements: Britain's Defence and the Sale of Arms to South Africa* (London: The Africa Bureau, 1970), pp. 4-7.

(13) TNA, FCO45/657, R. E. Willis (Ministry of Defence) to Macrae, 8 June 1970, attachment: Brief No.26 Naval Aspects of the Simonstown Agreement and Arms for South Africa.

(14) 小川浩之『イギリス帝国からヨーロッパ統合へ――戦後イギリス対外政策の転換とEEC加盟申請』名古屋大学出版会、二〇〇八年、第六章。

(15) TNA, CAB128/35/1, CC (61) 36, 29 June 1961.

(16) United Nations Security Council, S/5773, 191 (1964), Resolution of 18 June 1964. 安全保障理事会決議第一九一号は、保守党政権期のイギリスを含む八カ国の賛成、三カ国(チェコスロヴァキア、フランス、ソ連)の棄権で採択された。

(17) Churchill Archives Centre, Cambridge, STWT9/7/18, Notes in connection with Arms for South Africa, prepared by Denis Healey, Michael Stewart and Lord Brown, undated. 六三年に売買契約が結ばれ、労働党政権発足時に製造中だったバッカニア攻撃機一六機の売却は難しい問題となった。労働党は野党時代には売却を声高に批判していたが、政権獲得後、通貨問題を抱える中での二五〇〇万ポンドの輸出機会の喪失や工場労働者の雇用問題、契約解除に伴う法的問題などに直面し、六四年一一月二四日の閣議でバッカニア一六機と交換部品の売却を決定した。TNA, CAB128/39, CC (64) 10, 24 November 1964. See also Rhiannon Vickers, 'Labour's Search for a Third Way in Foreign Policy,' in Richard Little and Mark Wickham-Jones (eds.), *New Labour's Foreign Policy: A New Moral Crusade?* (Manchester: Manchester University Press, 2000), p. 35. また、歴代労働党政権にとって、東ティモール問題を抱えるインドネシアへの武器売却はしばしば政治問題化してきた。たとえば、一九七七年には、インドネシアのスハルト政権による虐殺が広く報じられる中で、キャラハン労働党政権のオーウェン外務コモンウェルス相が、インドネシアへのホーク型機の売却に許可を与えている。Tim Dunne and Nicholas J. Wheeler, 'The Blair Doctrine: Advancing the Third Way in the World,' in Little and Wickham-Jones (eds.), op. cit., p. 66.

(18) TNA, FCO45/657, Willis to Macrae, 8 June 1970, attachment: Brief No.26 Naval Aspects of the Simonstown Agreement and Arms for South Africa.

(19) TNA, FCO45/657, FCO to Cape Town, telegram No. 120, 2 March 1970.

(20) TNA, FCO45/656, William Wilson (FCO) to J. R. A. Bottomley (FCO), 12 January 1970; William Wilson to S. J. G. Fingland (FCO) and Mr. Graham, 4 February 1970.

(21) TNA, FCO45/657, Sir Arthur Snelling (British Ambassador to the Republic of South Africa) to Fingland, 16 February 1970.

(22) 齋藤嘉臣『冷戦変容とイギリス外交——デタントをめぐる欧州国際政治、一九六四～一九七五年』ミネルヴァ書房、二〇〇六年、一三〇～一三二頁、一四九頁。

(23) 山口前掲論文、二七三頁。

(24) ダグラス＝ヒュームの下院演説は、*Parliamentary Debates* (*Hansard*), *House of Commons*, vol. 804, 20 July 1970, col. 49. See also, *The Economist*, 25 July 1970; Redekop, op. cit., pp. 175, 177.

(25) 篠﨑正郎「戦後イギリス防衛政策におけるヨーロッパ域外関与——帝国の喪失と新たな役割の模索、一九六八—八二年」防衛大学校総合安全保障研究科博士論文、二〇一三年、八八頁、一一〇頁。

(26) TNA, PREM15/277, Record of the Meetings of the Commonwealth Prime Ministers held without Advisers on the Morning and Afternoon of Tuesday 19 January 1971.

(27)　山口前掲論文、二七四頁。

(28)　レナード・トンプソン『新版 南アフリカの歴史』（宮本正興・吉國恒雄・峯陽一訳）明石書店、一九九八年、三七五～三七七頁。以下を参照。Chris Saunders and Sue Onslow, 'The Cold War and Southern Africa, 1976–1990,' in Melvyn P. Leffler and Odd Arne Westad (eds.), *The Cambridge History of the Cold War, Volume III: Endings* (Cambridge: Cambridge University Press, 2010), pp. 223, 225. ボータの演説は、TNA, FCO45/657, Cape Town to FCO, telegram No. 148, 11 March 1970.

(29)　たとえば、これはヒース政権発足前の記録だが、TNA, FCO45/657, Snelling to Fingland, 16 February 1970.

(30)　Commonwealth Secretariat Archives, London (CSA), 2002/36 (2 of 2), Verbatim Service 350/70, 'South Africa - Prime Minister,' 17 December 1970.

(31)　Ibid.

(32)　TNA, FCO45/657, Notes for Supplementaries, 'Attitude to UN Security Council Resolutions on Arms,' undated (but in July 1970); CSA 2002/36 (2 of 2), Verbatim Service 004/71, 'Commonwealth and South African Arms,' 9 January 1971.

(33)　ウェスタッド前掲書、二一八頁。

(34)　TNA, PREM15/277, Background Note: Commonwealth Prime Ministers' Meeting - Singapore, undated (but January 1971); 木畑洋一「覇権交代の陰で――ディエゴガルシアと英米関係」木畑・後藤編著前掲書、二六二頁。

(35)　CSA, 2002/36 (2 of 2), Statement delivered by the Prime Minister of Barbados, the Rt. Hon. Errol Barrow, in the House of Assembly on Tuesday, 28th July, 1970.

(36)　山口前掲論文、二七四頁。

(37)　*The Economist*, 25 July 1970.

(38)　Ibid.

(39)　*Financial Times*, 13 October 1970; *Daily Telegraph*, 13 October 1970.

(40)　Redekop, op. cit., pp. 178–179, 188.

(41)　Wong Yunn Chii, *Singapore 1:1 - City: A Gallery of Architecture & Urban Design* (Singapore: Urban Redevelopment

Authority, 2005), pp. 40–43. 当時でもシンガポールの一人当たり国民総生産（ＧＮＰ）はアジアで日本に次ぐ水準に達していたが、その後、シェントン・ウェイでは金融センターとしての開発が急速に進められ、第三世界諸国のなかでも際立った経済成長を見せるシンガポールの繁栄の象徴となっていく。たとえば、*South China Morning Post*, 20 February 1970; *Singapore Bulletin*, vol. 1, no. 10 (June 1983), p. 5.

(42) リー・クアンユー前掲書、三三六頁。

(43) TNA, PREM15/277, Record of the Meetings of the Commonwealth Prime Ministers held without Advisers on the Morning and Afternoon of Tuesday 19 January 1971.

(44) たとえば、CSA, 2002/002, 'Petitions,' W. Peters (Conference Secretary of the Heads of Government Meeting in Singapore) to Arnold Smith (Secretary-General of the Commonwealth), 17 January 1971.

(45) Library and Archives Canada (LAC), Arnold C. Smith Papers, MG31-E47, Vol. 23, File 3, HGM (71) 8th Meeting, 20 January 1971, 5.30 p.m.

(46) LAC, RG2, PCO, Series A-5-a, Volume 6381, Cabinet Conclusions, January 14, 1971.

(47) TNA, PREM15/277, Record of the Meetings of the Commonwealth Prime Ministers held without Advisers on the Morning and Afternoon of Tuesday 19 January 1971.

(48) LAC, Arnold C. Smith Papers, MG31-E47, Vol. 23, File 3, HGM (71) 8th Meeting, 20 January 1971, 5.30 p.m.

(49) LAC, Arnold C. Smith Papers, MG31-E47, Vol. 23, File 3, HGM (71) 9th Meeting, 20 January 1971, 8.30 p.m.

(50) TNA, PREM15/277, Singapore to FCO, telegram No. 189, 21 January 1971.

(51) TNA, CAB128/49, CM (71) 4, 26 January 1971.

(52) Heath, op. cit., p. 478.

(53) TNA, CAB128/49, CM (71) 4, 26 January 1971.

(54) TNA, PREM15/277, Record of Meetings of Commonwealth Prime Ministers held without Advisers on Wednesday, 20 January, 1971; LAC, Arnold C. Smith Papers, MG31-E47, Vol. 23, File 3, HGM (71) 12th Meeting, 22 January 1971, 10 a.m.

(55) National Archives of Singapore, Ministry of Culture, Speech, Iky19710122, Commonwealth Heads of Government

Meeting 1971, Address at the Closure of the Conference by the Chairman, Mr. Lee Kuan Yew, on 22nd January, 1971.

(56) 櫻田大造『カナダ外交政策論の研究――トルドー期を中心に』彩流社、一九九九年、四七一頁。

(57) リー・クアンユー前掲書、三二八〜三二九頁。

(58) Singapore Declaration of Commonwealth Principles, 1971, issued at the Heads of Government Meeting in Singapore on 22 January 1971. その後、シンガポール宣言は、コモンウェルスの基本原則を示したものとされ、冷戦が終結し、南アフリカでアパルトヘイト法制が全廃された後の九〇年代に採択されるハラレ宣言(九一年)やミルブルック・コモンウェルス行動計画（九五年）につながる規範面の制度化の端緒となったものとして、しばしばその重要性を強調されていく。しかし他方で、当時の状況では、シンガポール宣言に盛り込まれた反人種差別や反帝国主義といった要素は、依然として容易にコモンウェルス諸国間の軋轢を生みかねないものであった。

(59) LAC, Arnold C. Smith Papers, MG31-E47, Vol. 23, File 3, HGM（71）15, 'Draft Declaration of Commonwealth Principles,' Memorandum by the Zambian Government, 12 January 1971.

(60) LAC, Arnold C. Smith Papers, MG31-E47, Vol. 23, File 3, HGM（71）2nd Meeting, 14 January 1971, 3.15 p.m.

(61) Singapore Declaration of Commonwealth Principles, 1971, issued at the Heads of Government Meeting in Singapore on 22 January 1971. 以下も参照。S. R. Ashton, 'British Government Perspectives on the Commonwealth, 1964–71: An Asset or a Liability?,' *The Journal of Imperial and Commonwealth History*, vol. 35, no. 1（2007）, pp. 89–90.

(62) *The Straits Times*, 19 January 1971.

(63) LAC, Arnold C. Smith Papers, MG31-E47, Vol. 23, File 3, HGM（71）11th Meeting, 21 January 1971, 2 p.m.

(64) TNA, PREM15/277, Record of Meetings of Commonwealth Prime Ministers held without Advisers on Wednesday, 20 January, 1971; LAC, Arnold C. Smith Papers, MG31-E47, Vol. 23, File 3, HGM（71）8th Meeting, 20 January 1971, 5.30 p.m.; *The Times*, 25 February 1971; 山口前掲論文、二七六頁。

(65) TNA, PREM11/3535, Note for the Record, undated（but in March 1961）.

(66) 人種と冷戦の関係については、たとえば以下のような研究が存在するが、それらはアメリカ（アメリカ外交、アメリカの人種問題、公民権運動など）に焦点を当てたものである。Mary L. Dudziak, *Cold War Civil Rights: Race and the Image of American Democracy*（Princeton: Princeton University Press, 2000）; Thomas Borstelmann, *The Cold War and*

the Color Line: American Race Relations in the Global Arena (Cambridge, MA: Harvard University Press, 2001).

(67) TNA, CAB128/49, CM (71) 10, 16 February 1971; CAB129/179, C (74) 119, 29 October 1974; Redekop, op. cit., p. 188; 櫻田前掲書、四七四頁、五〇六頁。

第Ⅲ部　国内の文化・社会の変容と冷戦

アイゼンハワー大統領と文化交流プログラム関係者
（ホワイトハウスにて，1960年10月11日）

第Ⅲ部総説　冷戦と文化的なもの

齋藤嘉臣

1　問題の所在

近年の冷戦史研究の特徴の一つとして、各国の文化や社会変容と第二次世界大戦後の国際政治との連関性に着目する研究の台頭を指摘することができる。それらは、従来の冷戦史研究が暗黙のうちに抱えていた前提を、いくつかの点で超克しようとする動機に支えられている。

たとえば第一に、対外政策の決定過程で重要な影響力を持つ指導者や政府高官の行動に着目することは必要だとしても、普段は政策決定過程の外部にいる市民や非政府組織を研究対象に組み込むことで、一部の統治エリート層だけに焦点を当てる冷戦像を相対化する必要がある。なぜなら、市民や非政府組織は政府が対内・対外政策を策定するにあたって常に念頭に置いた存在であり、時に政策決定過程に直接的に関与し、政府と共に冷戦を戦った主体であったためである。

第二に、従来の冷戦史研究が、外交や安全保障の次元に関わる、いわゆる「高級政治《ハイ・ポリティクス》」に第一義的な焦点を当ててきたのに対し、文化的次元をも研究対象に含み込む必要がある。これまで「非政治的」と類型化されてきた文化的なものの政治的な含意に政府は敏感で、「高級政治」と等しく重要な領域と捉えたためである。そして、文化的なものの政治的な作用を明らかにすることは、ひいては冷戦の特質を再検討する際に重要な視角を提供するのである。

以下では、このような問題意識を念頭に置きながら、近年の冷戦史研究が何を明らかにしたのか、そして残された検討課題は何かについて考察したい。

2　文化冷戦と「見せる／魅せる」力学

「高級文化《ハイ・カルチャー》」「大衆文化《ポップ・カルチャー》」とグローバルな文化発信

冷戦における文化的なものに焦点を当てる研究の第一の系譜は、国家による文化の対外的利用の実態を解明する、文化冷戦研究である。ここで対象となる文化とは広義のもので、社会構成員に広く共有される信条や思想のような価値体系を含み入れたものである。

第二次世界大戦後の東西対立において、各国は国内外の市民の「人心」(hearts and minds)を掌握する争いに従事した。「人心」の掌握のために行われたのが、積極的な対外文化発信であった。一般的に、文化発信の対象者の意思に影響を与えるために行われる行為は「プロパガンダ」や「パブリシティ」等と呼ばれ、その手段は人的交流、芸術団体によるツアーからラジオ放送まで多様である。戦後国際政治の特徴の一つは、敵対する陣営の弱体化を図り、自陣営や国内の結束を促すために展開された、多様な文化発信であったのである。このような文化領域における争いを支えたものは、普遍主義的な傾向をともに持つ二つのイデオロギーの存在であり、この点が冷戦を他の形態の争いから際立たせた。

文化発信に関する重要な先行研究は、アイゼンハワー政権期(一九五三～六一年)のアメリカ政府が展開した活動に焦点を当てたものが圧倒的に多い[1]。この時代、アメリカは文化を持たないとする反米言説や、西欧のとくに知識人層におけるアメリカ文化への一般的な警戒心に対処するため、アメリカ政府は「高級文化」領域での自国の偉業を周知することに尽力した。中央情報局(CIA)の非公然の支援を背景に、モダン・アート、舞台芸術、クラシック音楽といった各分野において、アメリカ文化の先駆性や水準の高さが主張されたのである[2]。この点で、五八年にテキサス出身の若きピアニストであったヴァン・クライバーンがモスクワで開催された第一回チャイコフスキー・コンクールで優勝したことは、きわめて大きな意味を持った。だが、「高級文化」の領域における文化冷戦で圧倒的な力を持っていたのはソ連であった。ドイツにおける占領地区において当初から文化政策を重視したように、ソ連はナチズムを撃破したヨーロッパ文化の保護者としてのイメージを発信し、アメリカを堕落した資本主義国家、文化なき退廃国家として映し出した。(3)

一方、ロック音楽に熱狂する世界中の若者たちの姿は、「大衆文化」の領域においてアメリカ文化の優位が揺るがなかった事実を浮かび上がらせる。(4) 映画業界でも、アメリカ的理念を発信するハリウッドが積極的に冷戦的な役割を担い、反共的テクストを発信した。(5) 博覧会もアメリカ文化を発信する重要な機能を果たした。とくに、五九年にモスクワで開催されたアメリカ博覧会では、ニクソンとフルシチョフが「台所論争」を繰り広げ、日常生活を便利で豊かにする装置が冷戦を戦う有用な武器であることを、世界に印象づけた。(6)

これらの事例は、「見せる／魅せる」技術としてのプロパガンダ／パブリシティが、表面的には文化発信という非政治的な装いを施されながらも、きわめて政治的に展開された実態を示している。一方、これらの文化発信が実際に送り出すテクストの内容が、たとえば五〇年代と六〇年代でどのように異なるのか、冷戦変容や国内の社会変容の影響をいかに受けたのか明らかにすることも、残された研究課題といえよう。

国家と民間のネットワーク

アメリカ政府の中で文化発信の任を担い、ドキュメンタリーやラジオといった多様な媒体を通してアメリカの魅力を積極的に世界中に発信したのが、ＣＩＡ、アメリカ広報文化庁（ＵＳＩＡ）、ボイス・オブ・アメリカ（ＶＯＡ）をはじめとする政府組織であった。だが、冷戦期の文化発信の実態を探るうえで重要なのは、非政府（あるいは民間）組織との密接な協力を基に行われた事業の解明である。文化冷戦を戦う基盤としての、「国家と民間のネットワーク」(state-private network) が存在したためである。(7) このネットワークは、政府の関与を隠しながら特定の文化の優越性や先駆性を発信することを可能にする点に存在意義があった。政府組織が前面に出て活動に従事するよりも、非政府組織を背後から支援することで文化発信に関与した方が、高い成果を得ることができると期待されたのである。

たとえば、ＣＩＡは西側の知識人を動員した文化発信を展開するため、一九五〇年に設立されパリに拠点を置いて活動した文化的自由会議（ＣＣＦ）に秘密裏の支援を行った。[8] ＣＩＡからの潤沢な財政基盤を背景に、ラッセル、ヤスパース、クローチェといった著名な哲学者が名誉総裁として名を揃えたＣＣＦは、知識人を動員して米欧間の文化的紐帯を高める活動に従事した。他にも、展覧会、音楽祭、セミナー等を通して、ＣＣＦは西側社会の知的・文化的な自由さを発信した。だが、その背後にＣＩＡの非公然的な支援があったことが六七年に明るみになると、大きな問題となる。自由な世界として自らを発信し、国家の介入から自由であったはずの西側の言論空間が、実際には国家に利用されていた実態が批判されたためである。ただ、ＣＣＦの活動に関与した知識人はＣＩＡの関与を知らずに国家に動員・利用されただけなのか、それとも政府と問題意識を共有して自発的に共闘したのかという点については議論がある。

「国家と民間のネットワーク」が機能するために不可欠だったのは、文化発信を支える実効的な組織である。その点で、ＣＩＡを抱えるアメリカ政府と並んで、独自の文化冷戦を戦ううえで様々な非政府組織とのネットワークを構築したのがイギリス政府であった。そもそもイギリスでは、西側防衛体制の構築期やヨーロッパ統合の萌芽期、つまり戦後外交の重要な舵取りが行われた時代に、労働党政権や労働組合の内側に無視できない左派グループが存在し、社会にも親共・反米的言説が浸透していた。そのイギリス社会にあって、親共・反米的言説の影響を抑え込む活動に従事したのが、外務省内に設立された情報調査局（ＩＲＤ）であった。[9] ＩＲＤは、共産圏諸国の内政や対外政策に関する情報収集を行うと同時に、情報の出所を隠したまま広く反共的情報を配布して、共産主義思想の社会的影響力を抑え込む活動を進めた。その際、ＩＲＤと共闘したのがイギリス放送協会（ＢＢＣ）やブリティッシュ・カウンシル、労働党や労働組合の幹部層、知識人や教会といった非政府・民間組織（人）であった。[10]

西側社会における国家と非政府・民間組織との繋がりの存在は、統治エリート層に含まれないが冷戦をともに戦った人々の役割に、研究の焦点をあてる必要性を示している。関与した組織が必ずしも受動的に動員されたわけでなく、自発性の契機も見出されるのであればなおさらである。さらに言えば、その繋がりを明らかにすることは、自らを自由で民主的であると表象し続けた西側諸国が、実際にはどこまで自由で民主的たりえたのかという、本質的な疑問に答える一助となるはずである。

アメリカ化と冷戦

冷戦と文化を媒介した要素として、同盟は重要な位置を占めている。それは一つには、北大西洋条約機構（NATO）自体が積極的な文化情報発信に従事したためである。NATOは、自らの組織内部に対外的な文化情報発信のための組織を設置し、積極的に平和イメージを発信した。表象されるNATO像は、加盟国の文化的多様性の保護者というものから西側の自由や民主主義の砦といったものまで、多様であった。NATOの文化発信が重要であるのは、同盟を構成する加盟国が「アメリカ」と「ヨーロッパ」という別個の共同体に存在するのではなく、同じ「大西洋共同体」にあるのだという意識を共有させる機能を持っていたためである。つまり、「西側」や「大西洋共同体」は歴史上つねに与件として存在していたわけではなく、構築された「想像の共同体」であったという側面が想起されるのである。戦後の米欧関係は、運命共同体として構築されなければならなかったことを示している。[11]

ヨーロッパ復興計画（マーシャル・プラン）も、「西側」や「大西洋共同体」をつくりあげる重要な装置であった。同計画は、同盟国（とくにイギリスとフランス）を中心に大規模な支援を行って戦後復興を支えるが、同時にアメリカの生産様式やアメリカ的生活の豊かさが、USIAや現地のアメリカ大使館を通して受益国（とくに戦後も共産党員が多かったフランスやイタリア）に向けて発信された。ただし、ヨーロッパの受益国がそのような価値を無批判に受容したわけではなく、しばしば反米的な言説が「コカコーラ植民地化」（Coca-colonization）への反発となって広がることとなった。[12]反米主義は第二次世界大戦以前からすでにヨーロッパに存在していたが、戦後にアメリカからますます急速に流入する物質主義や消費主義といったモダンな価値が、ヨーロッパ独自の文化を消失させることになるのではないかとの恐れを惹起したのである。

アメリカ文化の拡散と「西側」の結束との関係、アメリカ文化とローカルな文化との融合過程（アメリカ政府の発信する「アメリカ」と受容される「アメリカ」との間の齟齬、「アメリカ」の選択的な受容といった視点を含めて）にも丁寧に気を配った研究は、外交史と社会史との融合を促すものとなろう。このことは同時に、冷戦が各国社会に対して与えた影響について、冷戦―近代化―アメリカ化との間の本質的な類似性や相違を念頭に置いた分析が必要なことを示唆している。

3　冷戦文化の規律的機能

規律する冷戦文化

冷戦における文化的なものに焦点を当てる研究の第二の系譜は、冷戦政策に関する国民からの支持を調達するため対内的に利用された文化の機能を解明する、冷戦文化研究である。

上述のように、冷戦期に各国は自国や自陣営の文化の優位性や政策の適切さを説くテクストを、積極的に対外発信した。このことは裏を返せば、対立陣営から発信されたテクストが国内に浸透する環境に各国が置かれていたことを意味している。この点において、共産主義国家が閉鎖的であり、西側発の情報を比較的容易に遮断できる環境にあったことについてはいうまでもないが、一見すると開放的な西側諸国においても、流入する親共的なテクストの社会的な影響が広がらないよう、多様な措置がとられた。一九五〇年代にマッカーシズムを経験したアメリカ、国内政治過程において容共的言説が一定の影響を与え、親共産主義組織が活動を行いやすい素地のあったイギリス、戦後初期に共産党が政権入りしたように共産主義の社会的影響力が強く残ったフランスやイタリア等で、国内の世論形成に政府組織は積極的に関与したのである。

こうして西側諸国では、同盟体制を構築して共産主義に対峙しながら、やがてその「心構え」を国民に求める保守的な文化、「冷戦コンセンサス」が形成される。[13] 冷戦コンセンサスの構築と維持にあたって、様々に利用されたのが文化であった。冷戦の論理が娯楽や芸術にまで影響し、大学での研究や性のあり方までも規定したのである。[14] たとえば、ハリウッド映画はアメリカの自由や豊かさを表象することで、アメリカ国内において冷戦政策への同意調達のための媒体として機能した。五〇年代以降、アメリカ社会では民間防衛に関する全国的な運動が高まったが、その背後には市民を核戦争から保護すること以上に、核兵器への恐怖感を自己管理できる市民を育成する目的があった。[15] 全米中を走ってアメリカ史上の重要な文書（権利章典や独立宣言等）の展示を行う列車「フリーダム・トレイン」は、アメリカの大義を市民に感じさせる役割を担った。ウィスコンシン州では共産主義的な生活を体験する催しが開催されたが、これも共産主義への嫌悪感を国民の身体に取り込ませ、「良きアメリカ人」としての振る舞いを自覚させる試みであったといえる。[16]

戦後のアメリカ政府は、伝統的な孤立主義から脱却して対外的な関与を継続することで、同盟国との間に共同体感覚を構築し、非共産主義諸国を「西側」に取り込んだ。このような対外関与を進めるに際して、国内からの支持調達は不可欠であったが、ヨーロッパからの移民に比してアジアからの移民が相対的に少ないアメリカ社会に、アジア冷戦への関与をいかに正当化するのかという課題があった。この点で、四〇年代から五〇年代にかけてリベラル知識人が小説や雑誌の中で描いたアジア像こそ、アメリカ国民にアジアとの文化的近さを感じさせ、共産主義との戦いから守り抜く役割意識を実感させる機能を担った。アメリカの自画像を構築する鏡像としてアジアを位置づけるアメリカ文学の機能は、オリエンタリズムとも繋がっている。ただし、アメリカ政府がアジア関与を求めている時に、アメリカ文学の中に立ち現れたオリエントとしてのアジアは、アメリカとの生来の結びつきの強さが強調されたアジアであった。持続的なアジア関与を可能にしたその思考形態は、「冷戦オリエンタリズム」と名付けられている。[17]

アメリカを中心とする戦後の西側社会には、冷戦コンセンサスを構築して維持し、それに異議申し立てを行う人々を抑え込む仕掛けが日常的に存在していた。この事実にあらためて焦点を当てることで、社会学、ジェンダー学、文学、文化人類学といった領域からの新たな視座を導入した、越境的な冷戦史研究が可能となる。文化冷戦研究と視座を交錯させる試みも、促されるべきであろう。いままで、冷戦文化研究と文化冷戦研究はいずれもなかば独立した研究領域として進められてきたきらいがある。だが、対外的な文化発信と国内における冷戦コンセンサスの構築・維持は並行して進められたのであり、本来的に双方の論理は相互作用したはずである。であれば、国内における容共言説の抑制や国内の結束を促すことを第一義的な目的とした対外文化発信に着目すること、あるいは対外的なイメージの改善を主眼とした内政への取り組みに目を配ることは、文化冷戦と冷戦文化とを架橋する試みとして重要となろう(18)。

社会変容と冷戦

戦後の東西各国で生じた社会変容と国際政治との連関を探る試みからも、これまで分断されてきた国内史と外交史を架橋する視座が得られる。

実態がどうであったかは別として、戦後の西側諸国は自由と民主主義の原理によって統治される国家として自らを発信した。たとえそれが、あるべき理想像を投影したものに過ぎなかったとしても、その理想像は社会に自信を与え、結束を図るために重要であった。だが、一九五〇年代のアメリカが人種問題をめぐる深刻な対立を抱え、国内に分裂の要素を抱えていたことを念頭に置く時、発信される「アメリカ」とアメリカの実像との間に横たわった大きなギャップに気づくのは難しくない。アメリカ政府にとって、人種問題の解決は人種差別国家としてアメリカを表象するソ連に対抗して対外的なアメリカ・イメージを改善すると同時に、自由と民主主義が保障された国家としての自信を取り戻すために必須の課題であった。この文脈において、五四年にブラウン対教育委員会事件判決が出され、公教育における人種統合の原則の具体化を連邦最高裁が要請したことは、以後六〇年代の公民権法制定に至るアメリカ国内史のダイナミズムを考えるうえで、きわめて重要な契機となった。だが、この画期的な司法判断についても、純粋にアメリカ国内史上の出来事として理解するだけでなく、国際政治との連関性に着目しながら考察する必要がある。「冷戦公民権」なる学術用語が、アメリカ国内政治のダイナミズムにおける冷戦的側面を考察する重要性を端的に示している。[19]

六〇年代には高度産業社会化が進展し、大衆社会化・大量消費社会化を伴って各国の社会構造を大きく変化させた。これらの社会変化と冷戦との間の関わりをめぐる論点の一つは、人々の消費欲求が高まる過程において、当初アメリカ文化と結びついていた消費主義が脱アメリカ化し、アメリカの外のローカルな文化と融合しながらグローバルに受容されたことが、冷戦終結に与えた影響を問うものである。[20]また、保守的な「冷戦コンセンサス」へのアンチ・テーゼとして機能した六〇年代を象徴する「対抗文化」についても、冷戦変容に与えた影響の有無が重要な争点となる。六八年を頂点として高まる学生運動に象徴される、社会から政府への異議申し立てと政府に対する信頼性の揺らぎが、各国政府をデタントへ向かわせる有効な触媒として機能したかという問題について、肯定派は政府の統治能力を回復させるために各国の指導者たちが連携して試みた保守的な企画がデタントであり、よって長期的な安定のための基盤を欠くものであったと評価し、否定派はデタントの背景要因として社会変容の存在を見出す視角に懐疑的である。[21]

国内の社会変容、グローバルな連帯と冷戦との関わり合いを探る作業は、冷戦の特質を検証し、冷戦変容や冷戦終結を導いたダイナミズムを探る視角を提供する。必然的に、それは冷戦史研究を従来の外交史的枠組みから脱却させ、分析上のナショナリズムを超克する道標となるだろう。

4　各章の概要

これまでの議論を念頭に、以下では第Ⅲ部を構成する各章の特徴を概観したい。各章はいずれも、方法的には伝統的な手法を用いており史料実証主義に依っている。だが、扱われるテーマは従来の外交史が捨象してきたもので、現代史における意義を明らかにすることがきわめて重要と考えられるものである。

まず、第十一章では、国際政治史の中でジャズが表象したものを明らかにしながら、冷戦政策の一環としてアメリカ政府がジャズを利用する一方で、ジャズにアメリカを超える意義が見出される過程を考察する。アイゼンハワー政権は、アメリカ的価値を表象するものとしてジャズを積極的に対外発信した。それは、自由で人種問題の改善に取り組む国家としてのアメリカの姿を、グローバルに発信する試みであった。だが、この試みは内側に大きな矛盾を抱えており、アメリカの外での受容の論理も多様であった。アメリカニズムの象徴としてのジャズをアメリカの外から見直す作業は、冷戦とアメリカニズムの接点を探る試みとなるだろう。

次に、第十二章は、戦後ドイツにおけるアメリカの文化政策の実態を探る。ドイツ占領当初から、非ナチ化を進めるアメリカ占領軍政府は文化政策を重視し、その一環として音楽政策を進めた。ドイツを戦争へと駆り立てた要因が、ナチス的思想や文化にあると考えられたためである。だが、東西対立の進展とともに、それはやがて冷戦政策としての色彩を帯びることとなる。社会的動乱期にあった占領期ドイツにおけるアメリカの音楽政策の実態を追うことは、国家再建に際する文化的側面の重要性を明らかにする。それは同時に、過去との断絶を図る試みが冷戦によってその性格を変えていく過程を解明する。

さらに、第十三章では、ドイツにおけるプロテスタント教会組織の東西分裂と、その後の東ドイツにおける「国家―教会」関係の調整過程を追う。一九六九年、プロテスタント教会の全ドイツ組織であったドイツ福音主義教会（ＥＫＤ）は、東西で組織を分裂させ、その後東ドイツの教会は東ドイツ福音主義教会連盟（ＢＥＫ）を新たに設立して「社会主義の中の教会」を宣言した。六〇年代末から七〇年代初頭におけるプロテスタント教会組織を取り巻く環境の変化を分析することは、国家と非国家主体との関係を軸に、共産圏における冷戦文化および社会変容の実態を解き明かす。

最後に、第十四章では、三〇年代から七〇年代にかけてアメリカ労働総同盟・産業別組合会議（ＡＦＬ―ＣＩＯ）が、亡命スペイン人（共和国関係者、知識人、労働組合）を利用してアメリカ政府とは別に展開した対スペイン政策の実態を分析する。アメリカの労働組合は、共産主義者でない亡命スペイン人（とくに元共産党、社会党系）に着目し、ポスト・フランコ時代のスペインを見据えて、共産党勢力を抑えながら民主化を牽引しうる組織を支援した。スペインにおける民主的な労働組合の形成を模索する国外組織の試みや、ポルトガル革命（七四年）後の南欧へのアメリカ政府の介入を考察することでスペイン民主化と冷戦との接点を探ることは、戦後最大のスペイン社会変容期における政府・非政府組織の影響力を検討する点でも重要な視座を与えている。

このように、第Ⅲ部は冷戦がそれ以前から続く事象といかに連動し（あるいは連動せず別個の事象として存在し続け）、時間的・空間的にどのように重なり合うものであったのかを解明するヒントを与えるものである。具体的には、戦後に東西各国が従事した文化活動、各国内で生じた文化的・社会的な変容と、冷戦の論理との関わりを問う。アメリカニズム、文化外交、共産主義と宗教、民主化と冷戦の連関といった国際政治史上の重要な論点に焦点をあてることは、文化的次元における冷戦の作用を解明し、統治エリート層以外の人々や組織が日常の中で冷戦にどう関与したのかを考察する手がかりを与えることになるだろう。

註

（1）　Walter L. Hixson, *Parting the Curtain: Propaganda, Culture, and the Cold War, 1945-1961* (Basingstoke: Macmillan, 1997); Kenneth Osgood, *Total Cold War: Eisenhower's Secret Propaganda Battle at Home and Abroad* (Lawrence: University Press of Kansas, 2006); Hugh Wilford, *The CIA, the British Left and the Cold War: Calling the Tune?* (London: Routledge, 2003); Hugh Wilford, *The Mighty Wurlitzer: How the CIA Played America* (Cambridge: Harvard University Press, 2008); Frances Stonor Saunders, *Who Paid the Piper?: The CIA and the Cultural Cold War* (London: Granta Books, 2000); David Caute, *The Dancer Defects: The Struggle for Cultural Supremacy during the Cold War* (Oxford: Oxford University Press, 2003).

（2）　芸術と冷戦との連関については以下を参照せよ。Annette Cox, *Art As Politics: The Abstract Expressionist Avant-Garde and Society* (Ann Arbor: Umi Research Press, 1982); Francis Frascina, *Pollock and After: The Critical Debate* (New York: Harper and Row, 1985); Serge Guilbaut, *How New York Stole the Idea of Modern Art: Abstract*

Expressionism, Freedom, and the Cold War (Chicago: the University Of Chicago Press, 1985); Nancy Jachec, *The Philosophy and Politics of Abstract Expressionism* (Cambridge: Cambridge University Press, 2000); Michael L Krenn, *Fall-Out Shelters for the Human Spirit: American Art and the Cold War* (Chapel Hill: University of North Carolina Press, 2005). 舞台芸術については以下を参照せよ。Naima Prevots, *Dance For Export: Cultural Diplomacy and the Cold War* (Middletown: Wesleyan University Press 1998).

(3) Jessica C. E. Gienow-Hecht, 'Culture and the Cold War in Europe,' in Melvyn P. Leffler and Odd Arne Westad (eds.), *The Cambridge History of the Cold War, volume 1: Origins* (Cambridge: Cambridge University Press, 2012), pp. 398–419.

(4) Timothy W. Ryback, *Rock Around the Bloc: A History of Rock Music in Eastern Europe and the Soviet Union* (Oxford: Oxford University Press, 1989); S. I. Zhuk, *Rock and Roll in the Rocket City: The West, Identity, and Ideology in Soviet Dniepropetrovsk, 1960–1985* (Baltimore: Johns Hopkins University Press, 2010).

(5) Tony Shaw, *Hollywood's Cold War* (Edinburgh: Edinburgh University Press, 2007); David W. Ellwood and Rob Kroes (eds.), *Hollywood in Europe: Experiences of a Cultural Hegemony* (Amsterdam: VU University Press, 1994).

(6) Ruth Oldenziel and Karin Zachmann (eds.), *Cold War Kitchen: Americanization, Technology, and European Users* (Cambridge: MIT Press, 2008); Greg Castillo, *Cold War on the Home Front: The Soft Power of Midcentury Design* (Minneapolis: University Of Minnesota Press, 2010).

(7) Scott Lucas, *Freedom's War: The American Crusade Against the Soviet Union* (New York: New York University Press, 1999); Helen Laville and Hugh Wilford (eds.), *The US Government, Citizen Groups and the Cold War: The State-Private Network* (London: Routledge, 2012).

(8) Peter Coleman, *The Liberal Conspiracy: The Congress for Cultural Freedom and the Struggle for the Mind of Postwar Europe* (New York: Free Press, 1989); Stonor Saunders, op. cit.; Giles Scott-Smith, *Politics of Apolitical Culture* (London: Routledge, 2001); Wilford, *The CIA, the British Left and the Cold War.*

(9) Lyn Smith, 'Covert British Propaganda: The Information Research Department, 1947–77,' *Millennium*, vol. 9 no. 1 (1980); W. Scott Lucas and C. J. Morris, 'A Very British Crusade: The Information Research Department and the

Beginning of the Cold War,' in Richard Aldrich (ed.), *British Intelligence, Strategy and the Cold War, 1945–51* (London: Routledge 1992); Paul Lashmar and James Oliver, *Britain's Secret Propaganda War 1948–1977* (Stroud: Sutton Publishing, 1998); Hugh Wilford, 'The Information Research Department: Britain's Secret Cold War Weapon Revealed,' *Review of International Studies*, vol. 24, issue, 3, (1998); Gary Rawnsley (ed.), *Cold War Propaganda in the 1950s* (London: Macmillan, 1999); Richard J. Aldrich, *The Hidden Hand: Britain, America and Cold War Secret Intelligence* (London: John Murray Publishers, 2001); Andrew Defty, *Britain, America and Propaganda against Communism, 1945–1953* (Cambridge: Cambridge University Press, 2007); Lowell H. Schwartz, *Political Warfare against the Kremlin: US and British Propaganda Policy at the Beginning of the Cold War* (London: Palgrave, 2009).

(10)　齋藤嘉臣『文化浸透の冷戦史——イギリスのプロパガンダと演劇性』勁草書房、二〇一三年。

(11)　Valérie Aubourg, Gérard Bossuat, and Giles Scott-Smith (eds.), *European Community, Atlantic Community ?* (Paris: Soleb, 2008); Linda Risso, *Propaganda and Intelligence in the Cold War: The NATO Information Service* (London: Routledge, 2014).

(12)　Reinhold Wagnleitner, *Coca-Colonization and the Cold War: The Cultural Mission of the United States in Austria after the Second World War* (Chapel Hill: University of North Carolina Press, 1994).

(13)　Lary May, *Recasting America: Culture and Politics in the Age of Cold War* (Chicago: University of Chicago Press, 1988); Christian G. Appy, *Cold War Constructions: The Political Culture of United States Imperialism, 1945–1966* (Amherst: University of Massachusetts Press, 2000); Lori Lynn Bogle (ed.), *Cold War Culture and Society* (London: Routledge, 2001); Douglas Field, *American Cold War Culture* (Edinburgh: Edinburgh University Press, 2005); Peter J. Kuznick, *Rethinking the Cold War Culture* (Washington, D.C.: Smithsonian Books, 2010); Annette Vowinckel, Marcus M. Payk, and Thomas Lindenberger (eds.), *Cold War Cultures: Perspectives on Eastern and Western Societies* (New York: Berghahn Books, 2012).

(14)　大学に対する冷戦の影響については以下を参照せよ。Stuart Leslie, *The Cold War and American Science: The Military-Industrial-Academic Complex at MIT and Stanford* (New York: Columbia University Press, 1993); Noam Chomsky, et al., *The Cold War and the University: Toward an Intellectual History of the Postwar Years* (New York:

New Press, 1997); Rebecca S. Lowen, *Creating the Cold War University: The Transformation of Stanford* (Berkeley: University of California Press, 1997); Christopher Simpson (ed.), *Universities and Empire: Money and Politics in the Social Sciences during the Cold War* (New York: New Press, 1998); Robin Ron, *The Making of the Cold War Enemy: Culture and Politics in the Military-Intellectual Complex* (Princeton: Princeton University Press, 2001); Hamilton Cravens, *The Social Sciences Go to Washington: The Politics of Knowledge in the Postmodern Age* (New Brunswick: Rutgers University Press, 2004); Mark Solovey and Hamilton Cravens (eds.), *Cold War Social Science: Knowledge Production, Liberal Democracy, and Human Nature* (London: Palgrave Macmillan, 2012); Matthew Levin, *Cold War University: Madison and the New Left in the Sixties* (Madison: University of Wisconsin Press, 2013); Mark Solovey, *Shaky Foundations: The Politics-Patronage-Social Science Nexus in Cold War America* (New Brunswick: Rutgets University Press, 2013); Naomi Oreskes and John Krige (eds.), *Science and Technology in the Global Cold War* (Cambridge: MIT Press, 2014). ジェンダー，家族と冷戦の連関について以下を参照せよ。Elaine Tyler May, *Homeward Bound: American Families in the Cold War Era* (New York: Basic Books, 1988); Robert J. Corber, *Homosexuality in Cold War America: Resistance and the Crisis of Masculinity* (Durham: Duke University Press, 1997); Richard J. Corber, *In the Name of National Security: Hitchcock, Homophobia, and the Political Construction of Gender in Postwar America* (Durham: Duke University Press, 1993); David K. Johnson, *The Lavender Scare: The Cold War Persecution of Gays and Lesbians in the Federal Government* (Chicago: University of Chicago Press, 2006).

(15)　Guy Oakes, *The Imaginary War: Civil Defense and American Cold War Culture* (Oxford: Oxford University Press, 1995).

(16)　Richard M. Fried, *The Russians Are Coming! The Russians Are Coming!: Pageantry and Patriotism in Cold-War America* (Oxford: Oxford University Press, 1998).

(17)　Christina Klein, *Cold War Orientalism: Asia in the Middlebrow Imagination, 1945–1961* (Berkeley: University of California Press, 2003).

(18)　その試みの1部として以下を参照せよ。Appy, op. cit.; 齋藤前掲書。

(19)　Brenda Gayle Plummer, *Rising Wind: Black Americans and U.S. Foreign Affairs, 1935–1960* (Chapel Hill: University of North Carolina Press, 1996); Mary L. Dudziak, *Cold War Civil Rights: Race and the Image of American Democracy* (Princeton: Princeton University Press, 2011); Penny M. Von Eschen, *Race against Empire: Black Americans and Anticolonialism, 1937–1957* (Ithaca: Cornell University Press, 1997); Thomas Borstelmann, *The Cold War and the Color Line: American Race Relations in the Global Arena* (Cambridge: Harvard University Press, 2003)

(20) Emily S. Rosenberg, 'Consumer Capitalism and the End of the Cold War,' in Melvyn P. Leffler and Odd Arne Westad (eds.), *The Cambridge History of the Cold War, Volume 3: Endings* (Cambridge: Cambridge University Press, 2010).

(21) Jeremi Suri, *Power and Protest: Global Revolution and the Rise of Detente* (Cambridge: Harvard University Press, 2005). 一九六〇年代のグローバルな「対抗文化」ネットワークに焦点を当てる研究として以下を参照せよ。Carole Fink, Philipp Gassert, Detlef Junker (eds.), *1968: The World Transformed* (Cambridge: Cambridge University Press, 1998); Martin Klimke, *The Other Alliance: Student Protest in West Germany and the United States in the Global Sixties* (Princeton: Princeton University Press, 2010).

第十一章　アメリカを超えるジャズと冷戦

齋藤嘉臣

1　ジャズという視角

多様な人種と文化が混淆するアメリカ南部のクレオール都市ニューオリンズで誕生した時から、ジャズは即興演奏をその大きな特徴として発展してきた。特に戦後のジャズ史においてはより自由なスタイルが追求されたが、クラシック音楽と比較して表現者個人の自発性と創造性により大きく依拠するという点で、ジャズは自由との親和性が高い。ここに、ジャズが政治的に利用される素地が生まれる。

既存研究が示すとおり、一九五〇年代以降にアメリカ政府は自由の音楽として、つまりアメリカニズムを体現する音楽として、世界中にジャズを発信した。時のアイゼンハワー政権は、アメリカを代表するジャズ・ミュージシャンたちを「ジャズ大使」として世界中に派遣し、現地の観衆を熱狂の渦に巻き込んだのである。ジャズ界の多くのスターたちが参加したこの壮大な計画の目的は、世界中にアメリカの自由を宣伝すると同時に、国内の人種問題に起因する悪いアメリカ・イメージを払拭する点にあった。その意味では、ジャズが体現したのはたしかにアメリカニズムであった。だが、ジャズはアメリカニズムの象徴としてのみ機能したのであろうか。

その音楽的発展史と政治社会史の視角とを交錯させながらジャズを考察してきた既存研究のほとんどは、アメリカ史の中にジャズを位置づける試みであった。国際政治との連関について議論される時も、あくまでアメリカ外交史の文脈で語られてきたといえる。[1] 対して本章の目的は、アメリカの外でジャズが自由の象徴としての位置づけを獲得する過程と、ジャズが内包する反米の機能を解明することで、アメリカを超える音楽としてのジャズの特徴を表出させることにある。それにより、アメリカ政府が冷戦の論理からジャズを発信した一方で、ジャズを受容する論理は多様で、時に反米の意思表示の媒体ともなったことを示す。このことは、ジャズが自由のみならず、しばしば抵抗の象徴としても機能したことと深く関係している。ジャズは、南北戦争後に南部諸州が構築した人種隔離を合法化する「ジム・クロウ」体制の下で発展した。黒人たちにとっては、合法化される人種隔離から自らの解放と自由を求めることは、すなわち既存の体制に抵抗の意思を示す象徴的行為であった。ジャズにはこの二面性、つまり自由な自己表現を追究する側面と、抵抗の意思表示としての側面を同時に持っているのである。この自由と抵抗は二律背反的に存在するというよりも、いわば同じコインの両面に位置するものとして、ジャズの特質を構成していると理解した方が適切であろう。

以下、第2節は冷戦期にアメリカ政府がジャズの価値を「発見」するまでの時代を扱う。この時期、ジャズはヨーロッパ、とくにフランスで積極的に受容され、やがて自由と抵抗の音楽として聴き継がれることになる。第3節は、アメリカ政府が派遣した「ジャズ大使」たちが表象する「アメリカ」の虚像と実像について明らかにし、「ジャズ大使」計画が内包する矛盾を示す。第4節は、戦後のアメリカの外でのジャズ受容について検討し、ジャズを通して立ち現れる複数の「アメリカ」を考察する。最後に第5節では、近年のアメリカ国内におけるジャズの位置づけについて検討を加える。

本章が明らかにするように、ジャズは冷戦の武器であったが、同時に冷戦を超える論理も提供した。そこに見出せるのは、アメリカを象徴するジャズと、アメリカを超えるジャズであった。

2 「発見」される前のジャズ

ヨーロッパにおけるジャズの受容

後述するように、一九五五年にアメリカ政府はジャズの対外的価値を「発見」し、翌年から「ジャズ大使」を世界に発信し始めた。だが、それは実に皮肉なことであった。たしかに、一九三〇年代半ば以降のスウィング・ジャズはアメリカ社会で高い人気を得たし、左派を中心にアメリカニズムを体現する音楽として発信されることもあった。(2)それでも、対外的にアメリカを代表する音楽と公的に認知されるまでには至らなかった。むしろ、戦後にアメリカ政府がジャズの対外的価値を認知するまでに、アメリカの外におけるジャズ受容が進んでいたことを理解しておかなければ、ジャズが持つ多様な意味が理解できない。

すでに戦間期からジャズに高い位置づけを与えたのがフランス人であった。フランスでジャズ人気が高まった一つの要因としては、第一次世界大戦後に駐屯したアメリカ兵の存在がある。通称「ハーレム・ヘル・ファイターズ」として知られる、第三六九歩兵連隊が一七年末にフランスに上陸して以降、黒人のみで構成されるこの連隊は各地でジャズを演奏してフランス社会からの熱狂的な歓迎を受けた。大戦で一三〇万もの死者を出し、ヨーロッパ文明が崩壊するのを目の当たりにして、フランス社会は異国のものに救いを見出したのである。フランス人にとって、ジャズはアメリカ文化の象徴であり、それ以上に黒人文化の象徴であった。ミヨーやコクトーら文化人が、ヨーロッパ文化からの解放とフランス文化の刷新を期待し、あるいは黒人文化へのエキゾチズムからジャズを好んで聴いた。ニューヨークのハーレム地区を中心に黒人文化が花開くのと同じ時代に、大西洋を挟んだパリでも多くの芸術家たちが創作活動の拠点としたモンマルトルやモンパルナスを舞台に、ジャズ文化が花開き、ジョセフィン・ベーカーやシドニー・ベシェらがパリでスターとなった。(3)アメリカで慄然たる隔離政策がとられている時に、黒人が吸った隔離なきパリの空気は、すでにジャズと自由とを結びつけていた。

第一次世界大戦の破壊の記憶が新しいヨーロッパにおいて、黒人はヨーロッパ文明に汚染されていない純粋さや野生の象徴であった。換言すれば、ジャズはあくまで異国文化であった。だがやがて、フランス文化としてジャズを促えなおす動きが出始めた。ある者は、たとえばシャンソンやミュゼットのようなフランス伝統音楽と融合させることで、フレンチ・ジャズを発信した。別の者は、オット・クラブ・ドゥ・フランスの組織化や、ジャズ専門誌『ジャズ・オット』の創刊を通してジャズの黒人性を強調しながらも、ジャンゴ・ラインハルトやステファン・グラッペリらが在籍したフランス・ホット・クラブ五重奏団の活動によってフランス人ミュージシャンの技術の高さを示し、ジャズ文化をフランスに深く浸透させたのである(4)。

大戦期のジャズ

第二次世界大戦中、フランスは北部がドイツに占領され、南部には対独協力を行うヴィシー政権が成立した。占領期フランスにおいて、ジャズは完全には禁止されなかったが、保守層や政権からの弾圧を受けた。だが、自由なき社会でジャズは大きな人気を集め、やがて反ファシスト的な色彩を放つ自由への希望となり、現体制を批判する抗議の象徴となった。実際、パリ陥落後にオット・クラブ・ドゥ・フランスのメンバーは激増した。一方、ジャズを「禁断の果実」と呼ぶジャズ批評家ドローネーらは、ニューオリンズ発祥のジャズにフランス文化の影響を見出すことで、戦略的に弾圧をかわした。現地のフランス系白人の影響を受けたクレオール文化の象徴として、ジャズを映し出したのである。批評家クーロワのように、ジャズのフランス起源説を唱える者もいた。こうして、ジャズの「フランス化」は一層進められた(5)。

ジャズの生演奏が禁止される中にあって、フランス人は様々な工夫でジャズを演奏し、聴いた。たとえば、「セント・ルイス・ブルース（St. Louis Blues）」はドイツ占領以降、「サン・ルイの悲しみ（La Tristesse de St. Louis）」と改名された。パリのサン・ルイ病院の悲惨さをイメージさせる意味を持ち、アメリカでルイ・アームストロングら黒人が置かれた状況についても掛けられた改名であった。他にも、「A列車で行こう（Take the A train）」は「ラタック・ド・トラン（L'attaque de train）」に、「スウィート・スー（Sweet Sue）」は「愛しのスザンヌ（Ma Chere Suzanne）」になった。軍用馬について歌った「タイガー・ラグ（Tiger Rag）」は、フランスの伝統的なダンスであるカドリーユに基づく曲として「ラ・ラージュ・デュ・ティーグル（La Rage du Tigre）」と改名された。「アイ・ガット・リズム（I Got Rhythm）」が「アガダ・リトム（Agatha Rythme）」となったのは、音の響きだけでタイトルが変わった一例である(6)。

四二年末以降、ドイツ占領がフランス全土に拡大して占領政策が過酷になるにつれ、ジャズ界の人々も様々な抵抗運動を始めた。オットー・クラブ・ドゥ・フランスを設立したドローネーは、『我が闘争』を読んでナチスによるジャズ弾圧をあらかじめ予想していたが、実際にその活動が占領軍から弾圧され始めると、地下出版で会報を発行してジャズ文化を支えた。また、大戦中にイギリスで創設された工作組織、特殊作戦執行部（SOE）との協力下に、占領軍に関する情報を収集した。諜報活動を行うドローネーのコードネームはベニーであり、秘密のネットワークはカートと呼ばれたが、これはサックス奏者ベニー・カーターの名に由来する。そのドローネーの活動拠点オットー・クラブ・ドゥ・フランスは四三年一〇月にドイツの秘密警察ゲシュタポの捜索を受け、ドローネーは秘書とともに収監された。約一カ月後にドローネーは釈放されたが、秘書はガス室に送られ帰らなかった(7)。

占領期フランスに現れた「ザズー」と呼ばれる若者たちも、ジャズが表象したものを明らかにする。髪を長く伸ばし、アメリカ生まれのだぶだぶしたズボンや長いコートが特徴のズート・スーツで身を固めるザズーたちは、親世代のブルジョワ的生活に抵抗するためジャズを聴いたが、占領期フランスで対独協力者に加わらず、保守的なヴィシー政権の同調圧力にも抵抗し続けるにつれ、次第にあらゆる権威からの自由と解放を象徴するようになる。占領軍や対独協力者にとって、彼らは姿の見えないレジスタンス運動よりも矛先を向けやすい敵であり、道徳的に退廃し社会秩序を乱す存在として糾弾された(8)。

一方、ドイツでは宣伝相ゲッベルスが、ジャズを反米的に利用した。連合軍の士気を挫きドイツ側の政策の正当化を図るプロパガンダ目的の報道番組とセットで、ジャズが連合軍に向けたラジオ放送で利用されたのである。ドイツ人ジャズ・ミュージシャンからなるバンドも結成されたが、その代表的な例がチャーリー・アンド・ヒズ・オーケストラであった。彼らのジャズはよく知られたスウィングの楽曲であることが多く、ノスタルジアをかき立て士気を挫くために、米英の指導者について歌詞を変えながら歌われた(9)。たとえば、四一年八月にローズヴェルト米大統領とチャーチル英首相によって大西洋憲章が調印された際には、「ポケットいっぱいの夢」が以下のような歌詞で歌われている。「この戦争はアメリカの岸からでも勝てるぞ／私にはポケットいっぱいの陰謀があるから／この世は私の財布を肥やすためのもの／私にはポケットいっぱいの夢があるから／世界をウォール街のために守ってやるぞ／ロシアのためにも戦うぞ／民主主義のために戦わん／ユダヤ人のために戦わん／ラッキー、ラッキーな私、贅沢三昧して生きてける／私にはポケットいっぱいに陰謀があるから(10)」。

だが、占領期フランスと同様に自由が制限されたドイツにあって、ジャズは権威的な文化や秩序に対する異議申し立ての表明手段であった。当時、ヒトラー青年団が青少年を対象にした肉体的鍛錬や思想形成を図っていたが、これに反発したドイツの若者たちはスウィング青年団を結成した。構成員は中産階級の出身者で、ザズーと同じく独特のファッションを着こなしてスウィング・ジャズを聴き、激しく踊るためのホット・ジャズを演奏する違法なクラブを設置し、秘密裏のダンス・パーティを催した。当然ながら彼らは当局による大きな批判の対象となり、ゲシュタポもその快楽主義的な行動を退廃と捉えて厳しい監視下に置いた(11)。

この時代のジャズは何よりも自由と、その裏返しとしての抵抗の象徴であった。ジャズ批評家ズヴェリンが述べるように、「ナチ占領下のヨーロッパにおいて、『普通の』人間の生活にジャズほど直接的な影響を与えた芸術は、ほとんどなかった」。ジャズは「日常的なカタルシスであり、緊張状態からの浄化解放」でもあった(12)。同じことを、アメリカのジャズ専門誌『ダウン・ビート』が四六年に伝えている。同誌は、大戦下ヨーロッパで人々が運命の海に浮かぶ藁のようにジャズを掴んだと述べ、「ジャズは外側の自由な世界を象徴するもの、あるいは少なくともそれに結びつけられるものとなった」と指摘するのである。ジャズを聴く人々にとって、それは戦争や占領という現実から逃避する手段であり、フランスのザズーやドイツのスウィング青年団が示すように、自由なき世界で権威に抗う意思を表現する媒体だったのである。[13]

3　「ジャズ大使」が表象する「アメリカ」

自由と人種統合の象徴としてのジャズ

戦間期以降、ジャズがアメリカの外で独自に受容され、自由のイデオロギーが付与される中において、アメリカ政府は一九五五年、ようやくその対外的な利用価値を公的に認知した。

この年、ヨーロッパ・ツアーを実施中の「アンバサダー・サッチ」ことルイ・アームストロングが、演奏先のヨーロッパ各国で喝采を浴びたことを『ニューヨーク・タイムズ』紙が紹介し、「秘密の音響兵器」としてのジャズの重要性を指摘した。[14]同年には、ボイス・オブ・アメリカ（VOA）によるジャズ番組「ミュージックUSA」が始まっており、司会を務めたコノヴァーはアメリカの外で大きな人気を集めた。さらに、ハーレム出身議員により、「ジャズ大使」を組織して世界中にツアーさせることが提案された。こうして、人気は高くともアメリカ文化において決して中心的な位置づけをなされたわけでなかったジャズが、突如として「アメリカの音楽」となって輸出されるのである。[15]

翌五六年より、「ジャズ大使」たちはアイゼンハワー政権による支援を背景に、共産圏を含めた世界各地を周遊して回った。七〇年代末まで派遣された「ジャズ大使」に含まれたのは、ルイ・アームストロング、サラ・ヴォーン、ギル・エヴァンス、デューク・エリントン、ベニー・カーター、ディジー・ガレスピー、ベニー・グッドマン、マイルス・デイヴィス、チャーリー・バード、デイブ・ブリューベック、ウディ・ハーマン、アール・ハインズ、カウント・ベイシー、ハービー・マンら、ジャズ界の蒼々たる面々であった。彼ら「ジャズ大使」の派遣によってアイゼンハワー政権が発信しようとしたメッセージは、アメリカが誇る自由の信条であった。だが、彼らが発信するアメリカは、あくまで理想型としてのアメリカであった。というのは、当時のアメリカ社会は必ずしも自由とは言えなかったからである。とくに深刻であったのは、アメリカ史に深く根ざし、ジャズを取り巻く社会的矛盾を如実に示すような人種隔離の現実であった。その意味において、「ジャズ大使」が発信するアメリカの自由とは、アメリカが依って立つべき原理であり、やがて到達すべき永遠の理念であったのである。[16]

とまれ、五六年三月、国務省支援による「ジャズ大使」の第一号として、トランペット奏者ガレスピー率いる一八人構成のバンドが南アジア、中東、南欧諸国を回るツアーに出た。バンド構成は、おそらく国務省の意向が影響したこともあって、人種面においても性別においても多様であった。フィル・ウッズ、ロッド・レヴィットのような白人やメルバ・リストンのような女性も参加し、ガレスピーが「黒人、白人、男、女、ユダヤ人、非ユダヤ人からなるアメリカの詰め合わせ」と称したような多様な構成であった。[17]人種混成バンドは、アメリカ社会を人種差別的と批判するソ連発のプロパガンダを否定して人種関係の改善を示す媒体として有用であった。

「ジャズ大使」の始動とアメリカの矛盾

イランの都市アバダンから開始されたツアーは、その後パキスタン（ダッカ、カラチ）、レバノン（ベイルート）、シリア（ダマスカス、アレッポ）、トルコ（アンカラ、イスタンブール）、ユーゴスラヴィア（ザグレブ、ベオグラード）、ギリシャ（アテネ）の順に回った。[18]

公演の様子を報告する在外公館からは、一様に高い評価が示された。ダッカのアメリカ領事館は、「ダッカがアメリカのジャズを聴く耳と審美眼を獲得したことは疑いない。…ディジー・ガレスピーは前途ある新たな領域を切り開いた」と評価した。[19]トルコでは会場が超満員、現地のミュージシャンと行ったジャム・セッションも大盛況で、公演は「前例のないほどの成功」であった。[20]ユーゴスラヴィアでも、「ジャズ愛好家、外交官、白髪の淑女たちが、肘で押し合いながら、すし詰め状態で」会場に押し寄せた。「史上最も耳に残る音楽をベオグラードに与えた」ガレスピー・バンドの公演は、「西側の勝利であり、とくにアメリカ的生活様式の一側面である自己表現の勝利であったことは、誰にとっても疑いようがない」。[21]

ジャズを通して国内の人種問題が改善に向かっているとのメッセージを発したいアメリカ政府にとって、「ジャズ大使」たちは成果を挙げた。レバノンのアメリカ大使館は、バンド・メンバーが主として黒人から構成されていたため、アメリカ社会の「差別なき側面」を強調することが可能であったと報告している。(22)ベオグラードでは、アメリカ政府がまさに望んでいた次のような公演批評が掲載された。「ガレスピー・オーケストラの構成は民主的で反隔離的である。我々は彼ら黒人と白人とがともに演奏しているのを目にすることができた(23)」。

だが、アメリカ政府がツアー成功を喜んでいたのとは別に、「ジャズ大使」が抱えたいくつもの矛盾が徐々に明らかになった。それはまず、人種問題をめぐるアメリカ政府と「ジャズ大使」たちの間の軋轢として表出した。ツアー開始前、人種問題に関する現地での対応について国務省はガレスピーにブリーフィングを行ったが、その際ガレスピーは以下のように反発した。「俺はアメリカを代表するのも悪くないと思う。でもアメリカの人種政策について謝罪するために行くんじゃないんだ」。さらに、「彼らが俺たちに何をしてきたか知っているさ。何も言いわけなんかしないつもりだ。もし現地で質問を投げかけられたら、できる限り正直に答えるつもりだよ(24)」。アメリカ社会が抱える人種問題について、政府を代表して黒人ミュージシャンに「言いわけ」させようとする矛盾を、「ジャズ大使」は内包していたのである。

黒人文化に起源を持つジャズをアメリカ文化として発信することには、国内でも強い異論があった。まして、政府の財政支援をそれに与えることには風当たりが強かった。一九五七年四月、上院議員ゴールドウォーターは、「一〇万八三九ドルもの巨額な連邦政府による支出を伴っている、ネグロのバンド・リーダー、ディジー・ガレスピーによる最近のツアー」について、国務次官補宛に痛烈な批判を行った。実際にガレスピーはアイゼンハワー大統領よりも高額の週給二一五〇ドルを得ており、ツアーは最終的に約八万四〇〇〇ドルの支出超過となっていた(25)。別の上院議員も、ガレスピーの音楽を「まったくの雑音」と評し、「我々は野蛮人である」と人々に信じ込ませようとするようなものだと不満を示した(26)。彼らが抱く人種偏見こそ、アメリカのイメージを著しく低めていた。アメリカと人種主義とを結びつけるような反米的言説に対処するために開始されたのが「ジャズ大使」であったが、当のアメリカ社会に依然として残る人種偏見や隔離の実態が、皮肉にも「ジャズ大使」への批判となって表れたのである。政府支援下のこれら「大名旅行」を「馬鹿げた出費」として非難する声、「不当であるだけでなく、絶対的に愚かなこと」と糾弾する声は、ツアー後にアメリカ国民からも政府に届けられた[27]。反論として、国務省はガレスピーによるツアーで「アメリカ特有の起源を持つ音楽形態であるジャズ」が大きな反応を呼び起こしており、「ほとんどいかなる国の若者たちにとっても、ジャズは自由、躍動、新しい表現法を表象するものである」と説明して理解を求めた[28]。国務次官ハーターも、「アメリカの文化的生活に関するできるだけ多くの側面」を表象するものとして、第一級の文化人を派遣していることに理解を求めた[29]。

「ジャズ大使」が内包する矛盾が最も明白に表面化したのは、ルイ・アームストロングがモスクワ・ツアーをキャンセルした時であろう。五七年の春から秋にかけて、アーカンソー州のリトルロック高校に入学しようとする黒人学生に対し、人種統合教育に反対するフォーバス知事や白人住民らが反発して騒動が生じた。この時、アイゼンハワー大統領は連邦軍を派遣して事態を収拾することを当初拒んだ。激怒したアームストロングは、「彼らが南部の仲間を扱うやり方だよ。政府は地獄に堕ちるさ。事態はとても悪くなっている。有色人は国家なんて持ったことないんだ」と、大統領を痛烈に批判したのである。彼はただ批判したのみでなく、水面下で国務省が可能性を探っていた歴史的なソ連公演もキャンセルした。ガレスピーが人種問題に関するブリーフィングに反発したのとは違い、今回は「ジャズ大使」の名前の由来でもあった国際的スター、アームストロングが公然と大統領を批判したのである。無論、政府の懸念も大きかった。ダレス国務長官が、アメリカ国内での人種問題の深刻化が「我々の外交政策を破壊しつつある」と述べたことは、そうした懸念を如実に語っている[30]。

ガレスピー以来、五〇年代末までに、ベニー・グッドマン、ウィルバー・ド・パリス、グレン・ミラー・オーケストラ、デイブ・ブリューベック、ウディ・ハーマン、ジャック・ティーガーデン、ハービー・マンが人種混成バンドを結成し、アメリカの信条を表象する「ジャズ大使」として派遣された。黒人文化に起源を持つジャズを「アメリカの音楽」に据えるためには、人種を意識させないための仕掛けが必要であったのだろう。それゆえ、ジャズ

表11-1　アメリカ政府支援下に1950年代末までに派遣された「ジャズ大使」(32)

派遣対象	ツアー先	時期
ディジー・ガレスピー	イラン，パキスタン，シリア，トルコ，ギリシャ，ユーゴスラヴィア	1956年3～5月
	エクアドル，アルゼンチン，ウルグアイ，ブラジル	1956年7～8月
ウィルバー・ド・パリス	スーダン，ガーナ，ナイジェリア，リベリア，ベルギー領コンゴ，フランス領赤道アフリカ，ケニア，タンザニア，エチオピア，リベリア，チュニジア	1957年3～5月
グレン・ミラー・オーケストラ	ユーゴスラヴィア，ポーランド	1957年4月
ベニー・グッドマン	タイ，シンガポール，ビルマ，日本，香港，マレーシア，カンボジア	1957年12月～1958年1月
デイブ・ブリューベック	ポーランド，トルコ，インド，セイロン，パキスタン，アフガニスタン，イラン，イラク	1958年3～5月
ウディ・ハーマン	パナマ，ベネズエラ，コロンビア，エクアドル，チリ，ボリビア，パラグアイ，ウルグアイ，ブラジル，オランダ領アンティル，ジャマイカ，ホンジュラス，グァテマラ	1958年8月
ジャック・ティーガーデン	アフガニスタン，パキスタン，インド，セイロン，ビルマ，タイ，ラオス，ヴェトナム，カンボジア，シンガポール，マレーシア，フィリピン，香港，台湾，韓国，日本，沖縄	1958年9月～1959年1月
ハービー・マン	シエラレオネ，リベリア，ナイジェリア，モザンビーク，ローデシア・ニヤサランド連邦，タンザニア，ケニア，エチオピア，スーダン，モロッコ，チュニジア	1959年12月～1960年4月

は人種統合の象徴として語られることが必要であった。ジャズは「肌の色を意識しない」(color-blind) アメリカニズムの象徴であったのである。(31) 上述の通り実際にアメリカ国内では人種問題が残り暴力事件も頻発していたが、このことは公民権運動が高まるにつれて、さらなるアメリカ社会の矛盾として顕在化することとなる。公民権運動の最中にジャズ・ミュージシャンらが自らの楽曲を用いて人種問題を糾弾し、その改善を求めたことはよく知られる。彼らの背後で、既存の社会秩序に対する抵抗の象徴としてジャズが機能したことを指摘することは難しくないだろう。一方、アメリカの外へ派遣された「ジャズ大使」たちは、六〇年代に入ると脱植民地化の進むアフリカに多く派遣され、「肌の色を意識する」(color-conscious) アメリカニズムを象徴するものとなる。

4　自由のジャズとアメリカ批判のジャズ

自由の音楽としてのジャズ

これまで、「発見」前のジャズが自由なき社会で自由と抵抗の象徴として機能する様子と、「ジャズ大使」が内部に矛盾を抱えながらも自由と人種統合の象徴として機能することが期待されたことを明らかにした。それでは、戦後にアメリカの外でジャズはいかなる意味を持ったのだろうか。

アメリカ政府が発信する自由のメッセージを最もよく受容したのは、西側への繋がりと自由を失った共産圏諸国の人々であった。とくに、地理的にも「西側」に近く、モスクワの統制が相対的に及びにくい東欧の地で、ジャズは独自の発展を遂げた。

東欧の人々とアメリカのジャズとの出会いを支えた文化装置は、VOAの音楽番組「ミュージックUSA」であった。司会コノヴァーは現地のジャズ・ファンにとって伝説的な人物であった。当然ながら、彼の存在は国務省の眼に留まることとなり、一九五九年六月にポーランドに派遣された。ポーランドの若者たちに最も人気のあったアメリカ人、コノヴァーのワルシャワ訪問である。ワルシャワの空港に降り立った時、彼の到着を待ちこがれていたファンたちが空港ビルを囲むように陣取り、ミュージシャンたちもジャズ演奏を始めて熱狂的に出迎えた。初日の夜には、満員となったフィルハーモニック・ホールでコノヴァーは熱烈な歓迎を受け、その後かつてスターリン指示の下に建設された文化宮の裏に位置する学生用クラブで、早朝までジャム・セッションが続けられた。別の日にはジャズの歴史や多様なスタイル、他の音楽との関係性について講義や報道関係者とのインタビューが実施された。クラフクやその他の地方都市からわざわざやってきた人々は、「ミュージックUSA」を通してしか接することのなかったコノヴァーに、興奮して握手やサインを求めた。現地の在外公館から国務省には、コノヴァー訪問がポーランド人にとって「前例のない経験」であり、「最も非日常的な出来事」であったと報告され、スターリンの圧政が終わったポーランドでジャズを演奏することは「人間の精神の自由な表現」であり、「この自由はアメリカ、そしてアメリカの創造的な音楽的偉業と結びついて」いると伝えられた(33)。ポーランド・ジャズ連盟会長であり、前記セッションを世話したワシュコも、「心理的（そして政治的）な観点からすれば、ジャズはそれを楽しむか否かに関わらず西側を表象するものであり、ポーランドの多くの若者たちに関する限り、ジャズは西側との接点である」と指摘している(34)。

東欧の人々がアメリカのジャズと接することを可能にしたもう一つの文化装置が、「ジャズ大使」であった。五七年四月にはグレン・ミラー・オーケストラが東欧を訪れており、二週間にわたるポーランド公演と八日間のユーゴスラヴィア公演を行った。その後、五八年三月にはダレス国務長官が「素晴らしいピアニスト」と称するデイブ・ブリューベックが、「ジャズ大使」としてポーランドに派遣された(35)。国務省内には広く、ブリューベックはアメリカ政府の外交目的に「並外れて最適」であるとの声があったが、それは彼がクラシック音楽の素養を持っていたためであった。踊るための音楽でなく、ジャズが真剣に鑑賞するに足る音楽であることを示すことで、「アメリカのジャズに対する偏見」を修正できると期待されていたのである(36)。

ブリューベック・カルテットは、東ドイツとの国境の街シュチェチンから港町グダニスク、五六年の暴動の記憶が新しいポズナン、首都ワルシャワ、南部の都市クラクフ等の計七都市で演奏を行い、各地で熱狂的に迎え入れられた。ショパンの家を訪問し、かつて奏でられたピアノを見学する機会を得た夜、最後の公演地クラクフに至る列車の中で、ブリューベックはショパンとポーランドの人々に思いを馳せながら彼らに捧げる曲を作曲し、「感謝」(Dziekuje）と名付けて公演の最後に演奏した。自身の回想によれば、この時観客席は物音一つしない静けさに支配され、ブリューベックは「これで一二のコンサート全てを台無しにしてしまった」と後悔したのであるが、次の瞬間、会場には割れんばかりの拍手と大歓声が響いた(37)。ポーランド文化とジャズの融合に、観客たちは感動と驚きで呆然としていたのであった。

アメリカ大使館が国務省に送った評価報告でも、クラシック音楽の要素を取り入れたジャズがポーランド人に好印象を与えたことが伝えられた。二週間にわたった公演中、「ミュージックUSA」に親しんでいた若いジャズ・ファンは、真剣にジャズを鑑賞して賞賛を加え、高年層はジャズの即興性にいくぶん混乱したようであったが、否定的な反応はなかった。公演後も、現地週刊誌はアメリカ大使館から提供された写真付きで公演の様子を取り上げ、新聞記事には「世界最良の一つ」「モダン・ジャズの最高峰」「デイブ・ブリューベックの成功と満足した観客」といった記事が並んだ。このような結果を受けて、大使館は「著名なアメリカ人グループによるモダン・ジャズの公演が価値ある文化的輸出品であるという事実が確証された」との評価を下し、ジャズがアメリカを体現していると報告した(38)。事実、半世紀の時を経て、再びブリューベックがワルシャワに戻った時、かつて彼を追いかけた一人が面会し、ブリューベックに対して次のように告げている。「あなたがポーランドに連れてきたのは、ジャズだけではありませんでした。それはグランド・キャニオン、エンパイア・ステート・ビルディングでした。それは、アメリカだったのです(39)」。

アメリカを超えるジャズ

東欧においてジャズが自由の象徴であったのであれば、西欧においてジャズは何を意味したのであろうか。

戦後の西欧とジャズの関係について第一に指摘できるのは、アメリカ政府が「ジャズ大使」として世界中にジャズ・ミュージシャンを派遣したのと対照的に、西欧向けには派遣がなされなかったことである。当地でジャズ人気はすでに高く、商業ベースでのツアーが頻繁になされていたため、政府関与によるジャズ発信は必要なしと考えられた。一方、西欧向けにはクラシック楽団が頻繁に派遣された。ヨーロッパ由来の「高級文化」領域におけるアメリカのミュージシャンの水準の高さを積極的に発信するため、クラシック楽団が利用されたのである。

第二に指摘できるのは、アメリカ政府がアメリカニズムを象徴する音楽としてジャズへの期待を高める一方、西欧では独自の論理でジャズが理解された点である。とくにフランスでは、アメリカよりも先にジャズの価値を見出したとする自負と、差別される黒人への共感とから、アメリカに対する異議申し立ての手段としてジャズが機能し

表11-2　アメリカ政府支援下に1950年代末までに西欧に派遣されたクラシック楽団(40)

派遣対象	ツアー先	時期
フィラデルフィア管弦楽団	ベルギー，オランダ，フランス，ポルトガル，スペイン，イタリア，西ドイツ，スウェーデン，フィンランド，オーストリア，スイス	1955年5～6月
	イギリス，フランス，スウェーデン，デンマーク，ルーマニア，ノルウェー，オーストリア，西ドイツ，オランダ，スイス，イタリア，ベルギー，ポーランド，ソ連	1958年5～7月
ニューヨーク・フィルハーモニック	オーストリア，スコットランド，ベルギー，西ドイツ，フランス，スイス，イタリア，イギリス，ギリシャ	1955年9～10月
	ギリシャ，レバノン，トルコ，オーストリア，ポーランド，ソ連，オランダ，西ドイツ，ルクセンブルク，フランス，スイス，ユーゴスラヴィア，イタリア，ノルウェー，フィンランド，スウェーデン，イギリス	1959年8～10月
ジュリアード弦楽四重奏団	イタリア，トルコ，ギリシャ	1955年12月
ボストン交響楽団	アイルランド，スコットランド，デンマーク，ノルウェー，スウェーデン，フィンランド，オーストリア，西ドイツ，スイス，フランス，イギリス，ソ連，チェコスロヴァキア	1956年8～9月

た。

　戦後ヨーロッパがドイツの支配から解放されると、戦前とは比較にならない規模で「アメリカ」がヨーロッパに流入した。西欧は一九四七年六月に発表されたマーシャル・プランによる大規模な復興計画を受け入れ、アメリカの経済的な影響力が高まった。東側の圧倒的な通常兵力に直面する西欧は、四九年四月に調印された北大西洋条約によって、政治的、軍事的にもアメリカへの依存を深めた。これら経済的、政治的、軍事的影響力とあいまって、アメリカの影響力は文化的領域においても高まった。必然的に、アメリカ文化に対する自国文化の優越性を自負する知識人層を中心として、反米主義が高まった。

　だが一方で、ジャズは再び戦後ヨーロッパで、とくにフランスで花開いた。戦後フランスにおけるジャズ文化の広範な受容を示す事例としては、四九年五月にパリで開かれ、アメリカからはシドニー・ベシェ、チャーリー・パーカー、マイルス・デイヴィス、マックス・ローチらが参加した国際ジャズ・フェスティバルがある。このジャズの祭典が、アメリカでなくパリで開催された事実は、戦後ジャズ文化の中心地としてのパリの重要性を象徴するものであった。実に、アメリカ国内で大規模なジャズの祭典が開催されるのは、ニューポート・ジャズ・フェスティバルが開催される五四年を待たねばならない。アメリカ社会よりも先にジャズに高い文化的価値を認めたことへの自負こそ、フランス社会のジャズへの態度を規定した要因の一つであった(41)。

フランスのジャズ認識におけるもう一つの特徴は、アメリカ政府が人種統合の象徴としてジャズを発信したのとは対照的に、人種隔離に抗った黒人の文化に由来するものとしてジャズが捉えられたことにある。上述のように、大戦期にかけてジャズの「フランス化」が進んだが、ジャズ・ファンと批評家はともに、一方ではその発展における黒人ミュージシャンの貢献とオリジナリティを高く評価していた。戦後、実存主義の知識人をはじめとしてジャズ・ファンは隔離される黒人への共感を高め、アメリカ社会が抱える人種問題について批判の論陣を張った。彼らは政治的には左派に属することが多く、反米的な態度を隠さず、必ずしも共産主義に強く同調していたわけではなかったが、アメリカ的だと考えられた消費主義や人種差別に対して一貫して批判的であった。だがジャズは例外であった。ジャズはアメリカ批判の武器に転化したのである。ジャズを通して、アメリカ社会の矛盾やアメリカ対外政策への批判が展開された。たとえば、ジム・クロウ法や黒人へのリンチ事件、公民権運動はジャズ誌やラジオ番組が大きく取り上げたテーマであった。五七年のリトルロック事件やそれに伴うルイ・アームストロングのアイゼンハワー批判については『ジャズ・オット』誌がとくに注目して取り上げ、ニューヨーク市警察がマイルス・デイヴィスの労働許可証を取り上げた際にも、同誌等が「許し難い人種的示威行動」あるいは「野蛮な攻撃」と非難した。有能な黒人ミュージシャンの報酬の低さ、ユージン・ライト（黒人ベーシスト）を抱えるブリューベック・カルテットの逸失利益等についても紹介がなされた(42)。アメリカ国内でそうであったように、アメリカの外でもジャズは人種主義と戦うための武器であったのである。

「ジャズ大使」計画についても詳細な報道がなされたが、評価は分かれた。『ジャズ・オット』誌はガレスピーらによるツアーの様子を好意的に報じたほか、バンド・メンバーの一人であったクインシー・ジョーンズからの手紙を掲載した。批判的であったのは、フランス共産党員を中心とした一部のジャズ・ファンであった。彼らは、「ジャズ大使」計画によりジャズが反共プロパガンダ目的のために利用されることを嫌った。だが、多くのファンや批評家たちは、アメリカ政府がジャズの重要性をついに認めたこと、「ジャズ大使」計画によってジャズの魅力が世界中に伝わることを評価した。とはいえ、世界でジャズを演奏していたのはアメリカのミュージシャンだけではなかった。五七年七月、第六回目となる世界青年学生祭典がモスクワで初めて開催されたが、フランスから訪れた一行の中にジャズ・ミュージシャンたちがいた。祭典後にはミシェル・ルグランがソ連ツアーを実施し、モスクワ、レニングラード、キエフ等を回って二〇回の公演を行った。レニングラード公演では、総計で一一万のファンが訪れたが、ソ連のジャズ・ファンが示した熱狂的な反応は、ジャズに対するフランス人ミュージシャンの貢献を表すものであった。リトルロック事件の余波からアームストロングがソ連公演をキャンセルする以前、さらにベニー・グッドマンによるソ連公演（六二年）の五年以上も前に、フランス人による公演が実現していたのである。(43)

このように、ジャズを発信するアメリカ政府の論理と、受容するアメリカの外の論理との間には、時に無視できない乖離があった。その乖離とは、アメリカを象徴するジャズと、アメリカを超えるジャズとの差であったといえよう。

5　ジャズとアメリカニズム

本章は、「アメリカの音楽」としてのジャズの位置づけを問い直すため、アメリカの外でジャズが受容される論理について検討した。

アメリカニズムの論理とジャズの親和性を示すうえで、共産圏の事例は最も分かりやすい。アメリカ政府が自由の象徴としてジャズを発信した時、ジャズの自由な調べを最もよく受容したのは、アメリカに敵対してその文化浸透が厳しく制限された共産圏諸国に生きる人々であった。現地文化の影響を受けた独自の発展も見出せるものの、共産圏においてジャズは基本的に「自由なアメリカ」への憧憬を抱かせる音楽であった。それを象徴するように、コノヴァーが九六年に死去した際、『ニューヨーク・タイムズ』は「クールな音楽で冷戦を戦ったＶＯＡのディスク・ジョッキー」と彼を紹介し、共産主義との戦いにおいて、「鉄のカーテンの向こう側で囚われた何百万もの聴取者の心をつかみ、精神を解放した」業績を称えた。(44)

一方、第二次世界大戦中のドイツや戦後フランスでは、アメリカ批判の手段としてジャズが機能した。このうちフランスでは反米知識人が好んでジャズを聴き、自らの思想を体現するものと捉え、アメリカ批判の論陣を張る媒体とした。共産圏と比して自由が保障されたフランスでは、ジャズの黒人性が意識され、アメリカ国内の人種隔離に対する抗議の象徴となった。このように、アメリカニズムを体現する文化表象の媒体としてのみジャズを理解しては、ジャズを受容する側の自発性を示せない。

だが、アメリカニズムの象徴としてジャズを捉える動きは、近年のアメリカで顕著に見られる。たとえば、アメリカの上下両院は八七年に採択した決議の中で、「アメリカ固有の音楽および芸術形態」としてのジャズを高く評価した。同決議は、ジャズが「個人的表現や民主的協力の傑出したモデル」であることを世界に示し、「我々の共和国の高邁な理想と大望」を実現すると賞賛するものであった。そのうえで、決議は「この偉大なアメリカ的音楽芸術の形態」であり「希有で貴重なアメリカの国家的至宝」であるジャズの保護を図る必要性を謳っている。(45)二〇〇九年にも、マイルス・デイヴィスのアルバム『カインド・オブ・ブルー』の発売五〇周年を祝して下院で決議が採択され、ジャズの世界的な人気をもたらす契機となった同アルバムが「国家的至宝としてのジャズの地位を再確認」させたことを評価した。(46)また、一一年にはジャズ保護教育法が下院に提出され、スミソニアン協会が中心となってジャズ史の構築やイベントの企画、学校教育におけるジャズの利用を通してジャズの一層の普及を図ることや、アメリカ国外にジャズ・ミュージシャンを派遣して交流を図る「ジャズ大使」計画をふたたび進める必要性が謳われている。(47)ドキュメンタリー映画作家バーンズが二〇〇〇年に制作した一九時間超にわたる大作『ジャズ』も広く視聴され、その後のジャズ・イメージを広く規定する内容となっている。これらジャズ史再構築の動きは、リンカーン・センターやウィントン・マルサリスらによる影響を深く受けているといわれるが、そこではジャズの発展における黒人の役割が押さえられながらも、本質的には「アメリカの音楽」としてのジャズが語られているのである。

しかし、本章が考察したように、「アメリカの音楽」としてのジャズの立ち位置は、それほど自明であるわけではない。ジャズとアメリカとの間の一見すると揺るぎない特権的な結びつきは、ジャズを取り巻いた国際的な政治、文化的空間を念頭に置く時、解体されることになる。その時に立ち現れるのは、ジャズの発展を支えたグローバルな政治文化的空間と、アメリカ性を薄められたジャズの姿なのである。

註

（1）Penny Von Eschen, *Satchmo Blows Up the World: Jazz Ambassadors Play the Cold War* (Cambridge: Harvard University Press, 2006); Lisa E. Davenport, *Jazz Diplomacy: Promoting America in the Cold War Era* (Jackson: University Press of Mississippi, 2013).

（2）Lewis A. Erenberg, *Swingin' the Dream: Big Band Jazz and the Rebirth of American Culture* (Chicago: University of Chicago Press, 1998); デヴィッド・W・ストウ『スウィング――ビッグバンドのジャズとアメリカの文化』（湯川新訳）法政大学出版局、一九九九年。

（3）William A. Shack, *Harlem in Montmartre: A Paris Jazz Story between the Great Wars* (Berkeley: University of California Press, 2001); Jeffry Jackson, *Making Jazz French: Music and Modern Life in Interwar Paris* (Durham: Duke University Press, 2003), pp. 116-121; Matthew F. Jordan, *Le Jazz: Jazz and French Cultural Identity* (Champaign: University of Illinois Press, 2010), pp. 47-49.

（4）Jackson, op. cit, pp. 123-190.

（5）Julie Kathleen Schweitzer, 'Irresponsibly Engage: Boris Vian and Uses of American Culture in France, 1940-1959,' MA dissertation submitted to the University of Maryland (2005), pp. 14-16; Mike Zwerin, *Swing under Nazis: Jazz as a Metaphor for Freedom* (Maryland: Cooper Square Press, 2000), p. 151. ジャズがフランス文化となりつつあると信じるドローネーは『ジャズ・オット』誌の中で、アメリカにおけるジャズ環境の悪さを嘆くとともに、「我々は今、オット・ク

ラブ・ド・フランスの目標が、ただ『フレンチ・ジャズ』の発展にあることを宣言したい」と述べている。この点は、戦後にアメリカ批判の手段としてジャズが位置づけられたことを考える時、示唆に富む。Zwerin, op. cit, pp. 149–150.

（6） Shack, op. cit., p. 117; マイケル・ドレーニ『ジャンゴ・ラインハルトの伝説――音楽に愛されたジプシー・ギタリスト』（小山景子訳）シンコーミュージック、二〇〇九年、二五一～二五二頁。

（7） Jackson, op. cit., p. 193. ドレーニ前掲書、二七六～二六七頁。

（8） Jordan, op. cit., pp. 185–232; Schweitzer, op. cit., pp. 21–23.

（9） Herbert Mitgang, "In This Air War, the Nazis Fired Words and Music," *New York Times*, 8 September 1997.

（10） Florian Steinbiss and David Eisermann, "Nazi Swing Third Reich Big Band Turned Jazz To Propaganda," *Chicago Tribune*, 3 June 1988; 明石政紀『第三帝国と音楽』水声社、一九九五年、一五七～六〇頁。

（11） Frank McDonough, *Opposition and Resistance in Nazi Germany* (Cambridge: Cambridge University Press, 2001), pp. 17–18.

（12） Zwerin, op. cit., p. 44.

（13） John D. Pelzer, 'Django, Jazz and the Nazis in Paris,' *History Today*, vol. 51, no. 10 (2001).

（14） Felix Blair Jr., 'United States Has Secret Sonic Weapon,' 6 November 1955, *New York Times*.

（15） 一九五五年の意義については以下でも言及がある。Von Eschen, op. cit., pp. 6–10; Davenport, op. cit., p. 35.

（16） 理念としてのアメリカニズムと現実の相違について、以下も参照せよ。Deborah E. Ward, 'Race, Nationalism and Anti-Americanism in America,' in Brendon O'Connor, *Anti-Americanism: History, Causes, Themes, Vol. 2: Historical Perspectives* (Oxford: Greenwood World Publishing, 2007).

（17） Scott Gac, 'Jazz Strategy: Dizzy, Foreign Policy, and Government in 1956,' *Americana*, vol. 4, no. 1 (2005); Dizzy Gillespie and Al Fraser, *To Be or Not to Bop: Memoirs of Dizzy Gillespie* (New York: Da Capo, 1985), pp. 414–416.

（18） Bureau of Educational and Cultural Affairs Historical Collection, MC468, Special Collections, University of Arkansas Library, US (CU) Series 1, Group 2, box 48–26, 'International Cultural Exchange Service of the American National Theatre and Academy, Projects to Date,' and 'Policy and Program Guide — Cultural Presentations Program,' June 10, 1964. ツアーに際して作られた、基本的な公演内容を確認しておきたい。最初の楽曲「セント・ルイス・ブルース」で始

まる前半部分は「ジャズの歴史」パートとして構成されている。この部分では、「アフリカン・ドラム・リズム」の実演、「時には母のない子のように」および「ジェリコの戦い」で構成されるスピリチュアル、「聖者の行進」や「アイム・コンフェッシン」から成るディキシーランド・ジャズおよびニューオリンズ・ジャズ、「キング・ポーター・ストンプ」や「ワン・オクロック・ジャンプ」を含むスウィング・ジャズ、ガレスピー自身の「グルーヴィン・ハイ」の演奏によるビバップの実演が行われた。後半部分は主としてビバップの楽曲で構成され、「クール・ブリーズ」「星影のステラ」「チュニジアの夜」の後に「ザット・ラッキー・オールド・サン」「シュー・ビー・ドゥー・ビー」「ビギン・ザ・ビギン」「明るい表通りで」「ザ・チャンプ」等が続いた。全体として、ジャズ史における黒人と白人の貢献が前景化されており、「アメリカの音楽」を感じさせる構成となっている。National Archives and Records Administration, US (NARA), RG59, CDF 1955–1959, box 103, 032 Gillespie, Dizzy/3–1956, 'Educational Exchange: President's Fund: Dizzy Gillespie and His Orchestra,' March 19, 1956. ガレスピーのツアー自体については以下でも詳述されている。Von Eschen, op. cit., pp. 33–39; Davenport, op. cit., pp. 45–52.

(19) NARA, RG59, CDF 1955–1959, box 103, 032 Gillespie, Dizzy/4–1356, 'EE: President's Fund: Dizzy Gillespie Jazz Group,' April 13, 1956.

(20) NARA, RG59, CDF 1955–1959, box 103, 032 Gillespie, Dizzy/6–1556, 'Visit of Dizzy Gillespie and His Band to Turkey,' June 1, 1956.

(21) NARA, RG59, CDF 1955–1959, box 103, 032 Gillespie, Dizzy/8–1556, 'Educational Exchange: Visit of President's Fund/ANTA — Sponsored Jazz Musician Dizzy Gillespie and Band to Yugoslavia,' August 1, 1956.

(22) NARA, RG59, CDF 1955–1959, box 103, 032 Gillespie, Dizzy/5–1856, 'Educational Exchange: President's Fund; Dizzy Gillespie and His Band,' May 18, 1956.

(23) NARA, RG59, CDF 1955–1959, box 103, 032 Gillespie, Dizzy/8–156, 'Educational Exchange: Visit of President's Fund/ANTA — Sponsored Jazz Musician Dizzy Gillespie and Band to Yugoslavia,' August 1, 1956.

(24) Gillespie and Fraser, op. cit., p. 414.

(25) NARA, RG59, CDF 1955–1959, box 103, 032 Gillespie, Dizzy/5–656, McGlocklin to Herter, May 6, 1957; Gac, op. cit.

(26) *The Pittsburgh Courier*, 9 June, 1956.

(27) NARA, RG59, CDF 1955–1959, box 103, 032 Gillespie, Dizzy/5–657, McGlocklin to Herter, May 6, 1957; Gillespie, Dizzy/4–1757, Butler to Hill, April 17, 1957.

(28) NARA, RG59, CDF 1955–1959, box 103, 032 Gillespie, Dizzy/4–1757, Hill to Butler, April 29, 1957.

(29) NARA, RG59, CDF 1955–1959, box 103, 032 Gillespie, Dizzy/5–957, Herter to Watson, May 27, 1957.

(30) Kaplan, op. cit.; Von Eschen, op. cit., pp. 58–63; Davenport, op. cit., pp. 62–66.

(31) ジャズと人種統合の論理、その背後にあるモダニズムについて以下を参照せよ。Ingrid Monson, *Freedom Sounds: Civil Rights Call Out to Jazz and Africa* (Oxford: Oxford University Press, 2007), pp. 66–106; Von Eschen, op. cit., pp. 18–20.

(32) CU, Series 1, Group 2, box 49–13, 'Tours Completed from beginning of Program in 1954 through June 1968, FY-1955 through RY-1968,' undated.

(33) NARA, RG59, CDF 1955–1959, box 99, 032 Conover, Willis /6–2459, 'Visit in Warsaw of Willis Conover, Narrator of Music U.S.A. Program, VOA, June 6–13, 1959,' June 24, 1959.

(34) CU, Series 1, Group 2, box 48–12, 'Comments on Jazz in Poland,' January 11, 1963.

(35) NARA, RG59, CDF 1955–1959, box 96, 032 Brubeck, Dave Jazz Quartet/10–1857, Dulles to Warsaw and Bucharest, October 18, 1957.

(36) NARA, RG59, CDF 1955–1959, box 96, 032 Brubeck, Dave Jazz Quartet/2–1258, Lightner, Jr. to Flemming, February 12, 1958.

(37) 'Cool Jazz and the Cold War: Dana Gioia Interviews Dave Brubeck on Cultural Diplomacy,' *National Endowment for the Arts*, vol. 2 (2006); Von Eschen, op. cit., pp. 47–51; Davenport, op. cit., pp. 74–77.

(38) NARA, RG59, CDF 1955–1959, box 96, 032 Brubeck, Dave Jazz Quartet/3–2458, 'Report on Dave Brubeck Jazz Quartet Concerts in Poland,' March 24, 1958.

(39) Kaplan, op. cit. これらの事実は、東欧における独自のジャズが発展しなかったことを意味しない。たとえば、ポーランドにおけるジャズの発展について、以下を参照せよ。Igor Pietraszewski and Lucyna Stetkiewicz, *Jazz in Poland: Improvised Freedom* (Pieterlen: Peter Lang, 2014).

(40) CU, Series 1, Group 2, box 48–4, 'Projects Completed and Approved for Assistance from beginning, July 1954, through June 1965: FY-1955 through FY-1966,' undated.

(41) Rashida Kamilah Braggs, '"American" Jazz: Traversing Race and Nation in Postwar France,' Ph.D. dissertation, submitted to Northwestern University, 2006, pp. 83, 88, 102.

(42) Elizabeth Vihlen, 'Jammin' on the Champs-Elysées: Jazz, France, and the 1950s,' in Reinhold Wagnleitner and Elaine Tyler May (eds.), *"Here, There and Everywhere": The Foreign Politics of American Popular Culture* (Hanover: University Press of New England, 2000), pp. 151–155; Elizabeth Vihlen, 'Sounding French: jazz in post war France,' Ph.D. dissertation, submitted to the State University of New York at Stony Brook (2000), pp. 145–146, 169–172, 189, 237–239.

(43) Vihlen, 'Sounding French,' op. cit., pp. 266–278.

(44) Robert McG. Thomas Jr. 'Willis Conover, 75, Voice of America Disc Jockey,' *The New York Times*, May 19, 1996.

(45) H. Con. Res. 57 (100th): A concurrent resolution expressing the sense of Congress respecting the designation of jazz as a rare and valuable national American treasure, http://www.gpo.gov/fdsys/pkg/STATUTE-101/pdf/STATUTE-101-Pg2013–2.pdf

(46) Honoring the 50th anniversary of the recording of the album "Kind of Blue" and reaffirming jazz as a national treasure, http://www.gpo.gov/fdsys/pkg/CREC-2009–12–15/pdf/CREC-2009–12–15-pt1-PgH14891–2.pdf

(47) National Jazz Preservation and Education Act of 2011, http://www.gpo.gov/fdsys/pkg/BILLS-112hr2823ih/pdf/BILLS-112hr2823ih.pdf

第十二章　戦後ドイツ音楽文化と冷戦

——占領期ベルリンにおけるアメリカの音楽政策、一九四五〜一九四九年——

芝崎祐典

1 「音楽の非ナチ化」

第二次世界大戦で降伏することになるドイツは、戦争の最終局面において連合軍の激しい空爆を受けて莫大な物的損害と甚大な人的損失を経験した。戦後、連合軍諸国に課せられた課題は、ナチズムの再生を阻止しドイツの再軍国化を防ぐことと並んで、ドイツの文化を復興し平和愛好国家にすることであった。そのためには力による占領だけではなく、占領政策の展開にあたっては様々な領域における文化政策が等しく重要であった。

連合軍の中でもとくにアメリカの占領政策は、民主化政策として出発し、やがて冷戦認識の高まりの中で対ソ対抗的な性質を帯びていったという図式で把握されることが一般的である。非ナチ化政策として出発したアメリカのドイツ占領政策も冷戦の影響を受けることになる。しかし占領期の音楽政策に注目することで、そうした単層的把握では見えてこない諸点が明らかになる。

本章では、とくに冷戦との接点が鮮明であったベルリンにおけるアメリカの音楽政策に焦点を当て、非ナチ化政策として出発した音楽政策が冷戦の影響を受けていく様相を、冷戦以前から存在した位相との重層的関係の中で明らかにする。[1] 大西洋をまたいだエリート文化であるクラシック音楽が、二〇世紀後半以降も延命していく手がかりの一つをアメリカ占領政策とそれに続く冷戦によって与えられたことも、あわせて明らかにする。

音楽活動の監視

ドイツを占領した連合軍四カ国は、いずれもドイツの音楽文化的文脈に照らして音楽政策を展開した。ここでドイツの音楽文化的文脈とは、ドイツが国民国家を確立していく過程で音楽を軸に据えたこと、そして戦争へとドイツ国民を駆りたてたナチス体制の文化政策の中で音楽が重要な役割を果たしたことなど、音楽が持つ政治的社会的重要性を指す(2)。ドイツ占領政策の展開を担ったアメリカ占領軍政府（ＯＭＧＵＳ）は、連合軍の中でもとくに音楽とナチズムの関連を強いものとして認識し、音楽政策に神経を払った。ＯＭＧＵＳの音楽政策に関する文書には、ナチのイデオロギーに汚染されたドイツの音楽環境を浄化し、民主主義的文脈化を目指すという思考が明白に示されている。

音楽政策を展開するための組織編成には、陸軍長官代理パターソンが一九四五年七月の記者会見で示した方針が取り入れられた。それは戦後ドイツの文化状況を監視するにあたって、ラジオ放送、映画、演奏会、歌劇、舞台芸術を含めた、その他大衆娯楽のあらゆる形態をそれぞれ管理監督することが重要であるとの認識に立ったものであった。パターソンは、ナチス体制は国民社会主義の理念をドイツ国民に印象づける道具として、これらの文化とメディアを総動員したとの理解に基づき、占領政策においてはそれらの監視が重要であることを強調している(3)。文化とメディアを通じて人々は再びナチスの理念へと戻っていくかもしれないと懸念されたのである。こうした懸念に対処するためのアメリカによる具体的政策の模索と実施のプロセスこそが「ドイツ文化とはナチスの大衆動員の道具であった」という認識を、それは本来漠然としたものであったにもかかわらず、補強していくことになる。

ＯＭＧＵＳが公式に設置されるのは一九四五年一〇月一日のことであった。連合国遠征軍最高司令部（ＳＨＡＥＦ）が占領政策の導入を担当していたが、その業務は実質的には継続的であったといえる。

アメリカ占領当局の音楽面における再教育政策は、その輪郭を漠然とさせたまま、ドイツのあらゆる形態の「文化」（Kultur）を監視するということから始められた。植え付けるべき音楽環境の具体的な形態が明示されなかったのは非ナチ化にふさわしい音楽とはどのようなものであるかについての議論がまとまらなかったためである(4)。

それゆえにこれを具体的にどのように監視するのかということが実施にあたって問題となった。楽曲そのものに関しては、さしあたってコンサートの曲目を検閲することによって、「ドイツ音楽」の演奏文脈を再定義するとの指針が掲げられた。加えて職業音楽家をすべて特許制にすること、「アメリカ音楽」をドイツへ紹介すること、非ナチ化の観点から「望ましい」音楽家に助成を与えるなどのプランが提案されているが、この時点ではそれらは曖昧で漠然としたものにとどまっている。(5)

ドイツ文化の監視の実施は情報統制局（ＩＣＤ）が担った。これはＳＨＡＥＦからＯＭＧＵＳへ移管されることになる下部機関であり、ナチズム思想の復活を阻止することを活動目的とする部局である。このＩＣＤは戦時中、アメリカの対ドイツのプロパガンダ政策の一角を担った心理戦争局（ＰＷＤ）に基盤を持つものであり、それを平時向けに改組したものであった。ＩＣＤは、音の持つ心理的作用を重視し、音楽を道具として利用することによって劇場と音楽そのものを通じてナチの思想を根絶し、民主的なドイツの確立に向けた政策を展開することを目指したのである。(6)監視機構は、音楽、劇場、映画、ラジオ、出版それぞれの活動を監視する部局に加えて、非ナチ化を全般的に担当するインテリジェンス部門の計六つの部局から構成された。(7)

しかし文化メディアを制御することは、表現の自由を制限することに他ならなかった。占領政策とはいえドイツにおける民主主義を獲得するために非民主的な手法を使うことには繰り返し疑問と批判が投げかけられた。ＩＣＤの組織は、戦時中のプロパガンダ機関の系譜にあっただけでなく、ナチスが文化芸術政策を遂行するために設置していた帝国文化院と組織機構の面において相似形にあったことから、(8)占領文化政策の民主的妥当性について疑わしい印象を与えかねない要素を実際にはらんでいたのである。

これについてＩＣＤの音楽・映画・劇場部門の初代責任者レームヘルトは、ＩＣＤについて、機構の形態は帝国文化院に類似しているが、その目的は著しく異なるものであることを、ことさら強調している。そしてＩＣＤの掲げる計画は、ドイツ音楽以外の作品をドイツで上演し、音楽と舞台芸術が国際的なものであるという事実をドイツ人に知らしめることであると主張している。(9)このようにＩＣＤの民主的妥当性についてやや不自然ともいえる強調が政策文書の中でなされたこと自体、アメリカ占領政府当局内部においてＩＣＤの非民主的な面が強く意識されていたことを物語っているといえる。実際にＩＣＤ全体の総責任者マクルー准将は、かつてＰＷＤを統括していた人物であったことからも、ＩＣＤが対独プロパガンダの延長としての性格を持っていたことは明らかであった。

ＩＣＤの基本方針

ドイツの敗戦から一カ月後の六月八日、ＩＣＤは占領にあたっての音楽政策の基本的考えを、「音楽管理の指針についての草案（Draft Guidance on the Control of Music）」という文書にまとめた。これは、すでに見たような占領政府内で交わされた議論をまとめたものであった。そこではドイツにおいて望ましいと考えられる音楽を推奨すると同時に、「危険音楽」を市民から遠ざける方針をとるべきであるとの方針が打ち出された(10)。

この指針の下、すべての演奏者は連合軍当局に登録しなければ活動できないという規則が作り出され、演奏会の曲目もすべてが検閲された。また演奏会場および劇場もすべて特許制となった。この措置は一九四五年九月に公式に開始され、四七年五月三一日まで全面的に実施された。ちなみにドイツ帝国軍の行進曲と軍歌は、その楽曲そのものが有害であるとして演奏が禁止された(11)。

さらに文書では、ナチス政権下で接することの出来る音楽が制限されていたドイツ人を、「より大きな音楽の世界」へと戻すことが重要であると主張されている。再導入されるべき音楽として、そこでは二つのタイプが示されている。一つは、人種的、政治的理由によって演奏が禁じられていたドイツの作曲家の作品である。その代表的な作曲家として、メンデルスゾーン、ヒンデミット、マイヤーベア、オッフェンバックがあげられている。もう一つは、ドイツ人以外の作曲家の作品であり、それらを積極的に再導入すべきであるとしている。

ＩＣＤの音楽政策の基本指針では、こうした措置と並んで戦後ドイツにおけるアメリカ音楽の促進という目標が明白に示された。草案文書には三五人のアメリカ人音楽家のリストが添付されており、ここにはクラシック音楽だけではなく、ジャズやその他大衆音楽が加えられていることは注目に値する(12)。なぜならＩＣＤは、ドイツへアメリカ音楽を導入するという考えをその後も維持するものの、四六年になるとその基本方針をバーバーやコープランドなどのアメリカのクラシック音楽の導入に限定しているからである。アメリカの大衆音楽の影響力の大きさが自明でありつつも、ヨーロッパ音楽になおもアメリカが劣等感を持っていたことを示すものといえよう。

音楽面におけるアメリカの対ドイツ劣等感は、ＩＣＤの人的配置上の特徴においてもよく表れている。音楽政策の実施を現場で担当する専門官にはドイツからの移民や、少なくともドイツに居住した経験を持ち、かつ音楽芸術に精通しているアメリカ人があてられた。すなわち戦前のドイツ文化を熟知している人材や、ドイツの音楽教育を受けたことのある人材が任命されたのである。とくにベルリンに配置されるべき専門官は、「トップランクの専門家」でなければならないとされた。ここには効果的に文化芸術の非ナチ化を進めるという目的だけではなく、アメリカの文化水準の高さをドイツおよび周辺国へ知らしめるという目的が込められていたことがよく表れている。アメリカの文化水準の高さが示されてこそ、非ナチ化政策は有効になるとの認識が持たれていたと見ることができるだろう。その延長には戦後のヨーロッパにおけるアメリカの文化的影響力の浸透そのものへの期待もあったに違いない。

2　ベルリンの音楽環境復興をめぐる米ソの対応

ソ連占領地区における演奏会の再開

ソ連の占領地区では都市機能回復への無策、市民への暴力などが大きく目立ったが、同時にソ連側はそれとおよそ矛盾するような措置をベルリンにおいてとり始めていた。ベルリンにおける音楽活動の復興に対する支援を積極的に進めていたのである。たとえばベルリン・フィルハーモニーのコンサートが、ロシア生まれのドイツ人指揮者レオ・ボルヒャルトのもとで再開されていた(13)。スターリン体制の下、自国の社会統制において文化を利用してきたソ連は、戦後ドイツに影響力を及ぼすためには音楽が重要であることを直ちに認識していたのである。

これに対してベルリンをはじめとする占領下ドイツでの音楽的実践において、アメリカはソ連側から大きく出遅れた。たとえば先に触れたベルリンフィルの他、歌劇分野では、ベルリンのシュターツカペレがドイツ降伏の数日後からラジオ放送のための演奏を行い、ベルリン国立歌劇場では六月から公演が再開された。これはソ連側の支援があってこそ可能になったことはいうまでもない。これに対してアメリカ占領地区でのオペラの再開は、八月であった。しかも公演は編成を縮小し、合唱なしの室内オペラで実施された。とはいえ当時のいくつかの批評によれば、これを冒険的な企てとしつつも、公演は成功であったという見方があったようである。実際に会場は満席で、そこにはアメリカ占領政府や芸術創出院のそれぞれの代表も数人来場していた。(14)この公演によって、アメリカ側は歌劇の上演は占領政策にとって重要であることを改めて認識したのであった。(15)

ベルリンの占領地区においてソ連は、様々なコンサートホールや劇場の接収を進めていた。ソ連主導でドイツの音楽芸術を早期に復興することによって、ドイツに対するソ連の影響力の浸透を図るだけでなく、芸術復興に貢献する国家としてのソ連の名声を国際的に広める足場となす意図が明白に示されていたといえる。この当時のドイツ、とくに徹底して破壊されたベルリンなどの都市においては、家屋や食料、生活必需品が全く不足していた。これを非物質的なもので補おうとするかのように、ドイツの市民は音楽を希求したことがアメリカ占領地区において報告されている。(16)食糧や生活必需品不足の事情はソ連占領地区でも同様であったと見られている。(17)ソ連の音楽政策はこうした現実への反応であったと同時に、ベルリンという西側諸国にとって見えやすい場を利用して意識的に文化復興への姿勢をアピールしたと見ることができるだろう。(18)

アメリカによる音楽文化財の保護

ソ連が進めていた音楽芸術を通じたドイツへの影響力浸透の企てにおいて、アメリカが大きく遅れをとっていることに、ＩＣＤの文化芸術担当官は気がつかずにはいられなかった。(19)アメリカの文化担当官にとって、ソ連が展開する再教育プログラムこそが政策上の競争相手となっていたのである。すなわちＩＣＤによる戦後ドイツの文化芸術への監視は非ナチ化を前面に掲げつつも、必然的にソ連の政策を強く意識したものとなっていたのである。

アメリカがソ連の文化政策との対抗上とくに力を入れたのは、演奏会やオペラの上演に必要な楽譜や道具、衣装類の保護と供給であった。戦時中、連合軍の爆撃にさらされる可能性のあったドイツの各都市では、楽譜、衣装、美術品、楽器などが破壊されないよう都市部から離れた場所に移された。ベルリンの場合、主たる格納場所は郊外の岩塩坑であった[20]。こうした場所は爆撃による攻撃に対しては安全であったが、占領軍や無法者による略奪に対しては脆弱であった。ハイムボルトシャウゼンの岩塩坑を視察したＯＭＧＵＳのある高官は、そこに膨大な数のオペラや交響曲、その他の形式の作品の譜面が保管されていること、そしてすでに盗難によって流失が進んでいること、盗難を働いているのは主に避難民であると思われること、このままでは近いうちにほぼすべてが失われるであろうことなどをＩＣＤに報告している[21]。

こうした文化財を元の所有者に戻すことは短時間では不可能であり、とは言えそのまま岩塩坑での保管を続けていれば、流失は避けられず、ひいてはアメリカ占領下における音楽文化の質の劇的な低下をもたらしかねないことになる。そこでいくつかの対応策が講じられた。第一には、アメリカ占領下の各地に散在する所有者不明の膨大な数の楽譜類を、一度フランクフルトに集め、整理および管理が行われた。第二に、衣装に関してはＩＣＤが公認したドイツ市民から構成される一三の組織が整理と管理を行うことになった。第三に、ベルリン近郊で発見されたオペラの衣装や道具の一部を、イギリス占領下にあるドイツオペラと、ソ連占領下にある国立歌劇場に受け渡す決定をした。対抗相手と見なしていたソ連に対しても衣装の提供の決定を下したのは、芸術的観点からなされたものであった[22]。

しかしその後、楽譜や衣装をめぐってソ連との関係は対立的になっていく。一九四六年の冬、ソ連側は、数千点の衣装を公演に必要であるゆえに、ソ連占領地区にあるベルリン国立歌劇場へ引き渡すようにアメリカ側に要求した。この要求をアメリカ側は拒否する。国立歌劇場が所蔵していたと考えられる二〇〇〇点以上の衣装をすでに同劇場に戻しており、これ以上引き渡す必要はないというのがその根拠であった[23]。また、これらの楽譜や衣装類はアメリカ占領地区で発見されたのであるから、アメリカ合衆国政府の資産であるとの解釈を示した[24]。この問題について、ここで初めて法的地位に関する見解が示されたのである。その後、この解釈に従って四六年春までに発見された楽譜と衣装類は、アメリカ占領下にある歌劇場に配分された[25]。なお、発見された楽譜類、とくに手書きの楽譜類のうち、もともとベルリン国立図書館所蔵の物であることが判明したものは、同館がソ連占領下にあったにもかかわらずＩＣＤによって返還されている[26]。

こうしたアメリカによる戦後ドイツの文化芸術環境を復興するための細かな措置、さらには文化財の略奪に対する厳しい取り締まりこそが、ドイツ音楽の伝統を後世に残すうえで大いに寄与したと評価することができるだろう。他方、ソ連については多くの美術品や楽器を自国へ持ち帰ったことが後年の調査や研究で明らかにされている[27]。

3　非ナチ化の揺らぎと「アーティスト訪問プログラム」

プログラムの具体化

楽譜や衣装など文化復興に不可欠な資産の保護がソ連への対抗の発想から進展していった一方で、積極的非ナチ化音楽政策は「アメリカ音楽」の導入としてその展開が目指された。非ナチ化の措置として導入された「アメリカの音楽」とはアメリカのクラシック音楽だった。ただし「アメリカの音楽」としてより大きな影響力が期待できたのは、クラシック音楽のヒエラルキーにおいて周辺にあったアメリカのクラシック音楽ではなく、ジャズをはじめとする大衆音楽であるという認識が一般的な考え方であった。しかし非ナチ化の措置としてドイツに導入すべき音楽としてジャズはリストから外された[28]。

ＩＣＤがジャズの導入を躊躇した理由として考えられるのは、第一に、「アメリカの音楽とは大衆音楽である」というドイツを含むヨーロッパの人々のアメリカ音楽に対する「偏った」見方を変更したいという願望である[29]。アメリカは音楽においてはジャズをはじめとする大衆音楽ばかりが盛んであり、文化的に低級であるという見方が広く共有されている状況があった。こうした中でアメリカのクラシック音楽の水準を見せることで、アメリカの音楽芸術が劣ったものではないことを示すためにはクラシック音楽でなければならなかったのである。第二に、当時、アメリカ国内で大きな社会問題となっていた黒人差別を、ジャズが想起させてしまうことを危惧したと考えられる。すでにソ連はアメリカとの対抗上、アメリカの人種差別問題をドイツ人に宣伝していたが、これとジャズとが結びつけられるのを恐れたのであろう。なお、ＯＭＧＵＳが支援していたアメリカ占領地区ラジオ（ＲＩＡＳ）による一九四六年一〇月の調査では、音楽放送プログラムに占められているジャズの曲数があまりにも多すぎるとの苦情を表明するベルリン市民は一四％にのぼるとの結果を公表している。(30) こうした調査結果も、政策としてジャズ導入を躊躇させることの背景にあったと言えるだろう。

ドイツ市民に対してアメリカの音楽芸術の水準の高さを示すことによってドイツ側からの敬意を獲得し、占領政策を円滑に進めるという構想をＩＣＤが描き始めたのは占領初期からのことであったが、その具体化はなかなか進まなかった。演奏家の選定についてアメリカ側の見解がまとまらないこと、ドイツへ派遣する演奏家の食料や宿泊施設、および交通手段を確保することが困難であることと並んで、その施策の効果についての見解も分かれたことから、ＯＭＧＵＳはそうしたプログラムに承認を与えようとしなかったためである。加えてアメリカの「最高の芸術家」をドイツ人へ「娯楽」として提供することについて、「アメリカの納税者を納得させることは難しい」という国務省の見解も、ＩＣＤの構想にＯＭＧＵＳが難色を示してきた背景にあった。(31)

ところが四七年になって、アメリカとソ連の間の緊張が公然と高まるにつれて、ベルリンはドイツの芸術家と聴衆をいかに西側にひきつけるかという闘争の場となった。共産主義への対抗という発想が様々な政策に持ち込まれるようになり、占領音楽政策もそうした文脈にのせられることになった。こうした中でＩＣＤがこれまでの構想を基にまとめたのが「アーティスト訪問プログラム」(the American Artist Program) であった。ソ連との対立の中で、アメリカの「文化的プレゼンス」の可視化が必要であると認識したＩＣＤは「アーティスト訪問プログラム」の具体化へと積極的に動き、四八年三月に占領政策の一部としてアメリカ政府の公式の承認を取り付けた。このプログラムは、アメリカの音楽芸術を西欧の伝統に文脈づけること、アメリカが音楽芸術に支援を惜しまない姿を、ドイツにおいて示すことを目的としたものであった。[32] アメリカの音楽家を政府がドイツへ派遣することは、単なる「娯楽の提供」ではないという認識が出来上がりつつあったのである。これは音楽政策が非ナチ化から反共的なものへと転換していくことを示す一つの表れであった。しかし構想の具体化を困難にするその他の物理的諸事情自体はほとんど変わっておらず、様々な調整が必要であったため、最終的にOMGUSがこのプログラムを承認するのは四八年三月にまで遅れたのであった。

この「アーティスト訪問プログラム」のもとで開かれる演奏会は、ベルリンにおいては四つの占領地区すべてが対象とされ、構想原案と比較して明白に冷戦的対ソ対抗の様相を帯びていた。最終的にプログラムの実施にあたっては、訪問アーティストの選定やスケジュール調整、広報、演奏会場の確保のすべてをICDが引き受けるものとされた。そして訪問アーティストの宿泊とドイツ国内の移動手段の手配についてはアメリカ欧州統合司令部（EUCOM）が協力することになった。[33]

「アーティスト訪問プログラム」の運営資金については「アメリカ国内の個人的献金」から拠出されるとされたものの、資料には資金提供者の氏名のリストは付されていない。「匿名の民間」財団を組織し、その基金からプログラムに資金を提供するという方式がとられたわけであるが、ここには公然と文化政策を展開する姿を見せたくないというアメリカ本国政府の思考が反映されていたことがうかがえる。[34]

プログラム遂行上の諸困難

ただしプログラム遂行のための資金はまったく十分ではなかった。さしあたって一万ドルの資金が確保されたが、それではアーティストの渡航費を捻出することが出来るだけで、公演報酬を支払うには不足していた。こうした資金不足を補い、公演報酬を少しでも確保するために演奏会のチケット売り上げが期待されていた。このプログラムで開催される演奏会の聴衆として、ドイツ市民ばかりでなくアメリカ占領軍軍人や職員も想定されていた。彼らがドルでチケットを購入し、そのドルをプログラム運営の資金の一部に充当することをICDは期待していたが、その通りにはならなかった。占領政府の呼びかけにもかかわらずアメリカ軍人や占領政府職員らはドルではなくマルクでチケットを購入したためである[35]。占領政府のアメリカ人は給与のドルを有利な交換レートでライヒスマルクに交換して、本国にいる家族宛に送金するためにドルを節約しようとしたのである[36]。

運営資金問題の背景には、占領文化政策の妥当性に疑念を示した本国政府が、ドイツにおける文化活動の予算を削減しようとする圧力もあった。そうした圧力が強まりかけた時、ドイツの降伏直後から文化芸術分野を含めて広く非ナチ化の措置を講じてきた西側占領当局にとってショッキングな調査結果がもたらされた。一九四七年二月の世論調査において、なおも四八％のドイツ人が国民社会主義について「理念としては良かったが、実施面で問題があった」との認識を持っていることが明らかになったのである[37]。

これは非ナチ化政策が圧倒的成功を収めているとはいい難い数字であると見ることも出来る。しかしこれに対してＩＣＤは、同年四月の文書でこれまでの文化芸術面における非ナチ化政策は、大いに成果が上がったと報告している。それに加えてソ連との対抗上、音楽政策の重要性を主張している[38]。旧敵国とは言え平時における文化政策を問題視する声が本国議会では上がり始めており、占領費の削減を求める動きが出てくる中で、ＩＣＤやＯＭＧＵＳとしては占領政策が正当なものであることを示す必要があったのである[39]。上の評価報告を提出するに先立って、文化芸術政策を通じた再教育の成果を出すには長い時間が必要であることを主張する文書を作成していることを合わせて考えると[40]、本国からの予算削減圧力を回避する努力の中で「ソ連の脅威」が利用されたと考えることができる。

「アーティスト訪問プログラム」の実施にあたって運営資金以上に問題となったのが、プログラムに参加する音楽家の確保であった。プログラムの目的に照らして、ドイツへ派遣する音楽家は、「一流」でなければならなかったが、そうした人材を確保することはきわめて困難であった。演奏会の報酬が無償であることや多くの時間を割かねばならないことを受け入れたうえで、この時期なおも国民社会主義の残虐行為のイメージがつきまとっている戦後ドイツへ演奏旅行に出かける動機を持つ音楽家は、すでに国際的名声のある人材の中にはほとんど見当たらなかったためである[41]。この点をとくに問題視したのはＩＣＤのバイエルン音楽統括局の局長であるモースリーであった。彼はドイツへ送るべき音楽家は世界的音楽家でなければ意味がなく、たとえばホロヴィッツ、ルービンシュタイン、ルドルフ・ゼルキン、スターン、そしてストラヴィンスキーなどに依頼することが適切であろうと主張した。彼らはいずれも終戦の時点においてアメリカ市民であったため、「アメリカ」のアーティスト派遣プログラムの主旨にも合致するというのがモースリーの考えであった。[42] 彼はこの提案をＩＣＤのニューヨーク事務所のカーに呈示したが、これらの音楽家は、いずれもアメリカの国外で生まれ、その教育もアメリカ国外で受けたことを理由に拒否されることになる。[43] そもそも、それ以前に彼らがこうしたドイツ行きプログラムに賛同したかどうか自体が疑わしいものでもあった。

このように世界的な第一級の音楽家の確保が困難な中で、国際的スターではなかったものの相対的に高い評価のある幾人かの音楽家から、ドイツ訪問の承諾を取り付けることに成功した。[44]

戦後ドイツ通貨改革をめぐる西側とソ連側の方針の違いは、四七年になると東西占領地区通貨改革問題として東西間の緊張を急速に高め、四八年にはソ連によるベルリン封鎖という明白な対立となった。「アーティスト訪問プログラム」は、このように米ソ間の緊張が一層高まる中で実施されることになった。実施に先立って、アーティストの移動に一層の制約が出ることへの懸念が表明される一方で、「アメリカこそが（ソ連のありえる圧力に対して）ドイツの文化的復興において指導的役割を果たしうる」ことが主張された。[45] ここには占領政策の力点が非ナチ化から反共へ移行しつつあることが鮮明に示されているといえよう。[46]

4　冷戦、ドイツ占領政策、音楽芸術

冷戦と占領文化政策

対ソ関係の緊張の高まりに伴い、ドイツ人に自らが西側諸国の一員であるという意識を持たせることが、アメリカにとって重要な課題となっていった。ドイツが分断されるであろうことがすでに明白になっていた一九四八年に

おいて、この課題はアメリカの対ドイツ政策の思考の中心をなすようになっていた。こうした思考はＩＣＤの運営方針にも浸透し、対ドイツ文化政策は「冷戦的」性質がいよいよ濃厚になっていった。四九年のドイツ連邦共和国（西ドイツ）創設以降は、この「国家」を民主主義的に西側陣営に組み込むこと、同盟体制に組み込むこと、加えて西ドイツ国内の反共啓蒙を強化することが公然と目指されていった。アメリカにとって新しく創設された西ドイツに対する政策の力点は、共産主義との戦いの一つの足場とするための支援におかれ、それはナチズム復活を抑制するための再教育よりも高い重要性が与えられていったのである。[47]

四七年はマーシャル・プランやベルリンの処遇をめぐって米ソ間の緊張が高まっただけでなく、同年夏以降、ポーランド、ブルガリア、ルーマニア、そしてチェコスロヴァキアで暴力的な共産主義勢力の拡大など、東欧のスターリン化と見られるような動きが見られた。この事態に直面して、ドイツにおける再教育のプログラムも急速に反共が中心に据えられていった。こうした中、ＩＣＤの主導する文化政策は、四七年一〇月から導入された「応答作戦（Operation Talk Back）」に大きく影響を受けることになった。[48] たとえば出版関連では、四八年になるとアメリカが認可していた新聞をソ連側が禁止する措置をとり、これに対してＯＭＧＵＳがその翌月、ソ連が許可した出版物を禁止する対抗措置をとるという、はっきりとした対立状況を見せた。アメリカ側の解釈では、この対ソ「作戦」は防衛的なものであり、「ドイツを含め西欧を反米へと導くソ連の企て」を挫折させ、西欧および「ドイツを西側へ引き戻すものである」とされた。この「作戦」は「アメリカ外交の信頼性と一貫性」を印象づけ、それが「利己的ではなく利他的なものであることを確信させる」ものでなければならなかった。その手段としてラジオ、映画、新聞、出張講義などが重要であるとされ、その活動には「民間基金」からの資金提供が想定された。とはいえこの「作戦」の遂行に関わる少なくない人々が、この活動が実質的にプロパガンダであり、「われわれはイデオロギー戦争に関わっているのだ。その戦場はドイツである」という認識を持っていた。守るべきものは民主主義、自由であり、敵は共産主義である、と抽象的な図式が掲げられていったのである。[49]

さらにベルリン封鎖が始まった後、四八年一二月、ＩＣＤの音楽局は、ソ連占領地区に設置された連合軍楽譜図書館が所蔵していたアメリカ音楽の楽譜類を、ヘッセン州のバート・ナウハイムへ移動させた。その際、担当官は民主主義国の音楽を共産主義から救い出し、戦後ドイツ市民へ提供する措置であると意味づけている。[50]

ドイツ連邦共和国が創設され、ＯＭＧＵＳが解散された後、ドイツ管理高等弁務官（ＨＩＣＯＧ）がこの文化政策を引き継ぐことになる。そして西ドイツにおいてクラシック音楽の本格的な復興が進んでいくことになる。

冷戦と音楽芸術

アメリカのドイツ占領音楽政策は、冷戦が公然化する前の段階においては非ナチ化政策の立場を主眼とするものであったと同時に、自国の芸術的・文化的影響力をヨーロッパに植えつけようとする試みでもあった。ヨーロッパ芸術全般に劣等意識を持っていたアメリカはドイツ音楽にも大いなる劣等感を持っていた。音楽芸術のヒエラルキーの頂点にあるドイツ音楽の地位をある程度相対化してこそヨーロッパに対してアメリカの影響力を及ぼすことが出来るという考えから企図されたのが、「アメリカのクラシック音楽」の導入の構想であった。つまりこの発想自体は非ナチ化とも冷戦とも異なる位相から現れたものなのである。

この構想を具体化したＩＣＤは「アメリカのクラシック音楽」をアメリカ生まれの作曲家による作品と定義した。そのため導入対象とされた楽曲は狭く限定され、ドイツやその他ヨーロッパからアメリカへ亡命し、アメリカ市民となった作曲家の作品は除外されることとなった。それゆえにヒンデミットやシェーンベルクなど文化的影響力を高めるにふさわしい音楽家の存在を、結果として見落とすことになった。ただし占領当初にまとめられた「音楽管理の指針についての草案」では、「ドイツに（本来のドイツ音楽を）再紹介する」[51]にふさわしい作曲家としてヒンデミットの名が挙げられていた。しかし結局はリストから外されていったのである。アメリカは、ナチスの支配するドイツから逃れてきた数多くの有能な芸術家と演奏家に安全な活動場所を与え、戦後に音楽芸術を残すうえで巨大な貢献をしたのであるが、このことを世界に印象づける機会を失ったといえる。

アメリカの音楽政策に関わる思考の根底には、文化における対ヨーロッパ劣等感を背景とした対ソ劣等感さえも含まれていた。これはソ連が伝統的ヨーロッパ芸術の文脈の一角に位置していたという認識からくるものであり、これも冷戦とは異なる位相にあったものである。それがゆえに冷戦構造を構成する主要な要素が鮮明になる以前から、アメリカ側は、とくにベルリンにおける文化政策において、ソ連に対する対抗意識、さらには脅威認識を鮮明に表出させていたのである。本来はドイツの文化的環境からナチズムの影響を取り除き、「自由で民主的な」社会を形成する一助とすることを目的とした音楽の非ナチ化政策は、その意味ではごく初期から対ソ対抗的な色彩を帯びていたと言える。

冷戦が公然化して以降、ここに冷戦による対ソ対抗認識に彩られた思考が重ねられていったのである。そして「アメリカの音楽」のドイツへの導入を目指すと同時に、芸術面におけるソ連の文化的影響に対抗するためにまとめられた「アーティスト訪問プログラム」は、冷戦以前からの動機と冷戦的動機が組み合わさったものとして姿を現すことになった。

しかしこの「アーティスト訪問プログラム」は、実施に際して様々な問題をはらみ、目的を十分果たすものとして機能し得なかった。このプログラムでドイツを訪問した演奏家は、国際的名声を持つアーティストではなく、今後のキャリアを積みたい若手が中心であり(52)、「アメリカが最高の音楽芸術を支援していることを示す」目的を果たすことは出来なかったのである。

そこでアメリカは、以後、ドイツ音楽そのものを「西側音楽芸術」となす方向へと次第に移行していく。その一つが非ナチ化政策によって活動が制限されていた演奏家に対する規制の緩和であった。さらに禁止楽曲に対する規制も、なし崩し的にそして急速に緩和されていく。結局、ホルスト・ヴェッセル・リートのようなナチス党歌や各種の軍歌を除けば、「ナチス音楽」の明確な定義は困難であり、そもそも音楽芸術の偉大な作品を前にして禁止するということ自体、ヨーロッパ文化を内面化したアメリカのエリートには難しかったと見ることも出来るだろう。そしてこの意識こそが音楽政策が冷戦政策化する中で、音楽芸術を復興させる触媒として作用していったのである。

こうしてドイツ音楽は冷戦対立の緊張の中で再び政治化され、その緊張は意図せざる結果として二〇世紀後半以降もドイツ音楽の音楽芸術ヒエラルキーにおける権威を持続させることに力を貸したのである。ただしこれにあわせて一九五〇年代以降、とくに六〇年代以降、西側リベラル文化としての大衆音楽の普及が重なり、音楽の多元化が急速に進んでいくことになる。

註

（1）本研究と近接した分析空間を捕捉した重要な先行研究は以下の通り。Elizabeth Janik, *Recomposing German Music: Politics and Musical Tradition in Cold War Berlin*（Leiden: Brill Academic Publishers, 2005）は二〇世紀初頭以降のベルリンにおける音楽組織の実態について明らかにしている。David Monod, *Settling Scores: German Music, Denazification, and the Americans, 1945–1953*（Chapel Hill: University of North Carolina Press, 2005）はアメリカ占領政府がドイツ諸地域の劇場をどのように管理したかについての分析を行っている。Toby Thacker, *Music after Hitler, 1945–1955*（Hampshire, England: Ashgate Publishing Limited, 2007）は東西ドイツの音楽家の非ナチ化について詳細に分析している。

（2）これについては数多くの研究が存在する。さしあたって以下のものを参照のこと。Pamela Potter, *The Most German of the Arts: Musicology and Society from the Weimar Republic to the end of Hitler's Reich*（New Haven: Yale University Press, 1994）; Celia Applegate and Pamela Potter (eds.), *Music and German National Identity*（Chicago: University of Chicago Press, 2002）; 宮本直美『教養の歴史社会学――ドイツ市民社会と音楽』岩波書店、二〇〇六年。吉田寛『〈音楽の国ドイツ〉の神話とその起源――ルネサンスから十八世紀』青弓社、二〇一三年。吉田寛『民謡の発見と〈ドイツ〉の変貌――十八世紀』青弓社、二〇一三年。吉田寛『絶対音楽の美学と分裂する〈ドイツ〉――十九世紀』青弓社、二〇一五年。

（3）National Archives and Records Administration, Maryland, the US（NARA）. RG260, Box63, Records of the Information Control Division（ICD）: Records of Information Service Division Staff Advisor, 1945–1949, 'Abstract from the Acting Secretary of War's Press Conference,' July 12, 1945.

（4）NARA, RG 260, Box 134, Slide 116, Records of ICD: Central Decimal File of the Executive Office（CDF）, 1944–49, 'Re-orientation of Germany through Medium of Gilbert and Sullivan,' August 5, 1946.

（5）NARA, RG260, Box63, Records of ICD: Records of Division Headquarters, 1945–1949, 'Abstract from the Acting Secretary of War's Press Conference,' July 12, 1945.

（6）NARA, RG260, Box43, Records of ICD: Records of Division Headquarters, 1945–1949, 'For Immediate Release,' July, 3 1947.

（7）Alfred H. Paddock Jr., *U.S. Army Special Warfare: Its Origins, Revised* (Lawrence: University Press of Kansas, 2002), pp. 1–40; Monod, *Settling Scores*, pp. 100–124.

（8）Cora Goldstein, *Purges, Exclusions, and Limits: Art Policies in Germany 1933–1949*, working paper, Cultural Policy Center, University of Chicago, 2001.

（9）NARA, RG260 Box 134, Slide41–42, Records of ICD: CDF, 1944–49, Memorandum to Robert McClure, September 12, 1945.

（10）NARA, RG 260, Box 134, Records of ICD: CDF, 1944–49, 'Draft Guidance on the Control of Music,' June 8, 1945.

（11）NARA, RG 260, Box 134, Records of ICD: CDF, 1944–49, 'Scrutiny of Music and Theatre Programs,' November 24, 1945. 興味深いことにＩＣＤは非ドイツ音楽であっても、軍事的プロパガンダに利用される可能性があることを指摘している。そこではショパンの練習曲作品10-2（ハ短調）が、帝政期のロシアがワルシャワを蹂躙したことへの反応として作曲されたこと、シベリウスの《フィンランディア》がロシアのフィンランドに対する圧迫への抵抗としての存在であることが例に挙げられている。すなわち反ソ世論を鼓舞する道具となる余地があるとの指摘である。ショパンやシベリウスの作品が、実際そうした政治的動機とどれだけ関連するのか必ずしも自明ではないが、少なくとも音楽に付随した背景の「物語」としては、根強いものであったことは確かである。ここで注目すべきことはドイツにおける反ソ世論の抑制にも注意が向けられていることである。

（12）Monod, *Settling Scores*, p. 118.

（13）Ibid., pp. 70–71.

（14）ソ連占領地区において、ソ連側がドイツ側と共同で創設した芸術管理のための機関。

（15）Landesarchiv, Berlin, Rep. 280 LAZ 5501–5800,' Die erste Opernaufführung,' 12 August 1945.

（16）David Monod, 'Americanizing the Patron State? Government and Music under American Occupation, 1945–1953,' in

Albrecht Riethmüller (ed.), *Deutsche Leitkultur Musik?: Zur Musikgeschichte nach dem Holocaust* (Wiesbaden: Franz Steiner Verlag, 2006), p. 55.

(17) Landesarchiv, Berlin, B Rep. 037, Nr. 79– 82, Henry Alter, interview by Brewster Chamberlain and Jürgen Wetzel, 11 May 1981.

(18) Janik, op. cit., pp. 97–106.

(19) Wolfgang Geisler, 'Zwischen Klassik und Moderne,' in Hermann Glaser, Lutz von Pufendorf and Michael Schönreich (eds.), *So viel Anfang war nie: Deutsche Städte 1945–1949* (Berlin: Siedler Verlag, 1989), p. 245.

(20) Lynn Nicholas, *The Rape of Europa* (New York: Vintage Books, 1995), pp. 327–406.

(21) NARA, RG 260, Box 134, Slide 34, Records of ICD: CDF, 1944–49, J.H. Hills, 'Inventory of Orchestra Scores in Salt Mine near Heimboldshausen,' August 30, 1945; NARA, RG 260, Box 134, Slide 88, Records of ICD: CDF, 1944–49, Edward T. Peeples, 'Legal Ownership of Costumes and Music,' February 7, 1946.

(22) NARA, RG 260, Box 134, Slide 24, Records of ICD: CDF, 1944–49, 'USFET Main for Information Control Division,' August 11, 1945.

(23) NARA, RG 260, Box 134, Slide 150, Records of ICD: CDF, 1944–49, William H. Kinard, 'Letter to Colonel S. Tjulpanov,' February 3, 1946.

(24) NARA, RG 260, Box 134, Slide 88, Records of ICD: CDF, 1944–49, Edward T. Peeples, 'Legal Ownership of Costumes and Music,' February 7, 1946.

(25) NARA, RG 260, Box 134, Slide 95, Records of ICD: CDF, 1944–49, Edward T. Peeples, 'Distribution of Costumes and Music,' March 21, 1946.

(26) NARA, RG 260, Box 134, Slide 102, Records of ICD: CDF, 1944–49, David J. Coleman, 'Property of the Ehemalige Staatsbibliothek of Berlin: Music Manuscripts, at present located in the U.S. Zone of Germany,' 7, April 17, 1946.

(27) Erich Hartmann, *Die Berliner Philharmoniker in der Stunde Null: Erinnerungen an die Zeit des Untergangs der alten Philharmonie vor 50 Jahren* (Berlin: Werner Feja, 1996), pp. 29–36; Nicholas, op. cit., pp. 327–406; Akinsha Konstantin, 'A Soviet-German Exchange of War Treasures?,' *ARTnews*, 9/5 (May 1991), pp. 134–139.

(28) Monod, *Settling Scores*, pp. 118–119.

(29) Ibid.

(30) NARA, RG 260, Box 34, Radio Control, Radio Policy File, 1945–1949, 'Radio Usage Report, ISD,'.

(31) NARA, RG260, Box 134, Records of ICD: CDF, 1944–49, Eric Clarke, Nicolas Nabokov, Robert Murphy, 'Staff Study on U.S. Artists,' March 29, 1946,

(32) NARA, RG260, Box 19, Records of the Education and Cultural Relations Division: The Music Section, 1945–1949, 'Weekly Report,' December 11, 1946.

(33) NARA, RG260, Box 45, Records of ICD: Records of the Director and Deputy Director, 1945–49, 'Standard Operation Procedure for Front Rank U.S. Visiting Artists,' May 3, 1948.

(34) NARA, RG260, Box 21, Slide 157, Records of the Education and Cultural Relations Division: Records of the Office of Military Government, Bavaria, 1945–49, William Rogers, 'With Regard to the Tours of American Artists,' April 14, 1948.

(35) Landesarchiv, Berlin, Nr.4/8–1/2, B Rep.036, John Bitter, 'Music Report,' May 1948.

(36) Atina Grossman, *Germans, Jews, and Allies: Close Encounters in Occupied Germany* (Princeton: Princeton University Press, 2007), p. 27.

(37) NARA, RG 260, Box 26, Records of ICD: Records of the Director and Deputy Director, 1945–49, 'Trends in German Public Opinion,' Report 175, June 1949.

(38) NARA, Box 238, RG 260, Records Relating to Music and Theater: Records of the Education and Cultural Affairs Division (E&CR), John Bitter, 'Berlin: Travel Orders for Prominent Artists,' April 8, 1947.

(39) Cora Sol Goldstein, *Capturing the German Eye: American Visual Propaganda in Occupied Germany* (Chicago: University of Chicago Press, 2009), p. 5.

(40) NARA, RG 260, Box 238, Records Relating to Music and Theater: Records of E&CR, Benno Frank, 'Reorientation as Part of Duties,' February 17, 1947.

(41) Amy Beal, *New Music, New Allies: American Experimental Music in West Germany From the Zero Hour to Reunification* (Berkeley: University of California Press, 2006), pp. 38–41; Alex Ross, *The Rest is Noise: Listening to the Twenti-*

eth Century (New York: Farrar, Straus, and Giroux, 2007), p. 350.

(42) Monod, *Settling Scores*, pp. 205–252.

(43) NARA, RG 260, Box 21, Slide 141, Records of the Education and Cultural Relations Division: Records of the Office of Military Government, Bavaria, Carlos Moseley, 'Visiting Musical Artists,' November 6, 1948, and Moseley, 'Visit to Bavaria of Isaac Stern,' October 28, 1948.

(44) たとえば二一歳の天才ヴァイオリニストといわれたトラヴァーズ、アメリカ民謡歌手トム・スコット、チェンバロ奏者カークパトリック、メトロポリタンオペラのバリトン歌手マック・ハレル、ウォルデン弦楽四重奏団、イェール大学合唱団など。NARA, RG 260, Box 21, Slide 126, Records of the Education and Cultural Relations Division: Records of the Office of Military Government, Bavaria, C. W. Winderstein, 'Abrechnung Tom Scott 5.6.48, 18 Uhr Sophiensaal'.

(45) NARA, RG 260, Box 238, Records Relating to Music and Theater: Records of E&CR, John Bitter, 'Berlin: Travel Orders for Prominent Artists,' April 8, 1947,

(46) 紙幅の関係でここでは論ずることはできないが、一九四七年五月のフルトヴェングラーの非ナチ化も、米ソの緊張の高まりが背景にある。

(47) NARA, RG 59, Box 5, European Field Program, Henry Kellerman, 'Reflection on Program Inspired by Reading the Spider-Carroll Report,' December 28, 1950; 'Kellerman Visits Germany,' *Information Bulletin*, July1950.

(48) 応答作戦（Operation Talk Back）は、ソ連の反米プロパガンダに積極的に対抗するプログラムであり、冷戦初期における明示的な対ソ文化政策として掲げられた。以下を参照のこと。Jessica C. E. Gienow-Hecht, *Transmission Impossible: American Journalism as Cultural Diplomacy in Postwar Germany, 1945–1955* (Baton Rouge: Louisiana State University Press, 1999)

(49) NARA, Information Programs, Activities of Information Centers: Records of Information Centers and Exhibits (ICD, OMGUS), Office of the Deputy Military Governor, 'Vigorous Information Program,' February 10, 1948, and 'Radio Branch Implementation of the Vigorous Information Program,' July 19, 1948, Box308.

(50) NARA, Box 211, Visiting Consultants Program, John Evarts to Chief CAD, May 6, 1949; Janik, op. cit., p. 232.

(51) 当初国防省は、ヒンデミットが実はナチに迎合的なのではないかという嫌疑をかけていた。彼がレジスタンスに、強い関与ではなかったにせよ参画したことは、一九四五年の時点では広く知られていなかった。Monod, *Settling Score*, pp. 115-126. ＩＣＤは一九四八年になって、ようやくヒンデミットに言及するようになる。

(52)　NARA, Box 45, Slide 25, Records of ICD: Records of the Director and Deputy Director, 1945-49, Lucius Clay, 'Cable: This Office does not wish to oppose,' May 6, 1947.

第十三章　冷戦とプロテスタント教会

――東ドイツ国家による教会政策の展開と「社会主義の中の教会」――

清水　聡

1　東ドイツ国家とプロテスタント教会

「教会―国家」関係と「信仰の空間」

本章では、プロテスタント教会に対するドイツ民主共和国（東ドイツ）の教会政策を分析することで、「冷戦」と「非冷戦」の関係を探る。東ドイツのプロテスタント教会は、第一に、第二次世界大戦後（すなわち、ナチス・ドイツ後）の教会であり、戦後の出発点から、「過去の克服」と向き合う使命を課されていた。第二に、冷戦の最前線に位置したことから、東西ドイツの分断を、言い換えれば東西プロテスタント教会の分断を、眼前で目撃しなければならなかった教会であった。第三に、政治権力（東ドイツ国家）の進める社会主義政策に対して、新たな「教会―国家」関係をめぐる調整点（「社会主義の中の教会」（Kirche im Sozialismus））を模索しなければならなかった教会であった。[1]

三つの課題を背負ったプロテスタント教会は、礼拝・証・奉仕に代表される「信仰の空間（プロテスタント・ミリュー）」の維持を目指した。この「信仰の空間」は、東ドイツ国家の指令が届かない「空間」であり、言い換えれば、東ドイツにおける「非冷戦」を象徴する空間であった。しかし、冷戦の過程で、「信仰の空間」は二つの点で縮小した。第一には「量」の点であり、信者数が、とくに一九五〇年代半ば以降、劇的に減少した。第二には「質」の点であり、教会活動や宗教教育への消極化が、とくに六〇年代以降、教会の底流で進んだ。教会の指導部は、教会内部の「信仰の空間」を護るために、東ドイツ社会に相応しい「教会—国家」関係を新たに創出する必要に迫られたのである。

他方、東ドイツ社会（四九〜九〇年）も、その建国から崩壊に至るまでの四〇年間の過程で大きく変容した。四九年に成立した東ドイツは、戦後の崩壊社会からの再建を目指しながらも、五五年に至るまで国際的な位置づけは不明確であった。五二年から開始された「社会主義の建設」は東ドイツ国内経済に歪みをもたらし、翌五三年に発生した東ドイツ全土での蜂起（六月一七日事件）の原因の一つとなった。五五年に東ドイツはワルシャワ条約機構の加盟国となり、ソ連は東西ドイツ（二つの国家）の存在を確認して（二国家理論）、東ドイツを国家として正式に承認した。東ドイツの支配政党（ドイツ社会主義統一党：ＳＥＤ）は、第二次ベルリン危機（五八年）から、ベルリンの壁の建設（六一年）に至るまでの政治危機の中で、党を中心とした国家機構の再編を完成させ（ノメンクラトゥーラ制）[2]、この後、東ドイツ社会は、社会主義社会として「安定」の道程を歩んだ。しかしその「安定」とは、国家保安省（シュタージ）による監視社会への変貌であり、ＳＥＤを頂点とした社会の統制（ＳＥＤ支配体制）であった。ＳＥＤによる支配は東ドイツ社会を変容させ、東ドイツ社会は「公」と「私」の厳密な区分を前提とした「壁龕社会」（Nischengesellschaft）化、すなわち二重社会化の傾向を強めたのである[3]。東ドイツの教会はこのような社会のなかで「信仰の空間」を護る課題に取り組んでいた。

東ドイツの教会に関わる研究史と本章の課題

東ドイツの教会については、冷戦終焉以降、宗教史家、現代史家、さらには東ドイツ体制研究者を中心として、様々な研究が進められてきた。とくに東ドイツの教会は、唯一、東ドイツ国家の支配に組み込まれない自立した組織としての役割を維持し、そのうえ、一九八九年の東ドイツの体制崩壊が教会の空間を起点として開始されたことから、冷戦の終焉に関わる教会の役割に関心が集まったのである。研究史を大別すれば、三つの傾向が認められる。第一には、古くから続くキリスト教の歴史（教会史）に、どのように位置づけることができるのか、とする問題関心であり、[4]第二には、冷戦における東西分断の中の（とくに東ドイツにおける）「国家―教会」関係の展開を分析する研究（冷戦史）であり、[5]そして第三には、東ドイツの体制を分析するための手がかりとして、教会の役割と活動を研究する立場（政治学）である。[6]

本章は、東ドイツにおける「国家―教会」関係の展開に焦点を当てながら、「冷戦」と「非冷戦」の位置を分析し、そのうえで、東ドイツ社会の変容（社会的・文化的な変容）を探る。[7]以下、まず、東ドイツ国家による教会政策の推移を明らかにする。国家の教会政策あるいは教会戦略はどのように推移し、教会はどのように対応したのか。国家の教会政策の分岐点はどこにあったのか。「国家―教会」関係はどのように調整され、東ドイツ社会に与えた影響はどのようなものであったか。これらの問いに取り組むために、第2節では、対立した「国家―教会」関係の諸相について、第3節では、調整過程の中の「国家―教会」関係について、そして第4節では、東ドイツ社会の変容（社会的・文化的な変容）について扱う。

2　東ドイツ国家の教会政策の展開

ソ連占領地区（SBZ）における教会の役割

東ドイツにおける「国家―教会」関係の前提を形成したのは、ソ連の占領政策である。東ドイツの前身はソ連占領地区（SBZ）であった。ドイツは敗戦の後、アメリカ、イギリス、フランス、ソ連の四大国により分割占領され、戦後処理と東西冷戦の過程で、SBZ（一九四五～四九年）は東ドイツ（四九～九〇年）となった。この四年間の占領期（SBZ時代）において、東ドイツの教会政策の指針を決定したのは、SBZの占領行政を担ったソ連軍政本部（SMAD）であり、ソ連の意向がSBZの教会政策を左右した。その際、戦後初期のソ連のドイツ政策にとって重要であったことが、ドイツ全土の「反ファシズム・民主的変革」であった。

SMADは、戦後ドイツの崩壊社会を再建し、「非ナチ化」のための民主的変革に関わる占領政策を開始した。

この任務を遂行するためにＳＭＡＤは、プロテスタント教会が所有していた福祉・救済に関わるネットワークを通じた社会奉仕活動を利用した。さらにＳＭＡＤは、教会内部の「非ナチ化」に関わる決定権を、ＳＢＺの教会に委ねた。ＳＭＡＤにとっては占領政策を円滑に進めることが重要であり、これらの背景から、ＳＭＡＤと教会は相互に協力・補完関係にあった。現代史家マーザによれば、教会へのＳＭＡＤのこの時の譲歩は、この後、東ドイツの教会が獲得していく社会的な影響力の前提を形作り、それは、原則的にＳＥＤによっても変えることはできず、また、他の東欧諸国における宗教の状況とも異なっていた、とされる。[8]

東ドイツの建国と「ディベリウス主義」

一九四九年に東ドイツが建国された際に、寛容なＳＭＡＤによる教会政策は、新たに起草された東ドイツ憲法に継承されながら、東ドイツ指導部に引き継がれた。四九年の東ドイツ憲法は、「反ファシズム・民主的変革」の一環として、ブルジョワ憲法の傾向が強く、ワイマール憲法を模範としていた。宗教に関しては、「信仰と良心の自由」（第四一条）を謳っていたのである。[9] 東ドイツ指導部はこの憲法の範囲内で、教会政策を進めなければならなかった。

ところで東ドイツ指導部は、「社会主義イデオロギー」との関連において、教会をどのように見ていたのであろうか。東ドイツは社会主義国家であり、彼らにとって、本来、教会は「死滅する存在」であった。と言うのも、マルクス主義によれば、「宗教は人民のアヘン」であった。社会的格差と絶対的貧困が大衆に宗教への「救い」を求めさせ、結果的に、政治・社会構造への視座（自覚的な社会改良への道）を閉ざさせてしまう、と言うのである。たしかに、マルクス主義が重視する下部構造（生産諸関係）と上部構造（政治・文化・宗教）とは相互に関連しているとされる。したがって、重要とされていたことは、宗教は排除される存在ではなく、むしろ、「自然に消滅」するべきものとされていたことであった。[10] 東ドイツ指導部（とくにＳＥＤ指導部）は、この「教え」から、教会は「死滅する存在」であるとの前提に立ち、プロパガンダ活動により国民を教会から遠ざけることを目指し、やがて抑圧政策へと傾斜していくのである。

　他方、教会の側からは、政治権力との関わりをめぐる問題が指摘された。戦後初期、東ドイツ教会の一部には、東ドイツ国家をナチス・ドイツに匹敵する「全体主義国家」と捉える傾向があった。ナチス時代の負の遺産は、ナチスの国家犯罪を黙認し続けたことにあったとされ、ナチスへの異議を迅速に唱えなかったことが問題とされていた。戦後、同じ轍を踏むことは許されず、四五年に創設され、六九年に至るまで東西ドイツのすべてのプロテスタント教会から構成されたドイツ福音主義教会（ＥＫＤ）の評議会議長ディベリウスは、[11]このような前提から、東ドイツ国家の全体主義的傾向を分析して、四九年に次のような警鐘を鳴らした。「東ドイツのドイツ人民警察のＫ５部局において、我々の不幸な記憶であるゲシュタポが復活し始めており、人民警察はナチス時代と同様の方式にしたがって活動している。[12]」Ｋ５部局（コミサリアート5）はシュタージの前身組織であった。

　ディベリウスの警鐘は東ドイツ指導部に衝撃を与えた。東ドイツ指導部にとっては、社会主義の東ドイツ国家こそが「過去の克服」の象徴と目されていたからである。周知の通り、ＳＥＤの前身のドイツ共産党（ＫＰＤ）はナチスに対する激しい抵抗運動の歴史があった。東ドイツ指導部の解釈ではナチスの背景には、大資本家、大土地所有者（ユンカー）、教養市民層のつながりがあったとされ、戦後は、民主的変革・社会主義的変革を通じて、これらの「軍国主義」的要素をドイツから排除していくことが目標とされていたのである。東ドイツ指導部は、ディベリウスに象徴されるグループ（しばしば「ディベリウス主義」（Dibelianismus）と呼ばれる）の中に帝政ドイツの復活を企む「復古的」なメンタリティーがあると見なして、これを警戒した。

　さらにディベリウスが評議会議長を担当するＥＫＤは、東西ドイツのすべてのプロテスタント教会から組織され、二つのドイツを繋ぎ止める役割を果たしていた。東西ドイツの繋がりを象徴するＥＫＤの方針は、五〇年代半ば以降、ドイツの東西分断を受け入れることにより東ドイツ国家体制（ＳＥＤ支配体制）を確立させることを目指した東ドイツ指導部の方針と対立していた。東ドイツ指導部にとって、ＥＫＤは潜在的に危険な教会組織であったのである。

「社会主義の建設」と教会

ソ連からの指令により、一九五二年七月、「反ファシズム・民主的変革」は、「社会主義的変革」（すなわち、「社会主義の建設」）へと移行した。[13] こうして、東ドイツ国家は、「社会主義の建設」を名目として、教会への抑圧（事実上の攻撃）を始めることができるようになった。国家は教会を「社会主義の建設」（いわば、ＳＥＤ支配体制の建設）を進めるうえで、深刻な障害要因と見なしていた。

五二年の「社会主義の建設」と同時に、抑圧が開始された。教会関係者や牧師の一部は逮捕され、キリスト教青年会や学生信徒団のメンバーは学校や大学から追放され、高等学校や大学への入学が許可されなくなった。[14] 唯物論と無神論の世界観に基づく授業が、厳格に実施され、東ドイツの「若い世代」を教会から引き離すためにＳＥＤの傘下にあった自由ドイツ青年同盟（ＦＤＪ）への入会が盛んに宣伝された。[15]

五〇年代初頭の「国家―教会」関係の争点は、「若い世代」の動向であった。国家にとってはいかにして「若い世代」を「社会主義の建設」に積極的に参与させるか、教会にとってはキリスト教の伝統をいかにして「若い世代」に継受させるかが、それぞれ重要であった。後に国家保安相となるミールケは、五二年一一月二三日に次のような記録を残している。「キリスト教青年会は、教会指導部の説明とは反対に、東ドイツ内部の独立した青年組織である。宗教活動は見せ掛けに過ぎず、政治活動が見て取れる。東ドイツへの敵意を増幅させることを目的としているように思われる。[16]」

五四年、国家は、「若い世代」を教会から引き離すために、堅信礼（Konfirmation）への対抗措置として成年式（Jugendweihe）を開催することを決定した。堅信礼は、洗礼、聖餐と並んでキリスト教徒にとっては最も重要な教会儀式で、一四歳の子供たちがおおよそ一～二年間の堅信礼教育の後に、親類縁者が集まった礼拝堂で讃美歌や祈り、聖書朗読や説教、聖句の暗誦などの礼拝を行うものである。[17] しかし、東ドイツ国家は国家への忠誠宣言を必要とする成年式（国家儀式）を、堅信礼に対抗した世俗的な代替措置として導入した。成年式にのぞむためには、無神論教育を受講しなければならなかった。教会側は反発し、成年式と堅信礼は両立しないと主張した。これにより、

「若い世代」とその保護者は、教会儀式（堅信礼）か、あるいは国家儀式（成年式）か、どちらかを選択することを迫られることとなったのである。五五年に東ベルリンで最初の成年式が開始された。成年式に参加しなければ、社会的不利益（制裁）を被る可能性があり、堅信礼を断念して、成年式を選択する人々が急増した。五六～五九年の期間に受堅者の割合は、四分の三から三分の一へと減少し、宗教史家ポラックによれば、堅信礼は短期間で崩壊したとされる。[18]

国家による教会への抑圧政策は、ターゲットとする世代や地域に複雑なバリエーションを伴い、さらには以下に見るようにソ連との関係（対ソ関係）や東西ドイツ問題の影響を受けることで停滞と前進を繰り返した。しかし全体として見るならば、抑圧政策は、五〇～六〇年代全般を通じて持続的に遂行された。

東西ドイツ問題と「従軍牧師協定」

一九五七年二月二二日、ディベリウスは、ＥＫＤとドイツ連邦共和国（西ドイツ）との従軍牧師協定（Militärseel-sorgevertrag）に署名した。[19]これは、キリスト教徒の信仰上の統率を司るために、軍隊に同行する牧師の役割をめぐる「国家―教会」間の協定であった。ディベリウスは、東ドイツの国家人民軍との従軍牧師協定の締結についても、同年二月八日、書簡を通じて呼びかけていた。しかし東ドイツ国家は、二月五日に、西ドイツ教会と東ドイツ教会の繋がりを断ち切ること、東ドイツ教会に対して東ドイツ国家への忠誠を宣言させること、という二つの教会政策を内部で決定していたため、これを拒否した。[20]東ドイツ国家にとっては、ＳＥＤ支配体制の確立とともに、東西ドイツ問題が主要な課題であった。あるいはＳＥＤ支配体制の確立と東西ドイツ問題は連動していたとも言えよう。西ドイツ国家へと東ドイツ国家が吸収されるシナリオを排除するために、東ドイツ指導部は、五七年以降、東西ドイツの分離政策（Abgrenzungspolitik）を進め、国家体制の差異（資本主義と社会主義）を際立たせ、さらにはＳＥＤの支配権を確立しなければならなかったのである。「冷戦の論理」が東ドイツ国家の教会政策の方針にも影響を与えていた。

このようにして、北大西洋条約機構（NATO）構成国の西ドイツ国家とEKDが従軍牧師協定を締結したことを受けて、東ドイツ国家は、EKDを「NATO軍事教会」と断定し、EKDを東西に断ち切る戦略を本格化させ始めた。(21) 五七年、東ドイツ国家はディベリウスの東ドイツへの入国を禁じた。「ディベリウス主義」は、グライフスヴァルト・ラント教会監督クルムマッハーによって継承されたが、ディベリウスの不在により、その影響力は弱まった。さらに、五七年三月八日、東ドイツ国家は、教会政策を強化するために教会問題省を新たに創設し、党・国家・国家保安省の内部に、教会政策を遂行するための専門の組織を完備させた。(22) 次に見るように新たな教会戦略として「区別化戦略」を本格化させたのである。

「区別化戦略」と「テューリンゲンの道」

東ドイツ国家は、EKDを東西へと断ち切るために、東ドイツ教会に対する「区別化戦略」（Differenzierungsstrategie）を始めた。東ドイツ国家は、東ドイツに八つのラント教会（Landeskirche）が存在し、八つのそれぞれの教会が、領邦教会の伝統を受け継ぎながら、それぞれの地域に根ざし分権化され、相互の利害関心が必ずしも一致していないことに注目したのである。「区別化戦略」を通じて、各ラント教会の東ドイツ国家への忠誠心を競わせ、忠誠に応じて各ラント教会と個別協定を締結し、さらにはラント教会間の相互の結びつきを分断化することを目指したのである。(23)

東ドイツ国家は、東ドイツ全土の教会を調査し、テューリンゲン・ラント教会にターゲットを絞り、ここを「区別化戦略」の拠点とした。冷戦後に公開された新史料によれば、国家はすでに一九五二年から諜報活動を始めており、テューリンゲン・ラント教会監督ミッツェンハイムに関わる次のような情報を得ていた。「ロッツは、…数年来、ミッツェンハイムの最も親密な協力者であり、ある意味で、ミッツェンハイムの世俗の代理人である。…ロッツは政治的に、これまでそれほど目立った行動をしていない〔が、〕…彼の立場は、社会主義に対して、完全に肯定的である。(24)」ロッツは、ラント教会の法的問題を担当する高等参事会員の職務にあった。東ドイツ国家は、ロッツとの接触を図り、国家の側へと取り込んでいった。そして国家はロッツを介することで、ミッツェンハイムに影響を与え、テューリンゲンを国家の支配下に置くことを目指したのである。東ドイツの崩壊の後、明らかにされたように、ロッツは、国家保安省（シュタージ）へと情報を提供した非公式協力者の一人であった。[25]次第にミッツェンハイムはロッツに誘導される形で、東ドイツ国家への忠誠を示し始め、「社会主義を支持する教会」としてのテューリンゲン・ラント教会の立場を明らかにした。それは、「ディベリウス主義」とは異なる「国家ー教会」路線、すなわち「王座と祭壇の同盟」（Das Bündnis von Thron und Altar）であり、しばしば「テューリンゲンの道」（Der Thüringer Weg）と表現される。[26]六一年八月、ミッツェンハイムは東ドイツ最高権力者ウルブリヒトから東ドイツの最高勲章、祖国功労勲章を授与された。[27]さらに、テューリンゲン・ラント教会は、「国家ー教会」会談の機会を独占的に与えられ、国家の恩寵を独占的に享受した。

3　「社会主義の中の教会」と「共存の方式」

一九六八年憲法「第三九条二項」と東ドイツ教会の危機

一九六八年四月九日、東ドイツ国家は、新しい東ドイツ憲法を発効させた。ＳＭＡＤによる占領政策の影響の中で制定された四九年の東ドイツ憲法から新しい段階へ進むことを望んだのである。六八年憲法は、四九年憲法よりもＳＥＤの権力保障を明確に規定した。そして宗教規定についても修正を施し、次のように制定された。第三九条二項「教会およびその他の宗教団体は、ドイツ民主共和国の憲法および法律の規定に一致してその事務を処理し、活動を行うものとする。[28]」

四九年憲法では比較的自由な教会活動が定められていたが、六八年憲法（第三九条二項）では、東ドイツ国家は東ドイツ教会との協定について、独自の判断、独自の法改正に基づいて、いつでも無効を宣言することができるようになった。さらに六八年二月、ミッツェンハイムが東ドイツ新憲法起草会議の席上、「東ドイツの国境は教会の組織上の活動範囲と一致する」[29]と論じたため、東側の教会と西側の教会の代表者から構成されるEKDは、第三九条二項との兼合いで、憲法違反を意味すると東ドイツ国家から解釈されるようになった。六八年憲法の制定により教会の活動範囲は制限され、東ドイツ内部でのEKDの機能は危機に瀕した。東ドイツの教会は、最大の危機を迎えたのである。

EKD分裂とBEK設立

東ドイツ国家の政策により「ディベリウス主義」の活路は狭まった。他方、「テューリンゲンの道」が東ドイツのすべての教会の代表者として主導権を握ることに対しては、「ディベリウス主義」グループが激しく抵抗した。教会内部の力の変動が始まり、「ディベリウス主義」でも「テューリンゲンの道」でもない、シェーンヘアを中心としたグループが台頭した。一九六七年からベルリン・ブランデンブルク・ラント教会の監督代理の職務にあったシェーンヘアは、教会内部の利害調整を目指した。八つのラント教会は、分断され、相互の利害関心は拡散していた。信者数は減少し、「信仰の空間（プロテスタント・ミリュー）」は際限なく縮小していた[30]。シェーンヘアにとって、東ドイツの教会の存亡をめぐる利害調整は喫緊の課題であった。

シェーンヘアによる教会内部の調整過程を分析すると、次の三点を指摘することができる。第一に、EKDを東西へと分裂させつつも、東ドイツでは、残された八つのラント教会を相互に連結して、共通の代表部として、東ドイツ福音主義教会連盟（BEK）を創設すること。第二に、BEKとEKDとの結びつきを、BEK教会憲法のなかに定式化すること。すなわち、東ドイツの八つのラント教会は、一方で全ドイツのプロテスタント教会（EKD）から「組織的」な分裂の道を選択したが、他方で「精神的」な東西プロテスタント教会間の結びつきを維持することを目指し、このことは最終的にBEK教会憲法の中に第四条第四項として次のようにまとめられたのである。「BEKはドイツの全プロテスタント・キリスト教徒の特別な共同体であることを宣言する。」第三に、東ドイツにおける新たな「国家─教会」関係を、「社会主義の中の教会」として定式化すること。錯綜していた利害関係を調整するこれらの過程は、教会史家シュレーダーによれば、「高度に複雑な交渉の複合体」であった、とされる。[31]

シェーンヘアの方針は、教会内部（とくに「テューリンゲンの道」と「ディベリウス主義」の二つのグループの間）で激しい論争となった。しかし最終的に、双方の利害関心は調整され、ＢＥＫは設立された。それは、二つのグループが、対立よりも、新しく設立されうるＢＥＫにおいて、主導権を握ることへと関心を移したためであった。六九年六月一〇日、東ドイツ教会は、一方で東ドイツ国家の教会政策に譲歩してＥＫＤから分離し、それと同時に東ドイツの八つのラント教会を連結した組織としてＢＥＫを設立した。ＢＥＫ設立に続き、人事問題が議論され、シェーンヘアがＢＥＫの指導的監督に、シュトルペが事務総長に、さらにパプストが事務総長代理に、それぞれ選出された。[32]

「国家―ＢＥＫ」会談と「社会主義の中の教会」

「ＢＥＫは、東ドイツという社会主義社会の中で、証と奉仕の教会組織として真価を発揮しなければならないであろう。[33]」――ＢＥＫ設立総会（一九六九年九月一〇～一四日）が、ポツダム・ヘルマンスヴェルダーにおいて開催され、東ドイツ教会は、「社会主義の中の教会」の輪郭に相当する宣言を表明した。

ＢＥＫが設立されたことは劇的な効果を持った。ＢＥＫが設立されたことにより、教会の窓口はＢＥＫへと一本化された。東ドイツの八つのラント教会は、ＢＥＫの枠組みを通じて国家と交渉することになったのであり、それまで国家と独自に交渉をしてきたテューリンゲン・ラント教会から、その機会を奪った。言い換えればＢＥＫの創設は、「テューリンゲンの道」を終わらせ、それと同時に東ドイツ国家の「区別化戦略」を封じ込める役割を持ったのである。「テューリンゲンの道」の終焉を悟ったミッツェンハイムは、監督を辞任した。[34]六九年一二月五日、辞任の挨拶の中でミッツェンハイムは次のように述べている。「古い意味での国民教会は…終わった。しかし私たちの教会は、国民の中の教会、さらには国民のための教会であり続けるべきである。[35]」

他方、東ドイツ国家は、ＥＫＤの東西への分裂を評価してＢＥＫとの会談の開催を決定した。[36]七一年二月二四日、東ドイツ教会指導部と教会問題省次官ザイゲヴァッサーとの間で会談が開催された。シェーンヘアは、「〔ラント教会の〕連結の目標は、…ナチス時代に体験したような、官僚主義へと堕していく中央集権主義的スーパー教会（Superkirche）の形成ではない」(37)と述べ、ＢＥＫを連邦的に組織することを表明し、引き続き「過去の克服」に取り組む姿勢を示した。そしてＢＥＫ教会憲法の第四条第四項については、それがある特定の政治目的を追求しているのではなく、キリストの一つの教会という宗教上の連帯が私たち（東ドイツの教会）を西ドイツの教会と結びつけている、と説明した(38)。さらにシェーンヘアは、国連への東ドイツの加盟に向けて、「教会は…東ドイツが、とくに国連やその各構成機関の中で、世界全体の問題に貢献できる立場を担うことができることを願う」(39)と述べて、教会が尽力することを表明した。

東ドイツ国家はシェーンヘアの宣言を好意的に受け止め、「ＢＥＫの健全な発展のための良い出発点がある」(40)ことを認め、ここでＢＥＫを正式に承認した。それは東ドイツ国家にとっては致命的な戦略的失敗となった。教会の東西への分断（ＥＫＤの東西への分裂）に教会政策の力点を置くあまり、ＢＥＫの承認が、その後の東ドイツの発展に、どのような長期的な影響をもたらすことになるのか、東ドイツ指導部は読み違えたのである。ＢＥＫの承認に至るまで東ドイツ指導部は国家に同調したテューリンゲン・ラント教会にのみ国家との交渉の機会を提供してきた。換言すれば、国家に同調しなかった他の東ドイツの七つのラント教会には、国家との交渉の機会は提供されなかった。しかしＢＥＫの承認により、東ドイツのすべてのラント教会は国家との交渉の機会を獲得し、教会の存在を正式に国家に承認させることとなったのである。それは、「死滅する存在」(41)とは異なる状況を国家が承認したことを示しており、いわば国家と教会の「共存の方式」（Koexistenzformel）を象徴する出来事であった。さらに、ＢＥＫを承認したことは、論理的に教会の礼拝・証・奉仕に代表される「信仰の空間」を国家が認めたことを示していた。

東ドイツの教会は、この空間を「社会主義の中の教会」として定義した。七一年七月二～六日、東ドイツ教会は第三回ＢＥＫ総会（於：アイゼナハ）を開催し、次の公式を宣言した。「このように強固に編成化された社会の中では、教会は社会と並び立つことも、社会に対抗することも許されない。教会は神の証を担うとともに礼拝の自由を守らねばならないのである。」[42]――東ドイツの崩壊まで続く東ドイツ教会の精神性を象徴するこの宣言は、東ドイツ教会から示された「共存の方式」、すなわち「社会主義の中の教会」を意味するものであった。

ヘルシンキ宣言と政教トップ会談

一九七三年九月、東ドイツは悲願の国連加盟を果たした。さらに、国際的立場を強化するために、ヨーロッパ安全保障協力会議（CSCE）（七五年七月）に出席し、ヘルシンキ宣言に署名した。ウルブリヒトの後任として東ドイツの最高権力者となったホーネッカーは、国際合意（ヘルシンキ文書）への署名は、東ドイツという「国家」が既成事実であることを国際的に示す好機と捉えた。しかし、東ドイツ指導部の中にはヘルシンキ宣言に含まれた「人権条項」の受諾を警戒するメンバーもいた。[43]ヘルシンキ宣言では「思想、良心、信仰、信条の自由を含めた人権と基本的自由を尊重する」ことが盛り込まれていたのである。[44]東ドイツは、この後、国際的な「人権」遵守の要求に包囲されることとなる。他方、東ドイツ教会は、七五年一〇月、BEK指導部シュトルペを中心に人権条項の分析を開始した。[45]

ヘルシンキ宣言は、教会の立場を向上させることとなった。と言うのも、東ドイツ国家は次第に東ドイツ教会の発信力を恐れ始めたからである。国際的威信を維持するために、東ドイツ国家にはヘルシンキ宣言が東ドイツ教会に対しても遵守されている、そのような外観を作る必要が生じた。ホーネッカーは、東ドイツ教会に歩み寄る必要に迫られ、シェーンヘアとの政教トップ会談の開催を受け入れた。七八年、政教トップ会談が開催され、以下の諸点がまとめられた。教会の建設計画、テレビの放送時間、ルター記念祭の開催計画、教会の高齢職員への生活保障、西側から教会関連文献を輸入すること、教会の幼稚園への財政支援、教会墓地への国家からの補助金、社会福祉施設（老人ホームなど）における式典や司牧の取り決めである。[46]

これにより、教会の自治権は制度化され、いわば教会の「非冷戦空間」の輪郭に外壁が与えられることとなった。東ドイツ国家はこの会談について、SED支配体制の中に教会も組み込まれ、「社会主義の建設」の次の段階が始まったと見なした[47]。しかし、実際には、国家の管理の効かない「自由な空間」（Freiraum）が、東ドイツの中に制度化されてしまったことを表していた[48]。「社会主義の中の教会」として、教会は東ドイツ社会の中で自律した立場を確立したのである。

4　「壁龕社会」と「プロテスタント・ミリュー」

「壁龕社会」と教会

四〇年間にわたる「社会主義的」変容過程の結果、東ドイツ社会は「いびつ」な社会へと変貌した。とくに教会に関わる現象として、(1)「壁龕社会」化をめぐる問題と、(2)「信仰の空間（プロテスタント・ミリュー）」の縮小をめぐる問題が確認される。そこで、「国家―教会」関係の展開とこれらの点との関連について次に検討したい。

「壁龕社会」と指摘される東ドイツ社会の状況は、シュタージと非公式協力者による監視網の整備が、東ドイツ社会を疑心暗鬼の体系へと変貌させたことと関連している。東ドイツでは誰がどの程度、監視されているのか、あるいは誰が国家に情報を提供している非公式協力者であるのか、その全体像は東ドイツ国家が崩壊するまで分からなかった。その結果、人々は公的領域（とくに職場や学校）と私的領域（家庭や親しい仲間の間＝「壁龕」）において、行動パターンを厳密に使い分けざるをえなくなった。国家の望まない行動をとることは、時として、職業上の不利益を被り、あるいは家族が学校で差別を受ける危険があったのである。人々は、公的領域で国家に忠誠を示し、私的領域では国家に対する不満を吐露するようになり、東ドイツは〈公〉と〈私〉が厳密に区分された「壁龕社会」へと変容した。このような中、国家と対立している教会に近づくことは、社会的に抹殺されるような行為と受け止められた。

しかし、「社会主義の中の教会」が表明されたことにより状況は変化した。東ドイツの中に国家の支配下に置かれない組織（教会）が誕生したのである。そしてこのことは、教会史家グラフが論じているように、教会が公的領域で国家に同調し、私的領域（教会内の社会空間）で国家への不満を論じることで、教会自体が「壁龕」へと埋没し、「壁龕宗教」（Nischenreligion）へと変質してしまうことが、なかったことを表していた[49]。教会は、病院数七六、社会福祉施設数三八〇、療養施設数一五〇、その他、多数の幼稚園や保養所に示される諸々の社会福祉関連施設を保有し、そこで働く約二万三〇〇〇人の職員を確保していた。さらにテレビ放送、ラジオ放送を実施し、教会独自の出版社も有していた[50]。「社会主義の中の教会」の表明により獲得したこれらの多岐にわたる施設は、教会の自律性の社会的基盤となり、四〇年間にわたる東ドイツ国家による社会主義化の中でも、「プロテスタント・ミリュー」が「死滅」することなく生き残ったことを裏づけていた。

「信仰の空間（プロテスタント・ミリュー）」の縮小

他方、「プロテスタント・ミリュー」は次の二つの点において縮小した。第一には信者数の減少であり、東ドイツの全住民に占める教会信者数は、八一・六％（四六年）、五九・四％（六四年）、五〇・三％（七五年）、二一・五％（八五年）、一九・四％（九〇年）と推移した[51]。退会の波は、とくに「成年式」が導入された五八年が最も多く、「プロテスタント・ミリュー」から「若い世代」が流出した。さらに「プロテスタント・ミリュー」が縮小した第二の点は、教会活動や宗教教育への消極化であった。宗教史家ポラックによれば、東ドイツ国家による抑圧政策が、子を洗礼させてキリスト教徒として教育していこうとする親の決意を弱めたとされる[52]。洗礼よりも退会の割合が増大し、教区の高齢化が生じた。「高齢世代」は「プロテスタント・ミリュー」に留まる傾向があったが、「若い世代」は自らの将来のため、伝統との断絶を選択して、「プロテスタント・ミリュー」の内側から外側へと流れ出て行った。

しばしば指摘される東ドイツの三つの世代に関する議論に照らして「プロテスタント・ミリュー」を検討するならば、次の点を指摘することができるのではないだろうか。すなわち、第三帝国と関わり、ナチスへの順応者と敵対者から構成された第一世代の「ＫＺ世代」（ＫＺ＝強制収容所）に対して、東ドイツでの第二世代は、第三帝国の下で成長した「ＨＪ世代」（ＨＪ＝ヒトラー青年団）であり、彼らは戦後社会で、東ドイツへの政治的適合により、急速な昇進を達成した世代であったとされる。しかし、東ドイツに忠誠を示していた第二世代は、八〇年代半ばに入り、年配世代によって昇進の道が塞がれていると感じると、体制から距離を置き始めた。さらに第三世代、すなわち「ＦＤＪ世代」（ＦＤＪ＝自由ドイツ青年同盟）は、西ドイツの「六八年世代」に相当し、ＦＤＪの組織を通じて「社会化」を経験した世代であり、「一九八九年革命」に際しては、「革命」の先頭に立っていた(53)。

「プロテスタント・ミリュー」の内側から外側へと流れ出て行った人々はＦＤＪに入会し、「ＦＤＪ世代」の一部を構成した。すなわち、若い時期に、堅信礼を遮られ、成年式を受容し、「社会主義」社会の中で「社会化」を受けた社会層である。政治体制による「社会化」を受けながらも、最終的には政治体制への抵抗（「一九八九年革命」）へと至ったのである。しかしそれと同時に、最終的にこの「ＦＤＪ世代」は、「プロテスタント・ミリュー」へと回帰することはなかった。東西ドイツ統一後の今日においても、旧東ドイツ地域における教会信者数は回復していない(54)。

ＥＫＤによる統計調査によれば、二〇一一年の旧西ドイツ地域（総人口六五五三万九九四九人）と旧東ドイツ地域（総人口一二八〇万一九二二人）におけるプロテスタント教会信者とカトリック教会信者を合計した信者数は、旧西ドイツ地域が四四二二万三二七四人（人口比六七％）であるのに対して、旧東ドイツ地域は二九〇万五六五三人（人口比二三％）である（冷戦の中で戦勝四大国（米英仏ソ）の管轄にあったベルリンは除く）(55)。この数字は二〇世紀後半のドイツにおける教会信者の減少傾向（世俗化の進展）を比較検討した場合においても、旧東ドイツ地域において、東ドイツ国家が存立した四〇年間の中で、宗教との断絶がどれほど拡大していたのか、その実態を示していると言える。これらの場面に、社会的・文化的な変容の一部を確認することができるのである。

プロテスタント教会と東西ドイツの統一

本章で確認できたことは、「冷戦の論理」に基づいた東ドイツ国家の教会に対する抑圧政策（攻撃）にもかかわらず、「信仰の空間」（非冷戦空間）が、縮小しつつも最終的に消滅することがなかったことであった。東ドイツ国家が目指したのは、「冷戦の論理」に基づいた社会体制の構築と国際的立場の強化であった。しかし、東ドイツ国家による東ドイツ社会の編成化（SED支配体制の確立）の過程において、最終的に「非冷戦空間」（信仰の空間）が東ドイツ社会の中に残された。それは、一九七〇年代以降、東ドイツの教会が「社会主義の中の教会」を宣言することで、「信仰の空間」を護ったことに象徴されていた。東ドイツ国家にとっては、「社会主義の中の教会」として「教会―国家」関係が調整されたことは、戦略的失敗であった。と言うのは、東ドイツの「一九八九年革命」が教会の空間を起点として開始されたためであった。

八九年、東欧全域で進む「革命」の余波は、東ドイツにも押し寄せた。教会の空間には、国家への反対派が流れ込み、体制の刷新を要求するデモの発信源となった。八〇年代半ば以降、社会主義の自覚的な改革を目指した批判的知識人が、教会の空間に自由な言論活動の場を見つけ、そこで環境、人権、社会、貧困、さらには、平和に関わる国内外の課題と同様に、東ドイツの政治体制の改革に関わる活発な議論を始めていたのである。

教会指導部は、教会の役割は、あくまでも「信仰の空間」を護ることであるとして、自由な言論活動の展開は黙認したが、体制への政治的な関わりについては自制した。しかし、教会の底流では、反対派との共闘を望む声も生まれた。こうして「一九八九年革命」に際して、教会の内部では、国家との関わりにおいて自制的な役割を維持した教会上層部と、体制の刷新に積極的な理解を示した教会底流部との間で、「教会―国家」関係をめぐる立場の階層性が表面化したのである。さらに、教会の空間には、体制に批判的な反対派のネットワーク、あるいは国家が送り込んだシュタージの非公式協力者が集結していた[56]。

国際政治の大変動が進む中で、東ドイツにおける「一九八九年革命」は、教会の空間に参集した人々から始まった。その中で、教会指導部は「社会主義の中の教会」として獲得した自律した立場を活用して、時には国家と反対派との仲介役を引き受け、時には反対派の急進化を抑えた。「革命」は、それにより、流血の惨事に陥ることなく平和裏に進んだのである。

九〇年一〇月、東西ドイツは統一し、東ドイツ国家は消滅した。そして、九一年六月、東ドイツにあった教会は、

ＢＥＫを解散して、ＥＫＤに合流した[57]。これにより教会に関わる「冷戦」と「非冷戦」の境界も消滅した。

註

（1）cf. Mary Fulbrook, *Anatomy of a Dictatorship: Inside the GDR 1949–1989*（Oxford: Oxford University Press, 1995）, pp. 106–115.

（2）ノメンクラトゥーラとは、東ドイツの社会形成に中心的にかかわった幹部の役職を記したリストのことである。東ドイツではノメンクラトゥーラがエリート選抜の際の重要な手段であった。清水聡「ドイツ民主共和国研究の概観と展望—冷戦史研究と政治体制研究の視角から」『政治学研究論集』第二〇号、二〇〇四年九月。

（3）Christoph Kleßmann und Georg Wagner（Hrsg.）, *Das gespaltene Land: Leben in Deutschland 1945–1990: Texte und Dokumente zur Sozialgeschichte*（München: Beck, 1993）, S. 504–506. 山田徹『東ドイツ・体制崩壊の政治過程』日本評論社、一九九四年、一〇九〜一一〇頁。

（4）教会史に関わる研究として、Georg Denzler, *Kirche und Staat auf Distanz: historische und aktuelle Perspektiven*（München: Kösel-Verlag, 1977）〔邦訳：G・デンツラー編『教会と国家』（相沢好則監訳）新教出版社、一九八五年〕; Richard Schröder, 'Der Versuch einer eigenständigen Standortbestimmung der Evangelischen Kirchen in der DDR am Beispiel der "Kirche im Sozialismus",' in Deutscher Bundestag（Hrsg.）, *Materialien der Enquete-Kommission "Aufarbeitung von Geschichte und Folgen der SED-Diktatur in Deutschland." Rolle und Selbstverständnis der Kirchen in den verschiedenen Phasen der SED-Diktatur*（Baden-Baden: Nomos, 1995）, S. 1188. 清水望『東欧革命と宗教——体制転換とキリスト教の復権』信山社、一九九七年。清水望『平和革命と宗教——東ドイツ社会主義体制に対する福音主義教会』冬至書房、二〇〇五年。

（5）「国家—教会」関係に関わる研究として、Horst Dähn, *Konfrontation oder Kooperation? Der Verhältnis von Staat und Kirche in der SBZ/DDR 1945–1980*（Opladen: Westdeutscher Verlag, 1982）; Clemens Vollnhals（Hrsg.）, *Die Kirchenpolitik von SED und Staatssicherheit*（Berlin: Links, 1997）; Martin Georg Goerner, 'Zu den Strukturen und Methoden der SED-Kirchenpolitik in den fünfziger Jahren,' in Klaus Schroeder and Manfred Wilke（Hrsg.）, *Geschichte und Transformation des SED-Staates: Beiträge und Analysen*（Berlin: Akademie Verlag, 1994）; Michael Kubina, 'Massenorganisation und Kaderpolitik,' in Schroeder, a. a. O. 清水聡「ドイツ民主共和国と『社会主義のなかの教会』――ＥＫＤ分裂過程を中心に」『西洋史学』二一四号、二〇〇四年九月。

（6）東ドイツの政治体制の中の教会の役割について、Stefanie Virginia Gerlach, *Staat und Kirche in der DDR: war die DDR ein totalitäres System?* (Frankfurt am Main: Lang, 1999); Gerhard Besier, *Der SED-Staat und die Kirche. Der Weg in die Anpassung* (München: Bertelsmann, 1993) (Besier, A); Gerhard Besier, *Der SED-Staat und die Kirche 1969–1990. Die Vision vom "Dritten Weg"* (Frankfurt am Main: Propyläen, 1995) (Besier, B). 市川ひろみ「東ドイツにおける教会と市民運動――『社会主義のなかの教会』の役割と限界」『歴史評論』五四六号、一九九五年一〇月。三浦なうか「旧東ドイツにおける批判勢力と教会――体制転換をもたらした原動力の一つとして」『法学政治学論究』第一九号、一九九三年冬。

（7）本章が活用した史料は、ドイツ連邦文書館所蔵史料（Stiftung Archiv der Parteien und Massenorganisationen der DDR (SAPMO-Barch)）；教会史料として、Hans-Wolfgang Heßler (Hrsg.), *Bund der Evangelischen Kirchen in der DDR. epd dokumentation, Bd. 1* (Witten und Berlin: Eckart-Verl, 1970) (*epd dokumentation*). 冷戦後公開された史料として、Frédéric Hartweg (Hg.), *SED und Kirche. Eine Dokumentation ihrer Beziehungen. Band 1: 1946–1967* (Neukirchen-Vluyn: Neukirchener, 1995) (Hartweg, A); Frédéric Hartweg (Hg.), *SED und Kirche. Eine Dokumentation ihrer Beziehungen. Band 2: 1968–1989* (Neukirchen-Vluyn: Neukirchener, 1995) (Hartweg, B). 教会関係者の証言記録として、Hagen Findeis und Detlef Pollack (Hg.), *Selbstbewahrung oder Selbstverlust: Bischöfe und Repräsentanten der evangelischen Kirchen in der DDR über ihr Leben-17 Interviews* (Berlin: Links, 1999).

（8）Peter Maser, 'Kirchen und Kirchenpolitik,' in Rainer Eppelmann, Horst Möller, Günter Nooke, und Dorothee Wilms (Hrsg.), *Lexikon des DDR-Sozialismus* (Paderborn: Schöningh, 1997).

（9）Dähn, a. a. O., S. 35.

（10）マルクス、エンゲルス、レーニン、土屋保男編訳『宗教論』青木書店、一九六四年、二〇、一三九、一四六、一五八頁。

（11）ディベリウス（一八八〇～一九六七）は、一九四五（一九四六）年から六六年まで東ドイツのベルリン・ブランデンブルク・ラント教会監督であり、一九四九年から六一年までＥＫＤ評議会議長を兼務していた。それは、東ドイツのラント教会監督が、全ドイツのプロテスタント教会の方針にも関わっていたことを示していた。Hartweg, A, a. a. O., S. 567.

（12）Gerlach, a. a. O., S. 41–43.

（13）一九五二年四月一日と七日、ソ連指導部と東ドイツ指導部との間で非公式協議（モスクワ）が開催された。この時、ソ連はドイツの「中立化」を断念し、東ドイツの「軍事化」と「社会主義化」に踏み切ったとされる。Rolf Badstübner und Wilfried Loth (Hrsg.), *Wilhelm Pieck. Aufzeichnungen zur Deutschlandpolitik 1945–1953* (Berlin: Akademie Verlag, 1994), S. 395–397; 清水聡「〈書評論文〉ヨーロッパと冷戦史　一九四五～一九五五年」『国際政治』第一五九号、二〇一〇年二月。

（14）Matthias Hartmann, 'Frei geblieben? Rückblicke auf die Kirchen in der DDR,' *Deutschland Archiv*, 31 (1998); Hartweg, A. a. a. O., S. 236–237.

（15）cf. Fulbrook, op. cit., pp. 94–95.

（16）Gerlach, a. a. O., S. 43–45.

（17）村上伸『西ドイツ教会事情』新教出版社、一九八四年、一二四～一三六頁。

（18）Detlef Pollack, 'Zur Entwicklung von Religion und Kirchlichkeit am Beispiel der evangelischen Kirchen in der DDR,' in Gesellschaft zur Förderung vergleichender Staat-Kirche-Forschung e.V. (Hrsg.), *Säkularisierung in Ost und West. Referate des 3. Berliner Staat-Kirche-Kolloquiums vom 18. Bis 19. Januar 1995* (Berlin: Gesellschaft zur Förderung Vergleichender Staat-Kirche-Forschung, 1995), S. 76.

（19）Klaus Steuber, *Militärseelsorge in der Bundesrepublik Deutschland: eine Untersuchung zum Verhältnis von Staat und Kirche* (Mainz: Matthias-Grünewald-Verlag, 1972), S. 68.

（20）Gerlach, a. a. O., S. 50–51.

（21）Hartweg, A. a. a. O., S. 424.

（22）Goerner, a. a. O., S. 124.

（23）Ebd., S.116–119;Kubina, a. a. O., S. 130–131; なお、東ドイツの八つのラント教会は、グライフスヴァルト福音主義教会、メクレンブルク福音主義ルター教会、ベルリン・ブランデンブルク福音主義教会、キルヒェンプロヴィンツ・ザクセン福音主義教会、アンハルト福音主義教会、ゲルリッツ福音主義教会、ザクセン福音主義ルター教会、テューリンゲン福音主義ルター教会、である。

（24）　Besier, A, a. a. O. , S. 109–110.

（25）　Vollnhals, a. a. O. , S. 84.

（26）　Schröder, a. a. O. , S. 1185.

（27）　Hartweg, A, a. a. O. , S. 357–358.

（28）　Klaus Sorgenicht, Wolfgang Weichelt, Tord Riemann, und Hans-Joachim Semler, *Verfassung der Deutschen Demokratischen Republik. Dokumente. Kommentar*, Band 2（Berlin: Staatsverlag der Deutschen Demokratischen Republik, 1969）, S. 171–174.

（29）　Findeis, a. a. O. , S. 240.

（30）　本章が参考にした「ミリュー」（Milieu）研究は、Christoph Kleßmann, ‘Zur Sozialgeschichte des protestantischen Milieus in der DDR,’ *Geschichte und Gesellschaft*, vol. 19, no. 1（1993）; M. Rainer Lepsius, ‘Die Institutionenordnung als Rahmenbedingung der Sozialgeschichte der DDR,’ in Hartmut Kaelble, Jürgen Kocka, und Hartmut Zwahr（Hrsg.）, *Sozialgeschichte der DDR*（Stuttgart: Klett-Cotta, 1994）, S. 17–30.

（31）　Schröder, a. a. O. , S. 1188.

（32）　ＢＥＫ設立をめぐる教会内部の論争の詳細な経緯については、清水聡「ドイツ民主共和国と『社会主義のなかの教会』」。

（33）　Vgl. Schröder, a. a. O. , S. 1190.

（34）　東ドイツ国家は、それに先立つ二年間にわたって、ミッツェンハイムの監督職の辞任を引き止めたとされる。“Rücktrittsabsicht von Landesbischof D. Moritz Mitzenheim. Datum 7. 2. 70,” DY 30 / IV A2/14 /19, SAPMO-BArch, Bl.107–108.

（35）　*epd dokumentation*, S. 188.

（36）　東ドイツ国家によるＢＥＫの承認過程の詳細については、清水聡「ドイツ民主共和国と『社会主義のなかの教会』」。

（37）　“Ansprachen des Vorsitzenden der Konferenz der Kirchenleitungen beim Empfang des Vorstandes der Konferenz des “Bundes der Evangelischen Kirchen in der DDR” durch den Staatssekretär für Kirchenfragen am 24. 2. 1971,” DY30 / IV A2 / 14 / 19, SAPMO-BArch, Bl.137–140.

（38）　Ebd.

(39) Ebd.
(40) Besier, B, a. a. O., S. 55.
(41) Vgl. Schröder, a. a. O., S. 1191–1192.
(42) Ebd., S. 1190–1191.
(43) ヘルマン・ヴェントカー『東ドイツ外交史　一九四九～一九八九』（岡田浩平訳）三元社、二〇一三年、五六一～五六二頁。
(44) Dähn, a. a. O., S. 158–159.
(45) Ebd., S. 126.
(46) Gerlach, a. a. O., S. 115; 三浦前掲論文。
(47) Gerlach, a. a. O., S. 118.
(48) Lepsius, a. a. O., S. 19.
(49) Friedrich Wilhelm Graf, 'Eine Ordnungsmacht eigener Art: Theologie und Kirchenpolitik im DDR-Protestantismus,' in Kaelble, a. a. O..
(50) Maser, a. a. O., S. 447; 市川前掲論文。
(51) Wolfgang Kaul, 'Zu Verlauf und Resultaten des Säkularisierungsprozesses in der DDR,' in Gesellschaft zur Förderung vergleichender Staat-Kirche-Forschung e.V.（Hrsg.）, a. a. O., S. 63, 70.
(52) Pollack, a. a. O., S. 80–82.
(53) Mary Fulbrook（ed.）, *20th Century Germany: Politics, Culture and Society 1918–1990*（London: Arnold, 2001）, pp. 240–241.
(54) Detlef Pollack, *Säkularisierung—ein moderner Mythos?*（Tübingen: Mohr Siebeck, 2003）, S. 112–118.
(55) ＥＫＤによる統計調査は、http://www.ekd.de/download/kirchenmitglieder_2011.pdf
(56) Ehrhart Neubert, 'Christlich-kulturelle Traditionen im Alltagsleben der DDR und im vereinten Deutschland,' in Deutscher Bundestag（Hrsg.）, *Materialien der Enquete-Kommission "Überwindung der Folgen der SED-Diktatur im Prozeß der deutschen Einheit." Alltagsleben in der DDR und in den neuen Ländern*（Frankfurt am Main: Suhrkamp,

1999), S. 767–769.

(57)　J・ヒルデブラント、G・トーマス編『非暴力革命への道——東ドイツ・キリスト者の証言』(渡部満訳)教文館、一九九二年、三六頁。

第十四章　スペイン内戦・冷戦・民主化

――アメリカの労働組合と対スペイン政策――

細田晴子

1　アメリカの労働組合とスペイン民主化

スペイン内戦とアメリカの労働組合

本章では、非政府アクターとしてのアメリカ労働総同盟・産業別組合会議（ＡＦＬ―ＣＩＯ）に注目し、スペイン内戦からスペイン民主化プロセスにおいて労働組合が合法化される一九七七年までの、ＡＦＬ―ＣＩＯの対スペイン政策を分析することで、アメリカが非公式アクターを通じてどのような影響をスペインに与え、スペインにどのような社会変容がもたらされたかを明らかにする。なお三八年に熟練工のアメリカ労働総同盟（ＡＦＬ）から、非熟練工、共産党系をも許容していた産業別組合会議（ＣＩＯ）が分かれたが、ＣＩＯは五五年に共産党系を追い出し合同して労働組合の全国組織ＡＦＬ―ＣＩＯとなったため、必要に応じＡＦＬ（ＡＦＬ―ＣＩＯ）と記述する。

ウェスタッドは、「その後のソ連の第三世界への介入を理解するためにも、スペイン内戦は非常に重要」とする。それは同内戦が、労働組合関係者も含む「冷戦期の多くの指導者が対外介入を計画したり実行したりする際に参照することとなる個人的経験をもたらした」からである(1)。

三〇年代の自由主義とファシズムが対立する構図を背景にしたスペイン内戦の発端は、スペイン社会労働党（ＰＳＯＥ）、共産党、中道左派、アナーキストなどから構成された人民戦線政府（共和国）に対抗し、反自由主義、反共産主義、反ユダヤ主義を掲げたフランコを中心に起きた反乱であった。アメリカ共産党はスペイン内戦時共和国側に国際義勇軍を派遣し、ソ連もこの義勇軍の中から協力者となる者を召募した。三九年にフランコが内戦に勝利したが、内戦参加者、自国政府のフランコ政権承認にフラストレーションを感じた者、スターリンに反感を抱いた者の中には、その後政界、労働組合などで権力を掌握した者もいた。彼らは、支援した人々が内戦で敗北したため、果たせなかった思い、「個人的な大義」(2)を抱いていたのである。

たとえば戦闘には不参加であったものの、アメリカではラヴストーン（元アメリカ共産党書記長であったがスターリンに除名され反共産党を結成したのち、AFL勤務）、AFL–CIO会長のミーニーなどが、スペイン内戦時から、スペイン共産党と敵対するマルクス主義統一労働者党（POUM）(3)を支援していた。ヨーロッパではベルギーのベク(4)（五九～六七年、国際自由労働組合総連盟（ICFTU）の事務局長）、イギリスの組合指導者、ジョーンズがスペイン内戦で共和国側を支援した。

労働組合という非国家アクターに注目する意義

AFLは全世界に自由で民主的な組合(5)を広めるという大義を有し、アメリカ中央情報局（CIA）創設（一九四七年）以前に、すでに国際的な情報網を構築していた。またAFL（AFL–CIO）は、第一次世界大戦からヴェトナム戦争まで、輸出の需要があれば労働者階級も賃金上昇などの分け前にあずかれると考え、政府の外交政策すなわち戦争経済を支持していたのである。(6)そのため共産党勢力の封じ込めという観点から、AFL（AFL–CIO）およびCIAを含むアメリカ政府は、フランス・イタリアにおける選挙、ラテンアメリカの政治へ協働して介入しており、これらに関する研究はある程度存在する。(7)また労働組合の国内外での対立は、冷戦の結果ではなく原因であるという視点から、冷戦における労組の役割を分析した研究もある。(8)

しかし従来まで他国はもちろんスペインにおいても、スペインは冷戦研究の中心的な事例とはなり得ていない。同国は、国際政治、ヨーロッパ政治の舵を握る大国になり得ないミドルパワーであり、マーシャル・プランの適用外であった。枢軸国に与したファシスト分子を含んだフランコ政権を敵視するヨーロッパ諸国の反対で、北大西洋条約機構（NATO）にも加盟できずにいた。またフランコ政権は、反共政策を掲げていたために、アメリカのプロパガンダの重点国ではなかったという特殊な状況も存在していた。

さらにスペイン内戦自体の研究は多くとも、アメリカの労働組合・スペイン・冷戦を関連させる研究はほとんど存在しない(9)。アメリカ政府にとり冷戦期のスペインは東側との地政学的な対立において重要な場であり、政権が非民主的でも反共政策をとる政権であることを重視し、AFL（AFL—CIO）はそれに反発し反独裁政策を重視していた。つまり、対ラテンアメリカ政策ではAFL（AFL—CIO）もアメリカ政府同様アメリカに従順な独裁政権を支援していたが、対スペイン政策に関しては、アメリカの中で政府と非政府組織の労働組合というアクターの論理が対立していた。しかし第二次世界大戦後から七〇年代にかけて米西関係研究における主要アクターは、あくまでもアメリカ政府とスペイン政府＝フランコ独裁政権という政府アクターであった。また研究にはスペインで限定的に開示される史料が用いられるのみで、他国の史料はほとんど参照されなかった。

従来のスペイン民主化研究からも、七〇年代後半の民主化移行期に合法化されたスペインの労働組合の役割は無視できないことは明らかで、民主化に対するイギリスやドイツの労働組合の貢献はある程度明らかにされている(10)。本章では、そこに共産党系勢力を排除しようとするアメリカの労働組合の影響力があったことを付け加えようとするものである。

以下第2節では、内戦後のスペイン労働組合の地下活動を支えたAFL（AFL—CIO）の論理とその活動および背景を分析する。その際、アメリカ政府の冷戦の論理および政策とAFL（AFL—CIO）のそれらを対比させながら明らかにする。第3節では、スペイン国内の反フランコ勢力に変化が生じ、AFL—CIOとスペインを取り巻く国際情勢が変化する六〇年代後半から七五年までを扱う。とくに七四年のポルトガル革命による南欧の共産化への恐れから、アメリカ政府およびAFL—CIOにおいてスペインをめぐる冷戦の論理が再燃したとき、両者がどのような政策転換を行ったのかを明らかにする。第4節では七五年一一月のフランコ死後の民主化プロセスにおいて、いかにAFL—CIOがアメリカ政府と協働し、フランコ政権側を支援していたアメリカ政府によるスムーズな民主化移行への支援が可能になったのかを分析する。

2　内戦から冷戦初期にかけてのアメリカ政府と労組のスペインへの対応

ＡＦＬ（ＡＦＬ―ＣＩＯ）の論理

ＡＦＬは、アメリカで苦労し社会的ネットワークを形成しようとするヨーロッパ移民が中心となって形成されており、[11] その幹部の出自と大義は、政治家や外交官などアメリカ政府のエリートのものとは若干異なった。前述のように、ＡＦＬはすでにスペイン内戦中から、反共産主義のＰＯＵＭに対し支援を行っていた。フランコ側が勝利し内戦が終結した後、一九四六年亡命共和国政府がメキシコに移動し三月に共産党員が入閣するまで、ＡＦＬはスペインに民主主義を回復できる唯一の機関としてこれを支援していた。[12]

ＡＦＬによる亡命政府への支援打ち切り以降、各国に亡命するスペイン人は一層過激な反共産主義を主張してＡＦＬやその他のアメリカの非公式アクターからの支援を得ようとした。[13] 後にはキューバ革命の波及からラテンアメリカを護るという名目も、亡命スペイン人反共勢力への支援が必要な理由として挙げられた。

ＡＦＬ（ＡＦＬ―ＣＩＯ）は、ソ連の共産党もフランコ政権も自由・民主主義の敵であり、同様の「全体主義」と見なしていた。そのためフランコ政権を支持するアメリカ政府と異なり、カウンターパートであるはずのスペインの公式労働組合（産業別の垂直組合で、ファシズム政党のファランヘ党が実権を握る）を承認せず、スペインへの公式訪問や彼らの公式接受は回避した。六〇年代前半にはスペイン国内で労働運動が盛んになり、逮捕者も増加した。ＡＦＬ―ＣＩＯはフランコ政権下のスペインへの使節団派遣に消極的であったが、ヨーロッパの労働組合組織は逮捕者の家族などへ義援金を送るほか、オブザーバーも派遣していた。[14] このようにＡＦＬ―ＣＩＯの対スペイン政策は、ヨーロッパの労働組合、とくにイギリス労働組合会議（ＴＵＣ）などとも政策を若干異にするものであった。[15]

ＡＦＬ（ＡＦＬ―ＣＩＯ）は、スペイン共和国を構成していた勢力の中でも、元ＰＯＵＭの亡命スペイン人や、Ａ

FLとTUCが中心に結成した反共的なICFTUに加盟していた、PSOE系の労働者組合である労働者総同盟（UGT）やバスク勤労者連帯（ELA─STV）などを利用・支援した。たとえば元POUMでアメリカの大学で教鞭をとるラヴストーンの友人アルバを、AFL─CIOが「進歩のための同盟」の一環として六二年創設したアメリカ自由労働開発協会（AIFLD）で雇用した。[16]また、亡命スペイン人がニューヨークで発行したエスパーニャ・リブレ誌を支援した。この雑誌は、スペインからの移民やスペイン国内で地下活動を行うUGTなどの活動家支援に使われた。またラヴストーンは、元POUMの旧友ゴルキンや、歴史家・外交官・政治家のマダリアーガなど亡命スペイン人が、フランコ体制を糾弾するため、国内の一部知識人とともに開催した六二年の「ヨーロッパ運動」のミュンヘン会議にも支援を行っている。

さらにAFL（AFL─CIO）は、これらの亡命スペイン人を使いラテンアメリカ社会への影響力拡大を企てた。すでに四〇年代からAFLは知識人への反共プロパガンダのため、カトリック信者が多くスペイン語を母語とする者が多数であるラテンアメリカへの架け橋として、POUM出身の亡命スペイン人に白羽の矢を立てていた。とくにゴルキンは、キューバ革命の後六〇年代にはパリの文化的自由会議（CCF）[17]を通じて雑誌を発行するなどして、ラテンアメリカでの共産党の勢力拡大に対し、左派の若者を味方に取り込み対抗しようとした。[18]しかしこれはラテンアメリカの知識人との間で確執があり、失敗に終わった。[19]亡命共和国政府が形骸化する中、AFL─CIO、亡命スペイン人、スペイン国内外に潜伏する反フランコ派の人々の間の連絡は円滑ではなく、AFL─CIOの支援は民主的なスペイン創設のためには有効活用されなかった。

アメリカ政府の冷戦の論理

フランコは内戦当初反米的であり、反自由主義を掲げたファシスト的政権であった。しかしアメリカ政府は、戦後反共の防波堤として弱い君主制より反共を掲げる強い独裁者のスペインを望み、とくに一九五〇年国際連合がスペイン排斥決議を撤回すると、一層スペインを支援するようになった。こうしてアメリカ政府の政策とAFL（A

ＦＬ―ＣＩＯ）の政策はスペインにおいて矛盾し、複雑な状況を呈することとなった。

亡命スペイン人のみならずフランコ政権も、冷戦の論理―反共産主義をアメリカ政府に主張して支援獲得を目論んだ。ただし、スペインでは一八九八年米西戦争で敗北して以来反米思想が根付いていたうえ、カトリックを国教とする当時のスペイン人の中には、道徳的に「堕落した」アメリカ文化に反感を抱く者も少なくなかった。さらに枢軸寄りだったフランコ政権のエリート層は、自由主義や資本主義に懐疑的であった。政権は内戦時から反共産主義を掲げていたが、内戦後国際的に孤立していた。冷戦の深化によりスペインに接近したアメリカとの間で五三年に米西協定が締結され、基本的にはアメリカとの協調関係が構築された。しかし、政権内でも一部軍人や外交官は、この片務協定に反発した。スペインの懸案事項である近隣のマグレブ諸国からの脅威には対応せず、遠隔地である東側諸国の攻撃を念頭に置く内容だったためである。そして冷戦の二極から距離を置くべく、アメリカに対し地中海の中立や革命後のキューバとの国交維持など、独自外交を行えるスペインをアピールすることも試みられた。[20]当然反フランコ体制派は、体制を支援するアメリカ政府を敵対視した。

前述のようにＡＦＬ（ＡＦＬ―ＣＩＯ）は、フランスやイタリア、ラテンアメリカで行われたようなアメリカ政府と協働した政策を実施しなかった。一方アメリカ政府はフランコ政権のエリート層に対しては、フルブライト・プログラムなどの招聘プログラムを通じて、反共思想よりむしろアメリカの民主主義の価値をアピールすることを試みた。大衆には、理想的なアメリカの生活、労働者の生活が実際に存在するかのような宣伝映画が放映された。しかし当時のスペイン人監督の映画、「ようこそ、マーシャルさん」（五三年）には、アメリカ人に媚びようとする他力本願のスペイン人が皮肉的に描かれていた（スペインはマーシャル・プランの受益国ではない）。スペインの大衆はアメリカの音楽や映画などへの興味は抱いていたものの、アメリカ政府が発するメッセージ――自由な国民、開放的な社会の擁護――は、フランコ政権下では矛盾して空虚に響いた。大衆は、生活向上に直結しない限りこれらのメッセージに対しては懐疑的で、その意味では彼らにアメリカ文化は浸透しなかった。[21]スペインにおける基地使用権を死守するため、理想的なアメリカをアピールしてスペイン世論を味方につけようとしたアメリカ政府であったが、六六年スペインで水爆搭載機の墜落事故を起こしたこともありその目論みは失敗に終わった。ＡＦＬ（ＡＦＬ―ＣＩＯ）は、スペイン内戦から一貫した論理を維持していた。これに対し、アメリカ政府の論理（フランコ独裁政権支援）は、ソ連の勢力圏拡大への対抗、冷戦という状況における必要悪の選択肢であったことも念頭に置くべきであろう。

3　ＡＦＬ―ＣＩＯとアメリカ政府の論理の収斂過程――一九六〇年代後半～七〇年代前半

ＡＦＬ―ＣＩＯとスペインを取り巻く国際政治情勢、環境の変化

一九四〇年代フランコ政権のアウタルキー政策により、スペインの生産性は落ち込み経済成長は妨げられた。五〇年代末経済・財政再建、国際機関への復帰を目指した経済安定化計画の施行が成功し、六〇年代にはスペインは国民総生産が年成長率約七％を記録する高度経済成長を成し遂げた。一方政権は、失業対策や外貨獲得のため経済復興したヨーロッパ諸国へ向け、移民を推奨した。在外スペイン大使館の労働担当官の仕事の八割は移民支援であり[22]、ヨーロッパ共同体（ＥＣ）六カ国にとってのスペイン人労働力の重要性が強調された[23]。皮肉にも、フランコ政権に支援された移民たちは、ヨーロッパで民主的な労働組合運動に接して民主化への原動力となっていく。

一方で、一八九二年生まれのフランコのみならず亡命スペイン人も同様に高齢化し、六〇年代後半からはスペイン国内で、内戦を未経験の左派の若い世代のリーダーが育っていた。その中でもとくに、フランコ体制の垂直組合が「アメ」として導入した職場代表の選出を通じて、共産党系の労働者委員会（ＣＣＯＯ）の組織力が強まっていた。五六年国際労働機関に加盟し、五八年には団体労働契約法が導入され、社会経済的問題に関するストライキが解禁となった。こうして社会労働党系の大部分が亡命により国内情勢から疎遠になっていたのに対し、ＣＣＯＯはスペイン共産党の強固な地盤を形成していった[24]。スペインにおける民主的労働組合の設立と影響力拡大という、ＡＦＬ―ＣＩＯの目標はこの時点では、フランコ政権内で着実に地下組織を拡大する共産党の後塵を拝していた。

非共産党系左派勢力の組織化の必要性

ＡＦＬ―ＣＩＯ自体も変革期にあった。ラヴストーンも、亡命スペイン人が母国内の現実から乖離しているのを実感し懸念していた[25]。冷戦が変容しつつある中、彼らはいまだ過剰に反共産主義をアピールするのみで、国内で起こりつつある変化を察知できずにいたのである。亡命スペイン人労働組合の間の不和、亡命者と国内で地下活動をする者との対立、新しい労働組合の乱立もあって、ＡＦＬ―ＣＩＯおよびヨーロッパの労働組合は、反フランコ体制勢力に効果的な支援ができずにいた[26]。さらにアメリカの左派の大義は、スペイン内戦の果たせなかった思いによるフランコ独裁批判から、次第に反ヴェトナム戦争へシフトしていった[27]。

一九六〇年代半ばを過ぎるとＡＦＬ―ＣＩＯは、亡命スペイン人のみならずスペイン国内で非合法活動を行う労働者、政治家にも注目し支援を開始した。たとえばＡＦＬ―ＣＩＯが支援するゴルキンのＣＣＦは、亡命者ではなく国内の反体制勢力との協力を探し始めた[28]。そしてフランコ体制の中でも比較的リベラルと目される派閥――民主化後にマドリード市長となる大学教授などの知識人や企業家――と接触し、ポスト・フランコ時代を見据え、スペイン国内とのネットワークの構築を目指した[29]。一方冷戦期基地の使用権確保のため、フランコ政権との良好な関係維持が必要なアメリカ政府は、反体制派との接触は行えなかった。六五年より政治任命の在スペイン大使が続いたこともあり、両国の公式関係は惰性に流れていた。

七〇年代のフランコ政権末期には労働者の反米感情が高まり、スペインに進出したアメリカ多国籍企業でのストライキも増加した[30]。また垂直組合は、七一年セアト社（スペインの自動車会社でイタリアのフィアット社が出資）のストライキを制御できなかった。このストライキで、死者や多数の負傷者が出、損害額も増加した[31]。こうして今までフランコ政権の保護主義の下で経済活動を行っていた企業家たち（六九年国家元首後継者に指名されたファン・カルロス皇太子とも、その「アドヴァイザー」として親しく交わっていた）は、垂直組合の無能さを悟り、ＡＦＬ―ＣＩＯに接近して民主的な労組の創設を目指し、生き残りを模索し始めた。とくに七三年以降、皇太子は民主的な労働組合創設のための支援を得るべく、ミーニー会長との会見も試みた[32]。ここに、フランコ体制の一部とＡＦＬ―ＣＩＯの間に利害の一致、接近が見られた。

ポルトガル革命と南欧の左傾化

一九七四年三月ミーニーはラヴストーンとCIAの関係を嫌悪し、彼を罷免してAFL―CIO国際関係局長の後任に娘婿を任命した[33]。同年四月、共産党および軍が中心となったポルトガル革命が勃発した。それまで南欧の共産化に危機感を抱いていなかったアメリカ政府[34]のみならず、フランコ政権を糾弾し承認しない路線であったAFL―CIOも、スペインへの革命の波及を懸念するようになった。七五年初め、ミーニーはAFL―CIOから使者をスペインに派遣した。この使者は初めてフランコ体制の閣僚（労働組合関係大臣）と直接接触し、労働法の規制緩和に関する計画の説明を受けた[35]。

一方AFL―CIOは、ポルトガルでも共産党勢力の抑制に動いていった。民主党のジョンソン政権で副大統領を務めたハンフリー上院議員は、ポルトガル社会党書記長のソアレスに会い、AFL―CIOとの絆を深めるよう進言した。AFL―CIOのモラルサポートと経済援助をほのめかし、ミーニーとコンタクトをとって、AFL―CIOの年次大会にポルトガル社会党代表者の招待を約束したのである[36]。一方共和党のフォード大統領も、ポルトガルにおける共産党勢力の抑制のためミーニーの関与は望ましいとの見解であった[37]。

また、スペイン駐在アメリカ大使ステイブラー（任七五〜七八年）という新たなアクターの登場が、以後の米西関係を大きく転換させることとなった。六五年以来のキャリア外交官の大使は、アメリカ政府とAFL―CIOの間の橋渡しとなったのである。大使はローマ大使館勤務時、AFL―CIOやCIAの内政干渉を目の当たりにしていたので、スペイン赴任直前にミーニー会長を訪問して、円滑な情報交換を約していた[38]。また赴任後五月には、スペイン駐在イギリス大使から、民主的な勢力すべて（とくにPSOE）と幅広いコンタクトをとるよう推奨されていた[39]。

ステイブラー大使は、六七年頃よりフランコ政権下の人権擁護状況に改善が見られていたとし、七〇年頃からの招聘プログラムやアメリカ広報・文化交流局（USIS）・労働担当官による宣伝などの政策も状況改善に役立っていると政府に報告していた。しかし大使は、アメリカ政府が公然とフランコ政権に圧力をかければ、スペイン人のプライドが傷つけられむしろ態度を硬化させうるため、こうしたプログラムはアメリカ議会の人権関連の委員会や労働組合のような非政府組織への間接支援を通じて継続される必要があると主張した。またスペインの政府内にも社会全般においても、民主化への橋渡しとなりうる組織が形成されつつあるため、アメリカ政府に対しこれらとの非公式な接触を推奨した。公式な接触では、フランコ政権との関係のみならず、西欧諸国との関係に鑑みても問題を生じうるからであった。(40)

またステイブラー大使は、共産党系のCCOOによるヨーロッパ諸国への接近を懸念して、(41)スペインの安定のためにはPSOE系の勢力を用いようとした。そのためアメリカ政府の招聘プログラムを利用して、UGT、PSOE、カタルーニャの社会主義政党などの労働組合関係者を招聘した。このプログラムは、AFL―CIOとも緊密にコンタクトをとって実施された。彼らはフランコの死の直前七五年九月訪米し、AFL―CIOなどの労働組合関係者はもちろん、国務省、労働省、国際連合、アメリカ議会の労働・外交委員会関係者、前述の元POUMのアルバらスペイン史学者などを訪問した。(42)招聘されたスペイン人には、アメリカの労働組合がイデオロギー・階級闘争ではなく、労働条件改善という生活のための戦いを行っているように映った。(43)

ステイブラー大使はそれまでのヨーロッパ駐在の経験から、共産党に対抗する左派勢力、中道勢力の組織化の必要性を実感していた。キッシンジャー国務長官はポルトガル革命後の南欧の共産化を恐れたが、それでも依然としてソアレスを軽視し社会党すら共産党と同一視していた。(44)そのような状況下で、すでにポルトガル革命やギリシャ軍事政権崩壊に至ったキプロス紛争時にヨーロッパ担当国務次官補代理としてキッシンジャーの信頼を得ていたステイブラー大使(45)の存在は、労働組合という非政府アクターを活用したスペイン民主化支援にとどまらず、その後の円滑な米西二国間関係構築のうえでも重要な意味を持つものであった。

4　スペインの民主化と冷戦――一九七五～七七年

社会労働党系のUGT支援へ

スペイン内戦時からAFL―CIOは一貫した論理を有し自由で民主的なスペインを目指したのに対し、アメリカ政府は冷戦期の戦略的重要性から、弱い君主制よりも反共を掲げる強いフランコ独裁政権を支援した。しかしステイブラー大使のスペインからの意見具申が功を奏し、アメリカ政府は一九七五年以降フランコの公式後継者ではあるが民主化の中心となりうるファン・カルロス皇太子支援を明確にしていった。

ステイブラー大使のほか、皇太子（七五年一一月フランコが死去すると、ファン・カルロス一世として即位）も米西関係全般、さらにはAFL―CIOの対スペイン政策にも重要な役割を果たすようになる。翌七六年六月訪米した国王はキッシンジャー国務長官との会談後、ミーニーとも会談した。国王はキッシンジャーに対して、共産党がスペインの労働組合を支配することへの懸念を示し、これを受けたキッシンジャーは、スペイン人が民主的な労働組合を創設できるよう、ミーニーに支援を行うよう依頼した。ミーニーは、国際労働機関の総会の折にAFL―CIOからの使者をスペインに送ると約束した(46)。さらに一一月、スペイン議会で政治改革法が承認されると、ミーニーは国王に対して祝辞を送った(47)。フランコ体制時からの労働法と垂直的な労使関係を、非共産勢力が中心となり、根本的な変革を行う必要があるというのは、アメリカ政府、AFL―CIO、国王の間に共通の思いだった。

こうして共産党の合法化を行わずその勢力を排除する形で、スペイン民主化を推進する方向に、アメリカ政府、アメリカ労働組合両者の論理は収斂していき、両者が協力してスペイン支援を行うようになった。前述のようにスペイン共産党は、フランコ体制の垂直組合の下に非合法のCCOOを通じ大衆に浸透していた。国内で共産党以外の左派の基盤が脆弱だったため、アメリカ政府およびAFL―CIOは協働してそれに対抗しようとしたのである。しかしスペイン側としては、共産党を除外した内戦の和解はあり得なかった。国王は七六年三月ルーマニアのチャウシェスク大統領の支援を得て特使を通じスペイン共産党と接触しており、(48) 同党合法化の代わりに同党から君主制支持について内諾を得ていた。(49) スペインの企業家たちの要望もあり、スペイン政府はＣＣＯＯの活動をある程度許容して労働紛争を平和的に解決しようとしていた。(50)

一方亡命組織を中心に活動し、スペイン国内との連絡、意見の調整などがスムーズではなかったＰＳＯＥにおいては、七四年に世代交代が行われ国内で活躍していた若手ゴンサレスが書記長となった。ＰＳＯＥはＵＧＴと創設者を同じくし歴史的に深く結び付いていたが、この世代交代を契機に、マルクス主義を教条としつつも選挙にむけて大衆政党のイメージをアピールするようになった。

しかし七六年一月に至ってもなお、ＡＦＬ—ＣＩＯは民主化プロセスに懸念を抱いており、民主主義が強固なものになり民主的で自由な組合が創設されるまで、外交団（駐米スペイン大使館）と公式な関係を持つ意図はないと同大使館の労働担当官に宣言していた。(51) そしてＵＧＴのほかにも、キリスト教系の労働者組合同盟や四〇年代より支援していたバスクのＥＬＡ—ＳＴＶなどへの支援も継続していた。こうしたなか、スペイン共産党を除く政党は七六年六月に合法化された。ＡＦＬ—ＣＩＯとも連携をとるステイブラー大使の下、駐西アメリカ大使館は共産党以外の労働組合活動家を招聘すべきとアメリカ政府にアピールした。

七七年四月五日には労働組合組織法が施行され、自由な労働組合の組織が認められるようになった。アメリカ政府はスペイン政府に対して、共産党の合法化は総選挙後であるべきとのアピールを再三行っていた。(52) しかし同法施行直後のイースター休暇中に、当時の中道右派、スアレス首相（任七六〜八一年）はアメリカの助言に反して共産党合法化を発表した。これはスペイン国内では、大きな騒乱もなく受け入れられた。

ＡＦＬ（ＡＦＬ—ＣＩＯ）がＥＬＡ—ＳＴＶや元ＰＯＵＭ党員の参加する労働組合に支援を行い、またラヴストーンの時代に亡命ＵＧＴとＡＦＬ—ＣＩＯの間に行き違いがあったこともあり、ＵＧＴのレドンド書記長は、ＡＦＬ—ＣＩＯに懐疑的であった。しかし七七年五月の書記長らの訪米以降、ＡＦＬ—ＣＩＯとの信頼関係が築かれるようになった。(53) ＰＳＯＥと密接に結びついたＵＧＴは、総選挙でＰＳＯＥの票田拡大に貢献することになる。

七七年六月の総選挙では、ＰＳＯＥは二九・三％の得票率を得て野党第一党となった。合法化された共産党の得票率はわずか九・四％であった。しかしＵＧＴの七八年次大会では、レドンド書記長も政権奪取を目前とするＰＳＯＥに対し、ＵＧＴは白紙委任するわけではないと宣言した[54]。一方選挙を目前に、スアレス首相や国王の方が「急進的なマルクス主義者のＵＧＴ幹部」を懸念し、「非マルクス主義者の政党を支援する重要性」をアメリカに対し強調していた[55]。

結局七九年の総選挙では、様々なイデオロギー集団を内包する政権党であるスアレスの民主中道連合がＰＳＯＥのマルクス主義の危険性を強調したこともあり、ＰＳＯＥは政権を奪取できなかった。総選挙後ゴンサレスは党内の反対を押し切りマルクス主義と決別し、労働者に重点を置く伝統的なイデオロギー政党から脱皮して、中間層、浮動票を取り込もうとした。八二年総選挙に勝利し政権の座についたゴンサレスは新自由主義的政策をとり、ＰＳＯＥとＵＧＴの決別が決定的となった。こうして八八年には、政府の労働市場改革に反対するＵＧＴ、ＣＣＯＯ主導の大規模なゼネラル・ストライキが勃発した。

非政府アクターＡＦＬ―ＣＩＯがスペイン民主化に与えた影響

内戦以降当初はＡＦＬ（ＡＦＬ―ＣＩＯ）も亡命スペイン人もイデオロギー闘争に主眼を置いていた。アメリカ政府は、第二次世界大戦後には弱い君主制よりも反共を唱える強い独裁制の方を選択した。ただしミドルパワーたるスペインのフランコ政権には、冷戦に巻き込まれぬよう、二極から距離を置こうと独立自主外交を目指し、地中海の中立さえ主張した外相もいた。

アメリカ政府の持ち込んだ冷戦の論理は、フランコ政権が強固であった一九五〇～六〇年代にかけて、スペインの非共産化、西側諸国への包含という意味では機能しているかに見えた。しかし内実は、共産党は地下で着実に組織化を行っており、政権内では反米思想が生き続けていた。反政権的な運動は公には禁止されていたものの、労働組合の名を借りて、国内外で政治的な運動が組織され、活動が行われた。フランコ時代、ＡＦＬ―ＣＩＯはスペインにおける影響力の拡大に失敗し、垂直組合の中では非合法の共産党系の組織力が社会労働党系に優っていたのである。

七〇年代に入ると、フランコ自身の健康問題による体制の弱体化、南欧の政情不安の中で、アメリカ政府、AFL―CIOともに君主制を選択してスペインを民主化へ導こうとした。ラヴストーン引退後のAFL―CIOとアメリカ政府が協働していくこととなったのである。またスペインの政党、労働組合幹部の世代交代によってスペイン人同士の「和解」も成立した。

フランコ時代末期以降の民主化プロセスにおいては、共産党が優勢に見えていたものの、AFL―CIOは影響を及ぼすことができた。と言うのも、アメリカ政府はフランコ政権を支援しており公然と民主化支援を行えなかったが、非政府アクターのAFL―CIOは、スペイン国内の反フランコ派や、アメリカ政府、ヨーロッパ諸国政府・労働組合と提携し、アメリカ政府の一方的な圧力と見えぬよう影響力を及ぼすことが可能だったからである。七七年の総選挙およびその後のスペイン内政で明確になったように、AFL―CIOは政府と協働し、労働組合関係者の招聘などを通じて、アメリカの労働組合システム、すなわち、ヨーロッパ諸国の例と異なる、政治と労働組合を分離させイデオロギー色を薄めた、グローバルで自由で民主的な資本主義システムを体現するものと思われた労働組合を形成しようとした。このようにAFL―CIOは反共産党の労働組合勢力への支援が念頭にあったものの、イギリスやドイツの労働組合と並んで民主化を支援し、さらにはスペイン社会に民主主義の概念、政党と分離した労働組合のあり方を提示し、UGTを支援してスペインに共産主義に代わる左派を構築しようとしたという意味で、重要なアクターであった。そしてイデオロギー対立に固執したアメリカ、スペイン双方の世代の引退ともあいまって、アメリカ政府と反体制派も含む民主化スペインとの間で、その後の円滑な二国間関係の構築が可能となったのである。

AFL―CIO側は勢力拡大のため、フランコ政権および亡命スペイン人側はアメリカの支援を獲得して国際社会で承認されるため、それぞれ冷戦という口実は必要不可欠であった。冷戦期AFL―CIOは、政府アクターと非政府アクターの間で立ち回り、知識人も動員し、スペインの労働組合の果たす役割を提示した。そして政党から比較的独立した実用的・民主的な労働組合文化を醸成し、結果的に左派の勢力を分散させ共産党をも含む多様性を許容して、平和裏の民主化というスペインの社会変容を促す一助となった。反独裁というＡＦＬ（ＡＦＬ―ＣＩＯ）のスペイン内戦からの大義は、冷戦を経て、図らずも共産党まで含んだスペインの民主化として結実したのである。

註

(1) Ｏ・Ａ・ウェスタッド『グローバル冷戦史――第三世界への介入と現代世界の形成』（佐々木雄太監訳、小川浩之・益田実・三須拓也・三宅康之・山本健訳）名古屋大学出版会、二〇一〇年、六〇頁。

(2) Richard Cummings, *The Pied Piper: Allard K. Lowenstein and the Liberal Dream* (New York: Grove press, 1985), p. 165.

(3) ＡＦＬはＰＯＵＭの創設者のニンへ特使を送り、資金援助を行っていた。しかしスペイン共和国の中で共産党はソ連の援助で勢力を伸ばし主導権を握り、一九三七年ＰＯＵＭは非合法化された。ニンはトロツキー派だとされ、非合法化の直後ソ連の諜報・保安機関に粛清された。

(4) ジョーンズは、一九七六年一一月スペイン訪問の際、スペイン内戦時自らも参戦する激しい攻防が行われたエブロ川の戦場を再訪した。National Archives and Records Administration, US（NARA）[retrieved from the Access to Archival Databases（AAD）at www.archives.gov], RG59, Central Foreign Policy Files, Telegram 8774, Madrid to S of S, November 18, 1976.

(5) 組合員の承知しないところで、ＡＦＬ（ＡＦＬ―ＣＩＯ）の対外政策が行われていたという意味では、この組織は非民主的である。Kim Scipes, *AFL-CIO's Secret War against Developing Country Workers* (Lanham: Lexington Books, 2011), pp. 115–116.

(6) Ronald Radosh, *American Labor and United States Foreign Policy* (New York: Random House, 1969), pp. 305, 452.

(7) 最新の研究では、一九六〇年代前半までのＡＦＬ―ＣＩＯとヨーロッパの関係、ＡＦＬ―ＣＩＯとラテンアメリカ、アフリカ、アジアなどに重点をあてた Geert Van Goethem and Robert Waters (eds.), *American Labor's Global Ambassa-*

dors: The International History of the AFL-CIO during the Cold War (London: Palgrave, 2013) がある。第二次世界大戦後のヨーロッパについては，Anthony Carew, 'The American Labor Movement in Fizzland: The Free Trade Union Committee and the CIA,' *Labor History*, vol. 39, no. 1 (1998). そのほかラテンアメリカに関しては，同地で暗躍したAFL—CIOのロムアルディの著書 Serafino Romualdi, *Presidents and Peons: Recollections of a Labor ambassador in Latin America* (New York: Funk & Wagnalls, 1967) や，「進歩のための同盟」起草者による国際労働機関とラテンアメリカに関する著書，Robert J. Alexander, *International Labor Organization and Organized Labor in Latin America and the Caribbean: A History* (Santa Barbara: Praeger, 2009) を参照せよ。

(8) Denis MacShane, *International Labour and the Origins of the Cold War* (Oxford: Cleandon Press, 1992).

(9) 一九六〇年代から七七年にかけての英米労働組合の対スペイン政策を比較した，Haruko Hosoda,'The American and British Labor Unions' Policies toward the Spanish Democratic Transition 1962–1977,' *Journal of Humanities and Sciences*, vol. 17, no. 3 (March 2012)，七〇年代に焦点を絞りスペイン内政との関係も詳細に分析した以下も参照せよ。Francisco Rodríguez y Haruko Hosoda, "¿Convidados de piedra o promotores del cambio?" Actividades del Sindicalismo anglo-estadounidense en España, 1971–77,' *Alcores*, vol. 16, 2013.

(10) イギリスやドイツなどのヨーロッパの労働組合とスペインの亡命労働組合との関係は，以下を参照せよ。Pilar Ortuño, *Los socialistas europeos y la transición española* (Madrid: Marcial Pons Historia, 2005); Antonio Muñoz Sánchez, *El amigo alemán: El SPD y el PSOE de la dictadura a la democracia* (Barcelona: European University Institute, 2012).

(11) たとえばラヴストーンはリトアニア系，カトリックのミーニーの先祖はアイルランド系，註7のロムアルディはイタリア系移民であった。

(12) Olga Glondys, *La guerra fría cultural y el exilio republicano español* (Madrid: CSIC, 2012), pp. 45–47.

(13) 亡命共和国政府の人々の論文，著書などが冷戦期の反共プロパガンダのためアメリカで発行され，共和国政府が美化されてスペイン内戦の事実が歪曲されているとの批判もある。H. R. Southworth, "The Grand Comouflage": Julián Gorkin, Burnett Boloten and the Spanish Civil War,' in Paul Preston and Ann L. Mackenzie (eds.), *The Republic Besieged: Civil War in Spain 1936–1939* (Edinburgh: Edinburgh University Press, 1996).

(14) Hosoda, op. cit., pp. 41–42.

(15) 一九七〇年代には、共産党系の非合法労働組合の労働者委員会（ＣＣＯＯ）とも積極的に接触していた。

(16) George Meany Memorial Archives（GMMA）, Spain, 1971–1976, RG18-010, File 4/23, 'Summary of three Spanish opposition Socialist Trade Union and political leaders who will visit U.S. during September 1975,' August 8, 1975.

(17) 本書二九六頁を参照せよ。

(18) フランコ政権の中でも、ヨーロッパと異なり言語の問題がないラテンアメリカで垂直組合が活動を拡大すれば、欧米の労働組合とくにＡＦＬ―ＣＩＯとの対立を生む可能性が懸念されていた。アメリカ人は「ヤンキー」と表現され、カウンターパートであるはずの労組についても「あまりに信頼するに値せず、分別がない」と評価された。Archivo General de la Administración（AGA）, Sindicatos, caja 4140, Carta, Clemente Cerdá a José Solís, 10 de diciembre de 1966.

(19) ゴルキンとＡＦＬ―ＣＩＯおよび文化的自由会議の関係については各国の一次史料を駆使した以下を参照せよ。Glondys, op. cit.

(20) アメリカにとって地中海の中立は論外で、これを主張したスペインの外相はアメリカの圧力で更迭された。細田晴子『戦後スペインと国際安全保障――米西関係に見るミドルパワー外交の可能性と限界』千倉書房、二〇一二年、四二～四三頁。

(21) Antonio Niño, 'Los dilemmas de la propaganda americana en la España franquista,' in Antonio Niño y José Antonio Montero（eds.）, *Guerra Fría y propaganda: Estados Unidos y su cruzada cultural en Europa y América Latina*（Madrid: Biblioteca Nueva, 2012）, p. 187; Lorenzo Delgado Gómez-Escalonilla, 'Objetovo: Atraer a las élites. Los líderes de la vida pública y la política exterior norteamericana en España,' in Niño y Montero, op. cit., p. 248.

(22) AGA, Sindicatos, caja 4140, Carta, Clemente Cerdá a José Solís, 10 de diciembre de 1966.

(23) 一九五九～六三年の間、約三四万四〇〇〇人がＥＣ諸国へ移民した。AGA, Sindicatos, caja 5170, 'Proyecto de la Declaración española ante la Comisión de la C.E.E.,' Ministerio de Asuntos Exteriores, 30 de septiembre de 1964.

(24) スペイン共産党は、一九六八年のチェコ事件以来ソ連共産党とは距離を置いていた。ソ連共産党と密接な関係にあるポルトガル共産党とは異なり、イタリア、フランスの共産党とともに、複数政党制を認めるユーロコミュニズムという潮流へ与した。冷戦に関したユーロコミュニズムの興亡については、以下を参照せよ。Silvio Pons, 'The rise and fall of Eurocommunism,' in Melvyn P. Leffler Odd Arne Westad（eds.）, *The Cambridge History of the Cold War, Volume III: Endings*（Cambridge: Cambridge University Press, 2010）, pp. 45–65.

（25） Hoover Institution Archives, Jay Lovestone Papers, box 361, Letter, Jay Lovestone to Amadeo Cuito, April 20, 1966; Letter, Jay Lovestone to Amadeo Cuito, July 7, 1966.

（26） たとえば一九六二年ＵＧＴの一部から結成された労働組合同盟（ＡＳＯ）には元ＰＯＵＭ党員もいたためラヴストーンは支援を行ったが、未熟な組織は六八年に解散した。Hosoda, op. cit., pp. 42–43.

（27） Cummings, op. cit., pp. 164–165. 強い反共感情を有するミーニー会長は、ヴェトナム戦争などのアメリカ政府の反共外交政策を支持した。チャールズ・ウェザーズ『アメリカの労働組合運動――保守化傾向に抗する組合の活性化』（前田尚作訳）昭和堂、二〇一〇年、三四～三五頁。

（28） Glondys, op. cit., pp. 172–173, 213.

（29） Harry Ransom Center, University of Texas at Austin, Nicolas Nabokov Papers, box 13, folder 2 Congress for Cultural Freedom, Letter, Pierre Emmanuel to Arthur Schlesinger Jr., March 10, 1966; Nuria Puig and Adración Álvaro, 'International Aid and National Entrepreneurship: A Comparative Analysis of Pro-American Business Networks in Southern Europe, 1950–1975,' *Business and Economic History On-Line*, vol. 1, 2003, pp. 19–20, http: //www.thebhc.org/sites/default/files/Puig-Alvaro_0.pdf

（30） GMMA, Spain, 1971–1976, RG18-010, File 4/23, 'Labor Report for 1975 and Spanish Labor Outlook for 1976,' April 16, 1976.

（31） Pere Ysàs, 'La imposible《paz social》El movimiento obrero y la dictadura franquista,' *Historia del presente*, vol. 9 (2007), p. 17.

（32） 細田前掲書、一一五～一一六頁。

（33） 詳細は以下を参照せよ。Ted Morgan, *A Covert Life: Jay Lovestone: Communist, Anti-Communist, and Spymaster* (New York: Random House, 1999), p. 351.

（34） 一九七三年一二月、キッシンジャー国務長官の訪西の際、むしろフランコ政権のスペインの首相の方がソ連の地中海における勢力拡大に対する懸念をアピールした。首相はこれに対抗しうる同国の地政学的重要性を強調したが、キッシンジャーはとくに南欧の共産化への脅威を感じてはいないとの応答をした。Archivo del Ministerio de Asuntos Exteriores, R25685–11, 'Entrevista Carrero Blanco y Kissinger,' Ministerio de Asuntos Exteriores, 19 de diciembre de 1973.

(35) GMMA, Spain, 1971–1976, RG18-010, File 4/23, Memorandum to President Meany, February 10, 1975.
(36) AAD, RG59, Central Foreign Policy Files, Telegram 13770, London to S of S, September 6, 1975.
(37) Gerald Ford Library (GFL), National Security Adviser, Memoranda of Conversations, box 15, 'Memorandum of Conversation,' White House, September 9, 1975. 一方でイギリスの労働組合は、革命前同国の情報収集が手薄だったとの反省から、スペイン共産党、CCOOと積極的に接触していた。Hosoda, op. cit., pp. 44–45.
(38) GMMA, Spain, 1971–1976, RG18-010, File 4/23, Letter, Wells Stabler to George Meany, July 21, 1975.
(39) The National Archives, UK (TNA), FCO4/1698, Telegram, Madrid to Foreign and Commonwealth Office, 13 May 1975.
(40) AAD, RG59, Central Foreign Policy Files, Telegram 3243, Madrid to S of S, May 12, 1975.
(41) GMMA, Spain, 1971–1976, RG18-010, File 4/23, 'Labor Report for 1975 and Spanish Labor Outlook for 1976,' April 16, 1976.
(42) GMMA, Spain, 1971–1976, RG18-010, File 4/23, 'Manuel del Valle Arevalo, Pablo Castellano Cardalliaguet, and Rodolfo Guerra Fontana Madrid, Spain,' August 26, 1975.
(43) Hosoda, op. cit., pp. 47.
(44) Wells Stabler, Interview by Charles Stuart Kennedy , February 28, 1991, Foreign Affairs Oral History Collection, Association for Diplomatic Studies and Training, Arlington, VA, www.adst.org
(45) 細田前掲書、九二〜九六頁。
(46) GFL, National Security Adviser, Memoranda of Conversations, box 19, 'Memorandum of Conversation, White House,' June 2, 1976; U.S. Department of State, FOIA Virtual Reading Room, Telcon with George Meany/ Sec Kissinger at 3:19 p.m., Department of State, June, 4, 1976, foia.state.gov
(47) GMMA, Spain, 1971–1976, RG18-010, File 4/23, Letter, George Meany to His Majesty Juan Carlos I, November 19, 1976.
(48) GFL, National Security Advisor, Presidential Country Files for Europe and Canada, box 12, Telegram 9600, Madrid to S of S, December 22, 1976.

(49) 細田前掲書、一七二頁。

(50) GMMA, Spain, 1971–1976, RG18-010, File 4/23, 'Memorandum to President Meany,' June 1, 1976.

(51) GMMA, Spain, 1971–1976, RG18-010, File 4/23, Letter, Ernest Lee to Gerardo G. Armesto, January 22, 1976.

(52) ステイブラー大使はスアレス首相に対し、個人的には反対はしないと述べていた。Stabler, op. cit.

(53) のち一九八六年、ＰＳＯＥ政権がＮＡＴＯ加盟継続の国民投票を行う際、アメリカ政府はＰＳＯＥを支援した。さらにアメリカ政府は、公式には加盟に反対であったレドンド書記長から、「国民投票が失敗した際には、ＰＳＯＥを支持する」という支援を取りつけたほどである。Ronald Reagan Library, Peter R. Sommer files, Spain-1968 (6), box 90900, Telegram 1553, Madrid to S of S, February 8, 1986; Telegram 1706, Madrid to S of S, February 12, 1986.

(54) AAD, RG59, Central Foreign Policy Files, Telegram 400, Barcelona to S of S, May 30, 1978. またＵＧＴはその「独立性」を打ち出すためか、ＡＦＬ―ＣＩＯを同大会に招待しなかった。そのためステイブラー大使はレドンド書記長と会見し、ミーニーに直接書簡を出すべきだと示唆したほどだった。AAD, RG59, Central Foreign Policy Files, Telegram 3802, Madrid to S of S, April 10, 1978.

(55) さらにスアレス首相は、ＵＧＴを支持母体とするＰＳＯＥのゴンサレスに対抗すべく、自らの政党を支持する労働組合形成の意図さえ示した。しかしアメリカ側は、ＵＧＴ支援に特化しているように見えるのを回避するとともに、矛盾しているが、政党と緊密な結びつきのある労組は支援しないと述べている。AAD, RG59, Central Foreign Policy Files, Telegram 248294, S of S to Madrid, September 29, 1978; Telegram 12698, Madrid to S of S, October 26, 1978.

あとがき

ミネルヴァの梟が夕刻に飛び立つとすれば、冷戦の終焉が冷戦史研究の台頭を招来したことは必定であったのだろう。単に新史料の開示という物質的環境の変化にとどまらない、完結したものへの知的関心が、冷戦史研究の地平を拓く刺激となった。そのような学術的環境の変化が本書の企画を支えたことは、言うまでもない。

冷戦の多面的な理解が進むにつれて、地理的（東西関係から同盟国間関係、第一（第二）・第三世界関係へ）、分野的（軍事／政治的分野から文化／社会／経済／科学／インテリジェンス等の諸分野へ）に研究の焦点が拡大してきた。その結果、これまでに我々はかなりの程度、「東西（特に米ソ）間の軍事／政治的関係」のみから冷戦を捉える歴史観を相対化するのに成功してきたと言えるだろう。かつて同時代的な対立の最中にあって、あまたの事象が「東」や「西」の象徴的キーワードから解説され、あるいはそのような説明が求められた。やがて、そのイデオロギー的な視座の正当性が剝がれ落ちた時、戦後は西西関係または東東関係の中に横たわった潜在的対立と調整の時代として、「北」から「南」への介入の時代として、新たな国家―社会関係を規定した時代として、理解され始めたのである。換言すると、冷戦の終焉はその総体的な把握への衝動を生み出したのであるが、このことは同時に、逆説的にも冷戦自体の相対化・文脈化を促した。なぜならば、たとえば西側同盟国間の関係に焦点を当てることは米欧（日米・日欧）関係史を、第一・第三世界関係に着目することは脱植民地化の歴史を、冷戦における文化的なものに目を凝らすことは戦後各国で生じた文化・社会変容史を考察することを必要とするが、そのいずれもが冷戦と相互作用しながらも本質的には別個に存在する事象だったためである。冷戦の総体的把握の試みが、近現代史を形作った多様な事象との関係性の中で冷戦を考察すること、つまり、自らを映し出す鏡像としての外的世界（非冷戦的世界）を介して冷戦を理解することを必要としても、何ら不思議ではない。よって同時に、冷戦史研究に据えられる時間軸は拡張せざるを得ない。すでにその時代対象は、冷戦開始期から変容期へ拡張しさらに終焉期へと拡張しつつあるが、より長い文脈において冷戦を捉え直すことが求められる。冷戦をそのように文脈化する本書の試みの成否については、読者諸氏に判断を仰ぎたい。

中長期的な文脈の設定が冷戦史研究に求められるのであれば、いわゆる「ポスト冷戦期」における冷戦言説についても触れておきたい。「ポスト冷戦期」に入ってなおアジアに残る対立構造は、しばしば冷戦と関連づけられて説明される（冷戦残滓論や新冷戦論）。そのような冷戦言説に接する時、我々に必要なのは、本書が課題として掲げた文脈化である。国際政治における普遍的要素（たとえば権力政治的な力学）や、近現代史上の中長期的変動（たとえばグローバル化）で説明すべきものであるのか、あるいは特殊冷戦的な性格の顕現であるのか、安易な冷戦言説をレトリカルに使用するよりも、丁寧な議論を行う必要があろう。でなければ、我々はふたたび、イデオロギーに基礎づけられた狭窄的視野から世界を語ってしまうことになる。

本書は、研究対象としての冷戦の境界に敏感であるが、境界を定めることが目的ではなかった。これまで自明視されてきた認識上の境界を跨いで隣接諸分野との共振関係を構築し、冷戦史研究の可能性をさらに拓くことが目的であった。その意味で、本書は学術的価値を担保してはいるが論文集ではなく、外交史に関心のある層を主たる対象としながらもより広範な読者層を念頭に執筆されたものである。このような我々の主旨を理解していただき、刊行に際してはミネルヴァ書房編集部の田引勝二氏に多大なお力添えをいただいた。出版事情の厳しい折、本書の企画段階から関わり、研究会への参加を通して本書の刊行を支えていただいた氏に、ここに心より感謝申し上げたい。

なお、本書は二〇〇九年度〜二〇一〇年度サントリー文化財団研究助成（研究課題名：「冷戦下の同盟内力学――アメリカ・西側諸国・第三世界による「中枢―周縁」構造の分析」研究代表者：小川浩之）、二〇一一年度〜二〇一三年度日本学術振興会科学研究費補助金基盤研究（B）（研究課題名：「「冷戦」と「非冷戦」の境界――新たな冷戦観の構築に向けて」研究課題番号：二三三三〇〇五九、研究代表者：益田実）および二〇一四年度〜二〇一五年度日本学術振興会科学研究費補助金基盤研究（B）（研究課題名：「同盟政治・脱植民地化・文化的変容――三つの軸から捉え直す新しい冷戦史」研究課題番号：二六二八五〇四二、研究代表者：益田実）の成果である。

第二次世界大戦の終結から七〇年目を迎えた日本で刊行される本書が、歴史を照射することで我々の歩む先を照らす道標となれば光栄である。

二〇一五年八月　処暑の日に

齋藤嘉臣

冷戦史を問いなおす
——「冷戦」と「非冷戦」の境界——

2015年12月30日　初版第1刷発行　〈検印省略〉

定価はカバーに
表示しています

編著者　益田実
池田亮
青野利彦
齋藤嘉臣

発行者　杉田啓三

印刷者　藤森英夫

発行所　株式会社　ミネルヴァ書房
607-8494　京都市山科区日ノ岡堤谷町1
電話代表（075）581-5191
振替口座　01020-0-8076

亜細亜印刷・新生製本

ISBN978-4-623-07470-9
Printed in Japan

執筆者紹介（執筆順，＊は編者）

＊益田　実（ますだ・みのる）　**はしがき，序章，第4章**
1965年　山口県生まれ。
1994年　京都大学大学院法学研究科退学。博士（法学）。
現　在　立命館大学国際関係学部教授。
著　作　『戦後イギリス外交と対ヨーロッパ政策――「世界大国」の将来と地域統合の進展，1945～1957年』ミネルヴァ書房，2008年。
『イギリスとヨーロッパ――孤立と統合の二百年』共著，勁草書房，2009年。
『欧米政治外交史　1871～2012』共編著，ミネルヴァ書房，2013年。

＊青野利彦（あおの・としひこ）　**第Ⅰ部総説，第2章**
1973年　広島県生まれ。
2007年　カリフォルニア大学サンタ・バーバラ校歴史学研究科博士課程修了。Ph.D.（歴史学）
現　在　一橋大学大学院法学研究科准教授。
著　作　『「危機の年」の冷戦と同盟――ベルリン，キューバ，デタント，1961～1963年』有斐閣，2012年。
『欧米政治外交史　1871～2012』共著，ミネルヴァ書房，2013年。
An International History of the Cuban Missile Crisis: A 50-Year Retrospective, co-authoured (London: Routledge, 2014).

橋口　豊（はしぐち・ゆたか）　**第1章**
1964年　鹿児島県生まれ。
1996年　名古屋大学大学院法学研究科博士後期課程単位取得退学。
現　在　龍谷大学法学部教授。
著　作　『ヨーロッパ統合史』共著，名古屋大学出版会，2008年。
『イギリスとヨーロッパ――孤立と統合の二百年』共著，勁草書房，2009年。
『冷戦史の再検討――変容する秩序と冷戦の終焉』共著，法政大学出版局，2010年。

妹尾哲志（せのお・てつじ）　**第3章**
1976年　大阪府生まれ。
2008年　ボン大学（Rheinische Friedrich-Wilhelms-Universität Bonn）哲学部政治学科博士課程修了。Dr. phil.（Politische Wissenschaft）
現　在　専修大学法学部准教授。
著　作　『戦後西ドイツ外交の分水嶺――東方政策と分断克服の戦略，1963～1975年』晃洋書房，2011年。
『欧米政治外交史　1871～2012』共著，ミネルヴァ書房，2013年。
『現代ドイツ政治――統一後の20年』共著，ミネルヴァ書房，2014年。

山本　健（やまもと・たけし）**第5章**

1973年　岐阜県生まれ。

2008年　ロンドン大学ロンドン・スクール・オブ・エコノミクス（LSE）国際関係史博士課程修了。Ph.D.（国際関係史）

現　在　西南学院大学法学部准教授。

著　作　『同盟外交の力学――ヨーロッパ・デタントの国際政治史　1968-1973』勁草書房，2010年。

『複数のヨーロッパ――欧州統合史のフロンティア』共著，北海道大学出版会，2011年。

「「ヨーロッパの年」と日本外交，1973-74年――外交の多元化の模索と日米欧関係」*NUCB Journal of Economics and Information Science*, 57/ 2 , 2013.

＊池田　亮（いけだ・りょう）**第Ⅱ部総説，第7章**

1970年　大阪府生まれ。

2006年　ロンドン大学ロンドン・スクール・オブ・エコノミクス（LSE）国際関係論博士課程修了。Ph. D.（国際関係史）

現　在　関西外国語大学英語キャリア学部准教授。

著　作　『現代国際関係入門』共著，ミネルヴァ書房，2012年。

『植民地独立の起源――フランスのチュニジア・モロッコ政策』法政大学出版局，2013年。

The Imperialism of French Decolonisation: French Policy and the Anglo-American Response in Tunisia and Morocco (Basingstoke: Palgrave Macmillan, 2015).

鳥潟優子（とりかた・ゆうこ）**第6章**

1970年　京都府生まれ。

2003年　大阪大学大学院国際公共政策研究科博士後期課程修了。博士（国際公共政策）。

現　在　同志社女子大学現代社会学部准教授。

著　作　*Globalizing de Gaulle: International Perspectives on French Foreign Policies, 1958–1969*, co-authored (Maryland: Lexington Books, 2010).

「ベトナム戦後『インドシナ』復興援助構想にみる現代フランス外交の起源――『勢力圏』形成から国際機関の利用へ」『西洋史学』第247号，2012年。

「ドゴールの外交戦略とベトナム和平仲介」『国際政治』第156号，2009年。

三須拓也（みす・たくや）**第8章**

1972年　広島県生まれ。

2005年　名古屋大学大学院法学研究科博士課程単位取得満期退学。

現　在　札幌大学地域共創学群教授。

著　作　『グローバル・ガヴァナンスの歴史的変容』共著，ミネルヴァ書房，2007年。

『紛争解決　アフリカの経験と展望』共著，ミネルヴァ書房，2010年。

三宅康之（みやけ・やすゆき） **第9章**

1969年　兵庫県生まれ。
2000年　京都大学大学院法学研究科博士後期課程修了。博士（法学）。
現　在　関西学院大学国際学部教授。
著　作　『中国・改革開放の政治経済学』ミネルヴァ書房，2006年。
『概説近現代中国政治史』共著，ミネルヴァ書房，2012年。
『日中関係史1972–2012 I 政治』共著，東京大学出版会，2012年。

小川浩之（おがわ・ひろゆき） **第10章**

1972年　三重県生まれ。
2003年　京都大学大学院法学研究科博士後期課程研究指導認定退学。博士（法学）。
現　在　東京大学大学院総合文化研究科准教授。
著　作　『イギリス帝国からヨーロッパ統合へ——戦後イギリス対外政策の転換とEEC加盟申請』名古屋大学出版会，2008年。
『英連邦——王冠への忠誠と自由な連合』中央公論新社，2012年。
『欧米政治外交史　1871～2012』共編著，ミネルヴァ書房，2013年。

＊齋藤嘉臣（さいとう・よしおみ） **第Ⅲ部総説，第11章，あとがき**

1976年　福岡県生まれ。
2005年　神戸大学大学院法学研究科博士後期課程修了。博士（政治学）。
現　在　京都大学大学院人間・環境学研究科准教授。
著　作　『冷戦変容とイギリス外交——デタントをめぐる欧州国際政治，1964～1975年』ミネルヴァ書房，2006年。
『文化浸透の冷戦史——イギリスのプロパガンダと演劇性』勁草書房，2013年。
『冷戦と同盟——冷戦終焉の視点から』共著，松籟社，2014年。

芝崎祐典（しばさき・ゆうすけ） **第12章**

1970年　東京都生まれ。
2006年　東京大学大学院総合文化研究科博士課程修了。博士（学術）。
現　在　早稲田大学文学学術院非常勤講師。
著　作　『帝国の長い影——20世紀国際秩序の変容』共著，ミネルヴァ書房，2010年。
『冷戦と同盟——冷戦終焉の視点から』共著，松籟社，2014年。
「マクミラン政権の対エジプト政策の転換と英米関係」『国際政治』第173号，2013年。

清水　聡（しみず・そう） **第13章**

1973年　東京都生まれ。
2005年　明治大学大学院政治経済学研究科博士後期課程修了。博士（政治学）。
現　在　青山学院大学非常勤講師，明治大学兼任講師，玉川大学非常勤講師。
著　作　『移民・マイノリティと変容する世界』共著，法政大学出版局，2012年。
『EU（欧州連合）を知るための63章』共著，明石書店，2013年。
『東ドイツと「冷戦の起源」1949～1955年』法律文化社，2015年。

細田晴子（ほそだ・はるこ）**第14章**

1968年　東京都生まれ。

2005年　スペイン国立マドリード・コンプルテンセ大学現代史研究科博士課程修了。博士（歴史学）。

現　在　日本大学商学部准教授。

著　作　『戦後スペインと国際安全保障——米西関係に見るミドルパワー外交の可能性と限界』千倉書房，2012年。

『カザルスと国際政治——カタルーニャの大地から世界へ』吉田書店，2013年。

Estrategias de Diplomacia cultural en un mundo interpolar, co-authored (Madrid: Ramón Areces, 2015).

人名索引

あ 行

アームストロング，ルイ（Louis Armstrong）　311, 314, 317, 323, 324
アイゼンハワー，ドワイト（Dwight D. Eisenhower）　291, 294, 302, 308, 314, 316, 317, 323
アタリ，ジャック（Jacques Attali）　135, 138
アチソン，ディーン（Dean Acheson）　47, 87, 88, 167, 173, 183, 199, 200
アデナウアー，コンラート（Konrad Adenauer）　32, 80, 82, 84, 92
アドーラ，シリル（Cyrille Adoula）　219-221, 223-226, 228
アトリー，クレメント（Clement Attlee）　34, 39-52
アリクポ，オコイ（Okoi Arikpo）　277
アルバ，ヴィクトール（Víctor Alba）　379, 384
アレグザンダー，A・V（A. V. Alexander）　50
アンダーソン，ジョン（John Anderson）　42, 46
入江昭　14
イレオ，ジョセフ（Joseph Ileo）　233
ウ・タント（U Thant）　64, 66, 68-74, 217, 222, 223, 226, 228, 230, 232-234
ウィリアムズ，ウィリアム・アップルマン（William Appleman Williams）　5
ウィルソン，ウッドロー（Woodrow Wilson）　149, 150, 197
ウィルソン，ハロルド（Harold Wilson）　269, 270, 282
ウィルモット，ジョン（John Wilmot）　42, 49, 50
ウェスタッド，O・A（O. A. Westad）　2, 3, 9, 11, 13, 151, 158, 375
ヴェルニエ＝パリエ，ベルナール（Bernard Vernier-Palliez）　136
ウォーラーステイン，イマニュエル（Immanuel Wallerstein）　6
ヴォーン，サラ（Sarah Vaughan）　314
ヴォルカー，ポール（Paul Volcker）　105
ウォルツ，ケネス（Kenneth Waltz）　27
ウッズ，フィル（Phil Woods）　315
ウルブリヒト，ヴァルター（Walter Ulbricht）　360, 364
エアハルト，ルートヴィヒ（Ludwig Erhard）　83
エヴァンス，ギル（Gil Evans）　314
エリントン，デューク（Edward Kennedy “Duke” Ellington）　314
エル・グラウイ，トゥハミ（T'hami el-Glaoui）　198, 206
王稼祥　250
オームズビー＝ゴア，デイヴィッド（David Ormsby-Gore）　63, 65, 66, 69
岡本宜高　104
オッフェンバック，ジャック（Jacques Offenbach）　334
オニール，コン（Con O'Neill）　107
オボテ，A・ミルトン（A. Milton Obote）　272, 274, 277
オリヴァー，ケンドリック（Kendrick Oliver）　28
オリオール，ジュール＝ヴァンサン（Jules-Vincent Auriol）　182

か 行

カー，ハリソン（Harrison Kerr）　342
カーター，ベニー（Benny Carter）　312, 314
ガーディナ，ロバート（Robert Gardiner）　224, 227, 232, 233
カーマ，サー・セレツェ（Sir Seretse Khama）　277
ガウイング，マーガレット（Margaret Gowing）　40
カウンダ，ケネス（Kenneth David Kaunda）　231, 266, 274, 275, 277, 279, 280, 282
カサヴブ，ジョセフ（Joseph Kasavubu）　227
カシャムラ，アニセット（Anicet Kashamura）　224
カストロ，フィデル（Fidel Castro）　71
カトルー，ジョルジュ（Georges Catroux）　182
ガナオ，シャルル・デイヴィッド（Charles David Ganao）　252
カフェリー，ジェファーソン（Jefferson Caffery）　170, 182
カミングス，ブルース（Bruce Cummings）　6
ガリオン，エドムンド（Edmund Gullion）　227, 233
ガレスピー，ディジー（Dizzy Gillespie）　314-318,

323
カロンジ，アルバート（Albert Kalonji）　224
菅英輝　2
甘邁　255
キージンガー，クルト・ゲオルク（Kurt Georg Kiesinger）　83
ギゼンガ，アントワーヌ（Antoine Gizenga）　251
キッシンジャー，ヘンリー・A（Henry A. Kissinger）　81, 83-90, 93, 95, 115, 127, 384, 385
ギャヴァン，フランシス・J（Francis J. Gavin）　33
キャッチア，ハロルド（Harold Caccia）　69
ギャディス，ジョン・ルイス（John Lewis Gaddis）　5, 27
ギャヴァン，フランシス・J（Francis J. Gavin）　33
キャンベル，デイヴィッド（David Campbell）　9
キング，ウィリアム・ライアン・マッケンジー（William Lyon Mackenzie King）　44, 45
グッドマン，ベニー（Benny Goodman）　314, 317, 318, 324
クラーク，ウィリアム・パトリック（William Patrick Clark）　138
クライバーン，ヴァン（Van Cliburn）　295
グラッペリ，ステファン（Stéphane Grappelli）　311
グラフ，フリードリヒ・ヴィルヘルム（Friedrich Wilhelm Graf）　365
クリーヴランド，ハーラン（Harlan Cleveland）　229
グリーン，マイケル（Michael Greene）　223, 229
グリーンウッド，アーサー（Arthur Greenwood）　42
クリップス，スタッフォード（Stafford Cripps）　42
クルムマッハー，フリードリヒ＝ヴィルヘルム（Friedrich-Wilhelm Krummacher）　359
グローヴス，レスリー（Leslie Groves）　46
クローチェ，ベネデット（Benedetto Croce）　296
グロムイコ，アンドレイ（Andrei Gromyko）　47, 50
ケイセン，カール（Carl Kaysen）　226, 232
ゲッベルス，ヨーゼフ（Joseph Goebbels）　312
ケネディ，ジョン・F（John F. Kennedy）　30, 58, 61, 62, 64-66, 68-75, 220, 222, 223, 228, 232
ケネディ，ロバート・F（Robert F. Kennedy）　70, 71
ゲント，エドワード（Edward Gent）　172
ケント，ジョン（John Kent）　32, 212
黄華　252-254
コーディアー，アンドリュー（Andrew Cordier）　64, 71
コープランド，アーロン（Aaron Copland）　335
コール，ヘルムート（Helmut Kohl）　138, 139
ゴールドウォーター，バリー（Barry Morris Goldwater）　316
コクトー，ジャン（Jean Cocteau）　310
コナリー，ジョン（John Connally）　108
コノヴァー，ウィリス（Willis Conover）　314, 319, 325
ゴルキン，フリアン（Julián Gorkin）　379, 382
コルコ，ガブリエル（Gabriel Kolko）　5
ゴンザレス，フェリペ（Felipe González）　386, 387

さ　行

ザイゲヴァッサー，ハンス（Hans Seigewasser）　363
佐々木卓也　2
サッチャー，マーガレット（Margaret Thatcher）　126, 130, 133, 134, 138, 139
サラダ，ピエール（Pierre Salade）　174
シェイソン，クロード（Claud Cheysson）　134-136, 138
シェール，ヴァルター（Walter Scheel）　86
シェーンヘア，アルブレヒト（Albrecht Schönherr）　361-363
シェーンベルク，アルノルト（Arnold Schoenberg）　344
ジェサップ，フィリップ（Philip Jessup）　184
ジスカール＝デスタン，ヴァレリー（Valéry Giscard d'Estaing）　106, 107, 112
ジャーヴィス，ロバート（Robert Jervis）　31
シャリフディン，アミール（Amir Sjarifuddin）　174
周恩来　147, 250, 251
シューマン，ロベール（Robert Schuman）　177, 200, 201
シュトルペ，マンフレート（Manfred Stolpe）　362, 364
シュミット，ヘルムート（Helmut Schmidt）　112, 125, 130, 133
シュルツ，ジョージ（George Shultz）　134, 135, 137

シュレーダー，リヒャルト（Richard Schröder）362
蔣介石 178, 243, 246, 249, 259
ジョーンズ，クインシー（Quincy Jones） 323
ジョーンズ，ジャック（Jack Jones） 376
ショパン，フレデリック（Frédéric Chopin） 320
ジョンソン，リンドン・B（Lyndon B. Johnson） 30, 273, 383
シン，サルダル・スワラン（Sardar Swaran Singh） 271
スアレス，アドルフォ（Adolfo Suárez） 386, 387
スァン，グエン・ヴァン（Nguyen Van Xuan） 170, 182
ズウェリン，マイク（Mike Zwerin） 313
スカルノ（Sukarno） 174-176, 250, 257
スターリン，ヨシフ（Iosif Stalin） 44, 319, 376
スターン，アイザック（Isaac Stern） 342
スティーヴンソン，アドレー（Adlai Stevenson） 64, 66, 69, 230
スティッカー，ディーク（Dirk Stikker） 175
ステイブラー，ウェールズ（Wells Stabler） 383-386
ステファンソン，アンダース（Anders Stephanson） 10, 11, 13
ストラヴィンスキー，イゴール（Igor Stravinsky） 342
ストルゥーレンス，マイケル（Michel Struelens） 221
スパーク，ポール＝アンリ（Paul-Henri Spaak） 219, 228
スミス，アーノルド・C（Arnold C. Smith） 279
スミス，イアン（Ian Smith） 274
ゼルキン，ルドルフ（Rudolph Serkin） 342
センドウェ，ジェイソン（Jason Sendwe） 224
ソアレス，マリオ（Mário Soares） 383, 384
ソームズ，クリストファー（Christopher Soames） 106

た 行

ダール，ロバート・A（Robert A. Dahl） 59
ダイトン，アン（Anne Deighton） 28
高田馨里 8
ダグラス＝ヒューム，サー・アレック（Sir Alec Douglas-Home） 63-65, 67, 69, 271, 273, 274, 278
田中孝彦 2, 9, 10
ダレス，ジョン・フォスター（John Foster Dulles） 204-206, 317, 320
チャーチル，ウィンストン（Winston Churchill） 39-42, 45, 48, 313
チャウシェスク，ニコラエ（Nicolae Ceaușescu） 385
チョンベ，モイゼ（Moïse Kapenda Tshombe） 218, 219, 221, 222, 224, 228-230, 232, 233
チン・ペン（Chin Peng: 陳平） 171
沈錡 246
陳毅 250, 251
沈昌煥 248, 252, 254
デ・ガスペリ，アルチーデ（Alcide de Gasperi） 175
ティーガーデン，ジャック（Jack Teagarden） 317, 318
ディーン，パトリック（Patrick Dean） 69
デイヴィス，マイルス（Miles Davis） 314, 322, 323, 325
ティエン，グエン・ヴァン（Nguyen Van Thinh） 168
ディベリウス，オットー（Otto Dibelius） 356, 358, 359
ディロン，ダグラス（Douglas Dillon） 205, 208
デヴリン，ローレンス（Lawrence Devlin） 227
デニング，エスラー（Esler Denning） 179, 181
ド・ズルエタ，フィリップ（Philip de Zulueta） 71, 72
ド・パリス，ウィルバー（Wilbur De Paris） 317, 318
トウィーディ，ブロンソン（Bronson Tweedy） 229
トゥーレ，セク（Ahmed Sékou Touré） 247
鄧小平 250
ドールトン，ヒュー（Hugh Dalton） 42
ドゴール，シャルル（Charles de Gaulle） 28, 30, 246, 248, 251, 259
ドブルイニン，アナトリー（Anatoli Dobrynin） 70, 71, 89
トリアッティ，パルミーロ（Palmiro Togliatti） 175
トルーマン，ルイス・W（Louis W. Truman） 230
トルーマン，ハリー・S（Harry S. Truman） 25, 32, 34, 43-45, 47, 49, 51
トルドー，ピエール・エリオット（Pierre Elliott Trudeau） 267, 275, 277-280

ドローネー，シャルル（Charles Delaunay） 311, 312

な 行

ナセル，ガマル・アブドゥル（Gamal Abdel Nasser） 207
ニエレレ，ジュリアス・K（Julius K. Nyerere） 274, 275, 277, 282
ニクソン，リチャード（Richard Nixon） 28, 81, 83–90, 92–96, 103, 104, 108–110, 113, 116, 127, 273, 295
ネルー，ジャワハルラール（Jawaharlal Nehru） 183, 185, 225
野坂参三 166

は 行

ハーヴェイ，オリヴァー（Oliver Harvey） 198
パーカー，チャーリー（Charlie Parker） 322
ハーター，クリスチャン（Christian Herter） 317
バード，チャーリー（Charlie Byrd） 314
バーバー，アンソニー（Anthony Barber） 111, 112, 114, 115
バーバー，サミュエル（Samuel Barber） 335
ハーマン，ウディ（Woody Herman） 314, 317, 318
バール，エゴン（Egon Bahr） 81, 84–86, 89, 90, 93–95
バーンズ，ケン（Ken Burns） 325
バーンズ，ジェームズ（James Byrnes） 46
ハインズ，アール（Earl Hines） 314
バオ・ダイ（Bao Dai） 153, 159, 168–170, 182, 183, 185
橋口豊 104
パターソン，ロバート（Robert Patterson） 332
バターワース，ウィリアム（William Butterworth） 181, 183
ハッタ，モハメド（Mohammed Hatta） 174–176
パプスト，ヴァルター（Walter Pabst） 362
ハマーショルド，ダグ（Dag Hammarskjöld） 230
バルーク，バーナード（Bernard Baruch） 47, 50
バルツェル，ライナー（Rainer Barzel） 93, 94
バレワ，サー・アブバカル・タファワ（Sir Abubakar Tafawa Balewa） 276
バロー，エロル（Errol Barrow） 273
バンチ，ラルフ（Ralph Johnson Bunche） 227, 232
バンディ，マクジョージ（McGeorge Bundy） 65, 71, 72
ハンフリー，ヒューバート・H（Hubert H. Humphrey） 383
ヒース，エドワード（Edward Heath） 88, 92, 103–117, 267, 271–276, 278, 280, 282
ヒトラー，アドルフ（Adolf Hitler） 80
ピム，フランシス（Francis Pym） 134
ヒルズマン，ロジャー（Roger Hilsman） 229
ヒンデミット，パウル（Paul Hindemith） 334, 344
ファーリン，ヴァレンチン（Valentin Falin） 89
フアン・カルロス皇太子，フアン・カルロス1世（Juan Carlos, Juan Carlos I） 385, 387
ブーメディエン，フワーリー（Houari Boumediène） 128
フォード，ジェラルド（Gerald R. Ford） 383
フォーバス，オーバル（Orval Faubus） 317
フォール，エドガール（Edgar Faure） 205, 251
ブシア，コフィ・アブレファ（Kofi Abrefa Busia） 277, 280
フランコ，フランシスコ（Francisco Franco） 303, 375–385, 387, 388
ブラント，ヴィリー（Willy Brandt） 28, 34, 80, 81, 84–86, 88–96, 113, 115, 127
ブリューベック，デイブ（Dave Brubeck） 314, 317, 318, 320, 321
フルヴールト，ヘンドリック・フレンシュ（Hendrik Frensch Verwoerd） 281
ブルース，デイヴィッド（David Bruce） 220
ブルギバ，ハビブ（Habib Bourguiba） 197–199, 204, 208
フルシチョフ，ニキータ・S（Nikita S. Khrushchev） 62, 63, 66, 68, 70, 71, 73, 74, 155, 257, 295
ブレジネフ，レオニード・イリイチ（Leonid Il'ich Brezhnev） 91
ベイシー，カウント（William "Count" Basie） 314
ベヴィン，アーネスト（Ernest Bevin） 42, 44, 46, 50, 180
ベーカー，ジョセフィン（Josephine Baker） 310
ベク，オメール（Omer Becu） 376
ベシェ，シドニー（Sidney Bechet） 310, 322
ヘッド，アイヴァン（Ivan Head） 275
ホー・チ・ミン（Ho Chi Minh） 153, 159, 165, 167–169, 171–173, 186
ホーガン，マイケル・J（Michael J. Hogan） 6

ボータ，P・W（P. W. Botha）　272
ポータル，チャールズ（Charles Portal）　50
ホーネッカー，エーリヒ（Erich Honecker）　364
ボール，ジョージ（George Wildman Ball）　224, 230, 232
ボネ，アンリ（Henri Bonnet）　176, 183, 201
ボヒャルト，レオ（Leo Borchard）　335
ボラエール，エミール（Émile Bollaert）　168–170
ポラック，デトレフ（Detlef Pollack）　358
ホリオーク，サー・キース（Sir Keith Holyoake）　275
ホロヴィッツ，ウラディーミル（Vladimir Horowitz）　342
ホワイト，ブライアン（Brian White）　32
ポンピドゥ，ジョルジュ（Georges Pompidou）　87, 92, 106, 109–112, 114

ま　行

マーザ，ペーター（Peter Maser）　355
マイヤーベア，ジャコモ（Giacomo Meyerbeer）　334
マクギー，ジョージ（George Crews McGhee）　224, 225, 229
マクミラン，ハロルド（Harold Macmillan）　28, 62, 63, 65, 66, 68, 70, 71, 74, 206, 269, 281
マクルー，ロバート（Robert McClure）　334
マコーミック，トーマス・J（Thomas J. McCormick）　6
マサンバ＝デバ，アルフォンス（Alphonse Massemba-Débat）　248–250, 255–257, 259
マダリアーガ，サルバドール・デ（Salvador de Madariaga）　379
マッカーサー２世，ダグラス（Douglas MacArthur II）　219, 228
マックス，ノキン（Max Nokin）　219, 233
マルサリス，ウィントン（Wynton Marsalis）　326
マン，ハービー（Herbie Mann）　314, 317, 318
マンデス＝フランス，ピエール（Pierre Mendès-France）　204
ミーニー，ジョージ（George Meany）　376, 382, 383, 385
ミールケ，エーリヒ（Erich Mielke）　357
ミッツェンハイム，モーリッツ（Moritz Mitzenheim）　359, 360, 362
ミッテラン，フランソワ（François Mitterrand）　125, 131, 132, 134–139
ミヨー，ダリウス（Darius Milhaud）　310
ムソ（Musso）　174, 177
ムノンゴ，ゴデフロイド（Godefroid Munongo）　221
ムンガイ，ジョロゲ（Njoroge Mungai）　274
メイリエ，ジャック（Jacques Meyrier）　177
メンデルスゾーン，フェリックス（Felix Mendelssohn）　334
毛沢東　156, 172, 243, 250, 251, 255, 257–259
モースリー，カルロス（Carlos Moseley）　341, 342
モードリング，レジナルド（Reginald Maudling）　278
モハメド５世（ベン・ユーセフ）（Ben Youssef, Sidi Mohammed）　198, 206
森聡　59
モリソン，H・A（H. A. Morrison）　230
モリソン，ハーバート（Herbert Morrison）　42
モロトフ，ヴャチェスラフ（Vyacheslav Molotov）　46

や　行

ヤスパース，カール（Karl Jaspers）　296
ヤルゼルスキ，ヴォイチェフ（Wojciech Jaruzelski）　131
ユールー，フルベール（Fulbert Youlou）　245–249, 254, 258

ら　行

ライト，ユージン（Eugene Wright）　323
ラインハルト，ジャンゴ（Django Reinhardt）　311
ラヴストーン，ジェイ（Jay Lovestone）　376, 379, 382, 383, 386, 388
ラザク，トゥン・アブドゥル（Tun Abdul Razak）　277
ラスク，ディーン（David Dean Rusk）　62, 64, 66, 71, 180, 229, 232
ラッシュ，ケネス（Kenneth Rush）　89, 93
ラッセル，バートランド（Bertrand Russell）　296
リー・クアンユー（Lee Kuan Yew）　276, 278, 279
リーガン，ドナルド（Donald Regan）　132
リストン，メルバ（Melba Liston）　315
リスバ，パスカル（Pascal Lissouba）　249, 252
リッポン，ジェフリー（Geoffrey Rippon）　107
リリエンソール，デイヴィッド（David Lilienthal）　47

林彪　257
ルイス，ウィリアム・ロジャー（Wm. Roger Louis） 155
ルービンシュタイン，アルトゥール（Arthur Rubinstein） 342
ルグラン，ミシェル（Michel Legrand） 324
ルムンバ，パトリス・エメリィ（Patrice Emery Lumumba） 218, 251
レーガン，ロナルド（Ronald Reagan） 125, 126, 129, 131-135, 137-139
レーニン，ウラジミール（Vladmir Lenin） 149
レームヘルト，ハインツ（Heinz Roemheld） 333
レイノルズ，デイヴィッド（David Reynolds） 10
レヴィット，ロッド（Rod Levitt） 315
レドンド，ニコラス（Nicolás Redondo） 386, 387
レフラー，メルヴィン・P（Melvyn P. Leffler） 5
ローズヴェルト，フランクリン（Franklin Roosevelt） 39, 43, 313
ロータームント，ディートマール（Dietmar Rothermund） 150
ローチ，マックス（Max Roach） 322
ローワン，カール（Carl Thomas Rowan） 227
ロジャーズ，ウィリアム（William Rogers） 87
ロスバッハ，ニクラス（Niklas H. Rossbach） 104
ロッツ，ゲーアハルト（Gerhard Lotz） 359, 360
ロバーツ，フランク（Frank Roberts） 67
ロビンソン，ロナルド（Ronald Robinson） 155

わ　行

ワインバーガー，キャスパー（Caspar Weinberger） 129
ワシュコ，ロマン（Roman Washko） 320
ワレサ，レフ（Lech Walesa） 131
ングアビ，マリアン（Marien Ngouabi） 257, 258

事項索引

あ 行

か 行

さ　行

た　行

な　行

は　行

ま　行

や　行

ら　行

わ　行

欧　文